普通话学习与水平测试教程
(第 2 版)

胡习之　高　群　主　编

清华大学出版社
北　京

内 容 简 介

本书是为适应新世纪高校普通话教学的需要，依据普通话水平测试新大纲编撰而成。全书共三篇八章。第一章介绍普通话、普通话水平测试及语音的基本知识；第二、三、四、五章介绍普通话语音系统及其训练；第六、七章主要介绍普通话水平测试中的朗读和说话的知识、方法、技巧，对大纲规定的 60 篇朗读作品作了词语、句子难点和整体朗读提示，对 30 个话题进行了分析，并提供相关实例；第八章为模拟测试，介绍测试知识、抓分策略，并提供多套模拟试卷。

将普通话学习与水平测试相结合，以普通话知识学习、能力培养为目的，以获取理想的普通话水平测试成绩为目标是本书的一大特色。它注重普通话知识的系统介绍，更追求普通话能力的培养与测试目标所达到的绩效，具有很强的可操作性与实用性。

本书可作为普通高等院校和高职高专普通话课程或教师口语课程的教材或辅导书，也可作为普通话水平测试的培训教材或辅导书，还可作为社会不同层次的读者学习普通话、检测普通话水平的读物。

图书在版编目(CIP)数据

普通话学习与水平测试教程/胡习之，高群主编. —2 版. —北京：清华大学出版社，2019（2023.8重印）
ISBN 978-7-302-53580-5

Ⅰ．①普…　Ⅱ．①胡…　②高…　Ⅲ．①普通话—水平考试—高等学校—教材　Ⅳ．①H102

中国版本图书馆 CIP 数据核字(2019)第 167959 号

责任编辑：汤涌涛
装帧设计：刘孝琼
责任校对：吴春华
责任印制：宋 林

出版发行：清华大学出版社
　　　　网　　　址：http://www.tup.com.cn, http://www.wqbook.com
　　　　地　　　址：北京清华大学学研大厦 A 座　　　邮　　编：100084
　　　　社　总　机：010-83470000　　　　　　　　邮　　购：010-62786544
　　　　投稿与读者服务：010-62776969, c-service@tup.tsinghua.edu.cn
　　　　质量反馈：010-62772015, zhiliang@tup.tsinghua.edu.cn
　　　　课件下载：http://www.tup.com.cn, 010-62791865

印 装 者：大厂回族自治县彩虹印刷有限公司
经　　销：全国新华书店
开　　本：185mm×260mm　　印　张：17.5　　　　字　　数：419 千字
版　　次：2007 年 5 月第 1 版　2019 年 9 月第 2 版　　印　次：2023 年 8 月第 6 次印刷
定　　价：48.00 元

产品编号：084265-01

前　言

　　普通话是我国的通用语言。大力推广和积极普及普通话是我国基本的语言政策。1982年 12 月 4 日，第五届全国人民代表大会第五次会议通过了新的《中华人民共和国宪法》，其中第十九条庄严规定"国家推广全国通用的普通话"。2000 年 10 月 31 日，第九届全国人民代表大会常务委员会第十八次会议通过了《中华人民共和国国家通用语言文字法》，于 2001 年 1 月 1 日起实施。《国家通用语言文字法》将普通话确定为国家通用语言。这些都从法律上确立了普通话的地位和作用。普通话的学习与使用成为时代和社会的必然与要求。

　　普通话水平测试是国家级考试。1994 年 10 月国家语言文字工作委员会、国家教育委员会、广播电影电视部发布了《关于开展普通话水平测试的决定》，从而使普通话水平测试工作逐步走向科学化、规范化与制度化。2001 年开始实施的《中华人民共和国国家通用语言文字法》第十九条明确规定："以普通话作为工作语言的播音员、节目主持人和影视话剧演员、教师、国家机关工作人员的普通话水平，应当达到国家规定的等级标准；对尚未达到国家规定的普通话等级标准的，分别进行培训。"第二十四条还明确规定："国务院语言文字部门颁布普通话等级标准。"普通话水平测试成为列入国家法律的名副其实的国家级考试。

　　本书以教育部、国家语委 2003 年颁布的普通话水平测试新大纲为依据，将普通话学习与普通话水平测试紧密结合起来，寓理论知识于实际训练，既提供全面的普通话知识体系，又提供强有力的普通话能力训练操作系统和普通话水平测试技巧与方略。它注重普通话知识的系统介绍，更追求普通话能力的培养与测试目标所达到的绩效。既有日常性操作内容，又有专业性技术内容，可以适应普通话教学、一般性普通话培训和普通话水平测试应用培训。

　　本书既可作为普通高等院校和高职高专普通话课程或教师口语课程的教材或辅导书，也可作为普通话水平测试的培训教材或辅导书，还可作为社会不同层次的读者学习普通话、检测普通话水平的读物。

　　将普通话学习与水平测试相结合，以普通话知识学习、普通话能力培养为目的，以获取理想的普通话水平测试成绩为目标是本书的一大特色。它不同于一般的以知识、能力获得为目的的《普通话教程》类教材。本书以普通话知识、能力的获得为前提，以通过普通话水平测试，并取得理想等级为直接目标，在普通话知识点的选择，普通话能力的训练，普通话水平测试技巧、方略的介绍等方面力求自己的话语方式。

　　本书为安徽省省级精品课程"普通话"建设成果之一、国家级特色专业建设项目：2010 年第六批高等学校特色专业建设"汉语言文学"(TS12152)建设成果之一、国家语委"十五"科研规划重点项目《普通话水平测试》子课题"普通话教学训练课件研究与开发"(ZDI105-18-31)成果之一、安徽省教学研究项目"精品课程(现代汉语)教学质量评价研究"(2017jyxm1149)成果之一。

　　本书是安徽省精品课程"普通话"课程组集体合作的成果。教材由课程主持人胡习之

教授作整体构思并拟定编写提纲，然后分工执笔：第一章、第八章、第二章主体由胡习之教授编写，第四章、第七章由国家级普通话测试员高群教授编写，第六章第一节主体由国家级普通话测试员王琴教授编写，第三章、第五章第二节由国家级普通话测试员苏锡育副教授编写，第五章第一节、第六章第二节由于芹老师编写。苏锡育副教授参与第二章部分内容的编写。最后由胡习之教授和高群教授共同审改全部书稿。

本书第 2 版与第 1 版相比，增加了普通话水平测试用 60 篇朗读作品的全文，并对基础篇相关内容做了删减。

本书参考并引用了一些学者、时贤的论述与资料，由于体例所限，未能一一注明，在此向有关学者、时贤致谢。

编　者

第 1 版前言

普通话是我国的通用语言。大力推广和积极普及普通话是我国基本的语言政策。1982年 12 月 14 日，第五届全国人民代表大会第五次会议通过了新的《中华人民共和国宪法》，其中第十九条规定"国家推广全国通用的普通话"。2000 年 10 月 31 日，第九届全国人民代表大会常务委员会第十八次会议通过了《中华人民共和国国家通用语言文字法》，并于 2001 年 1 月 1 日实施。《国家通用语言文字法》将普通话确定为国家通用语言。这些都从法律上确立了普通话的地位和作用。普通话的学习与使用成为时代和社会的必然与要求。

普通话水平测试是国家级考试。1994 年 10 月国家语言文字工作委员会(以下简称"国家语委")、国家教育委员会、广播电影电视部发布了《关于开展普通话水平测试的决定》，从而使普通话水平测试工作逐步走向科学化、规范化与制度化。2001 年开始实施的《中华人民共和国国家通用语言文字法》第十九条明确规定："以普通话作为工作语言的播音员、节目主持人和影视话剧演员、教师、国家机关工作人员的普通话水平，应当达到国家规定的等级标准；对尚未达到国家规定的普通话等级标准的，分别进行培训。"第二十四条还明确规定："国务院语言文字部门颁布普通话等级标准。"普通话水平测试成为列入国家法律的名副其实的国家级考试。

本书以教育部、国家语委 2003 年颁布的普通话水平测试新大纲为依据，将普通话学习与普通话水平测试紧密结合起来，寓理论知识于实际训练之中，既提供全面的普通话知识体系，又提供强有力的普通话能力训练操作系统和普通话水平测试技巧与方略。它注重普通话知识的系统介绍，更明确追求普通话能力的培养与测试达到目标的绩效。既有日常性操作内容，又有专业性技术内容，可以适应普通话教学、一般性普通话培训和普通话水平测试应用培训。

本书可作为高等院校本科、专科和高职普通话课程或教师口语课程的教材或辅导书，也可作为普通话水平测试的培训教材或辅导书，还可作为社会不同层次的读者学习普通话、检测普通话水平的读物。

本书不同于一般的以知识、能力的获得为目的的《普通话教程》类教材。将普通话学习与水平测试相结合，以普通话知识学习、普通话能力培养为目的，以获取理想的普通话水平测试成绩为目标是本书的一大特色。本书以普通话知识、能力的获得为前提，以通过普通话水平测试，并取得理想等级为直接目标，在普通话知识点的选择、普通话能力的训练、普通话水平测试技巧、方略的介绍等方面力求体现自己的话语方式。

本书为安徽省精品课程("普通话")建设成果之一、国家语委"十五"科研规划重点项目《普通话水平测试》子课题"普通话教学训练课件研究与开发"(ZDI105-18-31)的阶段性成果之一。

本书是安徽省精品课程"普通话"课程组集体合作的成果。全书由胡习之教授作整体构思并拟定编写提纲，然后分工执笔：第一章及全书的"思考与训练""学习目标""重点难点"主体由胡习之教授撰写，第二章、第三章、第四章及第五章第二节由国家级普通

话测试员苏锡育副教授撰写，第七章、第八章由国家级普通话测试员高群撰写，第六章第一节主体由国家级普通话测试员王琴副教授撰写，第五章第一节、第六章第二节由于芹撰写，最后由胡习之教授审改全部书稿。

本书在编写过程中参考并引用了一些学者、时贤的论述与资料，由于体例所限未能一一注明，在此向有关学者、时贤致谢。

编　者

目　　录

第一篇　基　础　篇

第一篇 基 础 篇

第一章 引 论

【学习目标】

本章主要介绍普通话、普通话水平测试及语音基本知识。学生应了解普通话水平测试的标准、内容与要求；掌握语音基本知识，为学习普通话奠定良好的基础。

【重点难点】

- 普通话的基本概念。
- 普通话等级标准。
- 普通话水平测试内容要求。
- 掌握语音学的基本概念。

第一节 普 通 话

一、什么是普通话

普通话是以北京语音为标准音，以北方话为基础方言，以典范的现代白话文著作作为语法规范的现代汉民族共同语。它是我国现行法定的国家通用语言。

普通话不等于北京话。它是在以北京话为代表的北方方言基础上发展起来的。

普通话以北京语音为标准音，指的是采用北京话语音系统，但不包括北京土音。普通话为什么要以北京语音为标准音呢？

众所周知，汉语方言分歧主要表现在语音上，因此不能拿一个地区方言的语音作为标准，必须拿一个地点方言的语音作标准。七八百年来北京就是我国政治、经济、文化的中心(1153 年金迁都燕京，即今北京，以后元、明、清皆建都北京——明初都城在南京)，北京话的影响逐渐深广，并成为官府的通用语言。很多年来，话剧、电影、广播等都采用北京语音，北京语音的标准音地位，事实上早已为人们所公认。另外，北京语音符合汉语语音由繁趋简的发展规律，而且听起来明朗、高扬、舒缓，具有音乐感。

普通话的词汇主要来源于北方方言，即北方话。为什么要以北方话为基础方言呢？

北方几百年来就是中国的政治、经济、文化中心。几个朝代在北京建都，更加强了北方作为全国的政治、经济、文化的中心地位。北方方言使用人口多，通行地域广，因而北方方言自然而然地取得了基础方言的地位。我们说普通话以北方方言为基础，不是说所有的北方话词语都属普通话词汇。普通话词汇需要排除北方方言中的土语成分，需要吸收其他方言、古代汉语、外民族语言中的有用成分。

普通话在语法方面以典范的现代白话文著作为语法规范。为什么呢？

北方方言既然是普通话的基础方言，当然它的语法基础也在北方话里。但不是任何一个北方方言区的人说出来的任何一句话，其语法都是规范的，还需要一个共同的用词造句的标准。这个标准在白话文著作中，不应在口语中，因为白话文著作是在口语的基础上经过提炼加工而成的，比口语更精练、更规范。白话文著作作为语法规范还必须是典范的、现代的白话文，不是任何一篇白话文都可以作为语法的规范。还要注意，这些典范的白话文著作中的某些特殊用例也是不能作为普通话的语法规范的。比如"的"不能前附，这是一般规律，但鲁迅作品中有几个"的"前附的例子，这是不规范的。如"因为从那里面，看见了被压迫者的善良的灵魂、的辛酸、的挣扎……"(鲁迅《中俄文字之交》)。

二、普通话的形成与发展

现代汉民族共同语是经过漫长的历史发展形成的，而且名称也几经变化，春秋时代称为"雅言"，汉代起称为"通语"，明代改称"官话"，辛亥革命以后又称为"国语"，中华人民共和国成立之后则称为"普通话"(我国台湾地区现在还称国语)。

汉民族共同语的书面语很早就产生了，但是后来逐渐脱离了口语，这就是通常所说的"文言"。到了唐宋时代，由于时代社会的需要，在大众口语的基础上又形成了一种新的书面语——"白话"。白话和口语接近，通俗易懂，所以发展很快。宋元以后用白话写作的文学作品大量出现了，像《水浒传》《西游记》《儒林外史》《红楼梦》等。这些白话作品尽管都带有地方色彩，但所用的基础方言都是北方方言，它们大量流传到非北方话地区，加速了北方方言的推广。很多非北方话地区的人也学会了用白话阅读和写作。这种白话，实际上就是普通话书面语的源头。

在白话文学流传的同时，以北京话为代表的"官话"也逐步传播开来，不仅成为各级官府的交际语言，而且逐渐变成各方言区之间的共同的交际工具。清朝的时候，在福建、广东等地还设立"正音书院"，教授官话，并且规定不会官话的人不能做官。这样，以北京话为代表的"官话"就成了普通话口头形式的源头。

20世纪初，特别是五四运动以后，一方面掀起了"白话文运动"，动摇了文言文的统治地位，为白话文最后在书面上取代文言文创造了条件；另一方面，开展了"国语运动"，又在口语方面增强了北京话的代表性，促使北京语音成为民族共同语的标准音。这两个运动互相推动、互相影响，促进了书面语和口语的结合，形成了言文一致的现代汉语共同语。

1955年10月中国科学院召开了现代汉语规范问题学术会议，会上确定把汉民族共同语称为"普通话"，主张向全国大力推广。会后，经各方研究，并经国务院批准，正式确定现代汉民族共同语就是："以北京语音为标准音，以北方话为基础方言，以典范的现代白话文著作为语法规范的普通话。"

我国十分重视普通话，大力推广和积极普及普通话已成为我国基本的语言政策。1982年12月4日，第五届全国人民代表大会第五次会议通过了新的《中华人民共和国宪法》，其中第十九条庄严规定"国家推广全国通用的普通话"。2000年10月31日，第九

届全国人民代表大会常务委员会第十八次会议通过了《中华人民共和国国家通用语言文字法》，于 2001 年 1 月 1 起日实施。《国家通用语言文字法》将普通话确定为国家通用语言。这些都从法律上确立了普通话的地位和作用。

第二节　普通话水平测试

一、普通话水平测试的性质和方式

(一)普通话水平测试的性质

普通话水平测试是根据统一的标准、使用科学的方法、按照严格的程序测查应试人的普通话规范程度、熟练程度，认定其普通话水平等级的标准参照性语言测试。

普通话水平测试不是普通话系统知识考试，不是文化水平的考核，也不是口才的评估，它只是对应试人掌握和运用普通话的规范程度、熟练程度进行的检测和评定。当然，普通话水平测试也不是与知识、文化、口才决然无缘，比如应试人要有一定的文化、具备一定的阅读汉语书面语的能力等。

普通话水平测试是国家级考试。1994 年 10 月国家语言文字工作委员会、国家教育委员会、广播电影电视部发布了《关于开展普通话水平测试的决定》，普通话水平测试工作从而逐步走向科学化、规范化与制度化。2001 年开始实施的《中华人民共和国国家通用语言文字法》第十九条明确规定："以普通话作为工作语言的播音员、节目主持人和影视话剧演员、教师、国家机关工作人员的普通话水平，应当达到国家规定的等级标准；对尚未达到国家规定的普通话等级标准的，分别进行培训。"第二十四条还明确规定："国务院语言文字部门颁布普通话等级标准。"普通话水平测试成为列入国家法律的名副其实的国家级考试。

普通话水平测试是国家认证的一种考试。这不仅体现在对测试员的资格认定，而且还对测试范围、制卷原则、评分标准、证书发放等在全国范围都做了明确的规定和统一。

普通话水平测试还是一种资格证书测试。《普通话水平等级证书》是从业人员普通话水平的凭证，在全国范围内通用。目前，国内很多行业对本行业从业人员都提出了相应的普通话水平等级的要求。

中小学及幼儿园、校外教育单位的教师，普通话水平不低于二级，其中语文教师不低于二级甲等，普通话语音教师不低于一级。

高等学校的教师，普通话水平不低于三级甲等，其中现代汉语教师不低于二级甲等，普通话语音教师不低于一级。

对外汉语教学教师，普通话水平不低于二级甲等。

报考中小学、幼儿园教师资格的人员，普通话水平不低于二级。

师范类专业以及各级职业学校的与口语表达密切相关专业的学生，普通话水平不低于二级。

国家公务员，普通话水平不低于三级甲等。

国家级和省级广播电台、电视台的播音员、节目主持人，普通话水平应达到一级甲等，其他广播电台、电视台的播音员、节目主持人的普通话达标要求按国家广播电影电视总局的规定执行。

话剧、电影、电视剧、广播剧等表演、配音演员，播音、主持专业和影视表演专业的教师、学生，普通话水平不低于一级。

公共服务行业的特定岗位人员(如广播员、解说员、话务员等)，普通话水平不低于二级甲等。

普通话水平应达标人员的年龄上限以有关行业的文件为准。

应试人可以根据自己打算从事或者已经从事的行业对普通话水平等级的要求确定自己的考级目标。

(二)普通话水平测试的方式

普通话水平测试以口试方式进行。以前采用人工测试形式，2006 年国家语委语用司批准 13 个省市开展计算机辅助测试普通话试点工作，从 2009 年开始全国普遍采用计算机辅助普通话水平测试形式，简称机测。普通话水平测试通过应试人的读、说，以听感对应试人进行语音辨别。应试人只要尽量避免方言影响，力求语音准确、词汇语法规范，同时对口试这种测试形式有着充分的心理准备，就一定能够如愿。

二、普通话水平测试的内容、范围、评分标准和等级评定

(一)普通话水平测试的内容、范围和评分标准

普通话水平测试的内容包括普通话语音、词汇和语法。

普通话水平测试的范围是国家测试机构编制的《普通话水平测试用普通话词语表》《普通话水平测试用普通话与方言词语对照表》《普通话水平测试用普通话与方言常见语法差异对照表》《普通话水平测试用朗读作品》《普通话水平测试用话题》。

普通话有口语和书面语两种形式，因此普通话水平测试采取有文字凭借(读)和没有文字凭借(说)两种方式进行。两种方式都以试卷为载体，测试内容包括五个部分，满分为 100 分。

第一部分　读单音节字词(100 个音节，不含轻声、儿化音节)，限时 3.5 分钟，共 10 分

1. 目的

测查应试人声母、韵母、声调读音的标准程度。

2. 要求

(1) 100 个音节中，70%选自《普通话水平测试用普通话词语表》"表一"，30%选自"表二"。

(2) 100 个音节中，每个声母出现次数一般不少于 3 次，每个韵母出现次数一般不少于 2 次，4 个声调出现次数大致均衡。

(3) 音节的排列要避免同一测试要素连续出现。

3. 评分

(1) 语音错误，每个音节扣 0.1 分。

(2) 语音缺陷，每个音节扣 0.05 分。

(3) 超时 1 分钟以内，扣 0.5 分；超时 1 分钟以上(含 1 分钟)，扣 1 分。

第二部分　读多音节词语(100 个音节)，限时 2.5 分钟，共 20 分

1. 目的

测查应试人声母、韵母、声调和变调、轻声、儿化读音的标准程度。

2. 要求

(1) 词语的 70%选自《普通话水平测试用普通话词语表》"表一"，30%选自"表二"。

(2) 声母、韵母、声调出现的次数与读单音节字词的要求相同。

(3) 上声与上声相连的词语不少于 3 个，上声与非上声相连的词语不少于 4 个，轻声不少于 3 个，儿化不少于 4 个(应为不同的儿化韵母)。

(4) 词语的排列要避免同一测试要素连续出现。

3. 评分

(1) 语音错误，每个音节扣 0.2 分。

(2) 语音缺陷，每个音节扣 0.1 分。

(3) 超时 1 分钟以内，扣 0.5 分；超时 1 分钟以上(含 1 分钟)，扣 1 分。

第三部分　选择判断〔注〕，限时 3 分钟，共 10 分

1. 词语判断(10 组)

(1) 目的：测查应试人掌握普通话词语的规范程度。

(2) 要求：根据《普通话水平测试用普通话与方言词语对照表》，列举 10 组普通话与方言意义相对应但说法不同的词语，由应试人判断并读出普通话的词语。

(3) 评分：判断错误，每组扣 0.25 分。

2. 量词、名词搭配(10 组)

(1) 目的：测查应试人掌握普通话量词和名词搭配的规范程度。

(2) 要求：根据《普通话水平测试用普通话与方言常见语法差异对照表》，列举 10 个名词和若干量词，由应试人搭配并读出符合普通话规范的 10 组名量短语。

(3) 评分：搭配错误，每组扣 0.5 分。

3. 语序或表达形式判断(5 组)

(1) 目的：测查应试人掌握普通话语法的规范程度。

(2) 要求：根据《普通话水平测试用普通话与方言常见语法差异对照表》，列举 5 组普通话和方言意义相对应，但语序或表达习惯不同的短语或短句，由应试人判断并读出符合普通话语法规范的表达形式。

(3) 评分：判断错误，每组扣 0.5 分。

选择判断合计超时 1 分钟以内，扣 0.5 分；超时 1 分钟以上(含 1 分钟)，扣 1 分。答题时语音错误，每个错误音节扣 0.1 分，如判断错误已经扣分，不重复扣分。

第四部分　朗读短文(1篇，400个音节)，限时4分钟，共30分

1. 目的

测查应试人使用普通话朗读书面作品的水平。在测查声母、韵母、声调读音标准程度的同时，重点测查连读音变、停连、语调以及流畅程度。

2. 要求

(1) 短文从《普通话水平测试用朗读作品》中选取。

(2) 评分以朗读作品的前400个音节(不含标点符号和括注的音节)为限。

3. 评分

(1) 每错1个音节，扣0.1分；漏读或增读1个音节，扣0.1分。

(2) 声母或韵母的系统性语音缺陷，视程度扣0.5分、1分。

(3) 语调偏误，视程度扣0.5分、1分、2分。

(4) 停连不当，视程度扣0.5分、1分、2分。

(5) 朗读不流畅(包括回读)，视程度扣0.5分、1分、2分。

(6) 超时扣1分。

第五部分　命题说话，限时3分钟，共30分

1. 目的

测查应试人在无文字凭借的情况下说普通话的水平，重点测查语音标准程度、词汇语法规范程度和自然流畅程度。

2. 要求

(1) 说话话题从《普通话水平测试用话题》中选取，由应试人从给定的两个话题中选定一个话题，连续说一段话。

(2) 应试人单向说话。

3. 评分

(1) 语音标准程度，共20分。分六档。

一档：语音标准，或极少有失误。扣0分、0.5分、1分。

二档：语音错误在10次以下，有方音但不明显。扣1.5分、2分。

三档：语音错误在10次以下，但方音比较明显；或语音错误为10~15次，有方音但不明显。扣3分、4分。

四档：语音错误为10~15次，方音比较明显。扣5分、6分。

五档：语音错误超过15次，方音明显。扣7分、8分、9分。

六档：语音错多，方音重。扣10分、11分、12分。

(2) 词汇语法规范程度，共5分。分三档。

一档：词汇、语法规范。扣0分。

二档：词汇、语法偶有不规范的情况。扣0.5分、1分。

三档：词汇、语法屡有不规范的情况。扣2分、3分。

(3) 自然流畅程度，共5分。分三档。

一档：语言自然流畅。扣0分。

二档：语言基本流畅，口语化较差，有背稿子的表现。扣0.5分、1分。

三档：语言不连贯，语调生硬。扣2分、3分。

说话不足3分钟，酌情扣分：缺时1分钟以内(含1分钟)，扣1分、2分、3分；缺时1分钟以上，扣4分、5分、6分；说话不满30秒(含30秒)，本测试项成绩计为0分。

〔注〕《普通话水平测试大纲》(教育部　国家语委发教语用〔2003〕2号文件)规定："各省、自治区、直辖市语言文字工作部门可以根据测试对象或本地区的实际情况，决定是否免测'选择判断'测试项。如免测此项，'命题说话'测试项的分值由30分调整为40分。评分档次不变，具体分值调整如下。

(1) 语音标准程度的分值，由20分调整为25分。

一档：扣0分、1分、2分。

二档：扣3分、4分。

三档：扣5分、6分。

四档：扣7分、8分。

五档：扣9分、10分、11分。

六档：扣12分、13分、14分。

(2) 词汇语法规范程度的分值，由5分调整为10分。

一档：扣0分。

二档：扣1分、2分。

三档：扣3分、4分。

(3) 自然流畅程度，仍为5分，各档分值不变。

国内现行的测试操作中，绝大多数实际上只测试读单音节字词、读多音节词语、朗读短文和命题说话四个项目，将第四项"判断"的分值并入"说话"中，通过应试人的口头表达检测其掌握普通话词汇、语法的程度。

(二)普通话水平测试的等级评定

国家语言文字工作部门发布的《普通话水平测试等级标准》是确定应试人普通话水平等级的依据。测试机构根据应试人的测试成绩确定其普通话水平等级，由省、自治区、直辖市以上语言文字工作部门颁发相应的普通话水平测试等级证书。

普通话水平划分为三个级别，每个级别内划分两个等次。其中：

97分及其以上，为一级甲等。

92分及其以上但不足97分，为一级乙等。

87分及其以上但不足92分，为二级甲等。

80分及其以上但不足87分，为二级乙等。

70分及其以上但不足80分，为三级甲等。

60分及其以上但不足70分，为三级乙等。

三、普通话水平测试样卷

普通话水平测试试卷分为Ⅰ型卷和Ⅱ型卷。Ⅰ型卷主要供通过汉语水平考试申请进行普通话水平测试的外籍或外族人员使用。Ⅰ型卷出题范围在《普通话水平测试用普通话词语表》表一中选取。Ⅱ型卷供Ⅰ型卷以外的应试人员使用。下面展示的样卷为Ⅱ型卷。

普通话水平测试样卷

一、读100个单音节字词(10分)

昼	八	迷	先	毡	皮	幕	美	彻	飞
鸣	破	捶	风	豆	蹲	霞	掉	桃	定
宫	铁	翁	念	劳	天	旬	沟	狼	口
靴	娘	嫩	机	蕊	家	跪	绝	趣	全
瓜	穷	屡	知	狂	正	袤	中	恒	社
槐	事	轰	竹	掠	茶	肩	常	概	虫
皇	水	君	人	伙	自	滑	早	绢	足
炒	次	渴	酸	勤	鱼	筛	院	腔	爱
鳖	袖	滨	竖	搏	刷	睬	帆	彩	愤
司	滕	寸	峦	岸	勒	歪	尔	熊	妥

二、读多音节词语(100个音节。其中含双音节词语45个，三音节词语2个，四音节词语1个)(20分)

取得	阳台	儿童	板凳儿	混淆	衰落	分析	防御
沙丘	管理	此外	便宜	光环	塑料	扭转	加油
队伍	挖潜	女士	科学	手指	策略	抢劫	森林
侨眷	模特儿	港口	没准儿	干净	日用	紧张	炽热
群众	名牌儿	沉醉	快乐	窗户	财富	应当	生字
奔跑	晚上	卑劣	包装	洒脱	现代化	委员会	轻描淡写

三、选择判断(10分)

1. 词语判断：请判断并读出下列10组词语中的普通话词语。

(1) 如斩	现在	而家	今下	目下	
(2) 瞒人	边个	谁	啥侬	啥人	
(3) 为么子	做脉个	为什么	为什里	为啥	为怎样
(4) 细小	细粒	幼细	异细		
(5) 后生子	后生崽里	后生家	后生仔	小伙子	
(6) 日里向	日里	白天	日上	日头	日时	日辰头
(7) 婴儿	毛它	冒牙子	苏虾仔	婴仔	啊伢欸
(8) 蚂蚁子	蚂蚁里	狗蚁	蚁公	蚂蚁	
(9) 这里	个搭	咯里	个里	呢处	即搭

(10) 早上向　早晨　　早间里　朝早　　朝辰头

2. 量词、名词搭配：请按照普通话规范搭配并读出下列数量名短语。

(例如：一　→　个人)

　　　　　　一　→

　　　把　　张　　棵　　支　　扇　　辆　　条　　间　　头　　所

　　汽车　钥匙　桌子　钞票　树　笔　牛　学校　门　草

3. 语序或表达形式判断：请判断并读出下列 5 组句子里的普通话句子。

(1) 他大约要两三个月才能回来。

　　他大约要二三个月才能回来。

(2) 他好好可爱。

　　他非常可爱。

　　他上可爱。

(3) 你去去逛街？

　　你去不去逛街？

(4) 你矮我。

　　你比我过矮。

　　你比我矮。

　　你比较矮我。

　　你比我较矮。

(5) 那部电影我看过。

　　那部电影我有看。

四、朗读短文：请朗读第 12 号短文(30 分)

五、命题说话：请按照话题"我的业余生活"或"我熟悉的地方"说一段话(3 分钟，30 分)

资料 1：《普通话水平测试等级标准(试行)》

普通话水平测试等级标准(试行)

(国家语言文字工作委员会 1997 年 12 月 5 日颁布，国语〔1997〕64 号)

一级

甲等　　朗读和自由交谈时，语音标准，词语、语法正确无误，语调自然，表达流畅。测试总失分率在 3%以内。

乙等　　朗读和自由交谈时，语音标准，词语、语法正确无误，语调自然，表达流畅。偶然有字音、字调失误。测试总失分率在 8%以内。

二级

甲等　　朗读和自由交谈时，声韵调发音基本标准，语调自然，表达流畅。少数难点音(平翘舌音、前后鼻尾音、边鼻音等)有时出现失误。词语、语法极少有误。测试总失分率在 13%以内。

乙等　　朗读和自由交谈时，个别调值不准，声韵母发音有不到位现象。难点音(平翘舌音、前后鼻尾音、边鼻音、fu—hu、z—zh—j、送气不送气、i—ü不分、保留浊塞音和浊塞擦音、丢介音、复韵母单音化等)失误较多。方言语调不明显。有使用方言词、方言语法的情况。测试总失分率在20%以内。

三级

甲等　　朗读和自由交谈时，声韵调发音失误较多，难点音超出常见范围，声调调值多不准。方言语调较明显。词语、语法有失误。测试总失分率在30%以内。

乙等　　朗读和自由交谈时，声韵调发音失误多，方音特征突出。方言语调明显。词语、语法失误较多。外地人听其谈话有听不懂的情况。测试总失分率在40%以内。

资料2：计算机辅助普通话水平测试评分试行办法

计算机辅助普通话水平测试评分试行办法

(教育部语言文字应用管理司，二〇〇九年一月九日)

一、根据《普通话水平测试大纲》(教语用〔2003〕2号)，结合计算机辅助普通话水平测试实际，制定本试行办法。

二、读单音节字词、读多音节词语、朗读短文三项，由国家语言文字工作部门认定的计算机辅助普通话水平测试系统评定分数。

三、命题说话项由测试员评定分数。

(1) 语音标准程度，共25分。分六档。

一档：语音标准，或极少有失误。扣0分、1分、2分。

二档：语音错误在10次以下，有方音但不明显。扣3分、4分。

三档：语音错误在10次以下，但方音比较明显；或语音错误在10～15次，有方音但不明显。扣5分、6分。

四档：语音错误在10～15次，方音比较明显。扣7分、8分。

五档：语音错误超过15次，方音明显。扣9分、10分、11分。

六档：语音错误多，方音重。扣12分、13分、14分。

(2) 词汇语法规范程度，共10分。分三档。

一档：词汇、语法规范。扣0分。

二档：词汇、语法偶有不规范的情况。扣1分、2分。

三档：词汇、语法屡有不规范的情况。扣3分、4分。

(3) 自然流畅程度，共5分。分三档。

一档：语言自然流畅，扣0分。

二档：语言基本流畅，口语化较差，有背稿子的表现。扣0.5分、1分。

三档：语言不连贯，语调生硬。扣2分、3分。

(4) 说话不足3分钟，酌情扣分：缺时1分钟以内(含1分钟)，扣1分、2分、3分；缺时1分钟以上，扣4分、5分、6分；说话不满30秒(含30秒)，本测试项成绩计为0分。

(5) 离题、内容雷同，视程度扣4分、5分、6分。

(6) 无效话语，累计占时酌情扣分：累计占时 1 分钟以内(含 1 分钟)，扣 1 分、2 分、3 分；累计占时 1 分钟以上，扣 4 分、5 分、6 分；有效话语不满 30 秒(含 30 秒)，本测试项成绩计为 0 分。

四、本试行办法由国家语委普通话培训测试中心负责解释。

第三节　语音的基本知识

一、语音的性质

语音是人类发音器官发出来的具有一定意义、能起交际作用的声音。语音具有物理、生理和社会三种属性。社会属性是语音的本质属性。

(一)语音的物理属性

一切声音都具有音高、音强、音长、音色四个基本声学要素，语音也不例外。

1. 音高

声音的高低，取决于发音体振动的快慢。在一定时间内振动的速度快、振动的次数多，声音就高；反之，声音就低。语音的高低同声带的长短、厚薄、松紧有关。女子、儿童声音高，是因为声带短而薄；男子声音低，是因为声带长而厚。同一个人声音有高低，是因为人发音时能控制声带的松紧，形成不同的音高。普通话里"熘""流""柳""六"的差别，主要就是音高的不同。

2. 音强

声音的强弱，取决于一定时间内音波振动幅度的大小。发音时用力大，呼出的气流对发音器官的冲击力强，音波的振幅大，声音就强；反之声音就弱。普通话里"舌头"(shétou)和"蛇头"(shétóu)中"头"的区别，主要就是音强的不同。

3. 音长

声音的长短，取决于发音体振动时间的长短。振动连续时间长，声音就长，反之就短。粤方言"街[kɑːi]"与"鸡[kɑi]"读音的不同，在于两个音节中的元音[ɑ]音长有别，[ɑ]在前一音节中读得长一些，在后一音节中读得短一些。普通话里轻声与原声相比，音短些。

4. 音色

声音的个性、特色，又称音质，取决于音波颤动的形式。有三方面的原因可造成音波颤动形式的不同。第一，发音体不同。不同人发出不同质地的声音，就是因为每个人的声带不同。第二，发音方法不同。普通话语音中 g[k] 是舌根抵住软腭，气流冲破阻碍爆发而成，h[x] 是舌根靠近软腭，气流通过缝隙摩擦而成。二者发音方法不同，音色也就不一样。第三，共鸣器的不同。念"b"气流从口腔通过，念"m"气流由鼻腔通过，这样就形成了不同的音色。

(二)语音的生理属性

语音是由人的发音器官发出来的。发音器官的部位及其活动方法决定了语音的区别。人除了用喉头和声带发音以外，还有动力器官和共鸣器官。人的发音器官可以分为三大部分。

1. 肺和气管

肺是呼吸器官的中心，也是发音的动力站。由肺部呼出的气流，通过支气管、气管到达喉头，作用于声带、咽腔、口腔、鼻腔等，经过这些发音器官的调节，从而发出不同的声音。

2. 喉头和声带

喉头由甲状软骨、环状软骨和两块杓状软骨构成，下通气管，上接咽腔，呈圆筒状。声带位于喉头中间，它是两片富有弹性的带状薄膜，前端连接甲状软骨，后端连在杓状软骨上。两片带状薄膜之间的空隙叫声门。由于肌肉的松弛紧缩和杓状软骨的活动，声带可以放松或拉紧，从而使声门或开或闭。从肺部呼出的气流通过声门使声带振动发出声音。

3. 口腔和鼻腔

口腔和鼻腔是发音的共鸣器。口腔的后面是咽头。咽头是"三岔口"，下通喉头，前通口腔，上通鼻腔，在发音时也能起共鸣作用。口腔是主要的共鸣器，分上下两部分，上面部分包括上唇、上齿、齿龈、硬腭、软腭、小舌等，下面部分包括下唇、下齿和舌头。舌是口腔里最重要的灵活自如的器官，它可分舌尖、舌叶、舌面三部分。舌尖位于舌头的最前端。舌头自然平伸时，舌尖后面与齿龈相对的部分是舌叶。舌叶之后的部分叫舌面。舌面相对于软腭的部分叫舌根。鼻腔位于口腔上方，靠软腭和小舌隔开。当软腭和小舌上升抵住咽壁时，鼻腔通道堵塞，气流从口腔流出，这时发出的音叫口音；当软腭和小舌下垂时，口腔闭塞，气流完全从鼻腔流出，这时发出的音叫鼻音；如果口腔无阻塞，气流同时从口鼻腔呼出，这时发出的音叫鼻化音。鼻腔的作用是使声音产生共鸣，要发出不同的鼻音，需要唇、舌、齿龈、硬腭、软腭、小舌、声带等共同参与。图1-1 所示是口腔和鼻腔示意图。

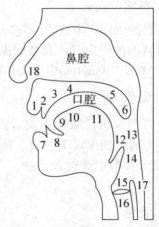

图1-1　口腔和鼻腔示意图

1—上唇；2—上齿；3—齿龈；4—硬腭；
5—软腭；6—小舌；7—下唇；8—下齿；
9—舌尖；10—舌面；11—舌根；12—咽腔；
13—咽壁；14—喉盖；15—声带；
16—气管；17—食道；18—鼻孔

(三)语音的社会属性

语言的意义要靠声音表示。用什么样的语音形式表示什么样的语义是由社会约定俗成的。同是"花"这个意义，汉语普通话用 huā 这个声音来表示，而英语用的是 flower。就是同一种语言的不同方言，语音和语义的联系也经常由于社会

历史的原因而有所不同，如北京话与江淮方言"二"的读音就不完全相同。

语音的社会属性还表现在语音的系统性上。如：有哪些音，没有哪些音；哪些音能与哪些音相拼，不能与哪些音相拼；哪些音能区别意义，哪些音不能区别意义等。如 n 和 l 在普通话中是两个不同的语音单位，有区别意义的作用，但在江淮方言中却无区别意义的作用。从物理和生理的角度来看是相同的语音现象，在不同的语音系统中可能有不同的作用，这说明语音不是单纯的物理或生理现象，语音还有社会属性。

二、语音学的基本概念

(一)音节、音素、音位

这是一组关于语音单位的概念。

1. 音节

音节是语音结构的基本单位，也是自然感到的最小语音片断。在一连串的语流中，听觉上最容易分辨出来的语音单位就是音节。从生理上看，每发一个音节，发音器官的肌肉，特别是喉部的肌肉会明显地紧张一次，例如，"快(kuài)"和"酷爱(kù'ài)"，二者的构成成分都相同，但"快"发音时，肌肉只紧张一次，在听觉上很容易辨认出是一个音节；"酷爱"发音时，肌肉紧张两次，听起来是两个音节。通常，一个汉字的读音就是一个音节，比如"大"的读音是一个音节，"满天星"的读音是三个音节。但也有两个汉字的读音表示一个音节的，这就是儿化词，如"画儿"(huàr)，"鸟儿"(niǎor)。

普通话常用音节 400 多个，配上声调(不包括儿化音节)约 1250 个。

2. 音素

音素是从音色角度划分出来的最小语音单位。一个音节，如果按音色的不同去进一步切分，得出的最小单位就是音素。例如，"换(huan)"可划分出 h、u、a、n 四个音素。一个音节可以由几个音素(最多四个)构成，也可以由一个音素构成。例如，"殿(dian)"是由四个音素构成，"额(e)"是由一个音素构成。

3. 音位

音位是一个语音系统中能够区别意义的最小语音单位。在一种语言或方言里，人们发出的音很多，其中有的可以区别意义，有的不能区别意义，可以忽略不计。例如，普通话中"坝(bà)""怕(pà)"区别意义不同是由于 b 和 p 这一对辅音音色上的差别，因此 b、p 应该归纳为两个音位。"拿(ná)""年(nián)""莽(mǎng)"中的 a 实际是三个不同的元音，但这三个元音音色上的差别不会引起词义的改变，人们实际上总把它们看作一个单位，归纳到一个音位中。

音素与音位都是最小的语音单位，但划分标准不同。音素是从音色的角度划分出来的一个个最单纯的音，音位则是从辨义的角度归纳出来的一个个最小的音类；音素可以脱离语言系统进行分析，音位一定要以某种语言或方言的音系为分析基础。

(二)元音与辅音

这是对音素进行分类得出的一对概念。

音素可以分为元音和辅音两大类。元音是气流振动声带，在口腔、咽头没有受到阻碍而形成的一类音素，如 a、o、i、u 等。辅音是气流在口腔或咽头受到阻碍而形成的一类音素，如 b、k、z、h 等。

元音和辅音的不同主要表现在以下四个方面。

(1) 发元音时，气流通过咽头、口腔不受阻碍；发辅音时，气流通过咽头、口腔一般要受到某部位的阻碍。这是元音和辅音最主要的区别。

(2) 发元音时，发音器官各部分均衡紧张；发辅音时，形成阻碍的部位特别紧张。

(3) 发元音时，气流较弱；发辅音时，气流较强。

(4) 发元音时，声带振动；发辅音时，声带有时振动，有时不振动。

(三)声母、韵母、声调

这是中国传统的音韵学分析汉语音节结构所用的一组概念。

声母是指音节开头的辅音。例如"缴"这个音节的声母是 j。有的音节不是辅音开头，这种音节被称为零声母音节，如"讹(é)"等。

韵母是指音节中声母后面的部分。例如"抓(zhuā)"这个音节的韵母是 ua。零声母音节整个由韵母构成。

元音、辅音和声母、韵母是从不同的角度分析语音得出来的概念。元音、辅音是音素的分类，适用于一切语言；声母、韵母是对汉语的音节进行分析得出的概念，只适用于汉语和与汉语有相同的音节结构的语言。在普通话中，声母都是由辅音充当的，韵母主要由元音来充当，有的韵母中也有辅音，但只限于 n 和 ng。

声调是指音节中具有区别意义作用的音高变化。例如"砰(pēng)"是高平的，"鹏(péng)"是往上升的，"捧(pěng)"是先降后升的，"碰(pèng)"是高降的，这四个字的声母和韵母都相同，只是因为音高变化形式不一样，意义也就不同。

普通话有 21 个辅音声母和 1 个零声母，39 个韵母，4 个声调。

思考与训练

1. 什么是普通话？
2. 什么是普通话水平测试？
3. 了解《普通话水平测试等级标准(试行)》。
4. 朗读本章提供的普通话水平测试样卷。
5. 理解音高、音强、音长、音色的概念。

第二章 普通话声母的发音及其辨正

【学习目标】

本章主要介绍普通话声母的构成、分类、发音方法及声母辨正方法。学生通过学习与训练能够准确发音、正确辨音，纠正方言声母。

【重点难点】

- 声母的发音部位。
- 声母的发音方法。
- 舌尖前音声母 z、c、s 与舌尖后音声母 zh、ch、sh 的辨正。
- 鼻音声母 n 与边音声母 l 的辨正。
- 唇齿音声母 f 与舌根音声母 h、舌尖后音声母 sh 的辨正。
- 舌面音声母 j、q、x 与舌尖后音声母 zh、ch、sh 和舌尖前音声母 z、c、s 的辨正。

第一节 声母的发音

一、声母的构成

普通话语音系统共有 22 个声母，其中辅音声母 21 个，零声母 1 个。

(一)辅音声母

普通话有 21 个辅音声母，发音时气流通过口腔或鼻腔要受到阻碍，通过克服阻碍而发出声音。

(二)零声母

零声母是指声母的零形式，即一个音节开头没有辅音，也就是没有声母。

在汉语拼音拼式中，用隔音字母 y 代表齐齿呼、撮口呼韵母单独构成音节的零声母，w 代表合口呼韵母单独构成音节的零声母。开口呼零声母汉语拼音没有用字母表示。

二、声母的分类

(一)按发音部位分类

声母的发音部位是指声母发音时气流在口腔中受到阻碍的位置。按发音部位分类，普通话的 21 个辅音声母可以分为三大类 7 小类。

1. 唇音

以双唇为主要发音器官，主要有下述两类。

(1) 双唇音：由上唇和下唇构成阻碍而形成的音，有 3 个：b、p、m。

(2) 唇齿音：由下唇和上齿构成阻碍而形成的音，有 1 个：f。

2. 舌尖音

以舌尖为主要发音器官，有下述三类。

(1) 舌尖前音(平舌音)：由舌尖和上齿背构成阻碍而形成的音，有 3 个：z、c、s。

(2) 舌尖中音：由舌尖和上齿龈构成阻碍而形成的音，有 4 个：d、t、n、l。

(3) 舌尖后音(翘舌音)：舌尖翘起和硬腭构成阻碍而形成的音，有 4 个：zh、ch、sh、r。

3. 舌面音

以舌面为主要发音器官，有下述两类。

(1) 舌面前音：由舌面前部和硬腭前部构成阻碍而形成的音，有 3 个：j、q、x。

(2) 舌面后音(舌根音)：由舌根和软腭构成阻碍而形成的音，有 3 个：g、k、h。

(二)按发音方法分类

声母的发音方法是指声母发音时喉头、口腔和鼻腔节制气流的方式和状况。可以从阻碍的方式、气流的强弱、声带颤动与否三个方面来观察。

1. 看阻碍的方式

根据发音时气流克服阻碍(形成阻碍和解除阻碍)的不同方式，普通话的 21 个辅音声母可以分为下述 5 类。

(1) 塞音。发音时，发音部位形成闭塞，软腭上升，堵塞鼻腔通路，积蓄的气流冲破阻碍，迸裂而出，爆发成声。普通话中有 6 个塞音：b、p、d、t、g、k。

(2) 擦音。发音时，发音部位接近，留下窄缝，软腭上升，堵塞鼻腔通路，气流从窄缝中间挤出，摩擦成声。普通话中有 6 个擦音：f、s、sh、r、x、h。

(3) 塞擦音。以"塞音"开始，以"擦音"结束。"塞"与"擦"同部位，"塞音"的除阻阶段和"擦音"的成阻阶段融为一体。发音时，发音部位先形成闭塞，软腭上升，堵塞鼻腔通路，然后气流将阻塞部位冲开一条窄缝，气流从窄缝中间挤出，摩擦成声。普通话中有 6 个塞擦音：z、c、zh、ch、j、q。

(4) 边音。发音时，舌尖和上齿龈稍后的部位接触，软腭上升，堵塞鼻腔通路，声带振动，气流从舌头两边与上腭两侧、两颊内形成的夹缝中通过而成声。普通话中只有 1 个边音：l。

(5) 鼻音。发音时，口腔中的发音部位完全闭塞，软腭下降，打开鼻腔通路，气流颤动声带，从鼻腔通过发音。普通话中共有 3 个鼻音，其中声母有 2 个：m、n，还有 1 个 ng 专做带鼻音韵母的韵尾。

2. 看气流的强弱

根据气流的强弱，可将塞音和塞擦音声母分为两类。

(1) 不送气音。发音时，呼出的气流较弱。普通话中有 6 个：b、d、g、j、zh、z。

(2) 送气音。发音时，呼出的气流较强。普通话中有 6 个：p、t、k、q、ch、c。

3. 看声带颤动与否

根据声带是否振动，可将声母分为清浊两类。

(1) 清音。气流呼出时，声带不颤动，发出的音不响亮。普通话中有 17 个：b、p、f、d、t、g、k、h、j、q、x、zh、ch、sh、z、c、s。

(2) 浊音。气流呼出时，颤动声带，发出的音比较响亮。普通话中有 4 个：m、n、l、r。

三、声母发音分析

(一)唇音发音分析

1. 双唇音的发音

b [p]　双唇、不送气、清、塞音(双唇音、不送气音、清音、塞音的简称，以下类推)。

发音时，双唇闭合，软腭上升，堵塞鼻腔通道；声带不颤动；较弱的气流冲破双唇的阻碍，迸裂而出，爆发成声。例如：

颁布 bānbù、碧波 bìbō、宝贝 bǎobèi

p [p']　双唇、送气、清、塞音。

发音情况和 b 只有一点不同，即从肺部呼出一股较强的气流，从阻碍的部位爆发成声。例如：

偏僻 piānpì、澎湃 péngpài、批评 pīpíng

m[m]　双唇、浊、鼻音。

发音时，双唇闭合，软腭下降，打开鼻腔通路；气流振动声带，同时到达口腔和鼻腔；气流在口腔受到双唇的阻碍，便从鼻腔透出形成鼻音。例如：

美满 měimǎn、眉目 méimù、牧民 mùmín

2. 唇齿音的发音

f [f]　唇齿、清、擦音。

发音时，下唇接近上齿，形成窄缝；软腭上升，堵塞鼻腔通路；声带不颤动；气流从唇齿间的窄缝中挤出，摩擦成声。例如：

发愤 fāfèn、丰富 fēngfù、反复 fǎnfù

(二)舌尖音发音分析

1. 舌尖前音的发音

z [ts]　舌尖前、不送气、清、塞擦音。

发音时，舌尖轻轻抵住上齿背；软腭上升，堵塞鼻腔通道；声带不颤动；较弱的气流将舌尖与上齿背形成的阻碍冲开一道窄缝，并从中挤出，摩擦成声。例如：

自尊 zìzūn、总则 zǒngzé、罪责 zuìzé

c [ts']　舌尖前、送气、清、塞擦音。

发音情况和 z 只有一点不同，即从肺部呼出一股较强的气流，从阻碍的部位挤出，摩擦成声。例如：

苍翠 cāngcuì、催促 cuīcù、措辞 cuòcí

s [s] 舌尖前、清、擦音。

发音时，舌尖接近上齿背，形成间隙；软腭上升，堵塞鼻腔通道；声带不颤动；气流从阻塞部位的间隙中摩擦通过而成声。例如：

思索 sīsuǒ、色素 sèsù、瑟缩 sèsuō

2. 舌尖中音的发音

d [t] 舌尖中、不送气、清、塞音。

发音时，舌尖抵住上齿龈；软腭上升，堵塞鼻腔通道；声带不颤动；较弱的气流冲破舌尖的阻碍，迸裂而出，爆发成声。例如：

担当 dāndāng、当代 dāngdài、导弹 dǎodàn

t [tʻ] 舌尖中、送气、清、塞音。

和 d 发音情况只有一点不同，即从肺部呼出一股较强的气流，冲破阻碍，爆发成声。例如：

探讨 tàntǎo、体贴 tǐtiē、淘汰 táotài

n [n] 舌尖中、浊、鼻音。

发音时，舌尖抵住上齿龈；软腭下降，打开鼻腔通道；气流振动声带，从鼻腔通过发音。例如：

能耐 néngnài、牛奶 niúnǎi、南宁 nánníng

l [l] 舌尖中、浊、边音。

发音时，舌尖抵住上齿龈的后部，软腭上升，堵塞鼻腔通道；气流振动声带，气流从舌头两边与上腭两侧通过而成声。例如：

浏览 liúlǎn、轮流 lúnliú、流利 liúlì

3. 舌尖后音的发音

zh [tʂ] 舌尖后、不送气、清、塞擦音。

发音时，舌尖上翘，抵住硬腭前端；软腭上升，堵塞鼻腔通道；声带不颤动；较弱的气流将阻碍冲开一道窄缝，从中挤出，摩擦成声。例如：

住宅 zhùzhái、壮志 zhuàngzhì、辗转 zhǎnzhuǎn

ch [tʂʻ] 舌尖后、送气、清、塞擦音。

和 zh 的发音情况只有一点不同，即从肺部呼出一股较强的气流，将阻碍冲开一道窄缝，从中挤出，摩擦成声。例如：

充斥 chōngchì、长城 chángchéng、出产 chūchǎn

sh [ʂ] 舌尖后、清、擦音。

发音时，舌尖上翘，接近硬腭前端，形成窄缝；软腭上升，堵塞鼻腔通道；声带不颤动；气流从阻塞部位的间隙中摩擦通过而成声。例如：

闪烁 shǎnshuò、山水 shānshuǐ、舒适 shūshì

r [ʐ] 舌尖后、浊、擦音。

发音情况和 sh 相近，不同的是声带颤动，摩擦较轻。例如：

柔软 róuruǎn、荣辱 róngrǔ、荏苒 rěnrǎn

(三)舌面音发音分析

1. 舌面前音的发音

j [tɕ] 舌面前、不送气、清、塞擦音。

发音时，舌面前部贴紧硬腭前部；软腭上升，堵塞鼻腔通道；声带不颤动；较弱的气流将阻碍冲开一道窄缝，从中挤出，摩擦成声。例如：

交际 jiāojì、嘉奖 jiājiǎng、结晶 jiéjīng。

q [tɕ'] 舌面前、送气、清、塞擦音。

和 j 的发音情况只有一点不同，即从肺部呼出一股较强的气流将阻碍冲开一道窄缝，从中挤出，摩擦成声。例如：

确切 quèqiè、亲切 qīnqiè、崎岖 qíqū

x [ɕ] 舌面前、清、擦音。

发音时，舌面前部接近硬腭前部，形成适度的间隙；软腭上升，堵塞鼻腔通道；声带不颤动；气流从舌面前部与硬腭前部形成的间隙中摩擦通过而成声。例如：

雄心 xióngxīn、休息 xiūxi、虚心 xūxīn

2. 舌面后音的发音

g[k] 舌面后、不送气、清、塞音。

发音时，舌面后部抵住软腭；软腭后部上升，堵塞鼻腔通道；声带不颤动；较弱的气流冲破阻碍，爆发成声。例如：

光顾 guānggù、桂冠 guìguān、改革 gǎigé

k [k'] 舌面后、送气、清、塞音。

和 k 的发音情况只有一点不同，即从肺部呼出一股较强的气流，冲破阻碍，爆发成声。例如：

刻苦 kèkǔ、慷慨 kāngkǎi、开垦 kāikěn

h [x] 舌面后、清、擦音。

发音时，舌面后部接近软腭，形成间隙；软腭上升，堵塞鼻腔通道；声带不颤动。气流从形成的间隙中透出，摩擦成声。例如：

航海 hánghǎi、欢呼 huānhū、辉煌 huīhuáng

四、声母发音训练

b[p]

白布 báibù	板报 bǎnbào	版本 bǎnběn	报表 bàobiǎo
北边 běibiān	卑鄙 bēibǐ	步兵 bùbīng	辨别 biànbié

p[p']

爬坡 pápō	排炮 páipào	评判 píngpàn	匹配 pǐpèi
偏旁 piānpáng	铺排 pūpái	拼盘儿 pīnpánr	乒乓 pīngpāng

m[m]

埋没 máimò	买卖 mǎimai	麦苗 màimiáo	盲目 mángmù
眉毛 méimao	美妙 měimiào	门面 ménmiàn	面貌 miànmào

f[f]

发放 fāfàng	肺腑 fèifǔ	方法 fāngfǎ	非凡 fēifán
风范 fēngfàn	吩咐 fēn·fù	奋发 fènfā	纷繁 fēnfán

z[ts]

栽赃 zāizāng	藏族 zàngzú	曾祖 zēngzǔ	自足 zìzú
宗族 zōngzú	走卒 zǒuzú	祖宗 zǔzōng	枣子 zǎo·zi

c[ts']

猜测 cāicè	残存 cáncún	仓促 cāngcù	草丛 cǎocóng
参差 cēncī	层次 céngcì	从此 cóngcǐ	粗糙 cūcāo

s[s]

洒扫 sǎsǎo	四散 sìsàn	撕碎 sīsuì	瑟缩 sèsuō
松散 sōngsǎn	三思 sānsī	诉讼 sùsòng	琐碎 suǒsuì

d[t]

大地 dàdì	带动 dàidòng	电灯 diàndēng	单独 dāndú
定点 dìngdiǎn	道德 dàodé	等待 děngdài	地点 dìdiǎn

t[t']

抬头 táitóu	谈吐 tántǔ	探听 tàntīng	梯田 tītián
体统 tǐtǒng	天坛 tiāntán	跳台 tiàotái	铁塔 tiětǎ

n[n]

奶牛 nǎiniú	忸怩 niǔní	男女 nánnǚ	恼怒 nǎonù
袅娜 niǎonuó	泥泞 nínìng	泥淖 nínào	扭捏 niǔniē

l[l]

冷落 lěngluò	来历 láilì	劳累 láolèi	老练 lǎoliàn
理论 lǐlùn	力量 lì·liàng	嘹亮 liáoliàng	联络 liánluò

zh[tʂ]

真正 zhēnzhèng	政治 zhèngzhì	郑重 zhèngzhòng	制止 zhìzhǐ
种植 zhòngzhí	专政 zhuānzhèng	专职 zhuānzhí	主张 zhǔzhāng

ch[tʂ']

拆除 chāichú	铲除 chǎnchú	出差 chūchāi	超产 chāochǎn
车床 chēchuáng	城池 chéngchí	驰骋 chǐchěng	抽查 chōuchá

sh[ʂ]

伤势 shāngshì	上山 shàngshān	神圣 shénshèng	深水 shēnshuǐ
声势 shēngshì	史诗 shǐshī	事实 shìshí	手术 shǒushù

r[z]

忍让 rěnràng	仍然 réngrán	容忍 róngrěn	如若 rúruò
柔韧 róurèn	扰攘 rǎorǎng	柔弱 róuruò	软弱 ruǎnruò

j[tɕ]

积极 jījí	坚决 jiānjué	讲解 jiǎngjiě	交换 jiāohuàn
季节 jìjié	拒绝 jùjué	紧急 jǐnjí	进军 jìnjūn

q [tɕ‘]

请求 qǐngqiú	齐全 qíquán	弃权 qìquán	恰巧 qiàqiǎo
铅球 qiānqiú	轻巧 qīngqiǎo	亲戚 qīn·qi	情趣 qíngqù

x[ɕ]

现象 xiànxiàng	想象 xiǎngxiàng	习性 xíxìng	喜讯 xǐxùn
下乡 xiàxiāng	相信 xiāngxìn	行星 xíngxīng	学习 xuéxí

g[k]

故宫 gùgōng	高贵 gāoguì	公共 gōnggòng	巩固 gǒnggù
骨干 gǔgàn	观光 guānguāng	规格 guīgé	国歌 guógē

k[k‘]

开课 kāikè	宽旷 kuānkuàng	旷课 kuàngkè	苛刻 kēkè
可靠 kěkào	困苦 kùnkǔ	空旷 kōngkuàng	宽阔 kuānkuò

h[x]

含混 hánhùn	花卉 huāhuì	荷花 héhuā	合伙 héhuǒ
呼唤 hūhuàn	浩瀚 hàohàn	缓和 huǎnhé	黄河 Huáng Hé

第二节　声 母 辨 正

从声母系统来看，各地方言与普通话有出入的地方主要表现在：舌尖前音 z、c、s 与舌尖后音 zh、ch、sh 不分；鼻音 n 与边音 l 不分；唇齿音 f 与舌根音 h、舌尖后音 sh 不分；另外，舌面音 j、q、x 与舌根音 g、k、h 不分，与 z、c、s 不分，与 zh、ch、sh 不分等。

一、区分舌尖前音 z、c、s 与舌尖后音 zh、ch、sh、r

(一)辨正方法

1. 分辨发音部位的不同

这两组声母的发音区别是由发音部位造成的，因而辨正方法首先是找准各自的发音部位。舌尖前音的发音部位是舌尖和上齿背，发音时舌尖平伸，抵住或接近上齿背。舌尖后音的发音部位是舌头前部和硬腭的最前端，发音时，舌尖翘起，抵住或接近硬腭前部。

2. 利用声旁字进行类推

现代汉字有 80%以上是形声字，可以利用其声旁来进行类推。如：

曾 zēng：①增憎缯罾④赠甑(①②③④分别表示阴阳上去四声，下同)

次 cì：②茨瓷 zī①资姿咨谘粢趑④恣

召 zhào：①招昭③沼④照诏　chao①怊　shao②韶苕④绍邵劭

申 shēn：①伸砷绅呻②神③审④胂　chen①抻

3. 利用声韵配合规律

(1) 舌尖前音声母 z、c、s 不与 ua、uai、uang这三个韵母相拼，而舌尖后音声母 zh、ch、sh 则可以。

(2) 舌尖后音声母 sh 不拼 ong这个韵母，而舌尖前音声母 s 则可。

4. 采取记少不记多的方法加强记忆

比较而言，在普通话中，舌尖前音 z、c、s 声母的字少，而舌尖后音 zh、ch、sh 声母的字多(据统计，普通话平翘舌声母常用字约 900 个，其中翘舌音占 70%)。在记忆时，可重点记忆 z、c、s 声母的字。如：

(1) 贼作祟，私自钻，凑足罪，总送死。

(2) 曹叟搓操索，孙子坐在左。

此次最粗糙，匆匆总搓错。

(3) 姊随嫂，操作早。曾撕笋，才擦灶。

催锁仓，速采桑。蚕丝卒，村子足。

(4) 臧僧宿草寺，岁岁自洒扫。

择粟做素餐，松侧栽松枣。

5. 普通话中没有[z]声母

方言中读[z]声母的字需改读普通话 r 声母。

(二)辨正训练

1. 声母和词语练习

zh-z	渣滓 zhāzǐ	长子 zhǎngzǐ	沼泽 zhǎozé	振作 zhènzuò
	正在 zhèngzài	制造 zhìzào	种族 zhǒngzú	铸造 zhùzào
	追踪 zhuīzōng	准则 zhǔnzé	主宰 zhǔzǎi	著作 zhùzuò
z-zh	在职 zàizhí	载重 zàizhòng	赞助 zànzhù	杂志 zázhì
	增长 zēngzhǎng	自传 zìzhuàn	宗旨 zōngzhǐ	组织 zǔzhī
	诅咒 zǔzhòu	罪状 zuìzhuàng	作者 zuòzhě	佐证 zuǒzhèng
ch-c	差错 chācuò	唱词 chàngcí	陈醋 chéncù	车次 chēcì
	尺寸 chǐcùn	揣测 chuǎicè	船舱 chuáncāng	冲刺 chōngcì
	筹措 chóucuò	纯粹 chúncuì	蠢材 chǔncái	出操 chūcāo
c-ch	财产 cáichǎn	裁处 cáichǔ	彩绸 cǎichóu	餐车 cānchē
	残春 cánchūn	仓储 cāngchǔ	操持 cāochí	草创 cǎochuàng
	磁场 cíchǎng	辞呈 cíchéng	促成 cùchéng	错处 cuòchù
sh-s	膳宿 shànsù	上司 shàngsī	哨所 shàosuǒ	深思 shēnsī
	伸缩 shēnsuō	神色 shénsè	生死 shēngsǐ	绳索 shéngsuǒ
	胜诉 shèngsù	失散 shīsàn	世俗 shìsú	输送 shūsòng
s-sh	桑葚 sāngshèn	扫射 sǎoshè	四十 sìshí	死水 sǐshuǐ
	松鼠 sōngshǔ	算术 suànshù	私塾 sīshú	宿舍 sùshè

	素食 sùshí	岁数 suì·shu	损伤 sǔnshāng	唆使 suōshǐ
r-z	让座 ràngzuò	绕组 ràozǔ	认罪 rènzuì	融资 róngzī
z-r	早日 zǎorì	责任 zérèn	滋润 zīrùn	自如 zìrú
r-c	仁慈 réncí	热层 rècéng	容错 róngcuò	如此 rúcǐ
c-r	采认 cǎirèn	残忍 cánrěn	从容 cóngróng	猝然 cùrán
r-s	染色 rǎnsè	肉松 ròusōng	润色 rùnsè	弱酸 ruòsuān
s-r	色弱 sèruò	丝绒 sīróng	松仁 sōngrén	酥软 sūruǎn

2. 对比辨音练习

主力 zhǔlì	阻力 zǔlì	支援 zhīyuán	资源 zīyuán
志愿 zhìyuàn	自愿 zìyuàn	照旧 zhàojiù	造就 zàojiù
札记 zhájì	杂技 zájì	找到 zhǎodào	早稻 zǎodào
纯货 chúnhuò	存货 cúnhuò	超重 chāozhòng	操纵 cāozòng
木柴 mùchái	木材 mùcái	推迟 tuīchí	推辞 tuīcí
鱼翅 yúchì	鱼刺 yúcì	香椿 xiāngchūn	乡村 xiāngcūn
使命 shǐmìng	死命 sǐmìng	诗人 shīrén	私人 sīrén
师长 shīzhǎng	司长 sīzhǎng	收集 shōují	搜集 sōují
商业 shāngyè	桑叶 sāngyè	山脚 shānjiǎo	三角 sānjiǎo
市郊 shìjiāo	四郊 sìjiāo	树苗 shùmiáo	素描 sùmiáo

3. 绕口令练习

(1) 隔着窗户撕字纸，一次撕下横字纸，一次撕下竖字纸，是字纸撕字纸，不是字纸，不要胡乱撕一地纸。

(2) 杂志社，出杂志，杂志出在杂志社，有政治常识、历史常识、写作指导、诗词注释，还有那植树造林、治理沼泽、栽种花草、生产手册，种种杂志数十册。

(3) 石小四，史肖石，一同来到阅览室。石小四年十四，史肖石年四十。年十四的石小四爱看诗词，年四十的史肖石爱看报纸。年四十的史肖石发现了好诗词，忙递给年十四的石小四，年十四的石小四见了好报纸，忙递给年四十的史肖石。

二、分清鼻音声母 n 和边音声母 l

(一)辨正方法

1. 分辨发音方法的不同

n 是鼻音，发音时，舌尖抵住上齿龈，接触面比 l 略大，舌身放开，舌面铺平，将口腔中的气流通道完全封死。l 是边音，发音时，舌尖依然抵住上齿龈，但接触面比 n 的小，且位置偏后，舌身收紧，收窄，中部下凹，让舌头两侧留出空隙作为气流的通道。练习发 l 时，舌尖要紧抵上齿龈，用力往外喷气，这对于克服 n、l 不分是有益处的，因为舌尖用力可以引起软腭上升，封闭鼻腔通道，以免鼻音出现。

2. 利用声旁字类推

如：宁 níng(nìng)：②柠狞咛聍拧(~毛巾)③拧(~螺丝)④拧(脾气~)泞

龙 lóng：②笼聋茏咙泷珑栊胧砻③垄拢陇笼

声旁的声母为g、j的字是l声母。例如：烙洛路络酪露裸蓝滥凉晾谅。

声旁的声母为zh、ch的字是n声母。例如：扭钮拈黏碾。

声旁的声母为r的字声母是n。例如：诺匿溺。

3. 利用声韵配合规律

(1) n一般不拼韵母in，如果韵母读in，声母很可能是l。如"林淋琳啉霖临邻磷麟嶙遴辚膦瞵粼廪懔檩凛蔺躏"等声母均为l，例外字只有一个"您(nín)"。

(2) n一般不拼韵母ou、ia、uen。如，一个音节如果韵母读ou，声母很可能是l。像"漏娄楼偻蒌喽髅耧搂篓嵝镂瘘"等字声母均为l，例外字只有一个"耨(nòu)"。

4. 采取记少不记多的方法强化记忆

相比较而言，鼻音n声母的字较少，因而可以把记忆的重点放在记n声母的字上，如：
(1) 女弄泥泞男捏鸟，你娘恼怒撵你恼。
(2) 农奴怒难耐，哪能拿牛奶？

(二)辨正练习

1. 声母和词语练习

n—l	农林 nónglín	耐劳 nàiláo	能量 néngliàng	年龄 niánlíng
	鸟类 niǎolèi	能力 nénglì	暖流 nuǎnliú	内陆 nèilù
	努力 nǔlì	女郎 nǚláng	那里 nàlǐ	农历 nónglì
l—n	烂泥 lànní	老农 lǎonóng	岭南 lǐngnán	冷凝 lěngníng
	冷暖 lěngnuǎn	历年 lìnián	连年 liánnián	两难 liǎngnán
	林农 línnóng	凌虐 língnüè	留念 liúniàn	落难 luònàn

2. 对比辨音练习

男女 nánnǚ	褴褛 lánlǚ	恼怒 nǎonù	老路 lǎolù
年级 niánjí	连级 liánjí	浓重 nóngzhòng	隆重 lóngzhòng
南京 nánjīng	蓝鲸 lánjīng	牛劲 niújìn	流尽 liújìn
女客 nǚkè	旅客 lǚkè	无奈 wúnài	无赖 wúlài

3. 绕口令练习

(1) 柳林镇有个六号楼，刘老六住在六号楼。有一天，来了牛老六，牵了六只猴；来了侯老六，拉了六头牛；来了仇老六，提了六篓油；来了尤老六，背了六匹绸。牛老六、侯老六、仇老六、尤老六，住上刘老六的六号楼，半夜里，牛抵猴，猴斗牛，撞倒了仇老六的油，油坏了尤老六的绸。牛老六帮仇老六收起油，侯老六帮尤老六洗掉绸上油，拴好牛，看好猴，一同上楼去喝酒。

(2) 牛郎恋刘娘，刘娘念牛郎，牛郎牛年恋刘娘，刘娘年年念牛郎。郎恋娘来娘念

郎，念娘恋娘，念郎恋郎，念恋娘郎。

(3) 蓝教练是女教练，吕教练是男教练，蓝教练不是男教练，吕教练不是女教练。

蓝南是男篮主力，吕楠是女篮主力，吕教练在男篮训练蓝南，蓝教练在女篮训练吕楠。

三、分清唇齿音声母 f 与舌根音声母 h

湘、赣、闽、粤、客家等方言都不能清楚区分声母 f 和 h，江淮方言、西南方言等也存在 f 和 h 混读的现象。

(一)辨正方法

1. 分辨发音部位的不同

f、h 的发音方法相同，都是清擦音，其区别是发音部位的不同。f 的发音部位是上齿和下唇，h 的发音部位是舌面后(舌根)和软腭。

2. 利用声旁字类推

如：孚 fú：孵稃浮俘郛莩桴蜉　　　　胡 hú：湖糊瑚葫蝴猢煳鹕醐

声母g与h都是舌根音，声旁是g声母的字一般念 h，不念 f。例如：

工(gōng)：红、虹、鸿、讧

共(gòng)：烘、哄、洪

3. 利用声韵配合规律

在普通话中，f 声母只拼开口呼韵母(韵母不是 i、u、ü，也不是以 i、u、ü 开头的韵母)和合口呼韵母(韵母为 u 或以 u 开头的韵母)中的单韵母 u 外，不拼其他合口呼韵母，即在普通话中没有 fu- 这样的音节，并且 f 声母的字被方言读成 h 声母后，其韵母就由原来的开口呼变成合口呼，标志是原韵母前面添加了一个韵头 u，如普通话的"方法 fāngfǎ"方言读成"huānghuǎ"。正因为如此，当我们辨识被方言读成 h 声母的 f 声母字而加以纠正时，只需要从 h 与合口呼韵母拼成的音节，即 hu- 这样的音节形式中去找，这就大大地缩小了范围，使目标更加集中。另外，ong是合口呼韵母(字母 o 的实际音值是 u)，方言将普通话的 feng 音节因此而读成 hong 音节，如"风 fēng"读成"烘 hōng"的音。辨正时，要注意把方言读 hong 音节字中的 feng 音节字找出来。

4. 采取记少不记多的方法加强记忆

相比较而言，f 声母的字少，h 声母的字多，因此，应把记忆的重点放在记 f 声母的字上，特别是记 f 声母的声旁字。

(二)辨正训练

1. 声母和词语练习

f—h	发挥 fāhuī	繁华 fánhuá	返航 fǎnháng	饭盒 fànhé
	妨害 fánghài	防护 fánghù	绯红 fēihóng	分化 fēnhuà
	风寒 fēnghán	丰厚 fēnghòu	凤凰 fènghuáng	复活 fùhuó

h－f	海防 hǎifáng	豪放 háofàng	耗费 hàofèi	合法 héfǎ
	何妨 héfáng	横幅 héngfú	后方 hòufāng	洪福 hóngfú
	化肥 huàféi	焕发 huànfā	恢复 huīfù	伙房 huǒfáng

2. 对比辨音练习

发布 fābù	花布 huābù	发凡 fāfán	花环 huāhuán
翻腾 fānténg	欢腾 huānténg	反击 fǎnjī	缓机 huǎnjī
犯忌 fànjì	换季 huànjì	房山 fángshān	黄山 Huáng Shān
防毒 fángdú	黄毒 huángdú	放荡 fàngdàng	晃荡 huàngdàng
飞祸 fēihuò	挥霍 huīhuò	飞舞 fēiwǔ	挥舞 huīwǔ
废话 fèihuà	会话 huìhuà	佛宝 fóbǎo	活宝 huóbǎo
佛像 fóxiàng	活像 huóxiàng	富丽 fùlì	互利 hùlì
风干 fēnggān	烘干 hōnggān	幅度 fúdù	弧度 húdù

3. 绕口令练习

(1) 风吹灰飞，灰飞花上花堆灰。风吹花灰灰飞去，灰在风里飞又飞。

(2) 笼子里有三凤，黄凤红凤粉红凤。忽然黄凤啄红凤，红凤反嘴啄黄凤，粉红凤帮啄黄凤。你说是红凤啄黄凤，还是黄凤啄红凤。

(3) 丰丰和芳芳，上街买混纺。红混纺，粉混纺，黄混纺，灰混纺。红花混纺做裙子，粉花混纺做衣裳。穿上衣裳多漂亮，丰丰和芳芳乐得喜洋洋。

四、分清唇齿音声母 f 与舌尖后音声母 sh

有的地方将普通话中 sh 声母与合口呼韵母相拼的字读成 f 声母与开口呼韵母相拼的字，如"水 shuǐ"读成"fěi"，"栓 shuān"读成"fān"等。单韵母 u 不变，如"书 shū"被读成"fū"，"数 shǔ"被读成"fǔ"。在这一地区方言的声母系统中，f 与 sh 都存在，因而发音上是没有困难的。辨正的范围仅限于 sh 声母与合口呼韵母相拼音节，即读 shu-音节形式的字，目标比较集中。

(一)辨正方法

1. 利用声韵配合规律

sh 声母和合口呼韵母相拼的常用汉字仅 50 多个，而 f 声母字却近 130 个(见现代汉语常用字表)，可将辨正的重点放在 sh 声母与合口呼韵母相拼音节的字上，认真记住这些字即可。

2. 利用声旁字进行类推

可以在记 sh 声母与合口呼韵母相拼音节字的基础上记能够类推的声旁字，进一步提高辨正效果。如：

叔 shū：①淑菽　　　术 shù：②秫④述沭　　　率 shuài：①摔④蟀

(二)辨正训练

1. 声母和词语练习

shu-f	抒发 shūfā	书法 shūfǎ	束缚 shùfù	舒服 shūfu
	水肥 shuǐféi	顺风 shùnfēng	说法 shuōfǎ	朔风 shuòfēng
f-shu	发水 fāshuǐ	法术 fǎshù	番薯 fānshǔ	防暑 fángshǔ
	飞鼠 fēishǔ	费水 fèishuǐ	分说 fēnshuō	粉刷 fěnshuā
	丰硕 fēngshuò	风霜 fēngshuāng	服输 fúshū	复述 fùshù
	负数 fùshù	富庶 fùshù	附属 fùshǔ	赋税 fùshuì

2. 对比辨音练习

顺利 shùnlì	奋力 fènlì	刷牙 shuāyá	发芽 fāyá
树叶 shùyè	副业 fùyè	数词 shùcí	副词 fùcí
术语 shùyǔ	赋予 fùyǔ	双向 shuāngxiàng	方向 fāngxiàng
梳子 shū·zi	麸子 fū·zi	叔父 shūfù	夫妇 fūfù
游说 yóushuì	邮费 yóufèi	玩耍 wánshuǎ	玩法 wánfǎ
读书 dúshū	独夫 dúfū	枫树 fēngshù	丰富 fēngfù

五、分清舌面音声母 j、q、x 及舌尖中音声母 d、t 与舌尖前音声母 z、c、s

有的方言将普通话中属 j、q、x 和 d、t 声母与单韵母 i、ü 相拼的字读成 z、c、s 声母，韵母 i、ü 也因此由舌面音变化为舌尖音 -i[ɿ]、ü[ʮ]。如"机器、稀奇、气体、弟弟、提起、聚居、区域、女婿"这些原本读 j、q、x 和 d、t 声母的词在方言里均被读成 z、c、s 声母了。

(一)辨正方法

1. 利用声韵调配合关系

方言中将 j、q、x、d、t 声母读成 z、c、s 声母的现象仅发生在 i、ü 韵母的字中，而且入声字全部排除在外，因为方言中读入声的字不会出现将 j、q、x、d、t 声母读成 z、c、s 的现象，如"积极七漆契夕膝析晰悉蟋昔惜息熄媳席习袭隙滴敌锡踢惕剔局菊曲屈畜蓄旭"等，方言声母仍为 j、q、x、d、t。所以，只需要把目光放在方言中阴平、阳平、上声、去声中的 z、c、s 声母与 -i[ɿ]、ü[ʮ] 相拼的字上，将在普通话中应读 j、q、x、d、t 声母的字分离出来即可。

2. 利用声旁字类推

如：
几 jī(jǐ)：①机肌饥讥叽玑矶③虮麂
其 qí：①期欺②旗棋其淇骐琪祺蜞麒綦　 jī①箕基
希 xī：①稀烯郗浠唏欷
弟 dì：④第递娣睇　ti①梯锑②绨(~袍)鹈④绨(线~)涕剃悌

提 tí：②题缇醍　di①堤

3. 采取记少不记多的方法强化记忆

普通话中 z、c、s 声母和-i[ɿ]相拼音节的字比较少，可将记忆重点放在 zi、ci、si 音节的字上，特别是记这 3 个音节的声旁代表字，缩小记忆范围，效果更佳。

(二)辨正训练

1. 音节和词语练习

ji	基地 jīdì	机器 jīqì	机体 jītǐ	肌体 jītǐ	祭祀 jìsì
qi	棋技 qíjì	契机 qìjī	歧义 qíyì	起疑 qǐyí	气体 qìtǐ
xi	稀奇 xīqí	西医 xīyī	喜气 xǐqì	洗礼 xǐlǐ	细腻 xìnì
di	低级 dījí	底气 dǐqì	抵御 dǐyù	地理 dìlǐ	弟弟 dìdi
ti	梯级 tījí	题壁 tíbì	提议 tíyì	体系 tǐxì	惕厉 tìlì

2. 对比辨音练习

希冀 xījì	私自 sīzì	底细 dǐxì	仔细 zǐxì
地磁 dìcí	字词 zìcí	题记 tíjì	题字 tízì
体制 tǐzhì	此致 cǐzhì	替死 tìsǐ	赐死 cìsǐ

3. 绕口令练习

(1) 司机买雌鸡，仔细看雌鸡，四只小雌鸡，叽叽好欢喜，司机笑嘻嘻。

(2) 出西门走七步，拾到鸡皮补皮裤。是鸡皮补皮裤，不是鸡皮不必补皮裤。

(3) 我家有只肥净白净八斤鸡，飞到张家后院里。张家院有只肥净白净八斤狗，咬了我的肥净白净八斤鸡。　我拿他的肥净白净八斤狗，赔了我的肥净白净八斤鸡。

六、分清舌面音声母 j、q、x 与舌尖后音声母 zh、ch、sh 和舌尖前音声母 z、c、s

有的方言有把普通话中读舌尖后音 zh、ch、sh 声母的字读成舌面前音 j、q、x 声母或舌叶音声母[tʃ] [tʃʻ] [ʃ]及舌尖前音 z、c、s 声母的现象，也有的方言将 z、c、s 声母与合口呼韵母相拼的字读成[tʃ] [tʃʻ] [ʃ]声母。辨正方法如下所述。

1. 学会发舌尖后音声母 zh、ch、sh

对方言区的人来说，首要任务是学会发 zh、ch、sh 这组声母，而发好这组声母的关键是掌握发音部位。zh、ch、sh 的发音部位是舌尖翘起和硬腭构成阻碍。

2. 利用声旁字类推法分离出 zh、ch、sh 声母的字

利用现代汉语常用字表，努力记住普通话中读 zh、ch、sh 声母的字，缩小辨正范围，在辨正过程中再加以声旁类推法，必能提高辨正效果。普通话中读 z、c、s 声母的字不多，利用声旁字类推，也可以帮助把被方言读成 z、c、s 声母的 zh、ch、sh 声母字分离出来。

3. 纠正[ʧ][ʧʻ][ʃ]这样的读音

普通话声母系统里没有[ʧ] [ʧʻ] [ʃ]声母，凡方言读[ʧ] [ʧʻ] [ʃ]的都需要纠正，或改读zh、ch、sh，或改读z、c、s，这要视方言具体情况而定。

七、分清 r 声母和零声母

有的方言将 iong 韵母自成音节的字读成 r 声母，如"用勇永雍庸"等字被读成 rong 这样的音节，而在有的方言中，原本 rong 音节的字被读成 yong 音节，如"容荣融茸戎"等字。

(一)辨正方法

1. 利用声韵调配合规律

在普通话里 rong 音节只有阳平声，凡读阴平、上声、去声的应是零声母音节，例外极少。如：

阴平	yōng	拥痈庸墉慵镛鱅雍臃壅饔邕
阳平	róng	容溶熔蓉榕荣嵘蝾戎绒狨融茸肜
上声	yǒng	永泳咏甬勇恿涌蛹踊俑
去声	yòng	用佣

2. 强记少数例外字和声旁字

违背以上声韵调配合规律的字极少，常用的只有喁(yóng)冗(rǒng)等。

yong音节的声旁字有：永用甬雍。

rong音节的声旁字有：容荣戎。

(二)辨正训练

1. 音节和词语练习

yōng	拥护 yōnghù	痈疽 yōngjū	庸俗 yōngsú	慵困 yōngkùn
	鱅鱼 yōngyú	雍正 Yōngzhèng	臃肿 yōngzhǒng	壅塞 yōngsè
	饔飧 yōngsūn			
yóng	喁喁 yóngyóng			
yǒng	永远 yǒngyuǎn	游泳 yóuyǒng	歌咏 gēyǒng	甬道 yǒngdào
	勇敢 yǒnggǎn	怂恿 sǒngyǒng	涌现 yǒngxiàn	蚕蛹 cányǒng
	踊跃 yǒngyuè	秦俑 qínyǒng		
yòng	用户 yònghù	佣金 yòngjīn		
róng	容貌 róngmào	溶液 róngyè	熔点 róngdiǎn	戎马 róngmǎ
	绒线 róngxiàn	融洽 róngqià	榕树 róngshù	芙蓉 fúróng
	光荣 guāngróng	峥嵘 zhēngróng	蝾螈 róngyuán	鹿茸 lùróng
rǒng	冗杂 rǒngzá			

2. 绕口令练习

小涌勇敢学游泳，勇敢游泳是英雄。

八、分清舌尖后音声母 r 与边音声母 l、齐齿呼零声母音节

吴方言、闽方言、江淮方言和山东方言的部分地区没有 r 声母，凡普通话 r 声母的字，通常读成[l][z][y]声母，或 i、ü开头的零声母字。如福州话把"绒的"读成"聋的"，沈阳话将"人"读成了"银"。

(一)辨正方法

1. 分辨发音部位、发音方法的不同

r 是浊擦音，发音时，舌尖上翘抵住硬腭前部留一小缝，让气流从小缝中摩擦而出，同时声带振动。l 是边音，发音时，舌尖抬起与硬腭前部接触形成阻碍，声带不振动。r 是舌尖后阻音，l 是舌尖中阻音，r 的发音部位要比 l 稍后些。

2. 利用声旁字进行类推

柔 rou：揉糅鞣蹂瑈媃楺煣萘渘腬
容 rong：溶蓉熔榕镕俗俗瑢

3. 采取记少不记多的方法强化记忆

普通话中 r 声母字不多，3500 个常用字中只有 55 个，因此可以先了解哪些字是 r 声母，然后进行换读。

(二)辨正训练

1. 音节和词语练习

r-l	人类 rénlèi	人力 rénlì	认领 rènlǐng	让路 rànglù
	锐利 ruìlì	日历 rìlì	热烈 rèliè	容量 róngliàng
	扰乱 rǎoluàn	热泪 rèlèi	燃料 ránliào	热恋 rèliàn
l-r	落日 luòrì	例如 lìrú	缭绕 liáorào	老人 lǎorén
	利润 lìrùn	猎人 lièrén	烈日 lièrì	了然 liǎorán
	恋人 liànrén	连任 liánrèn	路人 lùrén	礼让 lǐràng

2. 对比辨音练习

乐了 lèle——热了 rèle　　兔笼 tùlóng——兔绒 tùróng　　卤汁 lǔzhī——乳汁 rǔzhī
出路 chūlù——出入 chūrù　　立论 lìlùn——利润 lìrùn　　陆路 lùlù——录入 lùrù

3. 绕口令练习

(1) 日头热，晒人肉，晒得心里好难受。晒人肉，好难受，晒得头上真冒油。

(2) 夏日无日日亦热，冬日有日日亦寒，春日日出天渐暖，晒衣晒被晒褥单，秋日天高复云淡，遥看红日迫西山。

九、防止给零声母音节添加辅音声母

普通话中的零声母字，在一些方言里被读成辅音声母字，如开口呼零声母字"安、

昂、爱、袄"等，读成舌根浊擦音[ɣ]声母，还有读成舌根鼻音 ng[ŋ]声母的；再如合口呼零声母字"温、危、蚊"等，有读唇齿浊擦音 v[v]声母；还有一部分齐齿呼零声母字"研、义、艺、验、业"等，在一些方言里被读成舌尖中鼻音 n 声母或舌面鼻音声母[ȵ]，"眼、咬、哑、鸭"等被读成舌根鼻音 ng[ŋ]声母。

(一)辨正方法

1. 利用声韵配合规律

普通话中没有舌根浊擦音[ɣ]声母、唇齿浊擦音[v]声母以及舌面鼻音声母[ȵ]和舌根鼻音[ŋ]声母音节，凡方言有这种拼法的一律要去掉辅音声母。

2. 利用声旁字类推

零声母齐齿呼音节被方言读成舌尖中鼻音 n 或舌面鼻音[ȵ]声母的，可利用声旁字类推。在普通话里，读 n 声母的字不多，读零声母齐齿呼的字较多，而且方言将零声母齐齿呼音节读成 n 或[ȵ]声母后，韵母基本不变，仍是齐齿呼。如利用声旁字类推时可把重点放在记普通话里的 n 与齐齿呼韵母相拼音节的字上，范围可以大大缩小，有利于记忆。如：

尼 ní：①妮②泥伲坭怩铌③旎④昵。

宁 níng：②拧柠狞咛聍③拧④宁拧泞。

扭 niǔ：①妞③纽钮狃忸。

(二)辨正训练

(1) 开口呼零声母词语(a、o、e 开头)：

ai	哀求 āiqiú	挨近 āijìn	癌症 áizhèng	矮小 ǎixiǎo
	蔼然 ǎirán	爱护 àihù	碍事 àishì	暧昧 àimèi
an	安徽 Ānhuī	氨基 ānjī	谙熟 ānshú	鞍马 ānmǎ
	按钮 ànniǔ	案件 ànjiàn	暗算 ànsuàn	黯然 ànrán
ang	肮脏 āngzāng	昂扬 ángyáng	盎司 àngsī	
ao	凹陷 āoxiàn	熬煎 áojiān	翱翔 áoxiáng	鏖战 áozhàn
	拗口 àokǒu	傲骨 àogǔ	奥妙 àomiào	澳门 Àomén
ou	讴歌 ōugē	欧洲 ōuzhōu	殴打 ōudǎ	呕吐 ǒutù
	偶像 ǒuxiàng	藕粉 ǒufěn	怄气 òuqì	沤肥 òuféi
e	阿谀 ēyú	婀娜 ēnuó	讹诈 ézhà	额角 éjiǎo
	恶心 ěxīn	厄运 èyùn	遏止 èzhǐ	噩梦 èmèng
en	恩情 ēnqíng	摁扣儿 ènkòur		
er	儿童 értóng	而今 érjīn	鸸鹋 érmiáo	尔曹 ěrcáo
	耳垂 ěrchuí	饵料 ěrliào	二胡 èrhú	贰臣 èrchén

(2) 齐齿呼零声母词语(i 开头)：

i	医药 yīyào	贻误 yíwù	遗忘 yíwàng	疑云 yíyún
	艺苑 yìyuàn	抑扬 yìyáng	驿站 yìzhàn	益友 yìyǒu
ia	压轴 yāzhòu	押韵 yāyùn	鸭绒 yāróng	牙齿 yáchǐ
	涯际 yájì	哑剧 yǎjù	雅致 yǎzhì	亚麻 yàmá

ian	赝品 yànpǐn			
iang	央求 yāngqiú	秧田 yāngtián	扬弃 yángqì	阳刚 yánggāng
	养护 yǎnghù	氧化 yǎnghuà	仰慕 yǎngmù	怏然 yàngrán
iao	吆喝 yāohe	妖艳 yāoyàn	邀请 yāoqǐng	尧舜 Yáo-Shùn
	遥远 yáoyuǎn	杳渺 yǎomiǎo	钥匙 yàoshi	耀眼 yàoyǎn
ie	耶稣 Yēsū	椰蓉 yēróng	也是 yěshì	野外 yěwài
	业主 yèzhǔ	夜晚 yèwǎn	液体 yètǐ	谒见 yèjiàn
in	因循 yīnxún	姻缘 yīnyuán	阴暗 yīn'àn	音乐 yīnyuè
	淫威 yínwēi	引诱 yǐnyòu	隐喻 yǐnyù	印证 yìnzhèng
ing	应届 yīngjiè	英姿 yīngzī	盈利 yínglì	迎春 yíngchūn
	影迷 yǐngmí	颖慧 yǐnghuì	应运 yìngyùn	映衬 yìngchèn
iou	幽雅 yōuyǎ	优胜 yōushèng	犹豫 yóuyù	油腻 yóunì
	游览 yóulǎn	友谊 yǒuyì	诱惑 yòuhuò	幼稚 yòuzhì

(3) 合口呼零声母词语(u 开头):

u	乌龟 wūguī	诬陷 wūxiàn	无谓 wúwèi	吴语 wúyǔ
	侮辱 wǔrǔ	舞蹈 wǔdǎo	物理 wùlǐ	雾霭 wù'ǎi
ua	挖潜 wāqián	洼陷 wāxiàn	蛙泳 wāyǒng	娃娃 wá·wa
	瓦解 wǎjiě	佤族 Wǎzú	袜套 wàtào	腽肭 wànà
uai	歪曲 wāiqū	外观 wàiguān		
uan	弯道 wāndào	豌豆 wāndòu	纨绔 wánkù	玩耍 wánshuǎ
	晚年 wǎnnián	婉约 wǎnyuē	万籁 wànlài	腕力 wànlì
uang	汪洋 wāngyáng	王牌 wángpái	枉法 wǎngfǎ	网络 wǎngluò
	惘然 wǎngrán	旺盛 wàngshèng	妄图 wàngtú	望族 wàngzú
uei	微机 wēijī	威风 wēifēng	巍峨 wēi'é	违法 wéifǎ
	围绕 wéirào	维新 wéixīn	猥琐 wěisuǒ	慰问 wèiwèn
uen	温存 wēncún	瘟疫 wēnyì	文化 wénhuà	纹路 wénlù
	闻名 wénmíng	紊乱 wěnluàn	稳健 wěnjiàn	问鼎 wèndǐng
ueng	翁仲 wēngzhòng	蓊郁 wěngyù	瓮城 wèngchéng	蕹菜 wèngcài
uo	莴苣 wōjù	窝藏 wōcáng	蜗牛 wōniú	沃野 wòyě
	卧车 wòchē	握手 wòshǒu	斡旋 wòxuán	龌龊 wòchuò

十、改尖音为团音

声母 z、c、s 跟 i、ü 开头韵母相拼的音叫尖音,声母 j、q、x 跟 i、ü 开头韵母相拼的音叫团音。普通话没有尖音,但在有些汉语方言里还存在"尖音"现象,如"精"读成 zing,"心"读成 sin。普通话学习,应改尖音为团音。

(一)辨正方法

1. 利用声韵配合规律

在普通话语音系统中,z、c、s 声母是不能与 i、ü 开头的韵母相拼的。凡方言里有这

种拼法的应一律将声母改为 j、q、x。

2. 牢记 j、q、x 是舌面音

克服尖音现象的一个重要方法就是发音时始终牢记 j、q、x 是舌面音，是舌面在起作用，而不是舌尖在起作用。发音过程中，舌尖放松，舌面前部用力(紧张)，而不要让舌尖碰到门齿背。

(二)辨正训练

1. 词语练习(有的方言分尖团，普通话不分)

尖＋尖	新鲜 xīnxiān	想象 xiǎngxiàng	情绪 qíngxù	齐全 qíquán
	清静 qīngjìng	湘绣 xiāngxiù	消息 xiāo·xi	聚集 jùjí
	俊俏 jùnqiào	秋千 qiūqiān	详细 xiángxì	亲切 qīnqiè
尖＋团	新兴 xīnxīng	清洁 qīngjié	序曲 xùqǔ	鲜血 xiānxuè
	选举 xuǎnjǔ	进行 jìnxíng	借据 jièjù	小结 xiǎojié
团＋尖	简讯 jiǎnxùn	嘉奖 jiājiǎng	决绝 juéjué	兴趣 xìngqù
	间接 jiànjiē	乡亲 xiāngqīn	经济 jīngjì	季节 jìjié
	曲线 qūxiàn	倾斜 qīngxié	觉醒 juéxǐng	香蕉 xiāngjiāo

2. 对比辨音练习(有的方言分尖团，普通话不分)

急性 jíxìng	即兴 jíxìng	计量 jìliàng	剂量 jìliàng
记事 jìshì	济事 jìshì	交点 jiāodiǎn	焦点 jiāodiǎn
借词 jiècí	介词 jiècí	休业 xiūyè	修业 xiūyè
欢心 huānxīn	欢欣 huānxīn	国计 guójì	国际 guójì

思考与训练

一、思考题

1. 指出 b、p、m、f 的发音部位与发音方法。
2. 比较 j、q、x 与 zh、ch、sh 及 z、c、s 的发音差别。
3. 比较 n 与 l 的发音异同。

二、声母绕口令练习

1. 八百标兵奔北坡，炮兵并排北边跑，炮兵怕把标兵碰，标兵怕碰炮兵炮。

2. 太阳从西往东落，听我唱个颠倒歌。天上打雷没有响，地下石头滚上坡；江里骆驼会下蛋，山里鲤鱼搭成窝；腊月苦热直流汗，六月暴冷打哆嗦；姐在房中手梳头，门外口袋把驴驮。

3. 哥哥过河捉个鸽，回家割鸽来请客，客人吃鸽称鸽肉，哥哥请客乐呵呵。

4. 门口有四辆四轮大马车，你爱拉哪两辆就拉哪两辆。

5. 老姥姥恼姥姥姥姥老恼老姥姥，麻妈妈问妈妈妈妈老问麻妈妈。

6. 老龙恼怒闹老农，老农恼怒闹老龙。农怒龙恼农更怒，龙恼农怒龙怕农。

7. 粉红墙上画凤凰，凤凰画在粉红墙。红凤凰、粉凤凰，红粉凤凰、花凤凰。红凤凰、黄凤凰，红粉凤凰，粉红凤凰，花粉花凤凰。

8. 化肥会挥发，黑化肥发灰，灰化肥发黑，黑化肥发灰会挥发，灰化肥挥发会发黑；黑化肥挥发发灰会花飞；灰化肥挥发发黑会飞花；黑灰化肥会挥发发灰黑讳为花飞；灰黑化肥会挥发发黑灰为讳飞花；黑灰化肥灰会挥发发灰黑讳为黑灰花会飞；灰黑化肥灰会挥发发黑灰为讳飞花化为灰；黑化黑灰化肥灰会挥发发灰黑讳为黑灰花会回飞；灰化灰黑化肥灰会挥发发黑灰为讳飞花回化为灰。

9. 七巷一个漆匠，西巷一个锡匠，七巷漆匠用了西巷锡匠的锡，西巷锡匠用了七巷漆匠的漆。七巷漆匠气西巷锡匠用了漆，西巷锡匠讥七巷漆匠拿了锡。请问锡匠和漆匠，谁拿谁的锡？谁用谁的漆？

10. 四和十、十和四，四十和四十，十四和十四。说好四个数字，全靠舌头和牙齿。谁说四十是"细席"，他的舌头没用力；谁说十四是"实世"，他的舌头没伸直。认真学，常练习，十、四、十四、四十、四十四。

11. 爬来爬去是蚕，飞来飞去是蝉。蚕常在桑叶里藏，蝉藏在树林里唱。

12. 山上住着三老子，山下住着三小子，山腰住着三哥三嫂子。

山下三小子，找山腰三哥三嫂子，借三斗三升酸枣子；

山腰三哥三嫂子，借给山下三小子三斗三升酸枣子。

山下三小子，又找山上三老子，借三斗三升酸枣子；

山上三老子，还没有三斗三升酸枣子，只好到山腰三哥三嫂子，给山下三小子借了三斗三升酸枣子。

过年山下三小子打下酸枣子，还了山腰三哥三嫂子，两个三斗三升酸枣子。

第三章　普通话韵母的发音及其辨正

【学习目标】

本章主要介绍单元音韵母、复元音韵母、带鼻音韵母的发音方法及韵母辨正方法。学生通过学习与训练能够准确发音、正确辨音，纠正方言韵母。

【重点难点】

- 单元音韵母的唇形、舌位。
- 复元音韵母的动程。
- 前后鼻音韵母的差别。

第一节　韵母的发音

普通话中共有 39 个韵母，而汉语拼音方案中的韵母表只列了 35 个，另有 4 个在韵母表下面的说明里作了交代。这 4 个韵母是 ê、er、-i[ʅ]、-i[ɿ]。

一、韵母的构成

(一)韵母的构成形式(见表 3-1)

表 3-1　普通话韵母结构表

例字	韵母结构	韵头 高元音(i u ü)	韵身(也叫韵)		
			韵腹 单元音	韵尾 高元音(i u)	韵尾 鼻辅音(-n -ng)
月	üe	ü	ê		
落	uo	u	o		
乌	u		u		
啼	i		i		
霜	uang	u	a		ng
满	an		a		n
天	ian	i	a		n
勠	iou	i	o	u	
黑	ei		e*	i	

说明：e*为舌面、前、半高、不圆唇元音，国际音标记作[e]。在普通话中不单独作韵母，只出现在复元音韵母 ei 与 uei 中作韵腹，与作单韵母的舌面、后、半高、不圆唇元音 e[ɤ]同属一个音位，/e/音位的条件变体。

从表 3-1 中可以看出，普通话韵母基本上有三种构成形式。

(1) 一个元音构成的，如"乌、啼"的韵母"u、i"；

(2) 两个或三个元音构成的，如"月、落、黝、黑"的韵母"üe、uo、iou、ei"；

(3) 元音加辅音构成的，如"霜、满、天"的韵母"uang、an、ian"。

(二)韵母的构成特点

从以上韵母结构表可以看出，韵母的构成有以下特点。

1. 元音是韵母构成的主要成分

在普通话韵母系统中，任何韵母中都不能缺少元音(《新华字典》和《现代汉语词典》收了一些例外字)。

2. 韵腹是韵母的主干

任何韵母都不可以缺少韵腹，充当韵腹的应该是元音，普通话中的 10 个单元音(或其音位变体)都可以充当韵腹。

3. 韵母可以没有韵头或韵尾

充当韵头的只能是高元音 i、u、ü，充当韵尾的只能是高元音 i、u，或鼻辅音 n、ng。

二、韵母的分类

韵母的分类通常按两个标准：一是按韵母内部结构特点分类，二是按发音时口形特点分类。

(一)按韵母内部结构特点分类

根据这个标准，普通话韵母可以分为三类。

(1) 单元音韵母：由一个元音音素构成的韵母。

普通话中共有 10 个：a、o、e、ê、i、u、ü、-i[ʅ]、-i[ɿ]、er。

(2) 复元音韵母：由两个或三个元音构成的韵母。

普通话中共有 13 个：ai、ei、ao、ou、ia、ie、ua、uo、üe、iao、iou、uai、uei。

(3) 带鼻音韵母：由元音加鼻辅音-n 或-ng作韵尾构成的韵母。

普通话中共有 16 个：an、ian、uan、üan、en、in、uen、ün、ang、iang、uang、eng、ing、ueng、ong、iong。

(二)按发音时口形特点分类

根据这个标准，普通话韵母可以分为以下四类。

(1) 开口呼韵母：不是 i、u、ü，也不是以 i、u、ü 作韵头的韵母。

普通话中共有 15 个：a、o、e、ê、er、-i[ʅ]、-i[ɿ]、ai、ei、ao、ou、an、en、ang、eng。

(2) 齐齿呼韵母：i 或以 i 作韵头的韵母。

普通话中共有 9 个：i、ia、ie、iao、iou、ian、in、iang、ing。

(3) 合口呼韵母：u 或以 u 作韵头的韵母。

普通话中共有 10 个：u、ua、uo、uai、uei、uan、uen、uang、ueng、ong。

(4) 撮口呼韵母：ü 或以 ü 作韵头的韵母。

普通话中共有 5 个：ü、üe、üan、ün、iong。

在汉语方言中还存在另一类韵母，就是鼻化韵。鼻化韵是元音鼻化形成的一种韵母，主要是由于发带鼻音韵母在收鼻辅音韵尾时，口腔的气流通道没有完全封闭，致使一部分气流从鼻腔出来，另一部分气流从口腔出来，发出来的韵尾不是纯粹的鼻辅音，而是在元音的基础上带有鼻音色彩，故称鼻化韵。

根据普通话韵母的结构特点和发音时的口形特点，可将普通话 39 个韵母列入以下一览表，如表 3-2 所示。

表 3-2　普通话韵母总表

韵母结构＼口形	开 口 呼	齐 齿 呼	合 口 呼	撮 口 呼
单元音韵母	-i[ɿ]、-i[ʅ]	i[i]	u[u]	ü[y]
	ɑ[A]	iɑ[iA]	uɑ[uA]	
	o[o]			
	e[ɤ]			
	ê[E]	ie[iE]		üe[yE]
	er[ɚ]			
复元音韵母	ai[aɪ]		uai[uaɪ]	
	ei[eɪ]		uei[ueɪ]	
	ao[aʊ]*	iao[iaʊ]		
	ou[əʊ]	iou[iəʊ]		
带鼻音韵母	an[an]	ian[iæn]*	uan[uan]	üan[yæn]*
	en[ən]	in[in]	uen[uən]	ün[yn]
	ang[aŋ]	iang[iaŋ]	uang[uaŋ]	
	eng[ɤŋ]	ing[iŋ]	ueng[uɤŋ]	
			ong[uŋ]*	iong[yŋ]*

说明：*ao、iao 的韵尾实际音值是[ʊ]，所以国际音标记作[aʊ]、[iaʊ]。汉语拼音方案用"o"表示出于三方面的考虑：一是国际音标用[ʊ]记音表示[ʊ]是韵母ao、iao 的发音终点，而作为韵尾的[ʊ]发音比较含混，只是比[o]的发音位置稍高些，用"o"来记音从实践上是能讲过去的；二是为了使字形清楚，用"o"代替"u"可以避免在手写体中 u 与 n 相混，不至于au 与 an 不分；三是为了充分发挥字母"o"的作用，因为在普通话语音系统中，元音[o]的出现频率较低。

*ian、üan 的韵腹采用国际音标[æ]来记音是符合发音实际的，因为这两个韵母的韵头和韵尾的发音位置都比较高，在同化作用下，韵腹由低元音[a]升至次低元音[æ]。

*把 ong[uŋ]放在合口呼、iong[yŋ]放在撮口呼，是传统汉语语音学的归类。汉语拼音方案用 ong、iong表示[uŋ]、[yŋ]，也是为了使字形更清楚，避免手写体u 与 n 相混，并且发挥字母 o 的作用。

三、韵母发音分析

以上三种分类方法与普通话韵母的发音都有密切关系。下面主要根据结构特点来研究普通话韵母的发音。

(一)单元音韵母发音分析

单元音韵母的发音特点是在整个发音过程中，口腔共鸣器的形状始终保持不变。若有改变，发出来的就不是单一元音，而是复合元音。

普通话中共有 10 个单元音韵母，其中舌面元音 7 个：a、o、e、ê、i、u、ü，舌尖元音两个：-i[ʅ]、-i[ʅ]，卷舌元音一个：er。

单元音发音有三个必要条件：一是舌位的前后，二是舌位的高低，三是口形的圆展。这里所讲的"舌位"是指发音时舌面隆起部位的最高点，也叫舌高点。

舌头是口腔中最灵活的发音器官，可前伸可后缩，可上升下落，可平展可卷起，凡此种种均可改变口腔共鸣器的形状，从而形成不同的音色。如果发音时舌面隆起的部位靠前，发出来的就是前元音，普通话中的 i、ü 即是。如果发音时舌面隆起的部位靠后，发出来的就是后元音，普通话中的 u、o 即是。如果发音时舌面隆起的部位离上腭的距离较近，发出来的就是高元音，普通话中的 i、u、ü 均是。高元音又叫闭元音，因为相比较而言，发音时口腔的开口度较小，处于要关闭的状态。如果发音时舌面隆起的部位离上腭的距离较远，发出来的就是低元音，普通话中的 a 即是。低元音又叫开元音，因为发音时口腔的开口度比较大。如果发音时舌尖往后卷，发出来的就是卷舌元音，普通话中的 er 即是。嘴唇也是灵活的发音器官，可向两边咧开，也可向中间聚敛，而这一切都可改变口腔共鸣器的形状，发出不同的声音。嘴角咧开，发的是不圆唇元音，如普通话中 i、e，嘴唇向中间聚敛，发的是圆唇元音，如普通话中的 ü、u、o。下面具体介绍每个韵母的发音。

1. 舌面元音的发音

a[A]　舌面、央、低、不圆唇元音(是舌面音、央元音、低元音的简称，以下类推)。

发音时，口大开，舌尖微离下齿背，舌面中部微微隆起和硬腭后部相对；舌位低；软腭上升，关闭鼻腔通路；气流振动声带，在口腔形成共鸣；展唇。例如"发达 fādá"的韵母a。

o[o]　舌面、后、中、圆唇元音。

发音时，口半闭半开，舌身后缩，舌面后部隆起和软腭相对；舌位介于半高和半低之间；软腭上升，关闭鼻腔通路；气流振动声带，在口腔形成共鸣；唇拢圆。例如"磨破 mópò"的韵母 o。

e[ɤ]　舌面、后、半高、不圆唇元音。

发音时，口半闭，舌身后缩，舌面后部隆起与软腭相对；舌位比 o 略高而偏前；软腭上升，关闭鼻腔通路；气流振动声带，在口腔形成共鸣；展唇。例如"合格 hégé"的韵母 e。

ê[ɛ]　舌面、前、中、不圆唇元音。

发音时，口半开，舌尖前伸抵住下齿背，舌面前部隆起和硬腭相对；舌位介于半低与

半高之间；软腭上升，关闭鼻腔通路；气流振动声带，在口腔形成共鸣；展唇。

ê 通常出现在普通话的复元音韵母 ie、üe 里，而作单元音韵母只能构成零声母音节，并且在普通话中只有一个"欸"字读这个韵母，可有四个声调，分别表达不同的意义。

ê [阴平]　又可读 ei　叹词，表示招呼：~，你快来！

ê [阳平]　又可读 ei　叹词，表示惊讶：~，他怎么走了！

ê [上声]　又可读 ei　叹词，表示不以为然：~，你这话可不对！

ê [去声]　又可读 ei　叹词，表示答应或同意：~，我这就来！

i [i]　舌面、前、高、不圆唇元音。

发音时，口微开，上下齿相对，舌尖前伸接触下齿背，使舌面前部隆起和硬腭前部相对；舌位高；软腭上升，关闭鼻腔通路；气流振动声带，在口腔形成共鸣；嘴角向两边展开，两唇呈扁平状。例如"启迪 qǐdí"的韵母 i。

u[u]　舌面、后、高、圆唇元音。

发音时，口微开，舌头后缩，舌面后部隆起和软腭相对；舌位高；软腭上升，关闭鼻腔通路；气流振动声带，在口腔形成共鸣；两唇拢圆，略向前突出。例如"读书 dúshū"的韵母 u。

ü[y]　舌面、前、高、圆唇元音。

发音时，口微开，舌尖前伸抵住下齿背，舌面前部隆起和硬腭前部相对；舌位高；软腭上升，关闭鼻腔通路；气流振动声带，在口腔形成共鸣；嘴唇拢圆，略向前突。例如"居于 jūyú"的韵母 ü。

舌面元音的舌位图如图 3-1 所示。

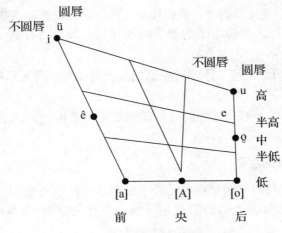

图 3-1　舌面元音舌位图

2. 舌尖元音的发音

-i[ɿ]　舌尖、前、高、不圆唇元音。

发音时，口略开，舌尖前伸和上齿背相对，保持适当距离，使气流经过时不形成摩擦；舌位高；软腭上升，关闭鼻腔通路；气流振动声带，在口腔形成共鸣；展唇。例如"字词 zìcí"的韵母 -i。

-i[ʅ]　舌尖、后、高、不圆唇元音。

发音时，口略开，舌叶隆起和硬腭前部相对，留有气流通道；舌位高；软腭上升，关闭鼻腔通路；气流振动声带，在口腔形成共鸣；展唇。例如"指示 zhǐshì"的韵母 -i。

这两个舌尖元音的发音有一定的难度，小学的汉语拼音教学是不单独教这两个元音的，而是与辅音声母 z、c、s、zh、ch、sh、r 合成整体认读音节 zi、ci、si、zhi、chi、shi、ri 一起学的。在学习中，为了更好地把握它们的发音，也可以先配上声母发长音，其后面的部分即是 -i[ɿ]、-i[ʅ]。

3. 卷舌元音的发音

er [ɚ]　卷舌、央、中、不圆唇元音。

发音时，口自然打开，舌头前、中部上抬，舌尖向后卷；舌位居中；软腭上升，关闭鼻腔通路；气流振动声带，在口腔形成共鸣；展唇。er 发音的关键在于卷舌，在发好央元音 e[ə]的同时，舌尖向硬腭卷起，但不能接触，发出来的音具有卷舌色彩。这是普通话中很有特色的一个元音。例如"而、二"的韵母 er。

(二)复元音韵母发音分析

复元音韵母发音有两个显著特点：一是构成复元音韵母的几个元音是一种有机结合，而不是简单相加；在发音过程中，口腔共鸣器的形状有所变化，从发一个元音的状况向发另一个元音的状况自然过渡(过渡的距离叫动程)，中间不能跳跃，气流不能中断。二是构成复元音韵母的几个元音地位并不完全平等，它们分别充当韵头、韵腹、韵尾；韵腹是韵母构成的主要成分，发音时间最长，响度最大，而韵头、韵尾发音时间较短，且韵尾发音较含混。

普通话中共有 13 个复元音韵母。根据韵腹在韵母中的位置，这些韵母可以分为三类。

(1) 前响复元音韵母。韵腹居于韵母前部的复元音韵母，普通话中有 4 个：ai、ei、ao、ou。

(2) 中响复元音韵母。韵腹居于韵母中部的复元音韵母，普通话中有 4 个：uai、uei、iao、iou。

(3) 后响复元音韵母。韵腹居于韵母后部的复元音韵母，普通话中有 5 个：ia、ie、üe、ua、uo。

1. 前响复元音韵母的发音

前响复元音韵母发音的共同特点是元音舌位都是由低向高滑动，开头的元音音素发音响亮清晰，收尾的元音音素发音轻短模糊，因此收尾的字母(或音标)只表示舌位移动的方向。

ai[ai]

前元音音素的复合，动程宽。起点元音是比单元音a[A]的舌位靠前的前低不圆唇元音[a](可以简称前a)。发音时舌尖抵住下齿背，使舌面前部隆起与硬腭相对。从前a开始，舌位向 i 的方向滑动升高，大体停在次高元音[ɪ]的位置。例如"海带 hǎidài"的韵母ai。

ei[ei]

前元音音素的复合，动程窄。起点元音是前半高不圆唇元音 e[e]，实际发音舌位要靠后靠下，接近央元音[ə]。发音时舌尖抵住下齿背，使舌面前部(略后)隆起对着硬腭中部。

舌位从 e 开始升高，向 i 的方向往前往高滑动，大体停在次高元音[ɪ]的位置。例如"北美 běiměi"的韵母 ei。

ao[ɑʊ]

后元音音素的复合，动程宽。起点元音是比单元音a[A]舌位靠后的后低不圆唇元音[ɑ]，可以简称后ɑ。发音时舌头后缩，使舌面后部隆起。从后ɑ开始，舌位向 u(汉语拼音写作 o，实际发音接近 u)的方向滑动升高。韵尾舌位状态接近单元音 u，但舌位略低。例如"报告 bàogào"的韵母ao。

ou[ɵʊ]

起点元音比单元音 o 的位置略高、略前，接近央中元音[ə]，唇形略圆。发音时从略带圆唇的央[ɵ]开始，舌位向 u 的方向滑动，但韵尾-u 音比单元音 u 的舌位略低。ou 是普通话中动程最短的一个复元音韵母。例如"欧洲 ōuzhōu"的韵母 ou。

2. 中响复元音韵母的发音

中响复元音韵母发音的共同特点是舌位由高向低滑动，再从低向高滑动。开头的元音音素发音不响亮而且短促，在音节里特别是零声母音节里常伴有轻微的摩擦。中间的元音音素发音响亮清晰。收尾的元音音素发音轻短模糊。

iao [iɑʊ]

由高元音 i 开始，舌位降至后ɑ的位置。然后再向上向后高圆唇元音 u 的方向滑升。发音过程中舌位先降后升，由前到后，曲折幅度较大。唇形从后ɑ开始由不圆唇变为圆唇。例如"缥缈 piāomiǎo"的韵母ao。

iou[iɵʊ]

由高元音 i 开始，舌位降至央(略后)中元音[ə]，然后再向后次高圆唇元音的方向滑升。发音过程中，舌位先降后升，由前到后，曲折幅度较大。发央(略后)中元音[ə]时，逐渐圆唇。需要进一步说明的是：iou 在音节中受声调影响比较大，在读阴平和阳平声调的音节里，中间的韵腹 o(实际是[ə])弱化，甚至接近消失，舌位动程主要表现为前后滑动，成为[iʊ]。如：优[iʊ]、流[liʊ]、究[tɕiʊ]、求[tɕʻiʊ]的韵母 iou。这是汉语拼音 iou 拼辅音声母时省写为 iu 的依据。在上声和去声音节里，韵腹完好，没有弱化现象。如：有[iɵʊ]、九[iɵʊ]、又[iɵʊ]、秀[iɵʊ]的韵母 iou。

uai[uɑi]

由圆唇的后高元音 u 开始，舌位向前滑降到前ɑ的位置，然后再向上向前高不圆唇元音 i 的方向滑升，由后到前，曲折幅度较大。唇形由最圆开始，逐渐减弱圆唇度，发前元音ɑ后逐渐变为不圆唇。例如"外快 wàikuài"的韵母ai。

uei[ueɪ]

由圆唇的后高元音 u 开始，舌位向前滑降到前半高不圆唇元音偏后靠下的位置(相当于央元音[ə]的位置)，然后再向前高不圆唇元音 i 方向滑升。发音过程中舌位先降后升，由后到前，曲折幅度较大。唇形从最圆开始，随着舌位的前移圆唇度减弱，发 e 以后变为不圆唇。

3. 后响复元音韵母的发音

后响复元音韵母发音的共同特点是舌位由高向低滑动，收尾的元音发音响亮清晰，在韵母中处于韵腹地位，因此舌位移动的终点是确定的。而开头的元音都是高元音 i、u、ü，由于它们处于韵头位置，发音不太响亮而且比较短促，这些韵头在音节里特别是零声母音节里常伴有轻微的摩擦。

ia [iA]

起点元音是高元音 i，由它开始，舌位滑向央低不圆唇元音a[A](也可称央a)止。i 的发音较短，a的发音响而且长。止点元音a位置确定。例如"加压 jiāyā"的韵母 ia。

ie[iE]

起点元音是高元音 i，由它开始，舌位滑向前中不圆唇元音 ê[E]，i 发音较短，ê 的发音响而且长。止点元音ê位置确定。例如"铁鞋 tiěxié"的韵母 ie。

ua[uA]

起点元音是后高圆唇元音 u，由它开始，舌位滑向央a止。唇形由最圆逐步减弱圆唇度到不圆。u 发音较短，a发音响而且长。例如"耍滑 shuǎhuá"的韵母 ua。

uo[uo]

由圆唇后元音复合而成。起点元音是后高圆唇元音 u，从它开始，舌位向下滑向后中圆唇元音 o 止。u 发音较短，o 发音响而且长。发音过程中，嘴唇保持圆形，开头最圆，收尾圆唇度略减。例如"骆驼 luòtuo"的韵母 uo。

üe[yE]

由前元音复合而成。起点元音是前高圆唇元音 ü，从它开始，舌位向下滑到前中不圆唇元音 ê [E]止。唇形由圆到不圆。ü 发音较短，ê 发音响而且长。例如"雪 xuě"的韵母 üe。

构成复元音韵母的元音音素都是舌面元音，因此，我们也可以利用元音舌位图来把握复元音韵母的动程，而掌握动程是发好复元音韵母的关键。

(三)带鼻音韵母发音分析

带鼻音韵母的发音特点在于共有两个气流通道，一个是口腔，另一个是鼻腔，但不能同时让气流通过，需要分两步走：发元音时，软腭和小舌上抬，封锁鼻腔通道，让气流从口腔出来。发鼻辅音韵尾时，软腭和小舌下垂，打开鼻腔通道，让气流从鼻腔出来。发准带鼻音韵母的关键就在于鼻辅音韵尾收音时，口腔的发音部位一定要将气流的通道完全堵塞，否则发出来的就是鼻化元音。这是一种发音错误。另外，带鼻音韵母中的元音与鼻辅音韵尾之间不是生硬地拼合，没有明显的界线，而是由元音的发音状态向鼻辅音的发音状态自然过渡，鼻音色彩逐渐增加，最后，口腔的发音部位完全闭塞，形成纯粹的鼻辅音。

作为韵尾的鼻辅音-n、-ng与作为声母的鼻辅音 n-、ng-发音是有区别的：鼻辅音声母发音时，有成阻、持阻和除阻三个阶段，持阻和除阻阶段都发音，而鼻辅音韵尾发音时，持阻阶段发音，除阻阶段不发音，这样形成的音叫唯闭音。另外，前鼻音韵尾-n 的发音位置要比作声母的n-发音位置稍后，实际上是个舌面鼻音。

普通话中共有 16 个带鼻音韵母，根据所带鼻辅音韵尾的不同，可以将带鼻音韵母分为两类。

（1）前鼻音韵母。带舌尖鼻辅音韵尾-n 的韵母，普通话中共有 8 个：an、en、ian、in、uan、uen、üan、ün。

（2）后鼻音韵母。带舌根鼻辅音韵尾-ng的韵母，普通话中共有 8 个：ang、iang、uang、eng、ing、ueng、ong、iong。

这两类鼻韵母的发音区别在于韵尾鼻辅音的发音部位不同，前鼻音韵尾的发音部位是舌面与硬腭前端，后鼻音韵尾的发音部位是舌根与软腭。

1. 前鼻音韵母的发音

an [an]

起点元音是前低不圆唇元音[a]。发音时舌尖抵住下齿背，舌位降到最低，软腭上升，关闭鼻腔通道。从前a开始，舌面升高，舌面前部隆起抵住硬腭前部，与此同时，软腭下降，打开鼻腔通道，使在口腔受到阻碍的气流从鼻腔里透出，形成鼻音-n。口形先开后合，舌位移动较大。例如"安然ānrán"的韵母an。

en[ən]

起点元音是央中不圆唇元音[ə]。发音时舌尖接触下齿背，舌面隆起部位受韵尾影响略靠前。从央 e[ə]开始，舌面升高，舌面前部隆起抵住硬腭前部，同时软腭下降，打开鼻腔通道，使在口腔受到阻碍的气流从鼻腔里透出，形成鼻音-n。口形由开到闭，舌位移动较小。例如"根本gēnběn"的韵母 en。

ian [iæn]

起点元音是前高不圆唇元音 i。发音时舌尖抵住下齿背，舌面前部隆起升高，软腭上升，关闭鼻腔通道。从前高元音 i 开始，舌位向前a的位置滑降，舌位只降到前次低元音[æ]的位置就开始升高，紧接着舌面前部隆起抵住硬腭前部，同时软腭下降，打开鼻腔通道，让在口腔受阻的气流从鼻腔透出，形成鼻音-n。口形由闭到开再到闭，舌位动程较大。例如"天险 tiānxiǎn"的韵母 ian。

in[in]

起点元音是前高不圆唇元音 i。发音时舌尖抵住下齿背，软腭上升，关闭鼻腔通道。从舌位最高的前元音 i 开始，舌面升高，舌面前部隆起抵住硬腭前部，同时软腭下降，打开鼻腔通道，使在口腔受到阻碍的气流从鼻腔透出，形成鼻音-n。开口度几乎没有变化，舌位动程很小。例如"近亲 jìnqīn"的韵母 in。

uan[uan]

起点元音是后高圆唇元音 u。发音时舌尖离开下齿背，舌头后缩，舌面后部隆起升高，软腭上升，关闭鼻腔通道。从后高元音 u 开始，口形迅速由合口变为开口状，舌位向前向下快速滑降到前a的位置，接着舌位又升高，舌面前部隆起抵住硬腭前部，同时软腭下降，打开鼻腔通道，让在口腔受阻的气流从鼻腔透出，形成鼻音-n。唇形从圆唇逐步展开，口形由闭到开再到合，舌位动程较大。例如"转换 zhuǎnhuàn"的韵母 uan。

uen[uən]

起点元音是后高圆唇元音 u。发音时舌尖离开下齿背，舌头后缩，舌面后部隆起升高，软腭上升，关闭鼻腔通道。从后高元音 u 开始，向央中不圆唇元音 e[ə]滑降，接着舌位再升高，舌面前部隆起抵住硬腭前步，同时软腭下降，打开鼻腔通道，让在口腔受阻的

气流从鼻腔透出，形成鼻音-n。唇形由圆唇在向中间折点元音韵腹 e[ə]的过程中逐渐变为展唇。舌位动程较大。例如"论文 lùnwén"的韵母 uen。

ün[yæn]

起点元音是前高圆唇元音 ü。与 ian 的发音过程基本相同，只是起点元音的唇形不同。发音时从高圆唇元音 ü 开始，向低不圆唇元音a的方向滑动，舌位也只降至前次低不圆唇元音的[æ]的位置就开始升高，然后接续鼻音-n。唇形由圆唇逐渐展开，口形由闭到开再到闭。舌位动程较大。例如"源泉 yuánquán"的韵母 üan。

ün[yn]

起点元音是前高圆唇元音 ü。与 in 的发音过程基本相同，只是唇形变化不同。从圆唇的前元音 ü 开始，接续鼻音-n，唇形从圆唇逐步展开，而 in 始终是展唇。例如"军训 jūnxùn"的韵母 ün。

2. 后鼻音韵母的发音

ang[ɑŋ]

起点元音是后低不圆唇元音a[ɑ](后a)。发音时口大开，舌尖离开下齿背，舌身后缩，舌面后部隆起，软腭上升，封闭鼻腔通道，发"后a"。然后，隆起的舌面后部贴近软腭，当两者将要接触时，软腭下降，打开鼻腔通道，紧接着舌根与软腭接触，封闭口腔通道，让气流从鼻腔透出，形成鼻音-ng。口腔由开到闭，动程较大。例如"纲常gāngcháng"的韵母ang。

eng[ɤŋ]

起点元音是后半高不圆唇元音 e[ɤ]。发音时口半闭，展唇，舌身后缩，舌尖离开下齿背，舌面后部隆起，软腭上升，封闭鼻腔通道，发 e(比发单元音 e[ɤ]的舌位偏低)。然后，隆起的舌面后部贴向软腭，软腭下降，打开鼻腔通道，紧接着封闭口腔通道，让气流从鼻腔透出，形成鼻音-ng。有一定的动程。例如"更生gēngshēng"的韵母 eng。

iang[iɑŋ]

起点元音是前高不圆唇元音 i。发音由 i 开始，舌尖接触下齿背，舌面前部隆起，软腭上升，封闭鼻腔通道。舌位很快向后向下滑，转向舌面后部隆起发后a。然后舌位升高，逐步使隆起的舌面后部贴向软腭，软腭下降，打开鼻腔通道，封闭口腔通道，让在口腔受阻的气流从鼻腔透出，形成鼻音-ng。口腔由闭到开再到闭，动程较大。例如"想象 xiǎngxiàng"的韵母 iang。

ing[iŋ]

起点元音是前高不圆唇元音 i。从发 i 开始，舌尖接触下齿背，舌面前部隆起，软腭上升，封闭鼻腔通道。舌面隆起部位不降低，一直后移，舌尖离开下齿背，逐渐使舌面后部隆起，贴向软腭，当两者将要接触时，软腭下降，打开鼻腔通道，紧接着舌面后部抵住软腭，封闭口腔通道，气流从鼻腔透出，形成鼻音-ng。口形没有明显变化，动程较小。例如"评定 píngdìng"的韵母 ing。

uang[uɑŋ]

起点元音是后高圆唇元音 u。发音由 u 开始，舌尖离开下齿背，舌身后缩，舌面后部隆起，软腭上升，封闭鼻腔通道。舌位很快向下滑降至后a的位置，发"后a"。然后舌位

升高，隆起的舌面后部贴向软腭，软腭下降，打开鼻腔通道，紧接着舌根与软腭接触，封闭口腔通道，让在口腔受阻的气流从鼻腔透出，形成鼻音-ng。唇形由圆唇在向中间折点元音韵腹a[ɑ]的滑动过程中逐渐变为展唇。口腔上下动程较大。例如"狂妄 kuángwàng"的韵母 uang。

ueng[uɤŋ]

起点元音是后高圆唇元音 u。发音由 u 开始，舌位很快向下滑降至后半高不圆唇元音e[ɤ](稍稍靠前略低)的位置。然后舌位升高，接续舌根鼻音-ng。唇形从圆唇在向中间折点元音韵腹 e[ɤ]滑动的过程中逐渐变为展唇。动程较大。在普通话里，韵母 ueng 只有一种零声母的音节形式 weng。例如"翁 wēng"的韵母 ueng。

ong[ʊŋ]

起点元音是比后高圆唇元音 u 舌位略低的后次高圆唇元音[ʊ]。发音由[ʊ]开始，舌尖离开下齿背，舌身后缩，舌面后部隆起，软腭上升，封闭鼻腔通道。然后，隆起的舌面后部贴向软腭，同时软腭下降，打开鼻腔通道，紧接着舌根与软腭接触，封闭口腔通道，让在口腔受阻的气流从鼻腔透出，形成鼻音-ng。唇形始终拢圆。舌位动程很小。例如"空洞kōngdòng"的韵母 ong。

iong[iʊŋ]

起点元音是前高不圆唇元音 i。发音由前高元音 i 开始，舌位向后略向下滑动到次高后圆唇元音[ʊ]的位置，然后舌位升高，接续舌根鼻音-ng。由于受后面圆唇元音的影响，开始的前高元音 i 也带上了圆唇色彩而近似 ü[y]，可以描写为[yʊŋ]甚或为[yŋ]。传统汉语语音学把 iong 归属撮口呼。动程较小。例如"汹涌 xiōngyǒng"的韵母 iong。

四、韵母发音训练

(一)单元音韵母发音训练

1. 韵母和词语练习

1) 舌面元音韵母发音练习

a	打靶 dǎbǎ	打岔 dǎchà	大厦 dàshà	发达 fādá	砝码 fǎmǎ
	哈达 hǎdá	喇叭 lǎba	腊八 làbā	沙发 shāfā	压榨 yāzhà
o	薄膜 bómó	磨破 mópò	佛教 fójiào	观摩 guānmó	广播 guǎngbō
e	隔阂 géhé	合格 hégé	客车 kèchē	色泽 sèzé	舍得 shě·de
	特色 tèsè	折合 zhéhé	这个 zhè·ge	这么 zhè·me	哥哥 gē·ge
ê	欸(又音 ei)				
i	笔记 bǐjì	地理 dìlǐ	基地 jīdì	机器 jīqì	利益 lìyì
	汽笛 qìdí	气体 qìtǐ	起义 qǐyì	体系 tǐxì	毅力 yìlì
u	初步 chūbù	出租 chūzū	读书 dúshū	服务 fúwù	舒服 shū·fu
	突出 tūchū	图书 túshū	无辜 wúgū	嘱咐 zhǔ·fù	祝福 zhùfú
ü	聚居 jùjū	旅居 lǚjū	女婿 nǚxu	区域 qūyù	曲剧 qǔjù
	须臾 xūyú	序曲 xùqǔ	雨具 yǔjù	语序 yǔxù	豫剧 yùjù

2) 舌尖元音韵母发音练习

-i[ʅ]	此次 cǐcì	次子 cìzǐ	刺字 cìzì	字词 zìcí	自私 zìsī
	子嗣 zǐsì	恣肆 zìsì	孜孜 zīzī	四季 sìjì	相似 xiāngsì
-i[ʅ]	实质 shízhì	史诗 shǐshī	誓师 shìshī	事实 shìshí	支持 zhīchí
	知识 zhī·shi	值日 zhírì	指使 zhǐshǐ	指示 zhǐshì	制止 zhìzhǐ

3) 卷舌元音韵母发音练习

| er | 儿歌 érgē | 儿童 értóng | 而且 érqiě | 耳朵 ěr·duo | 二十 èrshí |
| | 女儿 nǚ'ér | 偶尔 ǒu'ěr | 然而 rán'ér | 幼儿 yòu'ér | 诱饵 yòu'ěr |

2. 口令练习

(1) 巴老爷有八十八棵芭蕉树,来了八十八个把式要在巴老爷八十八棵芭蕉树下住。巴老爷拔了八十八棵芭蕉树,不让八十八个把式在芭蕉树下住。八十八个把式烧了八十八棵芭蕉树,巴老爷在八十八棵芭蕉树边哭。

(2) 馍馍铺里买馍馍,白伯伯买的馍馍大,彭伯伯买了个大馍馍。拿回家里给婆婆,婆婆们又去比馍馍。不知是白伯伯买的馍馍大,还是彭伯伯买的是大馍馍。

(3) 史老师讲时事,常学时事长知识。时事学习看报纸,报纸登的是时事。常看报纸要多思,心里装着天下事。

(4) 一是一,二是二,十二、二十、二十二,谁能一口气数上二千二百二十二亿二千二百二十二万二千二百二十二点二 二 二 二 二。

(二)复元音韵母发音训练

1. 韵母和词语练习

1) 前响复元音韵母发音练习

ai	爱戴 àidài	白菜 báicài	摆开 bǎikāi	彩排 cǎipái
	采摘 cǎizhāi	海带 hǎidài	开采 kāicǎi	买卖 mǎi·mai
ei	北非 Běifēi	北美 Běiměi	蓓蕾 bèilěi	肥美 féiměi
	配备 pèibèi	贝类 bèilèi	每每 měiměi	妹妹 mèi·mei
ao	报告 bàogào	吵闹 chǎonào	高潮 gāocháo	高烧 gāoshāo
	牢靠 láokào	逃跑 táopǎo	糟糕 zāogāo	早操 zǎocāo
ou	丑陋 chǒulòu	兜售 dōushòu	抖擞 dǒusǒu	猴头 hóutóu
	口头 kǒutóu	漏斗 lòudǒu	收购 shōugòu	守候 shǒuhòu

2) 中响复元音韵母发音练习

iao	吊桥 diàoqiáo	教条 jiàotiáo	叫嚣 jiàoxiāo	苗条 miáo·tiao
	渺小 miǎoxiǎo	缥缈 piāomiǎo	巧妙 qiǎomiào	逍遥 xiāoyáo
iou	琉球 Liúqiú	牛油 niúyóu	求救 qiújiù	绣球 xiùqiú
	悠久 yōujiǔ	优秀 yōuxiù	旧友 jiùyǒu	久久 jiǔjiǔ
uai	乖乖 guāiguāi	外踝 wàihuái	外快 wàikuài	踹踹 zhuǎizhuǎi
	拐卖 guǎimài	淮海 Huái-Hǎi	衰败 shuāibài	帅才 shuàicái
uei	摧毁 cuīhuǐ	归队 guīduì	灰堆 huīduī	回归 huíguī
	汇兑 huìduì	回味 huíwèi	溃退 kuìtuì	水位 shuǐwèi

3) 后响复元音韵母发音练习

ia	戛戛 jiájiá	加价 jiājià	加压 jiāyā	假牙 jiǎyá
	恰恰 qiàqià	下家 xiàjiā	下辖 xiàxiá	压价 yājià
ie	蹀躞 diéxiè	接界 jiējiè	界别 jièbié	结节 jiéjié
	结业 jiéyè	贴切 tiēqiè	铁屑 tiěxiè	谢帖 xiètiě
ua	呱呱 guāguā	挂花 guàhuā	画画 huàhuà	花袜 huāwà
	夸大 kuādà	耍滑 shuǎhuá	刷卡 shuākǎ	抓瞎 zhuāxiā
uo	蹉跎 cuōtuó	过错 guòcuò	啰唆 luō·suo	罗锅 luó·guo
	骆驼 luò·tuo	懦弱 nuòruò	陀螺 tuóluó	做作 zuò·zuo
üe	决绝 juéjué	绝学 juéxué	缺略 quēlüè	雀跃 quèyuè
	约略 yuēlüè	血液 xuèyè	越野 yuèyě	月夜 yuèyè

2. 绕口令练习

(1) 一个胖娃娃，捉了三个大花活河蛤蟆，三个胖娃娃，捉了一个大花活河蛤蟆。捉了一个大花活河蛤蟆的三个胖娃娃，真不如捉了三个大花活河蛤蟆的一个胖娃娃。

(2) 东边庙里有个猫，西边树上有只鸟，猫鸟天天闹。不知是猫闹树上鸟，还是鸟闹庙里猫。

(3) 清早上街走，走到周家大门口。门里跳出大黄狗，朝着我哇啦哇啦吼。我拾起石头打黄狗，黄狗跳起来就咬我的手。也不知我手里的石头打没打着周家的大黄狗，也不知周家的大黄狗咬没咬着我的手。

(4) 铜勺舀热油，铁勺舀凉油。铜勺舀了热油舀凉油，铁勺舀了凉油舀热油。

(5) 一葫芦酒九两六，一葫芦油六两九。六两九的油要换九两六的酒，九两六的酒要换六两九的油。

(三)带鼻音韵母发音训练

1. 前鼻音韵母发音练习

1) 韵母和词语练习

an	繁难 fánnán	感叹 gǎntàn	汗衫 hànshān	勘探 kāntàn
	漫谈 màntán	散漫 sǎnmàn	坦然 tǎnrán	展览 zhǎnlǎn
en	本人 běnrén	沉闷 chénmèn	愤恨 fènhèn	根本 gēnběn
	人参 rénshēn	认真 rènzhēn	深圳 Shēnzhèn	振奋 zhènfèn
ian	变迁 biànqiān	电线 diànxiàn	简便 jiǎnbiàn	连绵 liánmián
	棉线 miánxiàn	偏见 piānjiàn	天边 tiānbiān	显眼 xiǎnyǎn
in	濒临 bīnlín	金银 jīnyín	近邻 jìnlín	民心 mínxīn
	拼音 pīnyīn	亲信 qīnxìn	辛勤 xīnqín	殷勤 yīnqín
uan	传唤 chuánhuàn	官宦 guānhuàn	贯穿 guànchuān	宽缓 kuānhuǎn
	酸软 suānruǎn	宛转 wǎnzhuǎn	专断 zhuānduàn	转弯 zhuǎnwān
uen	滚存 gǔncún	混沌 hùndùn	昆仑 Kūnlún	困顿 kùndùn
	伦敦 Lúndūn	论文 lùnwén	温存 wēncún	温顺 wēnshùn

üan	涓涓 juānjuān	眷眷 juànjuàn	全权 quánquán	全员 quányuán
	轩辕 xuānyuán	圆圈 yuánquān	源泉 yuánquán	渊源 yuānyuán
ün	军训 jūnxùn	均匀 jūnyún	军运 jūnyùn	逡巡 qūnxún
	群众 qúnzhòng	寻衅 xúnxìn	勋章 xūnzhāng	韵文 yùnwén

2) 绕口令练习

(1) 三月三，阿三撑伞上深山。上山又下山，下山又上山。出了一身汗，湿透一身衫，上山下山跑了三里三。

(2) 城隍庙内俩判官，左边是潘判官，右边是庞判官。不知是潘判官管庞判官，还是庞判官管潘判官。

2. 后鼻音韵母发音练习

1) 韵母和词语练习

ang	帮忙 bāngmáng	长廊 chángláng	厂房 chǎngfáng	当场 dāngchǎng
	钢厂 gāngchǎng	盲肠 mángcháng	商场 shāngchǎng	螳螂 tángláng
eng	风声 fēngshēng	丰盛 fēngshèng	风筝 fēng·zheng	更正 gēngzhèng
	横生 héngshēng	冷风 lěngfēng	生成 shēngchéng	整风 zhěngfēng
iang	将相 jiàngxiàng	良将 liángjiàng	踉跄 liàngqiàng	亮相 liàngxiàng
	湘江 Xiāng Jiāng	响亮 xiǎngliàng	想象 xiǎngxiàng	向阳 xiàngyáng
ing	精兵 jīngbīng	经营 jīngyíng	命令 mìnglìng	宁静 níngjìng
	平定 píngdìng	清明 qīngmíng	倾听 qīngtīng	蜻蜓 qīngtíng
uang	窗框 chuāngkuàng	惶惶 huánghuáng	黄庄 Huángzhuāng	狂妄 kuángwàng
	双簧 shuānghuáng	往往 wǎngwǎng	装潢 zhuānghuáng	状况 zhuàngkuàng
ueng	老翁 lǎowēng	水瓮 shuǐwèng	渔翁 yúwēng	主人翁 zhǔrénwēng
ong	从容 cóngróng	动工 dònggōng	共同 gòngtóng	红松 hóngsōng
	空洞 kōngdòng	隆重 lóngzhòng	通融 tōngróng	中东 zhōngdōng
iong	炯炯 jiǒngjiǒng	茕茕 qióngqióng	熊熊 xióngxióng	汹涌 xiōngyǒng
	琼浆 qióngjiāng	兄弟 xiōngdì	泳装 yǒngzhuāng	用功 yònggōng

2) 绕口令练习

(1) 梁木匠、梁瓦匠，俩人有事齐商量。梁木匠天亮晾衣裳，梁瓦匠天亮量高粱。梁木匠晾衣裳受了凉，梁瓦匠量高粱少了粮。梁瓦匠思量梁木匠受了凉，梁木匠思量梁瓦匠少了粮。

(2) 东洞庭、西洞庭，洞庭山上一根藤，藤上挂个大铜铃。风起藤动铜铃响，风停藤定铜铃静。

(3) 天上看，满天星；地上看，有个坑；坑里看，有盘冰。坑外长着一老松，松上落着一架鹰，鹰下坐着一老僧，僧前点着一盏灯，灯前搁着一部经。墙上钉着一根钉，钉上挂着一张弓。说刮风，就刮风，刮得那男女老少难把眼睛睁。刮散了天上的星，刮平了地上的坑，刮化了坑里的冰，刮断了坑外的松，刮飞了松上的鹰，刮走了鹰下的僧，刮灭了僧前的灯，刮乱了灯前的经，刮掉了墙上的钉，刮翻了钉上的弓。直刮得星散、坑平、冰化、松倒、鹰飞、僧走、灯灭、经乱、钉掉、弓翻，一个绕口令。

第二节 韵 母 辨 正

从方言的韵母系统看，各地与普通话都存在着一些区别。下面就方言中比较典型的问题进行辨正。

一、分清和读准前后鼻音韵母

各方言区都存在着程度不同和表现状态不同的前后鼻音韵母不分问题，而且此问题已成为人们学习普通话韵母的第一大难题。

普通话中的前后鼻音韵母共 16 个，各占一半。各地方言对待普通话带鼻音韵母的态度总括起来大致有五：一是与普通话相同有 ong、iong两韵母，但没有ang、iang、uang、eng、ing，普通话中的这些韵母均被方言读成相应的前鼻音韵母；二是与普通话相同的除ong、iong外，还有an、ian、uan、üan、ang、iang、uang，但普通话的 eng、ing在方言里则被读成前鼻尾母 en、in；三是整个带鼻音韵母系统没有前后之分，或全是前鼻音韵尾，或全是后鼻音韵尾；四是尽管能够分清全部前后带鼻音韵母或是部分带鼻音韵母，但有将部分带鼻音韵母读成鼻化韵的现象；五是将部分鼻辅音韵尾丢失转为阴声韵。另外还有一点需要提及的是不少方言缺少 ueng韵母，普通话中这个韵母的字，方言几乎都读成ong。

(一)辨正方法

1. 掌握正确的发音部位，发准前后鼻音韵母

戏剧理论将前鼻音韵母称为抵腭韵，将后鼻音韵母称为穿鼻韵，这说明前后鼻音韵母的音色是明显不同的，而造成音色不同的原因是韵尾的发音部位不同：前鼻音韵母的韵尾-n 是舌面抵住硬腭前部发出的音，比声母 n-的位置偏后，后鼻音韵母的韵尾-ng 则是舌面后部抵住软腭发出的音。对于大多数地方的人来说，需要学会发后鼻音韵尾-ng，发-ng韵尾时，软腭和小舌一定要降下来，将气流到鼻腔的通道打开，再用舌根抵住软腭，封闭口腔通道，让气流从鼻腔透出，形成鼻音韵尾-ng。

2. 掌握正确的发音方法，防止发出鼻化韵

无论是发前鼻音韵尾，还是发后鼻音韵尾，口腔的气流通道都要完全堵住，不能发出鼻化韵来。鼻化韵现象的发生，是由于发鼻辅音韵尾时，口腔的气流通道没有完全封闭，一部分气流从鼻腔出来，另有一部分气流从口腔出来，形成了两个气流通道，使发出来的韵母在口腔共鸣的基础上带有一定的鼻腔共鸣色彩，而不是纯粹的带鼻辅音韵尾的带鼻音韵母。

鼻辅音也是一种塞音，有成阻、持阻和除阻三个阶段，作为韵尾的鼻辅音有成阻和持阻阶段，但没有除阻阶段，因此在发鼻辅音韵尾时，口腔的发音部位一定要有成阻和持阻阶段，非发音结束，不要排除阻碍，这样就不会使气流从口腔通道出来，也就不会形成鼻化元音了。因此，对各方言区的人来说，要学会发标准的鼻辅音韵母，关键是在发鼻辅音韵尾时，口腔相关发音部位要形成阻碍阻挡气流通过。

3. 注意前鼻音韵母韵腹的发音位置

一些地方在发前鼻音韵母时，不仅鼻化，而且韵腹的舌位明显不对，与普通话相比，或是靠前，或是挪后，或是上移，或是下降。如 en 和 uen，在普通话中韵腹均为舌面、央、中、不圆唇元音[ə]，而在有些方言里被读成舌面、前、半高、不圆唇元音[e]或舌面、前、次高、不圆唇元音[ɪ]，舌位明显靠前及上移；而发 in 和 un 时，则在韵尾前添加韵腹舌面、前、次高、不圆唇元音[ɪ]，舌位下降；ian 和 üan 在普通话中韵腹为舌面、前、次低、不圆唇元音[æ]，而在不少方言里被读成舌面、前、半高、不圆唇元音[e]，舌位明显上移；uan 在普通话中韵腹为舌面、前、低、不圆唇元音[a]，而有的方言读成舌面、后、中、圆唇元音[o]，舌位明显挪后及上移。

普通话中前鼻音韵母的韵腹只有这五个元音音素：[a][æ][ə][i][y]。如果读成其他音，则是错误的。an 与 uan 的韵腹是[a]，ian 与 üan 的韵腹是[æ]，en 与 uen 的韵腹是[ə]，in 的韵腹是[i]，ün 的韵腹是[y]。

4. 利用声旁字类推区分前后鼻音韵母字

以上讲了如何在口语中分清和发准前后鼻音韵母问题，还有一个如何在书面上分清前后鼻音韵母字的问题，最好的方法仍是利用声旁字进行类推。例如：

磷 lín：麟鳞嶙遴辚　　　令 líng：铃龄零玲羚苓囹泠领(邻拎例外)

5. 利用声韵配合规律

(1) 前鼻音韵母 en、in 不拼舌尖中音声母 d、t、n，en 还不拼舌尖中音声母 l，如普通话中基本没有 den、ten、nen、len、din、tin、nin 这样的音节，不过有个别例外字：dèn 扽、nèn 嫩恁、nín 您。

(2) 前鼻音韵母 en 与舌尖前音声母 z、c、s 相拼音节的字很少，常用字只有"zěn 怎、cén 岑涔、sēn 森"这么几个，而后鼻音韵母 eng 与 z、c、s 相拼音节的字稍微多些，且基本上都是以"曾"为声旁的，如"憎缯罾甑噌蹭僧"。在进行韵母辨正时可以重点记住"怎、岑、涔、森"这几个字是读前鼻音韵母 en 的，然后采取排除法，将其他相关字都归在读后鼻音韵母 eng 的范围之内，再着重记声旁字"曾"。

(3) 后鼻音韵母 iang不拼双唇音声母 b、p、m，舌尖中音声母 d、t，因而普通话中没有 biang、piang、miang、diang、tiang这样的音节。而前鼻音韵母 ian 可以和这些声母相拼，如"biān 边、piān 偏、mián 棉、diān 滇、tiān 天"。

(4) 后鼻音韵母 uang不拼舌尖前音声母 z、c、s，因而普通话中没有 zuang、cuang、suang这样的音节，而前鼻音韵母 uan 可以，如"zuān 钻、cuàn 窜、suān 酸"。但 uang 可以拼舌尖后音声母 zh、ch、sh，如"zhuāng庄、chuāng窗、shuāng双"，而 uan 也可以拼 zh、ch、sh，如"zhuān 专、chuān 穿、shuān 栓"，要注意区分。

6. 牢记ong不能构成零声母音节

在普通话语音系统中，没有零声母音节 ong，凡方言有这种读法的通常需改读 ueng(参见本小节"九、防止把 eng、ueng韵母读成 ong韵母")。

(二)辨正训练

1. 前后鼻音韵尾发音练习

1) -n 韵尾的发音练习

舌面前部抵住硬腭前部形成阻碍，阻挡气流从口腔通过，让气流从鼻腔通过发-n。

结合韵母发音练习：

an——ian——uan——üan

en——in ——uen——ün

2) -ng韵尾的发音练习

舌身后退，舌面后部抬起，贴近软腭，软腭下降，打开鼻腔通道，紧接着舌根与软腭接触，封闭鼻腔通道，让气流从鼻腔透出，形成鼻音-ng。

结合韵母发音练习：

ang——iang——uang

eng——ing——ueng

ong——iong

2. 前后鼻音韵母辨正发音练习

1) 韵母和词语练习

an-ang	安放 ānfàng	蚕桑 cánsāng	担当 dāndāng	返航 fǎnháng
	反抗 fǎnkàng	繁忙 fánmáng	肝脏gānzàng	酣畅 hānchàng
	南方 nánfāng	弹唱 tánchàng	赞赏 zànshǎng	毡房 zhānfáng
ang-an	傍晚 bàngwǎn	畅谈 chàngtán	长衫 chángshān	当然 dāngrán
	方案 fāng'àn	房产 fángchǎn	钢板 gāngbǎn	航班 hángbān
	伤残 shāngcán	商贩 shāngfàn	藏蓝 zànglán	账单 zhàngdān
en-eng	本能 běnnéng	奔腾 bēnténg	纷争 fēnzhēng	跟风 gēnfēng
	人生 rénshēng	神圣 shénshèng	深层 shēncéng	真正 zhēnzhèng
eng-en	成本 chéngběn	城镇 chéngzhèn	诚恳 chéngkěn	承认 chéngrèn
	登门 dēngmén	缝纫 féngrèn	冷门 lěngmén	能人 néngrén
	横亘 hénggèn	省份 shěngfèn	胜任 shèngrèn	征尘 zhēngchén
in-ing	进行 jìnxíng	尽情 jìnqíng	民警 mínjǐng	民情 mínqíng
	聘请 pìnqǐng	品茗 pǐnmíng	心灵 xīnlíng	新兴 xīnxīng
	新型 xīnxíng	阴影 yīnyǐng	银杏 yínxìng	引擎 yǐnqíng
ing-in	定音 dìngyīn	经心 jīngxīn	精心 jīngxīn	灵敏 língmǐn
	领巾 lǐngjīn	平民 píngmín	平信 píngxìn	倾心 qīngxīn
	清贫 qīngpín	挺进 tǐngjìn	迎新 yíngxīn	影印 yǐngyìn

2) 对比辨音练习

岸然 ànrán	盎然 àngrán	单干 dāngàn	单杠 dāngàng
坚持 jiānchí	僵持 jiāngchí	简章 jiǎnzhāng	奖章 jiǎngzhāng
弹词 táncí	搪瓷 tángcí	完事 wánshì	王室 wángshì
晚点 wǎndiǎn	网点 wǎngdiǎn	惋惜 wǎnxī	往昔 wǎngxī

顽固 wángù	亡故 wánggù	鲜花 xiānhuā	香花 xiānghuā
闲情 xiánqíng	详情 xiángqíng	严厉 yánlì	阳历 yánglì
眼神 yǎnshén	养神 yǎngshén	燕子 yàn·zi	样子 yàng·zi
陈旧 chénjiù	成就 chéngjiù	臣民 chénmín	成名 chéngmíng
尘世 chénshì	城市 chéngshì	称心 chènxīn	秤星 chèngxīng
根据 gēnjù	耕具 gēngjù	瓜分 guāfēn	刮风 guāfēng
恨事 hènshì	横事 hèngshì	亲身 qīnshēn	轻声 qīngshēng
审视 shěnshì	省市 shěngshì	市镇 shìzhèn	市政 shìzhèng
金鱼 jīnyú	鲸鱼 jīngyú	频繁 pínfán	平房 píngfáng
民心 mínxīn	明星 míngxīng	亲近 qīnjìn	清净 qīngjìng
人民 rénmín	人名 rénmíng	信服 xìnfú	幸福 xìngfú

3) 防止鼻化韵练习

[a→n]an-uan	岸然 ànrán	暗滩 àntān	幡然 fānrán	攀谈 pāntán
	宽展 kuānzhǎn	转换 zhuǎnhuàn	万端 wànduān	团扇 tuánshàn
[æ→n]ian-üan	检点 jiǎndiǎn	鲜艳 xiānyàn	腼腆 miǎntiǎn	前线 qiánxiàn
	捐献 juānxiàn	眷念 juànniàn	权限 quánxiàn	劝勉 quànmiǎn
[ə→n]en-uen	本身 běnshēn	贲门 bēnmén	分神 fēnshén	恨人 hènrén
	沉稳 chénwěn	纯真 chúnzhēn	唇吻 chúnwěn	滚轮 gǔnlún
[i→n]in	尽心 jìnxīn	仅仅 jǐnjǐn	临近 línjìn	凛凛 lǐnlǐn
	贫民 pínmín	秦晋 Qín Jìn	薪金 xīnjīn	信心 xìnxīn
[y→n]ün	军心 jūnxīn	骏马 jùnmǎ	群体 qúntǐ	迅速 xùnsù
	寻找 xúnzhǎo	运动 yùndòng	云锦 yúnjǐn	韵母 yùnmǔ

4) 绕口令练习

(1) 山前有个严圆眼,山后有个严眼圆。二人山前山后来比眼,不知是严圆眼的眼比严眼圆的眼圆,还是严眼圆的眼比严圆眼的眼圆。

(2) 板凳宽,扁担长,扁担没有板凳宽,板凳没有扁担长。扁担绑在板凳上,板凳不让扁担绑在板凳上,扁担偏要绑在板凳上。

(3) 老彭拿着一个盆,路过老陈的棚,盆碰棚,棚碰盆,棚倒盆碎棚压盆。老陈要赔老彭的盆,老彭不要老陈来赔盆,老陈陪着老彭去补盆,老彭帮着老陈来修棚。

(4) 桌上放个盆,盆里放着瓶。砰、砰、砰、砰,不知是瓶碰盆,还是盆碰瓶。

二、读准复元音韵母,防止丢失韵尾

不少方言都有复元音韵母丢失高元音韵尾[i][u]的趋势,如将 ai 读成[ɛ],uai 读成[uɛ],ao 读成[ɔ],iao 读成[iɔ],丢失韵尾的现象非常明显,而且韵腹的开口度也明显变小,舌位明显上升。ei、uei、ou、iou 四韵母也有丢失韵尾的现象,只是它们的韵腹都是舌位较高的元音,与韵尾之间的动程没有 a 那么大、那么明显,不易被人们察觉罢了,尤其是 ei、uei。但是把 ou 读成[ɯ],iou 读成[iɯ]了,给人的感觉还是比较明显的。

(一)辨正方法

1. 掌握普通话韵母结构特点，去除普通话中没有的成分

在普通话韵母系统中，单元音 ê[ɛ]是舌面前、中、不圆唇元音，比[ɛ]舌位略高，只能构成零声母音节，不能拼辅音声母。另外，普通话语音系统中没有单元音韵母[ɯ][ɔ][ɯ]等，这都是典型的方言成分，需要更正。

2. 读准带元音韵尾的复元音韵母，关键是要注意动程

ai、ao 是前响复元音韵母中上下动程最大的两个韵母，发音的起点都是最低元音，发音的终点都是最高元音。在发音的过程中，开口度由最大向最小过渡，口腔开合跨度大。说惯了方言的人一开始练习可能会觉得有点费力，牙关发酸，但时间长了就好了。还有 ou 韵母，虽然动程不大，但绝不能读成单元音[ɯ]。单元音[ɯ]是与[u] 同部位的舌面、后、高、不圆唇元音。

(二)辨正训练

1. 韵母和词语练习

ai-uai	采摘 cǎizhāi	开怀 kāihuái	海派 hǎipài	塞外 sàiwài
	歪才 wāicái	排外 páiwài	拐卖 guǎimài	衰败 shuāibài
ao-iao	报表 bàobiǎo	保镖 bǎobiāo	吊销 diàoxiāo	高校 gāoxiào
	小脑 xiǎonǎo	倒嚼 dǎojiào	焦躁 jiāozào	妖娆 yāoráo
ou-iou	够受 gòushòu	手球 shǒuqiú	叩首 kòushǒu	搂头 lōutóu
	九州 jiǔzhōu	就手 jiùshǒu	袖口 xiùkǒu	忧愁 yōuchóu
ei-uei	卑微 bēiwēi	北纬 běiwěi	配对 pèiduì	美味 měiwèi
	翡翠 fěicuì	废水 fèishuǐ	坠毁 zhuìhuǐ	未遂 wèisuì

2. 绕口令练习

(1) 大柴和小柴，帮助爷爷晒白菜。大柴晒的是大白菜，小柴晒的是小白菜。大柴晒了四十四斤四两大白菜，小柴晒了三十三斤三两小白菜。大柴和小柴，一共晒了七十七斤七两大大小小的白菜。

(2) 白庙外蹲着一只白猫，白庙里有一顶白帽。白庙外的白猫看见了白帽，叼着白庙里的白帽跑出了白庙。

(3) 高高山上有座庙，庙里住着俩老道。一个年纪老，一个年纪少。庙前长着许多草，有时候老老道煮药，小老道采药。有时候小老道煮药，老老道采药。

(4) 一道黑，两道黑，三四五六七道黑，八道九道十道黑。我买了一个烟袋儿乌木杆儿，我是揢着它的两头那么一道黑。二兄弟描眉来演戏，瞧着他的镜子那么两道黑。粉皮墙上写"川"字，横瞧竖瞧三道黑。象牙桌子乌木腿儿，把它放着在那炕上那么四道黑。我买了一只母鸡不下蛋，把它搁着在那么笼里捂到黑。挺好的骡子不吃草，把它牵着在那街上遛到黑。买了一只小驴不套磨，把它背上它的鞍鞯骑到黑。二姑娘南洼去割菜，丢了她的镰刀拔到黑。岳柯的小孩儿得了病，挣几个艾球灸到黑。卖瓜子儿的打瞌睡，哗啦啦啦洒了这么一大堆。她的扫帚、簸箕不凑手，那么一个儿一个儿地拾到黑。

三、读准舌面、前、高、不圆唇元音韵母 i 和圆唇元音韵母 ü

普通话中的 i、ü 都是舌面、前、高元音，它们作韵头或韵腹时的音值分别都是[i]和[y]。但在有些方言区，i 作单元音韵母时被读成舌尖、前、高、不圆唇元音[ɿ]，ü 作单元音韵母时被读成舌尖、前、高、圆唇元音[ʮ]，对于普通话来说，这都是发音错误。另外，还有将 zh、ch、sh 声母与合口呼韵母相拼的字同 j、q、x 声母及零声母与撮口呼韵母相拼的字相混，韵头往往都被读成[ʮ]。

(一)辨正方法

1. 利用声韵配合规律分辨 i 韵母和 ü 韵母(韵头)

在普通话里，舌尖、前、高、不圆唇元音-i[ɿ]只能作 z、c、s 声母的单韵母，不与其他任何辅音声母相拼，更不能构成零声母音节。因此，凡方言里把零声母音节的单韵母读成[ɿ]的，一律要改读[i]，方言里还把其他辅音声母(主要是 b、p、m、d、t、n、l、j、q、x)相拼音节的韵母读成[ɿ]的，也要改读成[i]韵母。

在普通话里，是没有[ʮ]这个舌尖高元音的，凡方言里用[ʮ]作零声母音节或是作同辅音声母(主要是 zh、ch、sh、r、j、q、x)相拼音节的撮口呼韵母的韵头、韵腹的，都是语音错误。辨正这一类的韵母需分两步走：首先分清在普通话里这些音节的声母是 zh、ch、sh、r，还是 j、q、x 及零声母，再确定 zh、ch、sh、r 声母音节的韵头或韵腹应该是合口呼的 u，读[u]，而 j、q、x 及零声母音节的韵头或韵腹应该是撮口呼的 ü，读[y]。

2. 把握正确的发音状态，发准 i 和 ü

i[i]、ü[y]和[ɿ]、[ʮ]都是单元音，它们的区别主要是发音时舌体上面隆起的部位不同，i[i]、ü[y]是舌面元音，发音时舌尖下落抵住下齿背，舌面前部隆起接近硬腭前部，但气流通道要打开。[ɿ]和[ʮ]是舌尖元音，发音时舌尖上抬前伸接近上齿背，同样气流通道要打开。另外 i[i]、ü[y]的开口度比[ɿ]、[ʮ]大。

(二)辨正训练

1. 韵母和词语练习

i	荸荠 bí·qi	比例 bǐlì	笔记 bǐjì	鄙夷 bǐyí	裨益 bìyì
	披靡 pīmǐ	脾气 pí·qi	皮衣 píyī	迷离 mílí	谜底 mídǐ
	地理 dìlǐ	敌意 díyì	嫡系 díxì	底细 dǐxì	题记 tíjì
	体系 tǐxì	拟议 nǐyì	匿迹 nìjì	离异 líyì	礼仪 lǐyí
	利益 lìyì	吉利 jílì	记忆 jìyì	歧义 qíyì	启迪 qǐdí
	希冀 xījì	悉尼 Xīní	细腻 xìnì	议题 yìtí	意义 yìyì
ü	居于 jūyú	踽踽 jǔjǔ	区区 qūqū	龃龉 jǔyǔ	屈居 qūjū
	曲率 qūlǜ	区域 qūyù	祛淤 qūyū	趣剧 qùjù	须臾 xūyú
	序曲 xùqǔ	絮语 xùyǔ	迂曲 yūqū	雨具 yǔjù	余裕 yúyù
	语句 yǔjù	语序 yǔxù	寓于 yùyú	玉宇 yùyǔ	郁郁 yùyù

i—ü	比喻 bǐyù	必须 bìxū	批语 pīyǔ	谜语 míyǔ	抵御 dǐyù
	地区 dìqū	体育 tǐyù	礼遇 lǐyù	鲤鱼 lǐyú	几许 jǐxǔ
	记叙 jìxù	纪律 jìlǜ	崎岖 qíqū	其余 qíyú	戏剧 xìjù
ü—i	具体 jùtǐ	举例 jǔlì	距离 jùlí	聚齐 jùqí	狙击 jūjī
	躯体 qūtǐ	取缔 qǔdì	虚拟 xūnǐ	蓄意 xùyì	履历 lǚlì
	雨季 yǔjì	预计 yùjì	与其 yǔqí	预期 yùqī	予以 yǔyǐ

2. 对比辨音练习

资本 zīběn	基本 jīběn	滋补 zībǔ	缉捕 jībǔ
子时 zǐshí	几时 jǐshí	字母 zìmǔ	继母 jìmǔ
恣意 zìyì	记忆 jìyì	自然 zìrán	既然 jìrán
瓷实 císhí	其实 qíshí	磁带 cídài	脐带 qídài
词谱 cípǔ	棋谱 qípǔ	伺候 cìhou	气候 qìhòu
刺猬 cì·wei	气味 qìwèi	私有 sīyǒu	稀有 xīyǒu
丝瓜 sīguā	西瓜 xīguā	死敌 sǐdí	洗涤 xǐdí
死讯 sǐxùn	喜讯 xǐxùn	寺院 sìyuàn	戏院 xìyuàn
四则 sìzé	细则 xìzé	四伏 sìfú	戏服 xìfú
部署 bùshǔ	不许 bùxǔ	妇孺 fùrú	富余 fùyú
庐舍 lúshè	驴舍 lǘshè	鲁剧 Lǔjù	吕剧 Lǚjù
路灯 lùdēng	绿灯 lǜdēng	陆地 lùdì	绿地 lǜdì
瞩目 zhǔmù	举目 jǔmù	住院 zhùyuàn	剧院 jùyuàn
楚剧 Chǔjù	曲剧 Qǔjù	出车 chūchē	驱车 qūchē
如果 rúguǒ	雨果 Yǔguǒ	寄宿 jìsù	继续 jìxù

3. 绕口令练习

芜湖徐如玉，出去屡次遇大雾。曲阜苏愚芦，上路五回遇大雨。

四、读准卷舌元音韵母 er

卷舌元音韵母 er 是一个比较特殊的语音成分，它是在舌面、央、中、不圆唇元音[ə]的基础上加卷舌动作，国际音标记作[ɚ]，也可记作[ər]，"r"在这里是表示卷舌动作的，不发音。在普通话里，er 韵母只能构成零声母音节。

不少方言都没有 er 这个卷舌韵母，凡是普通话中读 er 韵母的字，方言里都被读成其他平舌韵母，有统读一个音的，也有分读两个音或是三个音的。

统读一个音的：有的方言读成舌面央低不圆唇元音[A]，有的方言读成舌面、前、中、不圆唇元音[ɐ]，有的方言读成舌面、后、半低、圆唇元音[ɔ]，有的方言读成舌面、前、半低、不圆唇元音[ɛ]，有的方言读成舌面、后、中、圆唇元音[o]，有的方言读成舌尖、后、高、不圆唇元音[ʅ]，并都前加 r 声母。还有的方言读成舌面、前、半低、不圆唇元音的鼻化音[ɛ̃]，也有的方言读成复元音[ei]。

分读两个音的：有的方言将"儿"读成舌面、央、中、不圆唇元音[ə]，"二"读成舌面、央、低、不圆唇元音[ʌ]；有的方言将"儿"也读[ə]，但"二"读成舌面、前、半低、不圆唇元音[ɛ]。有的方言 "儿"读舌面、前、半高、不圆唇元音[e]，"二"读卷舌韵母[ɚ]加喉塞音韵尾[ʔ]；还有的方言将"儿"读成舌面、央、中、不圆唇元音与次低、不圆唇元音结合的复元音[əæ]，"二"则在此基础上加喉塞音韵尾，成为[əæʔ]音。

分读三个音的：有的方言"儿"读舌面、央、半低、圆唇元音[ɜ]，"二"读舌面、央、低、不圆唇元音[ʌ]，另将"耳"读舌面、央、中、不圆唇元音[ə]。

综上所述，普通话的 er 韵母在方言中的读法是多种多样的，情况很复杂，除以上列举的一些外，还存在其他读法。"儿""二"等字在绝大多数方言里读零声母音节，但也有加辅音声母的。普通话中的 er 韵母字并不多，但出现概率都比较高。方言里五花八门的读法，对学习普通话影响比较大，亟待辨正。即使有卷舌韵母 er 的地方，读音与普通话也不一定完全相同，如有的方言读 er 时，开口度比普通话小一些，舌尖卷得比较靠后，而且与硬腭形成摩擦，发出的音像舌尖边擦音的音色。

(一)辨正方法

1. 掌握正确的发音方法

由于多数方言没有卷舌韵母，造成这些方言区的人没有卷舌的习惯，在发音时，理论上知道要卷舌，一旦发音开始，舌尖又放平了，形不成卷舌色彩。还有矫枉过正的，还未发音，舌尖就卷起来，并且卷得过于往后，整个舌头肌肉都紧张起来，结果发出来的音显得非常生硬、沉闷，缺少亲切、柔和感。

发卷舌韵母的要领是发音时，面部和舌头肌肉都要放松，舌位高低、前后要适中，在一种很轻松的状态下发舌面、央、中、不圆唇元音[ə]，与此同时舌尖稍往前伸并很自然地往后一卷，卷舌色彩就出来了。

2. 利用声旁字类推

普通话中读 er 韵母的字很少，基本上就是"儿、而、尔、耳、二"这五个独体字，以及以"而、尔、耳"为声旁的形声字，可以利用声旁字进行类推。如：

而 er 鸸鲕

尔 er 迩

耳 er 耳洱俽珥铒

(二)辨正训练

1. 词语练习

儿歌 érgē	儿科 érkē	儿童 értóng	儿马 érmǎ	儿戏 érxì
而今 érjīn	而且 érqiě	而已 éryǐ	而况 érkuàng	而立 érlì
尔曹 ěrcáo	尔格 ěrgé	尔耳 ěr'ěr	尔后 ěrhòu	尔日 ěrrì
耳机 ěrjī	耳环 ěrhuán	耳语 ěryǔ	耳目 ěrmù	洱海 ěr Hǎi
二心 èrxīn	二胡 èrhú	贰臣 èrchén	二审 èrshěn	二战 èrzhàn
婴儿 yīng'ér	幼儿 yòu'ér	少儿 shào'ér	健儿 jiàn'ér	女儿 nǚ'ér
因而 yīn'ér	然而 rán'ér	时而 shí'ér	反而 fǎn'ér	既而 jì'ér

偶尔 ǒu'ěr	莞尔 wǎn'ěr	遐迩 xiá'ěr	银耳 yín'ěr	鱼饵 yú'ěr
初二 chū'èr	十二 shí'èr	老二 Lǎo'èr	第二 dì'èr	不二 bú'èr

2. 绕口令练习

儿子不是蛾子，　而且不是"啊起"，耳朵不是袄多，老二不是老爱。

说好儿而耳二，舌尖往上卷起来。再说二而耳二，舌头不要松开。

连说儿而耳二，音要自然出来。儿而耳二 ，二耳而儿。

五、分清单元音韵母 u 和复元音韵母 ou

有的方言把 z、c、s、d、t、l 与合口呼韵母 u 相拼的字读成 ou 韵母，例如："组"读 zou，"醋"读 cou，"苏"读 sou，"堵"读 dou，"途"读 tou，"路"读 lou。

(一)辨正方法

这些地方的方言韵母系统里，u 和 ou 这两个韵母都有，在发音上是不存在问题的，只是要分清哪些字的韵母是 u，哪些字的韵母是 ou。

1. 利用声韵配合规律

普通话中 u 韵母的字被方言读成 ou 韵母仅限于舌尖前音 z、c、s 和舌尖中音 d、t、l 这六个声母，因此辨正时只需从方言用这六个声母与 ou 相拼的音节字中辨别即可。

2. 利用声旁字进行类推

普通话中读 zu、cu、su、du、tu、lu 和 zou、cou、sou、dou、tou、lou 音节的字不太多，尤其是 z、c、s、d、t、l 与 ou 韵母相拼音节的字更少。而这些字中属于形声结构的却不少，类推规律比较强，我们可以利用声旁字进行类推，重点记在普通话中属于 ou 韵母的声旁字，排除 u 韵母的字，这样可以取得较好的分辨效果。

(二)辨正训练

1. 音节和词语练习

zu	租赁 zūlìn	足够 zúgòu	卒岁 zúsuì	族谱 zúpǔ
	阻挡 zǔdǎng	诅咒 zǔzhòu	组阁 zǔgé	祖母 zǔmǔ
cu	粗糙 cūcāo	殂谢 cúxiè	促声 cùshēng	猝然 cùrán
	醋意 cùyì	簇拥 cùyōng	蹙额 cù'é	蚕蔟 cáncù
su	苏绣 sūxiù	酥油 sūyóu	俗套 sútào	夙愿 sùyuàn
	素雅 sùyǎ	速效 sùxiào	诉讼 sùsòng	塑料 sùliào
du	都城 dūchéng	毒品 dúpǐn	独白 dúbái	笃厚 dǔhòu
	赌博 dǔbó	杜撰 dùzhuàn	度数 dù·shu	镀金 dùjīn
tu	凸版 tūbǎn	突击 tūjī	途径 tújìng	涂改 túgǎi
	屠戮 túlù	土著 tǔzhù	吐露 tǔlù	兔唇 tùchún
lu	芦苇 lúwěi	鲈鱼 lúyú	鲁莽 lǔmǎng	掳掠 lǔlüè
	陆续 lùxù	鹿茸 lùróng	露宿 lùsù	绿林 lùlín

2. 对比辨音练习

祖师 zǔshī	走失 zǒushī	促进 cùjìn	凑近 còujìn
酥瓜 sūguā	搜刮 sōuguā	都市 dūshì	都是 dōushì
堵车 dǔchē	斗车 dǒuchē	肚脐 dùqí	豆萁 dòuqí
图腾 túténg	头疼 tóuténg	徒弟 túdì	投递 tóudì
录像 lùxiàng	露像 lòuxiàng	路途 lùtú	露头 lòutóu
高炉 gāolú	高楼 gāolóu	制度 zhìdù	智斗 zhìdòu

3. 绕口令练习

肩背一匹布,手提一瓶醋。走了一里路,看见一只兔。卸下布,放下醋,去捉兔。跑了兔,丢了布,洒了醋。

六、防止丢失韵头 i、u 和添加韵头 u

在普通话语音系统里,哪些韵母能同哪些声母拼合,哪些韵母不能同哪些声母拼合,与韵母的第一个音素(主要是韵头,也可能是韵腹)有很大的关系,比如在普通话里,j、q、x 声母只能同开头是 i 或 ü 的齐齿呼及撮口呼韵母相拼。有些字的方言读音与普通话读音不同,往往也牵涉韵头问题。下面列举出几种牵涉韵头问题的方言现象。

(1) 普通话中一些 j、q、x 声母和零声母同齐齿呼韵母相拼音节的字,如"家、掐、瞎、解、鞋、减、铅、咬、眼"等字被读成 g、k、h、ng[ŋ]声母,同时丢失韵头 i。

(2) 普通话中一部分合口呼韵母,特别是 uei 与 uen,当它们同舌尖前音声母 z、c、s 和舌尖中音声母 d、t 相拼时,uen 同舌尖中音声母 l 相拼时,在方言里有丢失韵头 u 的现象,如"最、催、随、对、推、尊、存、孙、盾、吞、论"等字,方言里被读成 ei、en 韵母。另外在有的方言里,除单韵母 u 外,其他的合口呼韵母同 z、c、s、d、t 相拼时,多数丢失韵头 u,如"左、错、所、多、脱"等字方言韵母是 o,丢失韵头 u。还有的字在方言里不仅丢失韵头,同时也改换了韵腹,如"钻、窜、算、断、团"等字方言韵母是 [on]。

(3) 在普通话里,合口呼韵母 uei 是不与舌尖中音声母 n、l 相拼的,如"内、馁、类、雷、累、泪"等字的韵母应是 ei,但方言里有读 uei 韵母的现象。还有 uen 韵母,在普通话里也不能与 n 声母相拼,但各地方言都与之相拼了,如"嫩"字在方言中普遍读 nùn。

(一)辨正方法

1. 需要补上韵头 i 或 u

(1) 需要补韵头 i。

普通话中的 j、q、x 及零声母字被方言读成g、k、h 及 ng[ŋ] 声母并丢失韵头 i 的,有一些常用字,可用强记法记忆。

(2) 需要补上韵头 u。

普通话中的合口呼韵母被方言丢失韵头 u 的,其声母有限定。我们可以在限定的声母

范围内利用声韵配合规律来记忆。

①　在普通话中，开口呼韵母 en 不与舌尖中音声母 l 相拼，没有例外。方言读 len 音节的一般要在韵母前面添上 u。在普通话中，开口呼韵母 ei、en 一般不与舌尖前音声母 z、c、s 和舌尖中音声母 d、t 相拼，方言中有这种拼法的要在韵母前加上 u。但有少数例外字需要强记的，列举如下。

zei　　贼

zen　　怎谮

cen　　岑涔参(~差 ci)

sen　　森

den　　扽

②　开口呼韵母 o 不拼除唇音 b、p、m、f 及零声母以外的声母，没有例外。因此，凡方言在声母非 b、p、m、f 的情况下读韵母为 o 的，一般要在韵母前添上 u。

2. 需要删除韵头

普通话中的开口呼韵母在方言中被添加韵头 u 的情况只有 ei 韵母与 n、l 相拼时发生。而在普通话里，合口呼韵母 uei 不与舌尖中音 n、l 相拼，uen 不与 n 相拼，并且没有例外。

(二)辨正训练

1. 音节和词语练习

1) 需添韵头 i

jia	加盟 jiāméng	家长 jiāzhǎng	嘉奖 jiājiǎng	夹角 jiājiǎo
	甲板 jiǎbǎn	架设 jiàshè	价码 jiàmǎ	假期 jiàqī
jiao	交通 jiāotōng	胶水 jiāoshuǐ	茭白 jiāobái	摔跤 shuāijiāo
	浇灌 jiāoguàn	羊角 yángjiǎo	教学 jiàoxué	睡觉 shuìjiào
jian	监督 jiāndū	间架 jiānjià	奸细 jiānxì	减少 jiǎnshǎo
	碱土 jiǎntǔ	简单 jiǎndān	检查 jiǎnchá	艰苦 jiānkǔ
jiang	长江 Cháng Jiāng	豇豆 jiāngdòu	讲坛 jiǎngtán	
jie	阶层 jiēcéng	秸秆 jiēgǎn	解决 jiějué	介绍 jièshào
	届满 jièmǎn	戒指 jiè·zhi	街道 jiēdào	界限 jièxiàn
qia	掐算 qiāsuàn	卡壳 qiǎké		
qiao	敲诈 qiāozhà			
qian	铅笔 qiānbǐ	镶嵌 xiāngqiàn		
xia	瞎扯 xiāchě	下岗 xiàgǎng	吓唬 xià·hu	
xian	咸淡 xiándàn	衔冤 xiányuān	限制 xiànzhì	苋菜 xiàncài
xie	鞋匠 xiéjiàng	蟹黄 xièhuáng		
ya	鸭绒 yāróng	牙齿 yáchǐ	牙子 yá·zi	
yao	咬字 yǎozì			
yan	颜色 yánsè	眼帘 yǎnlián	鸿雁 hóngyàn	

2) 需添韵头 u

luen	抡拳 lūnquán	轮渡 lúndù	伦理 lúnlǐ	沦落 lúnluò
	论辩 lùnbiàn	囫囵 húlún	腈纶 jīnglún	昆仑 Kūnlún
zuei	嘴紧 zuǐjǐn	最近 zuìjìn	罪魁 zuìkuí	醉意 zuìyì
cuei	崔嵬 cuīwéi	催眠 cuīmián	摧残 cuīcán	翠绿 cuìlǜ
	萃聚 cuìjù	淬火 cuìhuǒ	粹白 cuìbái	脆亮 cuìliàng
suei	虽然 suīrán	睢县 Suīxiàn	濉溪 suīxī	绥靖 suíjìng
	隋朝 Suícháo	随从 suícóng	骨髓 gǔsuǐ	鬼祟 guǐsuì
	遂愿 suìyuàn	隧道 suìdào	邃密 suìmì	燧人氏 Suìrénshì
duei	堆砌 duīqì	对仗 duìzhàng	队列 duìliè	兑现 duìxiàn
tuei	忒好 tuī hǎo	推让 tuīràng	颓靡 tuímǐ	腿脚 tuǐjiǎo
	退缩 tuìsuō	蜕变 tuìbiàn	煺毛 tuì máo	褪色 tuìshǎi
zuen	尊敬 zūnjìng	遵循 zūnxún	樽俎 zūnzǔ	鳟鱼 zūnyú
cuen	皴裂 cūnliè	村庄 cūnzhuāng	存储 cúnchǔ	忖度 cǔnduó
suen	孙女 sūnnǚ	榫眼 sǔnyǎn	损耗 sǔnhào	笋鸡 sǔnjī
duen	蹲点 dūndiǎn	吨位 dūnwèi	敦厚 dūnhòu	墩布 dūnbù
	盾牌 dùnpái	遁世 dùnshì	顿悟 dùnwù	石礅 shídūn
	打盹儿 dǎdǔnr	粮囤 liángdùn	混沌 hùndùn	清炖 qīngdùn
tuen	吞噬 tūnshì	朝暾 zhāotūn	屯垦 túnkěn	囤聚 túnjù
	馄饨 hún·tun	海豚 hǎitún	臀部 túnbù	褪去 tùnqù
duo	多少 duōshǎo	躲避 duǒbì	堕落 duòluò	拾掇 shí·duo
tuo	托福 tuōfú	鸵鸟 tuóniǎo	妥善 tuǒshàn	唾弃 tuòqì
nuo	挪用 nuóyòng	诺言 nuòyán	懦夫 nuòfū	袅娜 niǎonuó
luo	啰唆 luō·suo	罗网 luówǎng	裸露 luǒlù	落实 luòshí
guo	涡阳 Guōyáng	国籍 guójí	裹胁 guǒxié	过誉 guòyù
kuo	扩张 kuòzhāng	括号 kuòhào	阔别 kuòbié	廓清 kuòqīng
huo	豁口 huōkǒu	活血 huóxuè	伙食 huǒshi	豁达 huòdá
zhuo	拙劣 zhuōliè	着想 zhuóxiǎng	卓绝 zhuójué	擢升 zhuóshēng
chuo	戳记 chuōjì	踔厉 chuōlì	绰约 chuòyuē	辍学 chuòxué
shuo	说服 shuōfú	朔风 shuòfēng	硕果 shuòguǒ	闪烁 shǎnshuò
zuo	作坊 zuō·fang	昨天 zuótiān	佐证 zuǒzhèng	柞蚕 zhuòcán
cuo	磋商 cuōshāng	搓板 cuōbǎn	嵯峨 cuó'é	措施 cuòshī
suo	唆使 suōshǐ	缩影 suōyǐng	索贿 suǒhuì	琐屑 suǒxiè

3) 需删韵头 u

nei	内外 nèiwài	气馁 qìněi		
lei	累赘 léizhuì	雷霆 léitíng	嫘祖 Léizǔ	檑木 léimù
	镭盐 léiyán	羸弱 léiruò	耒耜 lěisì	诔文 lěiwén
	垒球 lěiqiú	累进 lěijìn	磊落 lěiluò	擂台 lèitái
	泪痕 lèihén	类别 lèibié	劳累 láolèi	傀儡 kuǐlěi

2. 绕口令练习

七加一、七减一，加完减完等于几？七加一、七减一，加完减完还是七。

七、防止将 e 读成 o、uo 或其他音

普通话中的 e 与 o 都是舌面元音，区别在于舌位不同：e 舌位比一般后元音偏前，居于央元音与后元音之间，是个半高元音；o 的舌位居后偏下，是个后中元音；e 不圆唇，o 圆唇。它们都是普通话里的单元音韵母，并且都能与辅音声母相拼，又都能构成零声母音节。o 还能作复元音韵母 uo、ou 的韵腹。o 作单元音韵母时的出现频率很低，构成零声母音节只有"噢 ō、哦 ó、哦 ǒ、哦 ò"四个不同声调的叹词，与辅音声母能够相拼的只有 b、p、m、f 四个唇音。而 e 出现频率相对要高些，仅零声母音节字现代汉语常用字表就收了 17 个。除去四个唇音声母 b、p、m、f 和三个舌面音声母 j、q、x 外，e 与其他辅音声母均能相拼。可见，e 与 o 的分布条件是不同的。普通话中的 e 韵母字不少是来自古代的入声字，其中 d、t、l、z、c、s 六声母的字几乎都是，其他声母中的字中也有一部分是。

在南方的各个方言区，有 e 韵母的地方不多。无论是现代已没有入声韵或是还有入声韵的方言，对那些本不属于入声韵而在普通话中应读 e 韵母的字，当与 g、k、h 声母相拼时，多数方言读成单元音韵母 o 或复元音韵母 uo；当与 zh、ch、sh、r、z、c、s 声母相拼时，有的方言读成舌面、前、半低、不圆唇元音[ɛ]或其他音。

(一)辨正方法

学会发不圆唇元音 e，区别 e 与 o 的舌位与口形的不同。

(二)辨正训练

1. 音节和词语练习

ge	戈壁 gēbì	歌曲 gēqǔ	割舍 gēshě	格式 géshì	革新 géxīn
	阁楼 gélóu	胳膊 gē·bo	葛藤 gěténg	个体 gètǐ	各自 gèzì
ke	科班 kēbān	颗粒 kēlì	苛刻 kēkè	磕碰 kēpèng	咳嗽 ké·sou
	可能 kěnéng	渴望 kěwàng	刻薄 kèbó	客座 kèzuò	溘然 kèrán
he	呵护 hēhù	和蔼 hé'ǎi	何尝 hécháng	河流 héliú	荷花 héhuā
	阖府 héfǔ	贺信 hèxìn	荷载 hèzài	赫兹 hèzī	褐煤 hèméi
zhe	遮盖 zhēgài	折叠 zhédié	蛰伏 zhéfú	谪居 zhéjū	这些 zhèxiē
che	车辙 chēzhé	扯皮 chěpí	彻悟 chèwù	掣肘 chèzhǒu	撤销 chèxiāo
she	赊欠 shēqiàn	折耗 shéhào	舍身 shěshēn	社稷 shèjì	摄像 shèxiàng
ze	责任 zérèn	择交 zéjiāo	泽国 zéguó	舴艋 zéměng	仄声 zèshēng
ce	册封 cèfēng	侧翼 cèyì	测定 cèdìng	恻隐 cèyǐn	策划 cèhuà
se	色盲 sèmáng	涩滞 sèzhì	瑟缩 sèsuō	塞责 sèzé	稼穑 jiàsè

2. 对比辨音练习

乐土 lètǔ	落土 luòtǔ	乐果 lèguǒ	落果 luòguǒ
乐意 lèyì	络绎 luòyì	客气 kèqi	阔气 kuòqi

河水 héshuǐ	活水 huóshuǐ	合力 hélì	活力 huólì
合计 héjì	活计 huójì	隔音 géyīn	国音 guóyīn
格物 géwù	国务 guówù	个头 gètóu	过头 guòtóu

八、防止将 üe 与 iao 韵母读成 üo、io 或 uo 及其他音

今天普通话中读 üe 韵母的字，如"决、绝、确、缺、雪、血、虐、疟、略、掠、月、越"等，声母只有 j、q、x、n、l 和零声母 6 个，而这些字基本上都来自古代的入声字。普通话中还有个别 jiao、qiao、xiao 和 iao 音节的字，如"嚼、角、脚、雀(家~)、削(~铅笔)、药"等也是古代的入声字。

在已经没有入声的官话区的不少地方，以上这些在普通话中应读 üe 或是 iao 韵母的古入声字，如果是 j、q、x、n 和零声母的，üe 或 iao 往往被读成 üo 或 io 韵母；而 l 声母的"略、掠"等字则被读 uo 韵母。江淮官话区还有入声调类，入声字往往都带有喉塞音韵尾[ʔ]。有些地方虽也有入声调类，但入声字已没有塞音韵尾，"绝、缺、血、月、越、嚼、脚、药"等字被方言读为舒声韵。

在普通话里"绝、缺、血、月、越"等字韵母读 üe，是撮口呼韵母，而"嚼、脚、药"等字韵母读 iao，是齐齿呼韵母，彼此不同韵。

(一)辨正方法

1. 掌握 üe、iao 两韵母的正确发音方法

üe 是二合复元音韵母。读准普通话 üe 韵母的关键是要把握住韵头和韵腹的舌位和口形的变化。üe 的韵头 ü[y]是舌面、前、高、圆唇元音，韵腹 ê[ɛ]是舌面前、中、不圆唇元音，两者都是前舌位，发音时，舌位由高降到中，口腔开合的动程较大，口形则是从圆到不圆，嘴角由向中间聚拢到逐渐向两边咧开。对于有入声方言区的人来说，还可以采取延长韵腹发音时间将促声读成舒声的方法来挤掉塞音韵尾。iao 是三合元音，可以利用元音舌位图来指导正确的发音练习。

2. 分辨 üe 与 iao 韵母的字

不少地方与普通话一样，将"绝、缺、血"等字与"嚼、脚、药"等字分读两个韵母，在进行方音辨正时只要将方言读音改过来即可。但也有的方言不分，这就还需要从方言的错误读法中将这两种不同读法的字区别开。不过，普通话中来自古代入声字今读 iao 韵母的很少，只有"脚、嚼、角、钥、疟、药"等几个字，而且其中还有两读的，即既有读 üe 韵母的时候，也有读 iao 韵母的时候，像"角、嚼、雀、钥、疟"等字即如此。不过，这几个字读 iao 韵母的时候相对多些。

(二)辨正训练

1. 词语练习

1) 注意 üe 韵母字的读音

决心 juéxīn	抉择 juézé	绝对 juéduì	掘进 juéjìn	崛起 juéqǐ
矍铄 juéshuò	攫取 juéqǔ	噘嘴 juēzuǐ	爵位 juéwèi	谲诈 juézhà

炔烃 quētīng	缺憾 quēhàn	阙疑 quèyí	瘸子 qué·zi	却步 quèbù
雀跃 quèyuè	鹊桥 quèqiáo	确实 quèshí	商榷 shāngquè	宫阙 gōngquè
靴子 xuē·zi	薛姓 xuēxìng	穴位 xuéwèi	学校 xuéxiào	趔摸 xué·mo
噱头 xuétóu	雪耻 xuěchǐ	鳕鱼 xuěyú	血压 xuèyā	戏谑 xìxuè
虐待 nüèdài	略微 lüèwēi	掠夺 lüèduó	约定 yuēdìng	月份 yuèfèn
越南 Yuènán	阅读 yuèdú	悦耳 yuè'ěr	粤菜 yuècài	栎阳 Yuèyáng

2) 注意 iao 韵母字的读音

脚本 jiǎoběn	脚镣 jiǎoliào	脚轮 jiǎolún	脚门 jiǎomén	脚注 jiǎozhù
药材 yàocái	药检 yàojiǎn	药理 yàolǐ	药膳 yàoshàn	药械 yàoxiè

3) 注意有 üe、iao 两读的字

üe	角 jué	角斗 juédòu	角力 juélì	角逐 juézhú	角色 juésè
		主角 zhǔjué	配角 pèijué	丑角 chǒujué	旦角 dànjué
	嚼 jué	咀嚼 jǔjué			
	觉 jué	觉察 juéchá	觉得 jué·de	觉悟 juéwù	觉醒 juéxǐng
	雀 què	麻雀 máquè	孔雀 kǒngquè	云雀 yúnquè	雀斑 quèbān
		雀鹰 quèyīng			
	疟 nüè	疟疾 nüèjí			
	钥 yuè	锁钥 suǒyuè			
iao	角 jiǎo	角尺 jiǎochǐ	角度 jiǎodù	角落 jiǎoluò	角膜 jiǎomó
		角票 jiǎopiào	角质 jiǎozhì	鬓角 bìnjiǎo	视角 shìjiǎo
		山角 shānjiǎo	三角 sānjiǎo	号角 hàojiǎo	墙角 qiángjiǎo
		口角 kǒujiǎo	犄角 jījiǎo	夹角 jiājiǎo	拐角 guǎijiǎo
	嚼 jiáo	嚼舌 jiáoshé	嚼用 jiáoyòng	嚼子 jiáo·zi	倒嚼 dǎojiào
	觉 jiào	睡觉 shuìjiào	午觉 wǔjiào		
	雀 qiǎo	家雀 jiāqiǎo	雀盲眼 qiǎomángyǎn		
	疟 yào	疟子 yào·zi			
	钥 yào	钥匙 yào·shi			

九、防止把 eng、ueng 读成 ong 韵母

在不少方言里，都将"绷带"读成 bōngdài、"碰撞"读成 pòngzhuàng、"梦境"读成 mòngjìng、"风力"读成 fōnglì，而且凡是普通话中 b、p、m、f 声母与 eng 韵母相拼的音节，韵母都被换读成 ong 韵母。这是错误的。另外还将普通话里的零声母 ueng 韵母音节的字都读成 ong 韵母，如"渔翁"读成 yú'ōng，"瓮中捉鳖"读成 òngzhōng-zhuōbiē。这也是错误的。

(一)辨正方法

1. 利用普通话声韵配合规律

在普通话语音系统里，合口呼韵母 ong[uŋ]是不拼唇音声母 b、p、m、f 的，而开口呼

韵母 eng 则可以。方言中将 ong 与 b、p、m、f 相互拼合是违背普通话声韵配合规律的，需要将韵母改换成 eng。另外，在普通话里，ong 是不能构成零声母音节的，而 ueng 只能构成零声母音节。

2. 注意 eng、ueng 与 ong 的发音区别

eng、ueng 与 ong 都是后鼻音韵母，带有共同的韵尾 ng[ŋ]。它们的区别在于韵头的有无和韵腹的元音不同：eng 与 ong 都没有韵头，韵母中唯一的元音是韵腹。eng 的韵腹 e 是开口呼的舌面、后、半高、不圆唇元音[ɤ]，而 ong 的韵腹 o 则是合口呼的舌面、后、次高、圆唇元音[u]。而且，eng 的发音动程较大，口腔由半开到逐渐闭拢，ong 的动程较小，口腔由较闭到全闭。ueng 中有两个元音，其中的 u 为合口呼韵母的韵头，e[ɤ]是韵腹，和 eng 的韵腹一样。ueng 的动程比 eng 还要大些，口形也有所改变，由发音开始时的圆唇逐渐变为不圆唇。

(二)辨正训练

1. 音节和词语练习

beng	崩溃 bēngkuì	绷带 bēngdài	甭说 béngshuō	迸裂 bèngliè
	蹦跳 bèngtiào	水泵 shuǐbèng	酒鬯 jiǔbèng	
peng	抨击 pēngjī	烹饪 pēngrèn	蓬勃 péngbó	朋友 péngyou
	棚户 pénghù	鹏程 péngchéng	澎湃 péngpài	膨胀 péngzhàng
	蟛蜞 péngqí	捧场 pěngchǎng	碰壁 pèngbì	
meng	蒙骗 mēngpiàn	萌芽 méngyá	蒙蔽 méngbì	盟约 méngyuē
	牛虻 niúméng	雕甍 diāoméng	蚱蜢 zhàměng	猛烈 měngliè
	蒙古 Měnggǔ	懵懂 měngdǒng	孟春 mèngchūn	梦幻 mènghuàn
feng	风向 fēngxiàng	封禅 fēngshàn	锋芒 fēngmáng	烽火 fēnghuǒ
	逢迎 féngyíng	缝缀 féngzhuì	讽刺 fěngcì	唪经 fěngjīng
	凤凰 fènghuáng	奉承 fèng·cheng		
weng	渔翁 yúwēng	蓊郁 wěngyù	嗡子 wēng·zi	蕹菜 wèngcài

2. 绕口令练习

一条裤子七道缝，横缝上面有竖缝。缝了横缝缝竖缝，缝了竖缝缝横缝。

思考与训练

一、思考题

1. 普通话韵母有什么样的构成特点？

2. 普通话韵母的分类方法有哪些？

3. 什么叫四呼？

4. 单元音韵母与复元音韵母发音特点有何不同？

5. 怎样读准卷舌元音韵母 er？

二、韵母绕口令练习

1. 这天天下雨，体育局穿绿雨衣的女小吕，去找穿绿运动衣的女老李。穿绿雨衣的女小吕，没找到穿绿运动衣的女老李，穿绿运动衣的女老李，也没见着穿绿雨衣的女小吕。

2. 二姐的儿子爱二鹅，抱着二鹅唱山歌，二鹅听得很快乐，咬了二姐儿子的小耳朵。

3. 军区决定演晋剧，剧情紧张军情急：绝密军令叙具体，全军俊杰群情激。行军礼，举军旗，经绝壁，历禁区，拔据点，尽全力。决一死战，义士捐躯。拳拳之心，可歌可泣。

4. 俊娟训练跑圆圈，新鲜旬月言晕倦。进见受训心言冤，勤于运动元勋建。

5. 陈庄程庄都有城，陈庄城通程庄城。陈庄城和程庄城，两庄城墙都有门。陈庄城进程庄人，陈庄人进程庄城。请问陈程两庄城，两庄城门都进人，哪个城进陈庄人，程庄人进哪个城？

6. 望月空，满天星，光闪闪，亮晶晶，好像那，小银灯，仔细看，看分明，大大小小，密密麻麻，闪闪烁烁，数也数不清。

第四章　普通话声调及其辨正

【学习目标】

本章主要介绍声调的性质、调值、调类等知识，介绍普通话声调发音方法，要求学生通过学习与训练能够掌握普通话声调的发音。

【重点难点】

- 声调的性质。
- 普通话声调的调值与调类。
- 普通话声调发音方法。

第一节　声调的发音

一、声调的性质

(一)声调的自然属性

1. 声调是音节相对音高的变化形式

音高由频率决定，一般情况下，音高分为绝对音高和相对音高两类。绝对音高指用精密仪器测定出来的以赫兹为单位的物理量。相对音高指用比较方法确定的同一基调的音高变化形式和幅度。比如，一个成年人读"学"，从中音升到高音，一个小孩读"学"，也是从中音升到高音。小孩的中音可能比成年人的高音还高，但这两个人都是由中音升为高音，音高的变化形式和升降幅度大体相同，这种情形属于相对音高的变化。

2. 声调的变化是声带松紧调节的结果

声调变化需要借助声带松紧的调节，使声调与音节中具有乐音性质的语音成分结合，发出声响。发音时，放松声带，增大声带的振幅，减少在单位时间内声带颤动的次数，降低频率，声调自然就低；绷紧声带，减小声带的振幅，增加在单位时间内声带颤动的次数，即提高频率，声调自然就高。

(二)声调的社会属性

1. 声调具有辨义功能

汉语声调具有辨义功能。如果声母、韵母相同，声调不同，会造成音节意义的差异，如"同意"与"统一"。

2. 方言声调与普通话声调不同

汉语方言都有各自的声调体系，不仅调类不等，而且每个调类的调值也不相同。普通话有阴平、阳平、上声、去声 4 个调类，汉语方言最少的调类有 3 个，最多有 10 个。普

通话的阴平调类读高平调，但在有些方言里却读成了低平调、低降调或低降升调等调型，这是当地语言社会在使用语言过程中自然选择的结果。

二、声调发音分析

(一)调值

1. 调值是声调的具体读法

调值指音节音高的高低、升降、平曲、长短的具体变化形式，是声调的具体读法。

2. 五度制标调法

要准确细致地描写汉语声调，一般采用五度制声调表示法(见图 4-1)：先画一条竖线作为比较线，分成四格五点，分别用 1、2、3、4、5 表示声调的低、半低、中、半高、高，再在比较线的左边用横线、斜线、曲线表示声调的音高变化。如普通话的四种声调可以表示如下。

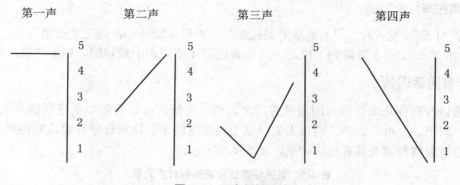

图 4-1 五度制标调法

(二)调类

1. 调类是声调的分类

调类指声调的分类，是按照声调的实际读法归纳出来的。古汉语分为平上去入 4 个调类，现代汉语普通话分为阴平、阳平、上声、去声 4 个调类。从古汉语调类到现代汉语调类的变化可以概括为平分阴阳，浊上变去，入派三声。

2. 调类是由调值决定的

调类是声调的名称，是把调值相同的音节归纳在一起所建立的类，即根据声调的具体读法进行归类而得到的类别。调值的相异，会形成一种语言或方言不同的调类。

(三)普通话调值

普通话声调有四种具体不同的读法，其调类一般用五度制标调法表示，调值表述为：阴平 55，阳平 35，上声 214，去声 51。

1. 第一声　高平调

也称 55 调。发音时，"起音高高一路平"，声带绷到最紧，始终不放松，保持发高音，由 5 度到 5 度，基本上没有升降的变化。例如"安、康"。

2. 第二声　中升调

也称 35 调。发音时，"从中到高往上升"，声带从不松不紧开始，逐渐绷紧，到最紧为止，声音由中音向高音过渡，即由 3 度升到 5 度。例如"平、常"。

3. 第三声　降升调

也称 214 调。发音时，"先降后升曲折起"，声带从略微有些紧张开始，立刻松弛下来，稍稍延长，然后迅速绷紧。在发音过程中，声音主要表现在低音段 1～2 度之间，从半低音 2 度先降到低音 1 度，低音 1 度的时值相对长一些，这已成为上声的基本特征。再往上升至半高音 4 度，往上升时要注意好过渡，有个缓冲，不能太猛。上声在普通话 4 个声调中音长是最长的。例如"冷、水"。

4. 第四声　全降调

也称 51 调。发音时，"高起猛降最底层"，声带从紧开始，到完全松弛为止。声音由高音降到低音，即由 5 度降到 1 度。去声是普通话 4 个声调中最短的。例如"胜、利"。

(四)普通话调类

普通话有四种基本调值，因而就有四个调类。传统的汉语音韵学把这四种调类分别称为阴平、阳平、上声、去声，而且人们习惯上也用这四个名称来称呼普通话的四声。

普通话调值和调类具有对应关系，如表 4-1 所示。

表 4-1　普通话调值和调类的对应关系

调类(四声)	调号	例字	调型	调值	调值说明
1.阴平	—	搭 dā	高平	55	起音高高一路平
2.阳平	/	答 dá	中升	35	从中到高往上升
3.上声	∨	打 dǎ	降升	214	先降后升曲折起
4.去声	\	大 dà	全降	51	高起猛降最底层

三、声调发音训练

(一)普通话四声分别训练

1. 阴平声训练

(1) 词语练习

阴＋阴

安装 ānzhuāng	搬家 bānjiā	参观 cānguān	车间 chējiān
堆积 duījī	发挥 fāhuī	歌声 gēshēng	花生 huāshēng
机关 jīguān	刊登 kāndēng	欧洲 ōuzhōu	批发 pīfā

期间 qījiān	沙发 shāfā	突出 tūchū	歪曲 wāiqū
牺牲 xīshēng	压缩 yāsuō	征收 zhēngshōu	资金 zījīn

阴＋阴＋阴

氨基酸 ānjīsuān	超声波 chāoshēngbō
冬瓜汤 dōngguātāng	高中生 gāozhōngshēng
公积金 gōngjījīn	关东烟 guāndōngyān
机关枪 jīguānqiāng	金沙江 Jīnshā Jiāng
精加工 jīngjiāgōng	咖啡因 kāfēiyīn
空心砖 kōngxīnzhuān	攀枝花 Pānzhīhuā
山楂汁 shānzhāzhī	收音机 shōuyīnjī
孙中山 Sūn Zhōngshān	拖拉机 tuōlājī
新加坡 Xīnjiāpō	星期一 xīngqīyī

(2) 成语练习

阴＋阴＋阴＋阴

江山多娇 jiāngshān-duōjiāo	居安思危 jū'ān-sīwēi
声东击西 shēngdōng-jīxī	贪天之功 tāntiānzhīgōng
休戚相关 xiūqī-xiāngguān	忧心忡忡 yōuxīn-chōngchōng

(3) 语句练习

阴＋阴＋阴……

今天朱声搭班机飞天津。Jīntiān Zhū Shēng dā bānjī fēi Tiānjīn。

2. 阳平声训练

(1) 词语练习

阳＋阳

昂扬 ángyáng	鼻梁 bíliáng	才能 cáinéng	船舶 chuánbó
毒蛇 dúshé	儿童 értóng	繁忙 fánmáng	隔离 gélí
回头 huítóu	集团 jítuán	狂人 kuángrén	流传 liúchuán
茫然 mángrán	南极 nánjí	平原 píngyuán	勤劳 qínláo
人才 réncái	神奇 shénqí	随即 suí·jí	提前 tíqián
顽强 wánqiáng	习俗 xísú	严寒 yánhán	职责 zhízé

阳＋阳＋阳

陈皮梅 chénpíméi	除虫菊 chúchóngjú
儿童节 Értóngjié	芙蓉国 Fúróngguó
洪泽湖 Hóngzé Hú	联合国 Liánhéguó
浏阳河 Liúyáng Hé	男同学 nántóngxué
泥石流 níshíliú	蓬莱阁 Pénglái gé
唐明皇 Tángmínghuáng	陶然亭 Táorántíng
同仁堂 Tóngréntáng	文言文 wényánwén
形容词 xíngróngcí	遗传学 yíchuánxué

颐和园 Yíhéyuán   园林局 yuánlínjú

(2) 成语练习

阳＋阳＋阳＋阳

含糊其词 hánhú-qící   急于求成 jíyúqiúchéng
洁白无瑕 jiébái-wúxiá   竭泽而渔 jiézé'éryú
名存实亡 míngcún-shíwáng   文如其人 wénrúqírén

(3) 语句练习

阳＋阳＋阳……

明晨梁朝乘轮船回南阳。Míngchén Liáng Cháo chéng lúnchuán huí Nányáng。

3. 上声训练

(1) 词语练习

上＋上

矮小 ǎixiǎo	本体 běntǐ	采访 cǎifǎng	处理 chǔlǐ
导演 dǎoyǎn	腐朽 fǔxiǔ	鼓舞 gǔwǔ	好转 hǎozhuǎn
减少 jiǎnshǎo	可以 kěyǐ	理想 lǐxiǎng	美好 měihǎo
扭转 niǔzhuǎn	偶尔 ǒu'ěr	品种 pǐnzhǒng	起点 qǐdiǎn
忍者 rěnzhě	审美 shěnměi	所以 suǒyǐ	腿脚 tuǐjiǎo
网瘾 wǎngyǐn	小组 xiǎozǔ	雪景 xuějǐng	总理 zǒnglǐ

上＋上＋上

保守党 bǎoshǒudǎng	表演奖 biǎoyǎnjiǎng
厂党委 chǎngdǎngwěi	导火索 dǎohuǒsuǒ
虎骨酒 hǔgǔjiǔ	举手礼 jǔshǒulǐ
孔乙己 Kǒng Yǐjǐ	苦水井 kǔshuǐjǐng
老保守 lǎobǎoshǒu	玛瑙厂 mǎnǎochǎng
蒙古语 Měnggǔyǔ	手写体 shǒuxiětǐ
体检表 tǐjiǎnbiǎo	土产品 tǔchǎnpǐn
洗脸水 xǐliǎnshuǐ	小拇指 xiǎomǔzhǐ
小组长 xiǎozǔzhǎng	选举法 xuǎnjǔfǎ
演讲稿 yǎnjiǎnggǎo	展览馆 zhǎnlǎnguǎn
纸老虎 zhǐlǎohǔ	总统府 zǒngtǒngfǔ

(2) 成语练习

上＋上＋上＋上

尺有所短 chǐyǒusuǒduǎn   老有所养 lǎoyǒusuǒyǎng
岂有此理 qǐyǒucǐlǐ   辗转往返 zhǎnzhuǎn-wǎngfǎn

(3) 语句练习

上＋上＋上……

李小勇跑皖北买水产。Lǐ Xiǎoyǒng pǎo Wǎnběi mǎi shuǐchǎn。

4. 去声训练

(1) 词语练习。

去＋去

按照 ànzhào	变化 biànhuà	创办 chuàngbàn	动脉 dòngmài
恶劣 è'liè	奉献 fèngxiàn	过度 guòdù	互助 hùzhù
竞赛 jìngsài	扩散 kuòsàn	烈士 lièshì	没落 mòluò
内脏 nèizàng	判断 pànduàn	气味 qìwèi	热烈 rèliè
上述 shàngshù	饲料 sìliào	特性 tèxìng	外界 wàijiè
系列 xìliè	艺术 yìshù	照耀 zhàoyào	自愿 zìyuàn

去＋去＋去

奥运会 ào'yùnhuì	变电站 biàndiànzhàn
赤卫队 chìwèiduì	创造物 chuàngzàowù
促进派 cùjìnpài	大跃进 dàyuèjìn
电视剧 diànshìjù	对立面 duìlìmiàn
恶作剧 è'zuòjù	放大镜 fàngdàjìng
覆盖率 fùgàilǜ	过去式 guòqùshì
纪念币 jìniànbì	烈士墓 lièshìmù
圣诞树 shèngdànshù	售票处 shòupiàochù
塑料布 sùliàobù	现代化 xiàndàihuà
意大利 Yìdàlì	运动会 yùndònghuì
正义路 zhèngyìlù	注射液 zhùshèyè

(2) 成语练习。

去＋去＋去＋去

爱护备至 àihù-bèizhì	变幻莫测 biànhuàn-mòcè
对症下药 duìzhèng-xiàyào	废物利用 fèiwù-lìyòng
见利忘义 jiànlì-wàngyì	去恶务尽 qù'è-wùjìn
万事俱备 wànshì-jùbèi	浴血奋战 yùxuè-fènzhàn

(3) 语句练习。

去＋去＋去……

赵利坐卧铺去大庆。Zhào Lì zuò wòpù qù Dàqìng.

(二)普通话四声综合训练

(1) 词语练习。

阴＋阳

阿姨 āyí	包围 bāowéi	参谋 cānmóu	当然 dāngrán
恩人 ēnrén	发达 fādá	工程 gōngchéng	欢迎 huānyíng
机能 jīnéng	科研 kēyán	拉人 lārén	欧元 ōuyuán
批评 pīpíng	凄凉 qīliáng	山林 shānlín	天文 tiānwén
威胁 wēixié	西南 xī'nán	压强 yāqiáng	章程 zhāngchéng

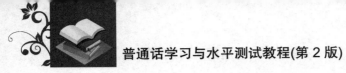
阴＋上

悲惨 bēicǎn	参考 cānkǎo	当选 dāngxuǎn	发表 fābiǎo
干扰 gānrǎo	花粉 huāfěn	机体 jītǐ	开展 kāizhǎn
摸索 mōsuǒ	批准 pīzhǔn	亲属 qīnshǔ	三角 sānjiǎo
烧火 shāohuǒ	天体 tiāntǐ	微小 wēixiǎo	屋脊 wūjǐ
因果 yīnguǒ	拥有 yōngyǒu	增长 zēngzhǎng	针灸 zhēnjiǔ

阴＋去

安慰 ānwèi	搬运 bānyùn	操纵 cāozòng	担任 dānrèn
恩怨 ēnyuàn	夫妇 fūfù	肝脏 gānzàng	黑夜 hēiyè
机制 jīzhì	刊物 kānwù	抛弃 pāoqì	期待 qīdài
伤害 shānghài	听众 tīngzhòng	微粒 wēilì	希望 xīwàng
医院 yīyuàn	约束 yuēshù	招待 zhāodài	滋味 zīwèi

阳＋阴

重新 chóngxīn	敌军 díjūn	福州 Fúzhōu	国家 guójiā
回归 huíguī	集资 jízī	决心 juéxīn	流通 liútōng
民间 mínjiān	年轻 niánqīng	平均 píngjūn	其中 qízhōng
人心 rénxīn	实施 shíshī	条约 tiáoyuē	无非 wúfēi
协商 xiéshāng	研究 yánjiū	阳光 yángguāng	昨天 zuótiān

阳＋上

鼻孔 bíkǒng	长远 chángyuǎn	存款 cúnkuǎn	夺取 duóqǔ
而且 érqiě	防止 fángzhǐ	国土 guótǔ	宏伟 hóngwěi
觉醒 juéxǐng	狂喜 kuángxǐ	灵敏 língmǐn	描写 miáoxiě
农场 nóngchǎng	啤酒 píjiǔ	群体 qúntǐ	溶解 róngjiě
围剿 wéijiǎo	狭窄 xiázhǎi	遗址 yízhǐ	足以 zúyǐ

阳＋去

程度 chéngdù	存在 cúnzài	独立 dúlì	独特 dútè
而后 érhòu	防御 fángyù	隔壁 gébì	怀念 huáiniàn
节奏 jiézòu	来信 láixìn	民众 mínzhòng	奴役 núyì
排放 páifàng	强化 qiánghuà	仍旧 réngjiù	实质 shízhì
同类 tónglèi	文艺 wényì	携带 xiédài	逐渐 zhújiàn

上＋阴

摆脱 bǎituō	产生 chǎnshēng	顶端 dǐngduān	反之 fǎnzhī
感官 gǎnguān	海湾 hǎiwān	奖金 jiǎngjīn	恐慌 kǒnghuāng
老师 lǎoshī	女生 nǚshēng	启发 qǐfā	闪光 shǎnguāng
首都 shǒudū	统称 tǒngchēng	晚期 wǎnqī	小说 xiǎoshuō
眼光 yǎnguāng	野生 yěshēng	指挥 zhǐhuī	子孙 zǐsūn

上＋阳

宝石 bǎoshí	储存 chǔcún	岛国 dǎoguó	耳聋 ěrlóng
反而 fǎn'ér	骨骼 gǔgé	缓和 huǎnhé	紧急 jǐnjí

考核 kǎohé	理由 lǐyóu	敏捷 mǐnjié	女人 nǚrén
偶然 ǒurán	起伏 qǐfú	取得 qǔdé	守恒 shǒuhéng
统筹 tǒngchóu	险情 xiǎnqíng	语言 yǔyán	主题 zhǔtí

上＋去

把握 bǎwò	处分 chǔfèn	饵料 ěrliào	法定 fǎdìng
反馈 fǎnkuì	轨道 guǐdào	火箭 huǒjiàn	奖励 jiǎnglì
口号 kǒuhào	领袖 lǐngxiù	免疫 miǎnyì	努力 nǔlì
朴素 pǔsù	起义 qǐyì	忍受 rěnshòu	属性 shǔxìng
统计 tǒngjì	晚饭 wǎnfàn	喜悦 xǐyuè	展现 zhǎnxiàn

去＋阴

岸边 ànbiān	爆发 bàofā	撤销 chèxiāo	电灯 diàndēng
付出 fùchū	故乡 gùxiāng	划分 huàfēn	寄托 jìtuō
扩张 kuòzhāng	陆军 lùjūn	秘书 mìshū	内心 nèixīn
气息 qìxī	热心 rèxīn	设施 shèshī	退休 tuìxiū
外交 wàijiāo	信息 xìnxī	预先 yùxiān	治安 zhì'ān

去＋阳

爱情 àiqíng	伴随 bànsuí	挫折 cuòzhé	帝国 dìguó
负责 fùzé	过程 guòchéng	后来 hòulái	技能 jìnéng
课程 kèchéng	类别 lèibié	面前 miànqián	内涵 nèihán
譬如 pìrú	气流 qìliú	热能 rènéng	上游 shàngyóu
透明 tòumíng	外来 wàilái	细节 xìjié	异常 yìcháng

去＋上

背景 bèijǐng	翅膀 chìbǎng	地理 dìlǐ	二两 èrliǎng
富有 fùyǒu	固体 gùtǐ	或许 huòxǔ	记载 jìzǎi
课本 kèběn	历史 lìshǐ	冒险 màoxiǎn	怒火 nùhuǒ
破产 pòchǎn	气体 qìtǐ	肉体 ròutǐ	视野 shìyě
探索 tànsuǒ	握手 wòshǒu	系统 xìtǒng	制品 zhìpǐn

(2) 成语练习。

阴＋阳＋上＋去(四声顺序)

飞禽走兽 fēiqín-zǒushòu	风调雨顺 fēngtiáo-yǔshùn
高朋满座 gāopéng-mǎnzuò	光明磊落 guāngmíng-lěiluò
花红柳绿 huāhóng-liǔlǜ	精神百倍 jīngshén-bǎibèi
千锤百炼 qiānchuí-bǎiliàn	山明水秀 shānmíng-shuǐxiù
身强体壮 shēnqiáng-tǐzhuàng	深谋远虑 shēnmóu-yuǎnlǜ
心明眼亮 xīnmíng-yǎnliàng	心直口快 xīnzhí-kǒukuài
英明果断 yīngmíng-guǒduàn	中流砥柱 zhōngliú-dǐzhù

去＋上＋阳＋阴(四声逆序)

大好河山 dàhǎo-héshān	调虎离山 diàohǔ-líshān
厚古薄今 hòugǔ-bójīn	刻骨铭心 kègǔ-míngxīn

妙手回春 miàoshǒu-huíchūn   逆水行舟 nìshuǐ-xíngzhōu

弄巧成拙 nòngqiǎo-chéngzhuō   破釜沉舟 pòfǔ-chénzhōu

热火朝天 rèhuǒ-cháotiān   顺理成章 shùnlǐ-chéngzhāng

兔死狐悲 tùsǐ-húbēi   万古流芳 wàngǔ-liúfāng

信以为真 xìnyǐ wéizhēn   耀武扬威 yàowǔ-yángwēi

异口同声 yìkǒu-tóngshēng   字里行间 zìlǐ-hángjiān

第二节　声调辨正

一、声调辨正方法

方言与普通话调类的对应关系比较整齐，基本上有规律可循。相对而言，调值问题比较复杂，即使在同一个方言区内，各个方言片乃至方言点的调值也是有区别的。对此，可以利用声调类推法进行类推，降低学习普通话声调的难度。

(一)依靠方言声调类推普通话声调

一般来说，在方言和普通话里相同字的调类基本相同，但调值不同。例如西安话与普通话都是 4 个调类，都没有入声，但例字的实际读法却不同，列表对比如表 4-2 所示。

表 4-2　调类、调值对比

古调类	平声		上声			去声		入声						声调数
例字	刚知专尊	穷陈床才	古展手好	老五有女	近柱是坐	爱唱正对	大浪岸稻	出击	德格	铁笔	不色	日月	白食	
普通话调类调值	阴平 55	阳平 35	上声 214			去声 51		阴平	阳平	上声	去声		阳平	4
西安话调类调值	阴平 31	阳平 24	上声 42			去声 55		分别归阴平、阳平、上声、去声						4

在进行声调类推时，可先用方言读，再用普通话读，找出方言与普通话调值的对应关系，类推掌握普通话调值的发音。如上表中西安话中的 31 调，类推到普通话中为 55 调；西安话中的 24 调，类推到普通话中为 35 调；西安话中的 42 调，类推到普通话中为 214调；西安话中的 55 调，类推到普通话中为 51 调。

(二)辨识古入声字

有些方言保留了入声读法，可以查阅《常用中古入声字普通话声调归类简表》，对方言中的入声字进行归类，如"剥、削"归普通话阴平声、"洁、白"归普通话阳平声、"甲、乙"归普通话上声、"业、绩"归普通话去声，然后再按普通话声调来读。还可以借助偏旁，熟记带此偏旁的一类字和词。如：带"白"偏旁的"松柏、伯伯、柏林、停泊、绢帛、拍打、血泊、糟粕、被迫、魂魄"；带"出"偏旁的"罢黜、咄咄逼人、委屈、笨拙、茁壮"；带"各"偏旁的"胳膊、格式、骨骼、阁下、客人、恪守、一丘之

貉、烙饼、奶酪、洛阳、骆驼、贿赂、侵略"等，从而降低方言里的入声转化为普通话读音的难度。

采用声调类推法掌握普通话声调是个行之有效的学习方法，找出方言与普通话声调的对应关系，加强理解和运用，可以收到事半功倍的效果。

二、声调辨正训练

(一)对比辨音练习

保证 bǎozhèng	包拯 Bāo Zhěng	编制 biānzhì	贬值 biǎnzhí
初期 chūqī	出气 chūqì	瓷窑 cíyáo	次要 cìyào
地址 dìzhǐ	抵制 dǐzhì	东方 dōngfāng	洞房 dòngfáng
方向 fāngxiàng	芳香 fāngxiāng	干净 gānjìng	干警 gànjǐng
估计 gūjì	顾及 gùjí	管理 guǎnlǐ	官吏 guānlì
国际 guójì	国籍 guójí	花费 huāfèi	化肥 huàféi
佳节 jiājié	假借 jiǎjiè	间隙 jiànxì	见习 jiànxí
讲解 jiǎngjiě	疆界 jiāngjiè	交换 jiāohuàn	叫唤 jiào·huan
矫正 jiǎozhèng	校正 jiàozhèng	结晶 jiéjīng	捷径 jiéjìng
紧急 jǐnjí	晋级 jìnjí	经济 jīngjì	竞技 jìngjì
精致 jīngzhì	景致 jǐngzhì	可以 kěyǐ	刻意 kèyì
老是 lǎoshì	老师 lǎoshī	雷击 léijī	累积 lěijī
离异 líyì	礼仪 lǐyí	年级 niánjí	年纪 niánjì
年景 niánjǐng	念经 niànjīng	贫瘠 pínjí	品级 pǐnjí
平局 píngjú	凭据 píngjù	栖息 qīxī	奇袭 qíxí
齐全 qíquán	弃权 qìquán	汽笛 qìdí	启迪 qǐdí
千秋 qiānqiū	铅球 qiānqiú	寝室 qǐnshì	亲事 qīnshì
情形 qíngxíng	清醒 qīngxǐng	劝解 quànjiě	劝诫 quànjiè
儒教 rújiào	乳胶 rǔjiāo	膳食 shànshí	山石 shānshí
申请 shēnqǐng	神情 shénqíng	失事 shīshì	实施 shíshī
四季 sìjì	司机 sījī	题材 tícái	体彩 tǐcǎi
同志 tóngzhì	统治 tǒngzhì	突然 tūrán	徒然 túrán
咸鱼 xiányú	闲语 xiányǔ	小事 xiǎoshì	消失 xiāoshī
心迹 xīnjì	心急 xīnjí	学业 xuéyè	血液 xuèyè
血腥 xuèxīng	血型 xuèxíng	掩饰 yǎnshì	厌食 yànshí
医务 yīwù	遗物 yíwù	预计 yùjì	雨季 yǔjì
远洋 yuǎnyáng	鸳鸯 yuānyāng	展览 zhǎnlǎn	湛蓝 zhànlán
展示 zhǎnshì	占时 zhànshí	争辩 zhēngbiàn	政变 zhèngbiàn
支持 zhīchí	智齿 zhìchǐ	知道 zhīdào	指导 zhǐdǎo
制止 zhìzhǐ	直至 zhízhì	姿势 zīshì	自视 zìshì

(二)古入声字的普通话读音练习

阴十阴

波涛 bōtāo	剥削 bōxuē	创伤 chuāngshāng	粗糙 cūcāo
揭发 jiēfā	拍击 pāijī	剖析 pōuxī	漆黑 qīhēi
切割 qiēgē	听说 tīngshuō	突出 tūchū	压缩 yāsuō

阴十阳

濒于 bīnyú	撮合 cuōhé	发达 fādá	帆船 fānchuán
藩篱 fānlí	积极 jījí	七十 qīshí	曲折 qūzhé
缺乏 quēfá	说服 shuōfú	提防 dīfáng	脂肪 zhīfáng

阴十上

插曲 chāqǔ	出血 chūxiě	花蕾 huālěi	积雪 jīxuě
夹角 jiājiǎo	刊载 kānzǎi	慷慨 kāngkǎi	锵水 qiāngshuǐ
收敛 shōuliǎn	屋脊 wūjǐ	歇脚 xiējiǎo	鸭蹼 yāpǔ

阴十去

车辆 chēliàng	刀刃 dāorèn	灯泡 dēngpào	堤坝 dībà
高档 gāodàng	忽略 hūlüè	激烈 jīliè	坚韧 jiānrèn
接触 jiēchù	纰漏 pīlòu	脱落 tuōluò	激切 jīqiè

阳十阴

服帖 fútiē	恒星 héngxīng	节约 jiéyuē	杰出 jiéchū
橘汁 júzhī	扪心 ménxīn	酩酊 mǐngdīng	摩擦 mócā
熟悉 shúxī	袭击 xíjī	学说 xuéshuō	徇私 xúnsī

阳十阳

惩罚 chéngfá	雏形 chúxíng	淙淙 cóngcóng	隔膜 gémó
国籍 guójí	及格 jígé	洁白 jiébái	结核 jiéhé
滂沱 pángtuó	习俗 xísú	折叠 zhédié	哲学 zhéxué

阳十上

蹩脚 biéjiǎo	佛塔 fótǎ	伏法 fúfǎ	滑雪 huáxuě
魁伟 kuíwěi	狭窄 xiázhǎi	执笔 zhíbǐ	直属 zhíshǔ

阳十去

白桦 báihuà	和煦 héxù	横亘 hénggèn	决策 juécè
蛮横 mánhèng	门框 ménkuàng	剽窃 piāoqiè	掮客 qiánkè
围绕 wéirào	协作 xiézuò	鱼鳔 yúbiào	植物 zhíwù

上十阴

捕捉 bǔzhuō	抹杀 mǒshā	索逼 suǒbī	嘱托 zhǔtuō

上十阳

百合 bǎihé	北伐 běifá	笔直 bǐzhí	反刍 fǎnchú
骨骼 gǔgé	角膜 jiǎomó	咀嚼 jǔjué	朴实 pǔshí

上十上

瘪谷 biěgǔ	胛骨 jiǎgǔ	铁塔 tiětǎ	阻扰 zǔrǎo

上＋去

笔墨 bǐmò	岗位 gǎngwèi	诊断 zhěnduàn	法律 fǎlǜ
比较 bǐjiào	伪造 wěizào	角落 jiǎoluò	处境 chǔjìng
手腕 shǒuwàn	索要 suǒyào	撇捺 piěnà	绮丽 qǐlì

去＋阴

病菌 bìngjūn	扼杀 èshā	划一 huàyī	浣衣 huànyī
勒逼 lèbī	妊娠 rènshēn	述说 shùshuō	特约 tèyuē
血压 xuèyā	益发 yìfā	窒息 zhìxī	作家 zuòjiā

去＋阳

必然 bìrán	测量 cèliáng	恶毒 èdú	克服 kèfú
蜡烛 làzhú	列席 lièxí	六十 liùshí	掠夺 lüèduó
密集 mìjí	牧民 mùmín	荫凉 yìnliáng	祝福 zhùfú

去＋上

彻骨 chègǔ	逮捕 dàibǔ	杠杆 gànggǎn	乐曲 yuèqǔ
勒索 lèsuǒ	烈属 lièshǔ	落脚 luòjiǎo	酿酒 niàngjiǔ
媲美 pìměi	探讨 tàntǎo	译笔 yìbǐ	作法 zuòfǎ

去＋去

碧绿 bìlǜ	默契 mòqì	摈弃 bìnqì	大厦 dàshà
运载 yùnzài	卧铺 wòpù	寂寞 jìmò	沐浴 mùyù
勾当 gòudàng	振奋 zhènfèn	束缚 shùfù	炫耀 xuànyào

(三)绕口令练习

(1) 妈妈骑马，马慢，妈妈骂马。

(2) 妞妞哄牛，牛拗，妞妞扭牛。

(3) 舅舅搬鸠，鸠飞，舅舅揪鸠。

(4) 冷，真冷，真正冷。冷冰冰，冰冰冷，人人都说很冷。猛的一阵风，更冷。

(5) 蓝衣步履刘兰柳，步履蓝衣柳兰流。兰柳拉犁来犁地，兰流播种来拉耧。

(6) 鞠碧在屋外扫积雪，郝玉在屋里做作业。郝玉见鞠碧在屋外扫积雪，急忙放下手里的作业，去到屋外帮助鞠碧扫积雪。鞠碧扫完了积雪，立即进屋再做作业。

(7) 路东住着刘小柳，路南住着牛小妞。刘小柳拿着大皮球，牛小妞抱着大石榴。刘小柳把大皮球送给牛小妞，牛小妞把大石榴送给刘小柳。

(8) 老师老是叫老史去捞石，老史老是没有去捞石。老史老是骗老师，老师说老史不老实。

(9) 手拿七枝长枪上城墙，上了城墙耍七枝长枪。见枪不见墙，见墙扔了枪，眼花缭乱，武艺高强。

(10) 王家有只黄毛猫，偷吃汪家灌汤包，汪家打死王家的黄毛猫，王家要汪家赔王家的黄毛猫，汪家要王家赔汪家的灌汤包。

(11) 你能不能把公路旁柳树下的那头老奶牛拉到牛栏山牛奶站的挤奶房来，挤的牛奶拿到柳林村送给岭南幼儿园的刘奶奶。

(12) 姓程不能说成姓陈，姓陈也不能说成姓程。禾木是程，耳东是陈。陈程分不清，就会认错人。

(13) 公园有四排石狮子，每排是十四只大石狮子，每只大石狮子背上是一只小石狮子，每只大石狮子脚边是四只小石狮子。史老师领四十四个学生去数石狮子，你说共数出多少只大石狮子和多少只小石狮子？

资料 3：常用中古入声字普通话声调归类简表(见表 4-3)

表 4-3　常用中古入声字普通话声调归类简表

阴平 55	只(一~)织汁吃失湿逼劈霹滴剔踢激缉(通~)击积唧七戚漆缉(~鞋口)吸膝锡悉昔惜夕息熄析晰蜥一壹揖扑督秃突凸窟哭忽出叔屋掬曲(弯~)屈八抹(~布)发(出~)答(~应)搭踏(~实)塌拉垃扎(~针)插杀刹(~车)扎(包~)呷擦撒(~手)夹(~子)掐瞎押鸭压刮刷挖拨剥泊(湖~)泼摸咄掇托脱捋郭豁(~口)桌捉拙戳说作(~坊)撮搁胳疙割鸽磕瞌喝蛰(~人)憋鳖瞥撇(~开)跌贴帖(妥~)捏揭接疖结(~果子)切(~开)歇蝎楔噎撅缺薛削(剥~)约曰拍摘拆塞(瓶~儿)勒(~紧)黑剥(皮儿)雀(~子)削(~弱)粥
阳平 35	织汁值直职执植殖侄石十实识食拾蚀鼻荸笛敌狄翟获的(~确)及辑集级急即吉籍棘藉亟疾习袭席媳檄仆弗佛(仿~)拂服伏福幅辐蝠匐读毒独渎犊牍斛圜逐竹烛竺术(白~)熟(成~)赎孰庶塾足族卒俗局菊桔拔跋茇乏筏阀扎(挣~)炸(油~)闸轧(~钢)察碴杂夹颊荚辖侠匣狎滑猾伯勃博薄(~弱)泊柏(~林)脖驳亳搏渤钵帛箔膜佛(~祖)度(猜~)夺铎国帼着(~装)灼浊啄琢卓镯擢濯琢(~磨)昨得德隔格革阁骼咳壳合核涸劾阖盒壑菏蛰折哲辙辄谪舌折(~耗)则责择泽额别蹩迭叠碟蝶谍喋牒结节杰捷疾劫洁拮睫竭截桀协胁携挟决诀抉绝觉(~悟)爵嚼(咀~)谲角(~色)厥撅獗掘崛攫珏学穴嗷白宅翟没(~有)贼着(~火)勺芍轴(~心)妯熟
上声 214	尺笔劈(~柴)匹癖脊乞乙卜朴蹼骨谷属蜀辱曲(歌~)法砝塔獭眨甲钾胛岬索葛渴褐恶(~心)瘪撇茈(~蓝)铁帖(~子)血(出~了)雪百柏(~树)色(掉~)北角(~落)脚
去声 51	掷质秩帜挚炙窒室式适释饰拭弑日必壁毕碧辟(复~)璧愎辟(~开)密蜜觅秘的(目~)惕逆溺栗利例力立历粒隶厉沥绩瘠鲫迹寂契泣迄隙溢亦译益翼疫抑役屹逸邑轶绎驿不瀑曝目木幕穆牧沐复腹覆绿录陆鹿禄碌赂戮簏漉梏酷祝筑触矗畜(~生)黜绌束术述入缛促簌宿速粟肃塑溯夙恶(可~)物勿绿率律剧畜续旭毓育欲遇狱浴发(理~)沓踏榻拓(~碑)纳呐衲钠捺腊辣蜡蜡栅煞卅萨恰洽吓轧划(~分)刷袜薄(~荷)迫魄粕珀没末默墨脉沫寞莫茉抹(~面子)拓诺落烙洛络珞扩括阔廓或获霍惑豁绰辍龊啜硕烁朔妁铄弱若作柞柞翰龌喔握特忒讹乐勒(~索)各客克刻嗑恪赫褐鹤吓(恐~)蔗浙彻撤澈掣设摄歙涉热厌色塞瑟涩啬恶厄扼轭萼愕鳄愕腭鹗遏帖(字~)聂蹑啜镊涅啮孽蘖镍列烈裂劣猎冽切窃怯妾屑亵燮液谒叶业页曳咽(呜~)疟虐谑略掠确雀缺却鹊确阙阕血(鲜~)乐(音~)月越跃岳阅粤悦钥(锁~)刖脉(~搏)麦肋钥(~匙)药六

思考与训练

一、思考题

1. 什么是调值和调类？试举例说明。

2. 念下列各字，体会声调的高低升降，并分别指出它们的调值和调类。

墨守成规　　字里行间　　齐心协力　　枵腹从公　　吉光片羽　　超凡入圣

3. 拼读下列词语并注上汉字。

guǎngmào　　mùdǔ　　jiǎnlòu　　zhízhuó　　zhǎnzhuǎn　　biéshù　　luánshēng

二、朗读下列词语，体会声调的高低升降

天长地久 tiāncháng-dìjiǔ　　心领神会 xīnlǐng-shénhuì　　花好月圆 huāhǎo-yuèyuán

挥汗如雨 huīhàn-rúyǔ　　别有天地 biéyǒu-tiāndì　　排难解纷 páinàn-jiěfēn

九霄云外 jiǔxiāo-yúnwài　　粉白黛黑 fěnbái-dàihēi　　苦尽甘来 kǔjìn-gānlái

感同身受 gǎntóngshēnshòu　　困知勉行 kùnzhī-miǎnxíng　　浩如烟海 hàorúyānhǎi

三、朗读下面这则文字游戏，直观感受汉语的声调特点及其辨义功能

－ \ / － \/

施氏食狮史

/ \ － \ － \，\ －，\ \ / －。\ /，\ / － \ \。/ /，

石室诗士施氏，嗜狮，誓食十狮。氏时时适市视狮。十时，适十狮适市。是时，

\ － \ \ \。/ －，\ \/ \，\/ \ \ /。/ \ / \ － － ，\ / \ \。/ \ －，

适施氏适市。氏视十狮，恃矢势，使是十狮逝世。氏拾是十狮尸，适石室。石室湿，

\ \ / \ \ /。/ \ /，\ \/ / \ / ——。/ /，\/ / \ / ——，/ / / ——。

氏使侍拭石室。石室拭，氏始试食是十狮尸。食时，始识是十狮尸，实十石狮尸。

\ / \ \。

试释是事。(赵元任《施氏食狮史》)

第五章　普通话音节和语流音变

【学习目标】

本章主要介绍普通话音节的结构成分、结构方式、结构特点，声母、韵母的配合关系，拼音方法，以及普通话常见的语流音变现象与规律。学生通过学习与训练掌握声韵配合规律，正确发音，掌握语流音变规律并在朗读和说话中规范运用。

【重点难点】

- 音节的结构成分。
- 音节的结构方式。
- 声母、韵母拼合规律。
- 上声、"一""不"、重叠形容词的变调规律。
- 轻声、儿化、语气词"啊"的音变规律。

第一节　普通话音节

一、音节结构

音节是由一个或几个音素按一定规律组合而成的，它是听觉上最容易分辨出来的语音片段。当我们听到下列一段语流："liǔàn-huāmíng yòu yī cūn"时，很自然地就会把这串声音分成 7 个语音片段，也就是 7 个音节，写出来是 7 个汉字："柳暗花明又一村"，所以音节可以凭借着听觉自然地划分出来。

对于汉语而言，区分音节更为简单，一般来说，一个汉字就代表一个音节，如上面所举的诗句有 7 个音节，也就意味着有 7 个汉字。但普通话语音里"儿化韵"是一种特殊的语流音变现象，如："你一点儿也不笨"，写下来是 7 个汉字，但读出来却只有 6 个音节，这是因为"一点儿"中的"儿"不是一个独立的音节，它和"点"合成一个儿化韵"diǎnr"了。我们学习普通话时应该注意这个问题，一般不宜把儿化韵中的"儿"读成一个单独的音节。但同时也必须注意另一个语音现象，在节奏鲜明的诗歌里或歌词里，为了适应整体韵律的需要，"儿"可以读成一个独立的音节，如歌词"月儿弯弯照九州"，其中的"月儿"如果唱成儿化韵"yuèr"，整句话语的节奏韵律就失去了平衡，显得别扭拗口，所以这里的"月儿"不能作儿化韵处理，那么这句歌词就有 7 个音节。

(一)普通话音节的结构成分

在分析汉语音节时，传统的也是最为常用的分析方法是把一个音节分成声母、韵母、声调，简称为声韵调。普通话有 21 个辅音声母，39 个韵母，4 种声调，韵母构造相对复杂些，又可以分为韵头、韵腹、韵尾，这样普通话音节实际上由 5 个部分构成：声母、韵头、韵腹、韵尾、声调。

(二)普通话音节的结构方式

在普通话音节中韵腹和声调是音节不可或缺的成分，而辅音声母、韵头和韵尾在音节中是可以不出现的，这样 5 个组成成分就有 8 种结构方式。

(1) 韵腹+声调。

(2) 韵头+韵腹+声调。

(3) 韵腹+韵尾+声调。

(4) 韵头+韵腹+韵尾+声调。

(5) 辅音声母+韵头+韵腹+韵尾+声调。

(6) 辅音声母+韵头+韵腹+声调。

(7) 辅音声母+韵腹+韵尾+声调。

(8) 辅音声母+韵腹+声调。

如果再把韵尾分成元音韵尾和辅音韵尾的话，普通话的音节就有 12 种构造方式，如表 5-1 所示。

表 5-1 普通话的音节构造方式

例 字	结构成分					
	声 母	韵 母				声 调
		韵 头	韵 腹	韵 尾		
				元 音	辅 音	
无 wú			u			阳平
月 yuè		ü	ê			去声
澳 ào			a	o[u]		去声
游 yóu		i	o	u		阳平
问 wèn		u	e		n	去声
云 yún			ü		n	阳平
题 tí	t		i			阳平
缺 quē	q	ü	ê			阴平
踩 cǎi	c		a	i		上声
前 qián	q	i	a		n	阳平
对 duì	d	u	e	i		去声
江 jiāng	j	i	a		ng	阴平

注：1. 韵母 iou、uei、uen 与辅音声母构成音节后的书写形式虽然是 iu、ui、un，但分析音节结构时仍要恢复为 iou、uei、uen，中间的元音不能省略。

2. ê 和 ü 在音节里可以省略其附加符号，但分析音节时必须添加上去，以免和 e、u 相混。

3. zh、ch、sh、r、z、c、s 后的舌尖元音要写成-i，以便与 i 区别开来。

4. y、w 仅是隔音符号，在分析音节时如果是 i、u、ü 改写成的，要恢复其原形，如果是添加上去的要去掉。

(三)普通话音节的结构特点

从表 5-1 中可以看到,普通话音节的结构有以下特点。

(1) 韵腹和声调是一个音节不可缺少的成分。

(2) 从整体上看一个音节最多由 5 个部分——辅音声母、韵头、韵腹、韵尾、声调构成。

(3) 从音质角度看一个音节最多由 4 个音素构成。

(4) 音节中辅音位置固定,要么处于音节的开头作声母,要么处于音节的末尾作韵尾。

(5) 音节中的韵头常常由高元音 ü、i、u 充当,韵尾由元音 i、u 或者辅音 n、ng 充当。

二、声母、韵母配合关系

(一)声母和韵母的配合情况

每一种语音系统都有自己不同于别种语音系统的规律,而且语音的演变也是有规律的,所以无论是从共时角度还是从历时角度上讲,普通话音节中声母和韵母的搭配应该都具有很强的规律性。普通话有 21 个辅音声母,根据发音部位的不同可以分成双唇音、唇齿音、舌尖前音、舌尖中音、舌尖后音、舌面前音、舌面后音 7 类;普通话有 39 个韵母,根据开头音素口形特点的不同,可以分成开口呼、齐齿呼、合口呼和撮口呼 4 类。这样的分类可以很好地说明声母和韵母的配合关系,一般地,属于同一发音部位的辅音常常和同一呼类拼合,属于同一呼类的韵母也常常和发音部位相同的辅音进行拼合。普通话中声母和韵母的配合关系如表 5-2 所示。

表 5-2　声母和韵母的配合关系

声　母	韵　母			
	开 口 呼	齐 齿 呼	合 口 呼	撮 口 呼
双唇音(b p m)	+	+	仅限于 u	−
唇齿音(f)	+	−	仅限于 u	−
舌尖中音(d t)	+	+	+	−
舌尖中音(n l)	+	+	+	+
舌面前音(j q x)	−	+	−	+
舌面后音(g k h)	+	−	+	−
舌尖后音(zh ch sh r)	+	−	+	−
舌尖前音(z c s)	+	−	+	−

(二)普通话声母和韵母配合的规律

1. 从声母角度看

(1) 双唇音 b、p、m 不能与撮口呼拼合,但可以和其他三呼拼合。

(2) 唇齿音 f 只能和开口呼以及合口呼中的 u 相拼,不能与齐齿呼、撮口呼和除 u 以

外的合口呼相拼。

(3) d、t 为舌尖中音的清音，除了不能和撮口呼相拼外，其他的三呼都可以与之相拼。

(4) n、l 为舌尖中音的浊音，拼合能力最强，可以和所有的四呼相拼。

(5) 舌面音 j、q、x 虽不能和开口呼、合口呼相拼，但可以和齐齿呼、撮口呼相拼。

(6) g、k、h、zh、ch、sh、r、z、c、s 虽然发音部位不同，但都可以和开口呼、合口呼相拼，不能与齐齿呼、撮口呼相拼，这个拼合特点和 j、q、x 恰恰相反，这是语音历史演变的结果。

2. 从韵母角度看

(1) 开口呼的拼合能力最强，除了 j、q、x 外，其他的辅音都可以与它拼合。

(2) 撮口呼的拼合能力最弱，除了 n、 l、j、q、x 外，其他的辅音都不能与它拼合。

(3) 合口呼韵母不与舌面音 j、q、x 相拼，可以与其他各类声母相拼，但与双唇音、唇齿音相拼时仅限于单韵母 u 。

(4) 齐齿呼韵母可以和双唇音、舌尖中音、舌面音相拼，但不能与唇齿音、舌面后音、舌尖前音、舌尖后音相拼。

上述规律中，凡属某类声母与某类韵母不能相拼概无例外，能相拼的则并非全部都能相拼，可能存在着特殊的情况，例如：一般来说，开口呼韵母能和舌面音以外的声母相拼，但其中的 er、ê 就不能与任何辅音相拼，还有舌尖前元音、舌尖后元音只能和舌尖前辅音、舌尖后辅音相拼，学习普通话应该注意这一点。

(三)常用基本音节

普通话声母、韵母相配的基本音节大约有 400 个，但有的基本音节在日常语言中使用频率极高，而有些基本音节使用频率却较低。学习普通话首先要掌握使用频率较高的基本音节，进而熟读这些音节形式。

据统计普通话中比较常用的基本音节共有 109 个，其中最常用的有 14 个，次常用的有 33 个，又次常用的有 62 个。

1. 最常用的基本音节(14 个)及其相关的汉字

de 的地得德

shi 是使十时事室市石师试史式失狮湿诗尸虱拾蚀实矢屎驶始示士世柿拭誓逝势噬仕侍释饰恃视谥

yi 一以已亿衣移依易医乙仪亦椅益倚姨翼译伊壹揖颐夷胰疑沂宜蚁彝矣艺抑邑役臆逸肆疫裔意毅忆义溢诣议谊异翌绎刈佚

bu 不步补布部捕卜簿哺堡埠怖埔卟逋瓿晡醭

you 有由又右油游幼优友铀忧尤犹诱悠邮酉佑幽釉攸莠呦

zhi 只之直知制指纸支芝蜘枝肢脂汁织职植枝执值侄址止趾旨志挚掷至致置帜秩炙稚质痔滞治窒陟芷

le 了乐勒肋

ji 几及急既即机鸡积记级极计挤己季寄纪系基激吉脊际击圾畸箕肌饥迹讥姬技棘辑籍

集疾汲嫉蓟技冀伎剂悸济寂忌妓继

zhe 着这者折遮蛰哲蔗辙浙谪辄褶蜇

wo 我握窝卧挝沃蜗涡斡倭莴喔龌喔

ren 人任忍认刃仁韧妊纫仞稔葚

li 里离力立李例哩理利梨厘礼历丽吏犁黎篱狸漓鲤莉荔栗厉励砾

ta 他她它踏塔塌拓獭挞蹋榻

dao 到道倒刀岛盗稻捣悼导蹈

2. 次常用基本音节(33个)

zhong、zi、guo、shang、ge、men、he、wei、ye、du、gong、jiu、jian、xiang、zhu、lai、sheng、di、zai、ni、xiao、ke、yao、wu、yu、jie、jin、chan、zuo、jia、xian、quan、shuo

三、声韵调配合总表

普通话中 39 个韵母和 22 个声母配合可以组成 400 个左右的基本音节，如果再配上声调，理论上应该有 1600 个左右的音节，但实际上基本音节并不都是四声俱全的，有些基本音节可能仅有阴平、去声、上声而没有阳平，所以普通话中大概有 1200 个左右的音节。掌握这些声韵调的配合关系，对于方言区的人学习普通话、改掉方言习惯，有很大的帮助。下面根据声母的性质列表，如表 5-3～表 5-7 所示。

表 5-3　零声母音节

音节	阴平	阳平	上声	去声	音节	阴平	阳平	上声	去声	音节	阴平	阳平	上声	去声
a	+	+	+	+	wa	+	+	+	+	yao	+	+	+	+
ai	+	+	+	+	wai	+	−	+	+	ye	+	+	+	+
an	+	−	+	+	wan	+	+	+	+	yi	+	+	+	+
ang	+	+	−	+	wang	+	+	+	+	yin	+	+	+	+
ao	+	+	+	+	wei	+	+	+	+	ying	+	+	+	+
e	+	+	+	+	wen	+	+	+	+	yong	+	+	+	+
ê	+	+	+	+	weng	+	−	+	−	you	+	+	+	+
en	+	−	−	+	wo	+	−	+	+	yu	+	+	+	+
eng	+	−	−	−	wu	+	+	+	+	yuan	+	+	+	+
er	−	+	+	+	ya	+	+	+	+	yue	+	−	+	+
o	+	+	+	+	yan	+	+	+	+	yun	+	+	+	+
ou	+	−	+	+	yang	+	+	+	+					

注: 1. an、en、eng、ou、wai、weng、wo、yue 都没有阳平的音节形式。

2. ang、eng、en 没有上声的音节形式。

3. er 没有阴平形式。

4. eng 仅有阴平音节形式，en 仅有阴平和去声。

表 5-4　送气声母和韵母、声调配合表

音节	阴平	阳平	上声	去声	音节	阴平	阳平	上声	去声	音节	阴平	阳平	上声	去声
pa	+	+	−	+	tuo	+	+	+	+	cai	+	+	+	+
pai	+	+	+	+	ka	+	−	+	−	can	+	+	+	+
pan	+	+	−	+	kai	+	−	+	+	cang	+	+	−	−
pang	+	+	+	+	kan	+	−	+	+	cao	+	+	+	+
pao	+	+	+	+	kang	+	+	−	+	ce	−	−	−	+
pei	+	+	−	+	kao	+	−	+	+	cei	−	−	−	+
pen	+	+	−	+	ke	+	+	+	+	cen	+	+	−	−
peng	+	+	+	+	kei	+	−	−	−	ceng	+	+	−	+
pi	+	+	+	+	ken	−	−	+	+	cha	+	+	+	+
pian	+	+	+	+	keng	+	−	−	−	chai	+	+	+	+
piao	+	+	+	+	kong	+	−	+	+	chan	+	+	+	+
pie	+	−	+	+	kou	+	−	+	+	chang	+	+	+	+
pin	+	+	+	+	ku	+	−	+	+	chao	+	+	+	+
ping	+	+	−	−	kua	+	−	+	+	che	+	−	+	+
po	+	+	+	+	kuai	−	−	+	+	chen	+	+	+	+
pou	+	+	+	+	kuan	+	−	+	−	cheng	+	+	+	+
pu	+	+	+	+	kuang	+	+	+	+	chi	+	+	+	+
ta	+	−	+	+	kui	+	+	+	+	chong	+	+	+	+
tai	+	+	+	+	kun	+	−	+	+	chou	+	+	+	+
tan	+	+	+	+	kuo	−	−	−	+	chu	+	+	+	+
tang	+	+	+	+	qi	+	+	+	+	chuai	+	+	+	+
tao	+	+	+	+	qia	+	+	+	+	chuan	+	+	+	+
te	−	−	−	+	qian	+	+	+	+	chuang	+	+	+	+
teng	+	+	−	−	qiang	+	+	+	+	chui	+	+	+	+
ti	+	+	+	+	qiao	+	+	+	+	chun	+	+	+	−
tian	+	+	+	+	qie	+	+	+	+	chuo	+	−	−	+
tiao	+	+	+	+	qin	+	+	+	+	ci	+	+	+	+
tie	+	−	+	+	qing	+	+	+	+	cong	+	+	+	+
ting	+	+	+	+	qiong	−	+	−	−	cou	−	−	−	+
tong	+	+	+	+	qiu	+	+	+	+	cu	+	+	+	+
tou	+	+	+	+	qu	+	+	+	+	cuan	+	+	−	+
tu	+	+	+	+	quan	+	+	+	+	cui	+	−	+	+
tuan	+	+	+	+	que	+	+	+	+	cun	+	+	+	+
tui	+	+	+	+	qun	+	+	−	−	cuo	+	+	+	+
tun	+	+	+	+	ca	+	−	+	−					

注：1. pan、pen、kang 没有上声音节形式，而 pang、peng、kan 却有上声音节形式。

2. can、pin 有上声音节形式，而 cang、ping 没有上声音节形式。

3. te、cou、kuo、ce、cei 仅有去声，没有其他三声的音节形式。

4. ken、keng、kong、kou、ku、kua、kuai、kun、kuo 都没有阳平音节形式。

表 5-5　不送气声母和韵母、声调配合表

音节	阴平	阳平	上声	去声	音节	阴平	阳平	上声	去声	音节	阴平	阳平	上声	去声
ba	+	+	+	+	duo	+	+	+	+	zan	+	+	+	+
bai	+	+	+	+	ga	+	+	+	+	zang	+	−	+	+
ban	+	−	+	+	gai	+	+	+	+	zao	+	−	+	+
bang	+	−	+	+	gan	+	−	+	+	ze	−	+	−	+
bao	+	+	+	+	gang	+	−	+	+	zei	−	+	−	−
bei	+	−	+	+	gao	+	−	+	+	zen	−	−	+	+
ben	+	−	+	+	ge	+	+	+	+	zeng	+	−	−	+
beng	+	+	+	+	gei	+	−	+	−	zha	+	+	+	+
bi	+	+	+	+	gen	+	+	+	+	zhai	+	+	+	+
bian	+	−	+	+	geng	+	−	+	+	zhan	+	−	+	+
biao	+	−	+	+	gong	+	−	+	+	zhang	+	−	+	+
bie	+	+	+	+	gou	+	−	+	+	zhao	+	+	+	+
bin	+	−	−	+	gu	+	−	+	+	zhe	+	+	+	+
bing	+	−	+	+	gua	+	−	+	+	zhei	−	−	−	+
bo	+	+	+	+	guai	+	−	+	+	zhen	+	−	+	+
bu	+	+	+	+	guan	+	−	+	+	zheng	+	−	+	+
da	+	+	+	+	guang	+	−	+	+	zhi	+	+	+	+
dai	+	+	+	+	gui	+	−	+	+	zhong	+	−	+	+
dan	+	−	+	+	gun	−	−	+	+	zhou	+	+	+	+
dang	+	−	+	+	guo	+	+	+	+	zhu	+	+	+	+
dao	+	+	+	+	ji	+	+	+	+	zhua	+	−	+	−
de	+	+	−	−	jia	+	+	+	+	zhuai	+	−	+	+
dei	+	−	−	−	jian	+	−	+	+	zhuan	+	−	+	+
deng	+	−	+	+	jiang	+	−	+	+	zhuang	+	−	+	+
di	+	+	+	+	jiao	+	−	+	+	zhui	+	−	−	+
dian	+	−	+	+	jie	+	+	+	+	zhun	+	−	−	+
diao	+	−	+	+	jin	+	−	+	+	zhuo	+	−	−	+
die	+	+	−	−	jing	+	−	+	+	zi	+	−	+	+
ding	+	−	+	+	jiong	+	−	+	+	zong	+	−	+	+
diu	+	−	−	−	jiu	+	−	+	+	zou	+	−	+	+
dong	+	−	+	+	ju	+	+	+	+	zu	+	+	+	−
dou	+	−	+	+	juan	+	−	+	+	zuan	+	−	+	+
du	+	+	+	+	jue	+	+	+	+	zui	+	−	+	+
duan	+	−	+	+	jun	+	−	−	+	zun	+	−	+	+
dui	+	−	−	+	za	+	+	+	−	zuo	+	+	+	+
dun	+	−	+	+	zai	+	−	+	+					

注：1. 不送气声母和韵母、声调的搭配很多没有阳平的音节形式。

2. 从韵母角度来看，合口呼中仅有 u、uo 和不送气声母相拼有阳平的形式，其他的合口呼和不送气声母相拼没有阳平形式。

表 5-6　浊声母与韵母、四声配合表

音节	阴平	阳平	上声	去声	音节	阴平	阳平	上声	去声	音节	阴平	阳平	上声	去声
ma	+	+	+	+	ni	+	+	+	+	liang	−	+	+	+
mai	−	+	+	+	nian	+	+	+	+	liao	+	+	+	+
man	+	+	+	+	niang	−	+	+	−	lie	+	−	+	+
mang	+	+	+	−	niao	−	−	+	+	lin	+	+	+	+
mao	+	+	+	+	nie	+	+	+	+	ling	+	+	+	+
mei	−	+	+	+	nin	−	+	−	−	liu	+	+	+	+
men	+	+	−	+	ning	−	+	+	+	long	+	+	+	+
meng	+	+	+	+	niu	+	+	+	+	lou	+	+	+	+
mi	+	+	+	+	nong	−	+	+	+	lu	+	+	+	+
mian	−	+	+	+	nou	−	−	−	+	lü	+	+	+	+
miao	+	+	+	+	nu	−	+	+	+	luan	+	+	+	+
mie	+	−	+	+	nü	−	+	+	+	lüe	−	−	−	+
min	−	+	+	−	nuan	−	+	+	−	lun	+	+	+	+
ming	−	+	+	+	nüe	−	−	−	+	luo	+	+	+	+
miu	−	−	−	+	nun	−	+	−	−	ran	−	+	+	−
mo	+	+	+	+	nuo	−	+	+	+	rang	+	+	+	+
mou	+	+	+	−	la	+	+	+	+	rao	−	+	+	+
mu	−	+	+	+	lai	−	+	+	−	re	−	−	+	+
na	−	+	+	+	lan	−	+	+	+	ren	−	+	+	+
nai	−	+	+	+	lang	+	+	+	+	reng	+	+	−	−
nan	−	+	+	+	lao	+	+	+	+	ri	−	−	−	+
nang	−	+	+	+	le	−	+	−	+	rong	−	+	+	+
nao	−	+	+	+	lei	−	+	+	+	rou	−	+	−	+
ne	−	+	−	+	leng	−	+	+	+	ru	−	+	+	+
nei	−	−	+	+	li	−	+	+	+	rui	−	+	+	+
nen	−	−	−	+	lia	−	−	+	−	ruo	−	−	−	+
neng	−	+	−	−	lian	−	+	+	+					

注：1.由于语音历史的演变，浊声母和韵母、声调的搭配形式很少是阴平的。例如：以 r 作为声母形成的音节的形式除了 rang 和 reng 有阴平，其他的都没有阴平形式；以 n 作声母形成的音节形式除了 ni、nian、nie、niu(均为齐齿呼)有阴平形式，其他的也没有阴平形式。

2. miu、nen、ri、nou、nüe 仅有去声的音节形式。

表 5-7　擦音(除 r)和韵母、声调配合表

音节	阴平	阳平	上声	去声	音节	阴平	阳平	上声	去声	音节	阴平	阳平	上声	去声
fa	+	+	+	+	hun	+	+	−	+	shui	−	+	+	+
fan	+	+	+	+	huo	+	+	+	+	shun	−	−	+	+
fang	+	+	+	+	sa	+	−	+	+	shuo	+	−	−	+
fei	+	+	+	+	sai	+	−	−	+	si	+	−	+	+
fen	+	+	+	+	san	+	−	+	+	song	+	+	+	+
feng	+	+	+	+	sang	+	−	+	+	sou	+	−	−	+
fo	−	+	−	−	sao	+	−	+	+	su	+	+	−	+
fou	−	−	+	−	se	−	−	−	+	suan	+	−	−	+
fu	+	+	+	+	sen	+	−	−	−	sui	+	+	−	+
ha	+	+	+	+	seng	+	−	−	−	sun	−	−	+	+
hai	+	+	+	+	sha	−	+	+	+	suo	+	−	+	+
han	+	+	+	+	shai	+	−	+	+	xi	+	+	+	+
hang	+	+	+	+	shan	+	−	+	+	xia	+	+	+	+
hao	+	+	+	+	shang	+	−	+	+	xian	+	+	+	+
he	+	+	−	+	shao	+	+	+	+	xiang	+	+	+	+
hei	+	−	−	−	she	+	+	−	+	xiao	+	+	+	+
hen	−	+	+	+	shei	−	+	−	−	xie	+	+	+	+
heng	+	+	−	+	shen	+	+	+	+	xin	+	+	+	+
hong	+	+	+	+	sheng	+	+	+	+	xing	+	+	+	+
hou	+	+	+	+	shi	+	+	+	+	xiong	+	+	−	+
hu	+	+	+	+	shou	+	−	+	+	xiu	+	−	+	+
hua	+	+	−	+	shu	+	+	+	+	xu	+	+	+	+
huai	−	+	−	+	shua	+	−	+	+	xuan	+	+	−	+
huan	+	+	+	+	shuai	+	−	+	+	xue	+	+	+	+
huang	+	+	+	+	shuan	+	−	−	−	xun	+	+	−	+
hui	+	+	+	+	shuang	+	−	+	−					

注：1. 以 f 为声母的音节形式除了 fo 仅有阳平形式外，fou 仅有上声外，其他的四声俱全。

2. hen 和 heng 都有阳平和去声的音节形式，但在阴平和上声上截然相反，hen 无阴平，有上声，而 heng 有阴平，无上声。

3. 以舌尖音 s 作为声母除了 song、su、sui(都是合口呼)有阳平的音节形式外，其他均没有阳平的音节形式。

4. sen 和 seng 仅有阴平音节形式，而相对应的 shen 和 sheng 四声俱全。

四、拼音方法

(一)基本音节拼音的方法

1. 两拼法

这种方法是把声母和韵母直接拼合起来的一种方法。例如：

c + ao→cao   b + iao→biao

b + a→ba   d + i→di

d + un→dun   j + iang→jiang

这种方法更常用于没有介音的音节拼合，因为小学学习汉语拼音阶段，并不单独学习 iao、iang、uan、uang等这些带介音的韵母，而仅仅学习ao、ang、an 等类似没有介音的韵母。

2. 三拼法

三拼法就是把音节分成声母、介音(韵头)、韵身(韵腹和韵尾的合称)三个部分进行拼合。

j+i+ang→jiang   k+u+ang→kuang

j+ü+an→juan   l+i+ao→liao

p+i+ao→piao   q+ü+an→quan

这种分析方法是把介音单独分离出来，使学生不需要再单独学习 iang、uan、iao、uang、iao、uan 这些带介音的韵母，无疑减轻了学生学习的负担，所以碰到有介音韵母的拼合上常常使用这种方法。

3. 声介合拼法

声介合拼法是先把声母和介音拼合起来，然后再和韵身进行拼合的一种方法。

ji+ang→jiang   shu+ai→shuai

ti+ao→tiao   xi+ao→xiao

zhu+an→zhuan   pi+e→pie

这种拼音法经过两次拼合才能达到最终的目的，相对于其他方法而言，稍微复杂些，所以不太常用。

4. 整体认读法

这种方法可以直接读出音节，不需要把音节分成几个部分，然后再进行拼合，但这种方法要求必须熟练掌握基本音节，否则无法直呼出来。

上述的四种方法最为常用的是两拼法和三拼法，有介音时常常使用三拼法，没有介音时常常使用两拼法。

(二)音节定调的方法

要读准音节，除了注意声母、韵母的拼合外，还要读准其声调，常用的定调方法有以下几种。

1. 数调法

这种方法先把声母、韵母拼合在一起，然后从阴平开始按照阴平—阳平—上声—去声的顺序依次数，一直数到目的声调为止。例如：

duò(舵)：d+uo→duō—duó —duǒ —duò

chǔn(蠢)：ch+uen→chūn—chún—chǔn

初学拼音的人或者读不准阴平、阳平、上声、去声的人可以试着用这种方法正确区分

4种声调，为直呼声调打下基础。

2. 韵身定调法

这种方法是先把声调附着在韵母身上，然后再和音节的其他部分进行拼合。例如：

kuài(侩)：k+u+ài→kuài

duàn(段)：d+u+àn→duàn

3. 韵母定调法

这种方法是先把声调附着在韵母身上，然后再和音节的其他部分进行拼合。例如：

guàn(盥)：g+uàn→guàn

huǎng(谎)：h+uǎng→huǎng

4. 音节定调法

这种方法是先把声母和韵母拼合成一个基本音节，在此基础上直接呼出声调。

lǎn(婪)：l+an→lǎn

diàn(玷)：d+i+an→diàn

d+ian→diàn

资料4：普通话水平测试用字

普通话水平测试用字

a

a　　　①阿

ai　　　①哀埃挨(~近)　②挨(~打)皑癌　③矮蔼　④爱隘碍

an　　　①安氨庵　④岸按案暗黯

ang　　②昂　④盎

ao　　　①凹坳　②遨熬翱　③拗袄　④傲奥澳懊

b

ba　　　①八巴叭扒吧芭疤笆　②拔跋　③把(~手)　④把(刀~儿)坝爸罢霸

bai　　　①掰　②白　③百柏摆　④败拜

ban　　　①扳班般颁斑搬　③板版　④办半伴扮拌瓣

bang　　①邦帮梆　③绑榜膀　④蚌傍棒谤磅镑

bao　　　①包孢苞胞褒　②雹　③宝饱保堡　④报抱豹鲍暴爆

bei　　　①卑杯悲背碑　③北　④贝狈备背钡倍被惫辈

ben　　　①奔　③本苯　④奔笨

beng　　①崩绷(~带)　③绷(~着脸)　④迸蹦

bi　　　①逼　②鼻　③匕比彼笔鄙　④币必毕闭庇陛毙婢敝碧壁避臂壁

bian　　①边编鞭　③贬匾　④便变遍辨辩

biao　　①标膘　③表

bie　　　①憋鳖瘪(~三)　②别(分~)　③瘪(干~)　④别(~扭)

bin	①宾滨濒　④摈鬓

bin　　　①宾滨濒　④摈鬓

bing　　①冰兵　③丙柄饼禀　④并病摒

bo　　　①拨波玻剥钵菠播　②伯驳帛铂舶脖博搏箔膊薄礴　③跛簸(颠~)　④薄簸(~箕)

bu　　　③卜补哺捕　④不布步怖部埠簿

c

ca　　　①擦

cai　　　①猜　②才材财裁　③采彩踩睬　④菜蔡

can　　　①参餐　②残蚕惭　③惨　④灿璨

cang　　①仓沧苍舱　②藏

cao　　　①操糙　②曹嘈槽　③草

ce　　　④册侧测恻厕策

ceng　　②层曾　④蹭

cha　　　①叉杈插差(~别)　②查茬茶察　④岔诧差(~不多)

chai　　①拆　②柴

chan　　①掺搀　②禅馋缠蝉潺蟾　③产铲阐　④忏颤

chang　①昌娼猖　②长肠尝偿常　③厂场敞　④怅畅倡唱

chao　　①抄钞超　②巢朝嘲潮吵炒

che　　　①车　③扯　④彻掣撤澈

chen　　①抻　②尘臣忱沉辰陈晨　④衬称(对~)趁

cheng　①撑　②丞成呈承诚城乘惩澄(~清事实)橙　③逞骋　④秤

chi　　　①吃嗤痴　②池驰迟持匙　③尺侈齿耻　④斥赤炽翅啻

chong　①充冲(~锋)舂憧　②虫崇　③宠　④冲(~鼻子)

chou　　①抽　②仇惆绸畴稠筹酬踌　③丑　④臭

chu　　　①出初刍除厨锄蜍雏橱蹰　③础储楚处(~理)　④搐触矗处(到~)

chuai　①揣(~口袋里)　③揣(~测)　④揣(挣~)踹啜

chuan　①川穿　②传船　③喘　④串

chuang①疮窗创(~伤)　②床　③闯　④创(~造)

chui　　①吹炊　②垂陲捶槌锤

chun　　①春　②纯唇淳醇　③蠢

chuo　　①戳　④绰啜

ci　　　②词祠瓷慈辞磁雌　③此　④次刺赐

cong　　①匆囱葱聪　②从丛

cou　　　④凑

cu　　　①粗　④促醋簇

cuan　　①蹿　④窜篡

cui　　　①崔催摧璀　④脆啐淬萃瘁粹翠

cun　　　①村皴　②存　③忖　④寸

cuo　　　①搓磋撮　④挫措锉错

d

da ①耷搭达答(~应) ②答(~复) ③打 ④大 ⑤瘩

dai ①呆 ③歹 ④带代待怠玳贷袋逮戴

dan ①丹单担(~当)耽 ③胆 ④旦担(~子)但诞惮淡蛋氮

dang ①当(~然)裆 ③党挡 ④当(~铺)荡档

dao ①刀叨 ③导岛倒(颠~)捣祷蹈 ④到倒(~退)悼盗道稻

de ②得(~到)德的得(长~好)

deng ①灯登蹬 ③等 ④邓凳瞪

di ①低堤滴 ②迪敌涤笛嫡 ③抵底诋 ④地弟帝递第谛缔蒂

dian ①掂滇颠巅 ③典碘点 ④电佃店垫淀惦淀奠殿

diao ①刁叼貂碉雕 ④吊钓调掉

die ①爹跌 ②迭碟蝶

ding ①叮盯钉(铁~) ③顶鼎 ④订钉(~扣子)

diu ①丢

dong ①东冬 ③董懂 ④动冻栋洞

dou ①都(~是)兜 ③斗(一~)抖陡蚪 ④斗(~争)豆逗窦

du ①都(首~)嘟 ②督毒读渎犊独 ③笃堵赌睹 ④妒杜肚度渡镀

duan ①端 ③短 ④段断缎煅锻

dui ①堆 ④队对兑

dun ①吨敦墩蹲 ③盹 ④囤沌炖盾钝顿

duo ①多掇 ②夺踱 ③朵垛(~子)躲 ④剁垛踱(麦~)惰堕舵

e

e ②俄鹅娥蛾峨额 ③恶(~心) ④恶(凶~)厄扼饿莪愕鄂腭遏

en ①恩

er ②儿而 ③尔耳饵 ④二

f

fa ①发(~现) ②乏伐筏罚阀 ③法 ④发(头~)

fan ①帆番翻藩 ②凡繁③反返 ④犯泛饭范贩梵

fang ①方坊芳 ②防妨房肪 ③访仿纺 ④放

fei ①飞妃非绯 ②肥 ③匪诽翡 ④吠废沸肺费

fen ①分纷芬氛酚 ②坟焚 ③粉 ④份奋愤粪

feng ①丰风枫封疯锋峰蜂烽 ②冯逢缝(~纫) ③讽 ④缝(~隙)凤奉风

fo ②佛

fou ③否

fu ①夫肤孵敷 ②弗拂伏袱扶芙服俘浮氟符匐福幅辐 ③抚甫府斧俯腑辅脯腐 ④父付妇负附咐复赴副傅富赋缚腹覆

g

gai ①该 ③改 ④丐钙盖溉概

gan	①干(~净)甘杆(旗~)肝坩竿　③杆(~秤)秆赶敢感橄擀　④干(~劲)赣
gang	①刚纲肛缸钢　③岗港　④杠
gao	①高羔糕膏篙　③搞　④告
ge	①戈疙哥胳鸽割搁歌　②阁革格葛(~藤)蛤隔膈骼　③葛(姓~)　④个各
gei	③给
gen	①根跟　④亘
geng	①更(~新)庚耕羹　③哽埂耿梗　④更(~加)
gong	①工弓公功攻供(~应)宫恭躬龚　③巩汞拱　④共贡供(~认)
gou	①勾沟钩篝　③狗苟　④购构垢够
gu	①估姑孤菇辜　③古谷股骨鼓　④固故顾梏雇锢
gua	①瓜刮　③寡　④卦挂褂
guai	①乖　③拐　④怪
guan	①关观官冠(~心病)　③馆管　④贯惯罐
guang	①光胱　③广犷　④逛
gui	①归龟规皈闺硅瑰　③轨诡鬼　④柜贵桂跪
gun	③滚　④棍
guo	①埚郭锅　②国　③果裹　④过
h	
ha	①哈
hai	②孩　③海　④骇害氦
han	①蚶酣憨鼾　②含函涵寒韩　③罕喊　④汉汗旱悍捍焊憾撼
hang	②杭航
hao	②豪毫壕嚎号(~哭)　③好郝　④号(~码)浩耗
he	①呵喝　②禾合何劾和河阂核荷涸盒颌　④贺褐赫鹤壑
hei	①黑
hen	②痕　③狠　④恨
heng	②恒横衡
hong	①轰哄(~笑)烘　②弘红宏虹鸿　③哄(~骗)　④哄(起~)
hou	②侯喉猴　③吼　④后厚候
hu	①乎呼忽惚　②弧胡壶湖糊　③虎唬(~人)　④互户护沪　⑤唬(吓~)
hua	①花　②华哗滑猾　④划画话桦
huai	②怀淮槐　④坏
huan	①欢　②还环　③缓　④幻宦唤换涣患焕痪豢
huang	①荒慌　②皇凰黄惶煌潢蝗磺簧　③恍晃(~眼)幌　④晃(~悠)
hui	①灰诙恢挥辉徽　②回洄蛔　③悔毁　④卉汇会讳绘荟海贿彗秽喙惠慧
hun	①昏婚荤　②浑魂混(~蛋)　④混(~合)
huo	①豁(~口)　②活　③火伙　④或豁(~达)

j

ji ①几(~乎)讥击饥机肌鸡姬积基畸箕稽激羁 ②及吉汲级即极急疾棘集嫉辑瘠籍 ③几(~个)己挤脊戟麂 ④计记伎纪妓忌技际剂季既济继寂寄悸祭暨冀髻迹绩

jia ①加夹(~板)佳枷浃家嘉 ②夹(~袄)荚颊 ③甲胛贾钾假(~货) ④价驾架假(~期)嫁稼(~穑) ⑤稼(庄~)

jian ①奸尖坚歼间肩艰监缄煎 ③拣俭柬茧捡减剪检睑简碱 ④见件建剑荐贱健涧谏毽溅腱践鉴键槛箭

jiang ①江姜将(~军)浆僵疆缰 ③讲奖桨蒋 ④将(上~)匠降绛酱犟

jiao ①交郊娇浇骄胶椒焦跤蕉礁教(~书) ②嚼(~舌) ③角狡绞饺皎矫脚搅剿缴 ④叫轿较教(~育)窖酵嚼(倒~)

jie ①阶皆接秸揭街 ②节劫杰洁结捷睫截竭 ③姐解 ④介戒届界诚借藉

jin ①巾斤金津矜筋禁(~受)襟 ③仅紧谨锦尽(~量) ④尽(~情)劲近进晋浸烬禁(~止)靳噤

jing ①京经茎荆惊晶睛精鲸 ③井阱颈景憬警 ④净径胫竞竟敬境静镜

jiong ③炯窘

jiu ①纠究揪 ③九久灸韭酒 ④旧臼疚厩救舅

ju ①居拘驹鞠 ②局桔菊橘 ③咀沮举矩 ④句巨拒具炬俱剧惧据距锯聚踞遽

juan ①捐鹃 ③卷(花~) ④卷(试~)倦绢眷

jue ①撅 ②决诀抉绝决倔掘崛厥獗蕨爵嚼(咀~)攫

jun ①军君均钧菌 ④俊郡峻骏竣

k

ka ①咖 ③卡

kai ①开揩 ③凯慨楷 ④忾

kan ①刊勘龛堪 ③坎砍 ④看瞰

kang ①康慷糠 ②扛 ④亢抗炕

kao ③考烤 ④铐靠

ke ①坷苛柯科棵颗稞瞌磕蝌 ②壳咳 ③可渴 ④克刻客恪课

ken ③肯垦恳啃

keng ①吭坑铿

kong ①空(~军) ③孔恐 ④空(~闲)控

kou ①抠 ③口 ④叩扣寇

ku ①枯哭窟 ③苦 ④库裤酷

kua ①夸 ③垮 ④挎跨

kuai ④快块脍筷

kuan ①宽 ③款

kuang ①筐 ②狂 ④况旷矿眶框

kui ①亏盔窥 ②奎葵魁 ③傀 ④匮愧溃馈

kun	①坤昆　③捆　④困
kuo	④扩括阔廓
l	
la	①拉　③喇　④腊蜡辣
lai	②来　④徕睐赖癞
lan	②兰拦栏婪蓝澜斓篮　③览揽缆榄懒　④烂滥
lang	②郎狼廊琅螂　③朗　④浪
lao	①捞　②劳牢　③老姥潦　④涝烙
le	④乐勒(~索)
lei	①勒(~紧)　②雷镭累(~赘)　③垒蕾累(~积)儡　④肋泪类累(劳~)擂
leng	②棱　③冷　④愣
li	②厘梨狸离犁漓璃黎篱　③礼李里锂鲤　④力厉历立吏丽利励沥例隶俐荔栗砾笠粒蛎痢雳
lia	③俩
lian	②连帘怜涟莲联廉镰　③敛脸　④练炼恋链
liang	②良凉梁粱粮踉　③两　④亮谅辆晾量
liao	②辽疗聊僚嘹撩缭燎　③了　④料撂廖瞭
lie	①咧(大大~~)　③咧(~嘴)　④列劣烈猎裂
lin	①拎　②邻林临淋(~雨)琳嶙霖磷鳞　④吝赁躏淋(~病)
ling	②伶灵玲凌铃陵绫羚翎聆菱零龄　③岭领　④令另
liu	①溜　②刘浏流留琉硫馏榴瘤　③柳绺　④六遛
lo	⑤咯
long	②龙咙珑笼(~子)聋隆窿　③笼(~罩)陇垄拢　④弄(~堂)
lou	①搂(~柴火)　②楼　③搂(~抱)篓　④陋漏露
lu	②卢芦炉颅　③卤虏掳鲁　④陆录赂鹿禄碌路戮麓
lü	②驴榈　③吕侣旅铝屡缕履捋　④律虑率绿氯滤
luan	②峦　③卵　④乱
lüe	④掠略
lun	①抡(~刀)　②抡(~材)伦纶轮　④论
luo	①捋　②罗萝逻锣箩骡　③裸　④洛落摞
m	
ma	①妈蚂(~螂)　②麻蟆　③马蚂(~蝗)　④骂蚂(~蚱)　⑤嘛蟆(蛤~)
mai	②埋霾　③买　④迈麦卖脉
man	②埋蛮馒瞒鳗　③满螨　④曼幔慢漫蔓
mang	②忙芒盲茫　③莽蟒
mao	①猫　②毛矛茅锚髦　③卯铆　④茂冒贸袤帽瑁貌
me	⑤么
mei	②没枚玫眉莓梅媒煤酶霉　③美镁　④妹昧寐魅

men	①闷(~热) ②门们 ④闷(烦~)
meng	①蒙(~骗) ②蒙(~昧)氓萌盟 ③蒙(~古包)猛锰蜢 ④梦
mi	①眯 ②弥迷猕谜糜(~烂)靡(~费) ③米靡(~~之音) ④泌觅秘密蜜幂谧
mian	②眠绵棉 ③免勉娩缅 ④面
miao	②苗描瞄 ③秒渺藐 ④妙庙
mie	④灭蔑篾
min	②民 ③皿泯闽悯敏
ming	②名明鸣冥铭 ④命
miu	④谬
mo	①摸 ②摩模膜摹磨(~合)蘑魔 ③抹 ④末沫陌莫寞漠蓦默磨(~盘)
mou	②眸谋 ③某
mu	③母亩牡拇姆 ④木目沐牧募墓幕睦慕暮穆
n	
na	①那(姓) ②拿 ③哪 ④那纳娜捺
nai	③乃奶氖 ④奈耐
nan	②男南难(困~) ④难(灾~)
nang	①嚷 ②囊
nao	②挠 ③脑恼瑙 ④闹
ne	⑤呢
nei	③馁 ④内
nen	④嫩
neng	②能
ni	②尼泥倪霓 ③你拟 ④昵逆溺腻
nian	①拈蔫 ②年黏 ③捻撵碾 ④廿念
niang	②娘 ④酿
niao	③鸟袅 ④尿
nie	①捏 ④涅聂啮镊镍孽蘖
nin	②您
ning	②宁(~静)咛拧(~手巾)狞凝 ③拧(~螺丝) ④宁(~愿)泞
niu	②牛 ③扭纽钮
nong	②农浓脓 ④弄
nu	②奴 ③努 ④怒
nü	③女
nuan	③暖
nüe	④虐疟
nuo	②挪 ④糯懦
o	
ou	①讴欧殴鸥 ③呕偶藕

p

pa　　　①趴　②爬耙琶　④怕帕

pai　　　②排牌　④派

pan　　　①潘攀　②盘槃　④判叛盼畔

pang　　①乓　②庞旁　④胖

pao　　　①抛　②刨咆狍袍炮(~制)③跑　④泡炮(~弹)

pei　　　①胚　②陪培赔裴　④沛佩配

pen　　　①喷　②盆

peng　　①抨烹　②朋彭棚硼蓬篷膨　③捧　④碰

pi　　　①批坯披劈霹　②皮毗疲啤琵脾　③匹痞　④癖屁媲僻譬

pian　　①片(~儿)偏篇　④片(图~)骗

piao　　①漂(~泊)飘　②瓢　③瞟　④票漂(~亮)

pie　　　①撇(~开)瞥　③撇(~嘴)

pin　　　①拼　②贫频　③品　④聘

ping　　①乒　②平评凭坪苹屏瓶

po　　　①颇　②婆　④迫破粕魄

pou　　　①剖

pu　　　①扑仆(前~后继)铺(~床)　②仆(~人)菩匍葡蒲　③朴圃浦普谱　④瀑

q

qi　　　①七沏妻凄栖戚期欺漆　②齐奇其歧祈崎畦骑棋旗鳍　③乞企岂启起绮　④气迄弃泣契砌

qia　　　①掐　④恰洽

qian　　①千扦牵牵铅谦签　②虔钱钳乾潜黔　③浅遣谴前　④欠嵌歉

qiang　①呛枪跄腔锵　②强(~壮)墙　③强(~迫)抢

qiao　　①悄(静~~)跷敲锹　②乔侨桥瞧　③悄(~然)巧　④俏峭窍翘撬鞘

qie　　　①切(~菜)　②茄　③且　④切(一~)妾怯惬

qin　　　①亲侵钦　②秦琴禽勤噙擒　③寝　④沁

qing　　①青氢轻倾卿清蜻　②情晴擎　③顷请　④庆磬

qiong　②穷穹琼

qiu　　　①丘邱秋鳅　②囚求酋球裘

qu　　　①区曲(弯~)岖驱祛蛆躯趋　②渠　③取娶　④去趣

quan　　①圈　②全权泉拳痊蜷　③犬　④劝券

que　　　①缺　②瘸　④却确雀阙鹊榷

qun　　　②裙群

r

ran　　　②然燃　③冉染

rang　　①嚷(大声~~)　③嚷(叫~)壤　④让

rao　　　②饶　③扰　④绕

re	③惹　④热
ren	②人仁任(姓~)　③忍　④任(~职)纫妊韧
reng	①扔　②仍
ri	④日
rong	②荣容绒溶蓉熔融　③冗
rou	②柔揉蹂　④肉
ru	②如儒蠕　③汝乳辱　④入褥
ruan	③软
rui	③蕊　④锐瑞
run	④闰润
ruo	④若弱
s	
sa	①仨撒(~手)　③撒(~种)洒　④卅萨
sai	①塞腮鳃　④赛
san	①三　③伞散
sang	①桑丧(~事)　③嗓　④丧(~失)
sao	①搔骚缫臊　③扫(~地)嫂　④扫(~帚)
se	④色啬涩瑟
sen	①森
seng	①僧
sha	①杀沙纱刹砂　③傻　④煞霎
shai	①筛　④晒
shan	①山杉衫珊煽　③闪陕　④讪扇善缮擅膳赡
shang	①伤商　③晌赏　④上尚　⑤裳
shao	①梢捎烧稍　②勺　③少　④绍哨
she	①奢　②舌蛇　③舍(~的)　④舍(宿~)设社射涉赦摄麝
shen	①申伸身绅娠砷深　②神　③沈审婶　④肾甚渗慎蜃
sheng	①升生声牲笙　②绳　③省　④胜圣盛剩
shi	①尸诗施狮湿　②十什石时识实拾蚀食　③史矢始驶屎　④士氏世仕市示事侍视饰拭是柿适舐释嗜誓噬螫
shou	①收　③手守首　④寿受狩兽售授瘦
shu	①书抒叔枢倏梳疏舒输蔬　②孰赎熟塾　③暑署鼠蜀薯曙　④术束述树竖恕庶数墅
shua	①刷　③耍
shuai	①衰摔　③甩　④帅
shuan	①拴栓　④涮
shuang	①双霜　③爽
shui	②谁　③水　④税睡

shun	③吮　④顺舜瞬
shuo	①说　④烁硕
si	①丝司私思斯厮嘶撕　③死　④四寺伺似祀饲俟嗣肆
song	①松　③怂悚耸　④讼宋诵诵送
sou	①搜艘　③擞　⑤嗽
su	①苏酥稣　②俗　④诉肃素速宿粟塑溯
suan	①酸　④算蒜
sui	①虽绥　②隋随　③髓　④岁祟遂碎隧
sun	①孙　③损笋
suo	①唆梭蓑缩　③所索锁琐嗦
t	
ta	①他她它塌　③塔獭　④榻踏蹋
tai	①胎　②台抬苔　④太汰态钛泰
tan	①坍贪摊滩瘫　②坛谈痰谭潭　③坦毯　④炭探碳
tang	①汤　②唐堂棠塘糖搪膛螳　③倘淌躺　④烫趟
tao	①涛绦掏滔　②逃桃陶淘萄　③讨　④套
te	④特
teng	②疼腾滕藤
ti	①剔梯踢　②啼蹄提　③体　④屉剃涕惕替嚏
tian	①天添　②田恬甜填　③舔
tiao	①挑(~剔)　②条　③挑(~衅)窕　④眺跳
tie	①贴帖(服~)　③铁帖(~子)
ting	①厅听　②廷亭庭停蜓　③挺艇
tong	①通　②同佟桐铜童瞳　③统桶捅筒　④痛
tou	①偷　②头投　④透
tu	①凸秃突　②图徒涂途屠　③土吐(~血)　④吐(呕~)兔
tuan	①湍　②团
tui	①推　②颓　③腿　④退蜕褪
tun	①吞　②屯豚臀
tuo	①托拖脱　②驮陀驼　③妥椭　④拓唾
w	
wa	①挖洼蛙　②娃　③瓦　④袜
wai	①歪　④外
wan	①弯剜湾　②丸完玩顽　③宛挽晚婉惋皖碗　④万腕
wang	①汪　②亡王　③网往枉惘　④忘妄旺望
wei	①危威偎微巍　②为(~止)韦围违桅唯惟维帷　③伟伪尾纬苇　④为(~了)卫未位味畏胃谓喂猬蔚慰魏
wen	①温瘟　②文纹闻蚊　③吻紊稳　④问

weng	①翁　④瓮
wo	①涡窝蜗　③我　④沃握
wu	①乌污呜巫屋诬　②无毋吴吾芜梧　③五午伍武侮捂鹉舞　④勿务误悟晤雾
x	
xi	①夕兮汐西希昔奚息牺悉惜晰犀稀皙锡蜥嬉膝曦　②习席袭媳　③洗铣喜④戏系细隙
xia	①虾瞎　②匣峡狭遐暇霞　④下吓夏厦
xian	①先仙纤掀锨鲜　②闲弦贤涎娴舷衔嫌　③显险　④县现线限宪陷馅羡献腺霰
xiang	①乡相香厢湘箱镶　②详祥翔　③享响饷想　④向巷项象像橡
xiao	①削宵消逍萧硝潇箫嚣肖(姓~)　②淆　③小晓　④肖(~像)孝哮效校笑啸
xie	①些楔歇　②协邪胁挟偕斜谐携鞋　③写血(~淋淋)　④泻卸屑械亵谢懈蟹
xin	①心芯辛欣锌新薪馨　②信衅
xing	①兴(~建)猩腥　②刑行邢形型　③醒　④兴(~趣)杏姓性幸
xiong	①凶兄匈汹胸　②雄熊
xiu	①休修羞　③朽　④秀绣袖锈嗅
xu	①戌须虚嘘需　②徐　③许　④旭序叙畜绪续蓄婿絮
xuan	①宣喧暄　②玄悬旋(~律)　③选癣　④旋(~风)炫绚眩渲
xue	①削(~弱)靴薛　②穴学　③雪　④血(~液)谑
xun	①勋熏薰　②寻巡旬驯询峋循　④训讯迅汛逊
y	
ya	①丫压押鸭鸦　②牙芽蚜崖涯　③哑雅　④亚讶
yan	①彦烟胭淹腌　②延严言岩沿炎研盐阎筵颜檐　③俨衍掩眼演　④厌砚宴艳验谚堰焰雁燕
yang	①央殃秧鸯　②羊扬阳杨佯疡洋　③仰养氧痒　④样漾
yao	①夭吆妖腰邀　②尧肴姚窑谣摇遥瑶　③咬窈舀　④药要耀
ye	①椰噎耶　②爷　③也冶野　④业叶曳页夜掖液腋
yi	①一伊衣医依漪　②仪夷宜怡姨移遗疑　③乙已以矣蚁倚椅　④义亿忆艺议亦屹异呓役抑译邑易绎诣驿疫益谊翌逸意溢裔螠毅熠翼臆
yin	①因阴姻荫音殷　②吟垠寅淫银龈　③尹引饮隐瘾　④印
ying	①应英莺婴樱鹦膺鹰　②迎盈荧莹萤营萦蝇赢　③颖影　④映硬
yong	①佣拥痈庸壅臃　②颙　③永甬咏泳勇涌恿蛹踊　④用
you	①优忧幽悠　②尤由犹邮油柚铀游　③友有酉黝　④又右幼佑诱釉
yu	①迂淤　②于予余臾鱼俞娱渔隅愉腴逾愚榆虞舆　③与宇屿羽雨禹语　④玉驭吁育郁狱浴预域欲谕喻寓御裕遇愈誉豫
yuan	①冤鸳渊　②元员园垣原圆袁援缘源猿　③远　④苑怨院愿
yue	①曰约　④月岳钥悦阅跃粤越
yun	①云匀纭耘　③允陨　④孕运晕酝韵蕴

z

za	①呵　②杂砸
zai	①灾哉栽　③宰载崽　④再在
zan	②咱　③攒　④暂赞
zang	①脏　④葬
zao	①糟遭　②凿　③早枣蚤澡藻　④灶皂造噪躁燥
ze	②则择泽责啧　④仄
zei	②贼
zen	③怎
zeng	①曾增憎　④赠
zha	①渣揸扎　②轧闸铡　③眨　④乍诈栅炸蚱榨
zhai	①摘斋　②宅　③窄　④债寨
zhan	①沾毡粘瞻　③斩展盏辗　④占战站绽湛蘸
zhang	①张章彰樟　③涨掌　④丈仗帐杖胀账障
zhao	①招昭　③找沼　④召兆诏赵照罩肇
zhe	①蜇遮　②折哲辄辙　③者褶　④这浙蔗
zhen	①贞针侦珍真砧斟臻　③诊枕疹　④阵振朕镇震
zheng	①争征挣睁筝蒸　③拯整　④正证郑政症
zhi	①之支汁芝枝知织肢脂　②执侄直值职植殖　③止只旨址纸指趾　④至志制帜治炙质峙挚桎秩致掷窒智滞稚置
zhong	①中忠终盅钟衷　③肿种冢　④仲众重
zhou	①州舟周洲粥　②轴　③肘帚　④咒宙昼皱骤
zhu	①朱诛株珠诸猪蛛　②竹烛逐　③主拄属嘱煮嘱　④伫住助注贮驻柱祝著蛀筑铸
zhua	①抓　③爪
zhuai	③拽
zhuan	①专砖　④转赚撰篆
zhuang	①妆庄桩装　④壮状幢撞
zhui	①追椎锥　④坠缀赘
zhuo	①卓拙捉桌　②灼苗浊酌啄着琢
zi	①仔兹咨姿资滋　③籽子姊紫滓　④字自渍
zong	①宗综棕踪鬃　③总　④纵粽
zou	③走　④奏揍
zu	①租　②足卒族　③诅阻组祖
zuan	③纂　④钻攥
zui	③嘴　④最罪醉
zun	①尊遵
zuo	②昨　③左佐　④作坐座做

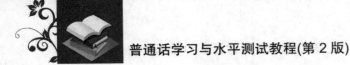

资料5：《普通话水平测试用普通话词语表》易错读词语

《普通话水平测试用普通话词语表》易错读词语

1. 声调易错词

题目 tímù	渴望 kěwàng	连接 liánjiē	蚂蚁 mǎyǐ
勉强 miǎnqiǎng	面积 miànjī	模拟 mónǐ	偶尔 ǒu'ěr
胚胎 pēitāi	气氛 qìfēn	奇迹 qíjì	曲折 qūzhé
然而 rán'ér	燃烧 ránshāo	仍然 réngrán	儒家 rújiā
稍微 shāowēi	设置 shèzhì	适宜 shìyí	书籍 shūjí
脱离 tuōlí	危险 wēixiǎn	侮辱 wǔrǔ	狭窄 xiázhǎi
冶金 yějīn	胸脯 xiōngpú	雪白 xuěbái	研究 yánjiū
兴奋 xīngfèn	相互 xiānghù	已经 yǐjīng	抑制 yìzhì
医疗 yīliáo	拥有 yōngyǒu	涌现 yǒngxiàn	友谊 yǒuyì
与其 yǔqí	约束 yuēshù	诊断 zhěnduàn	安逸 ānyì
按捺 ànnà	盎然 àngrán	白桦 báihuà	褒贬 bāobiǎn
撇开 piēkāi	撇捺 piěnà	琢磨 zuó·mo	背脊 bèijǐ
笨拙 bènzhuō	迸发 bèngfā	笔迹 bǐjì	编纂 biānzuǎn
摈弃 bìnqì	冰雹 bīngbáo	病菌 bìngjūn	布匹 bùpǐ
裁军 cáijūn	惨死 cǎnsǐ	嘈杂 cáozá	巢穴 cháoxué
沉吟 chényín	驰骋 chíchěng	崇敬 chóngjìng	揣摩 chuǎimó
怀揣 huáichuāi	低洼 dīwā	创口 chuāngkǒu	篡改 cuàngǎi
结婚 jiéhūn	灯塔 dēngtǎ	叮嘱 dīngzhǔ	跌落 diēluò
订正 dìngzhèng	颠簸 diānbǒ	豆浆 dòujiāng	船桨 chuánjiǎng
笃信 dǔxìn	扼要 èyào	帆船 fānchuán	繁衍 fányǎn
梵文 fànwén	绯闻 fēiwén	氛围 fēnwéi	焚烧 fénshāo
风靡 fēngmǐ	附和 fùhè	杆菌 gǎnjūn	秆子 gǎn·zi
鱼竿 yúgān	戈壁 gēbì	供销 gōngxiāo	公仆 gōngpú
勾当 gòudàng	呵斥 hēchì	恍然 huǎngrán	幌子 huǎng·zi
谎言 huǎngyán	讥讽 jīfěng	嫉妒 jídù	混沌 hùndùn
浑浊 húnzhuó	混浊 hùnzhuó	棘手 jíshǒu	给养 jǐyǎng
肩胛 jiānjiǎ	缄默 jiānmò	舰艇 jiàntǐng	矫健 jiǎojiàn
秸秆 jiēgǎn	劫持 jiéchí	皎洁 jiǎojié	脚趾 jiǎozhǐ
精髓 jīngsuǐ	拘泥 jūnì	矩形 jǔxíng	颈椎 jǐngzhuī
窘迫 jiǒngpò	纠葛 jiūgé	倔强 juéjiàng	慷慨 kāngkǎi
苛求 kēqiú	渴求 kěqiú	棱角 léngjiǎo	懒散 lǎnsǎn
理应 lǐyīng	涟漪 liányī	脸颊 liǎnjiá	潦倒 liáodǎo
镣铐 liàokào	流失 liúshī	流逝 liúshì	蛮横 mánhèng
谩骂 mànmà	闷热 mēnrè	泯灭 mǐnmiè	拟人 nǐrén

宁愿 nìngyuàn	诽谤 fěibàng	镊子 niè·zi	谄媚 chǎnmèi
鞭笞 biānchī	血泊 xuèpō	载重 zàizhòng	针砭 zhēnbiān
缄默 jiānmò	挣揣 zhèngchuài	心扉 xīnfēi	沼泽 zhǎozé
剽窃 piāoqiè	杳然 yǎorán	黝黑 yǒuhēi	轻佻 qīngtiāo
揩油 kāiyóu	匪穴 fěixué	倨傲 jù'ào	稍息 shàoxī
呕吐 ǒutù	请帖 qǐngtiě	窥视 kuīshì	颔联 hànlián
炫耀 xuànyào	荫凉 yìnliáng	阴凉 yīnliáng	哄抢 hōngqiǎng
哄骗 hǒngpiàn	起哄 qǐhòng	佣金 yòngjīn	女佣 nǚyōng
晕船 yùnchuán	枸杞 gǒuqǐ	窈窕 yǎotiǎo	炮制 páozhì
漂白 piǎobái	瞥见 piējiàn	估计 gūjì	篇章 piānzhāng
歧视 qíshì	撒谎 sāhuǎng	谦逊 qiānxùn	虔诚 qiánchéng
翘首 qiáoshǒu	悄然 qiǎorán	翘望 qiáowàng	顷刻 qǐngkè
权衡 quánhéng	绮丽 qǐlì	山峦 shānluán	深邃 shēnsuì
倏然 shūrán	树冠 shùguān	水獭 shuǐtǎ	伺机 sìjī
怂恿 sǒngyǒng	搜刮 sōuguā	逃窜 táocuàn	剔除 tīchú
题词 tící	桅杆 wéigān	畏缩 wèisuō	萎缩 wěisuō
肖像 xiàoxiàng	袖珍 xiùzhēn	炫耀 xuànyào	皮靴 píxuē
俨然 yǎnrán	糟蹋 zāotà	拯救 zhěngjiù	诸侯 zhūhóu
纵横 zònghéng	混淆 hùnxiáo	憧憬 chōngjǐng	绚丽 xuànlì
喷香 pènxiāng	鳏夫 guānfū	根茎 gēnjīng	分外 fènwài
床榻 chuángtà	眩晕 xuànyùn	渲染 xuànrǎn	询问 xúnwèn
讯问 xùnwèn	徇私 xùnsī	作坊 zuō·fang	组织 zǔzhī
租金 zūjīn	蜚声 fēishēng	北京 Běijīng	没有 méiyǒu
住持 zhùchí	脂肪 zhīfáng	咄咄 duōduō	哈达 hǎdá
华山 Huàshān	可汗 kèhán	教室 jiàoshì	背包 bēibāo
投奔 tóubèn	菲薄 fěibó	干瘪 gānbiě	瘪三 biēsān
答应 dā·ying	芳菲 fāngfēi	恶心 ěxīn	颠倒 diāndǎo
耽搁 dāngē	供认 gòngrèn	反倒 fǎndào	供给 gōngjǐ
山谷 shāngǔ	龟裂 jūnliè	号呼 háohū	绷脸 běngliǎn
劈叉 pǐchà	叉腰 chāyāo	冲床 chòngchuáng	执拗 zhíniù
济南 Jǐnán	自个儿 zìgěr	晃眼 huǎngyǎn	豁口 huōkǒu
结构 jiégòu	太监 tàijiàn	登载 dēngzǎi	瓜葛 guāgé
症结 zhēngjié	中肯 zhòngkěn	拮据 jiéjū	坎坷 kǎnkě
笼罩 lǒngzhào	猫腰 māoyāo	启蒙 qǐméng	蒙古 Měnggǔ
撒种 sǎzhǒng	散漫 sǎnmàn	属于 shǔyú	瞩望 zhǔwàng
刷白 shuàbái	遂心 suìxīn	鲜见 xiǎnjiàn	踏步 tàbù
压轴 yāzhòu	旋转 xuánzhuàn	舌苔 shétāi	恪守 kèshǒu
字帖 zìtiè	妥帖 tuǒtiē	呕吐 ǒutù	应用 yìngyòng
赠予 zèngyǔ	诸葛 Zhūgě	骨碌 gū·lu	王冠 wángguān

道观 dàoguàn　　吭气 kēngqì　　横财 hèngcái　　糊弄 hù·nong

虚晃 xūhuǎng　　几乎 jīhū　　夹缝 jiāfèng　　强求 qiǎngqiú

尽管 jǐnguǎn　　眼泡 yǎnpāo　　几何 jǐhé　　照片 zhàopiàn

切题 qiètí　　曲调 qǔdiào　　腥臊 xīngsāo　　煞白 shàbái

胡同 hútòng　　应届 yīngjiè　　与会 yùhuì　　缝隙 fèngxì

只身 zhīshēn　　只管 zhǐguǎn　　请柬 qǐngjiǎn　　妩媚 wǔmèi

轶事 yìshì　　蹩脚 biéjiǎo　　妇孺 fùrú　　诤友 zhèngyǒu

尽快 jǐnkuài　　汩汩 gǔgǔ　　瑰丽 guīlì　　刽子 guì·zi

亨通 hēngtōng　　莴苣 wōjù　　无赖 wúlài　　狗獾 gǒuhuān

惶恐 huángkǒng　　讳言 huìyán　　教诲 jiàohuì　　毋庸 wúyōng

昏眩 hūnxuàn　　贫瘠 pínjí　　佳节 jiājié　　嘉奖 jiājiǎng

分析 fēnxī　　侥幸 jiǎoxìng　　台阶 táijiē　　泾渭 jīngwèi

迥然 jiǒngrán　　负疚 fùjiù　　袭击 xíjī　　盘踞 pánjù

浚河 jùnhé　　亢奋 kàngfèn　　懵懂 měngdǒng　　匡缪 kuāngmiù

诓人 kuāngrén　　迁徙 qiānxǐ　　青睐 qīnglài　　凛冽 lǐnliè

弥补 míbǔ　　牛腩 niúnǎn　　蹑足 nièzú　　宁静 níngjìng

狞笑 níngxiào　　驽马 númǎ　　弩箭 nǔjiàn　　滂沱 pāngtuó

苔藓 táixiǎn　　刨除 páochú　　纰漏 pīlòu　　癖好 pǐhào

仪器 yíqì　　维护 wéihù　　骈文 piánwén　　沏茶 qīchá

违约 wéiyuē　　修葺 xiūqì　　迄今 qìjīn　　唯一 wéiyī

砌墙 qìqiáng　　遣词 qiǎncí　　呛人 qiàngrén　　祛除 qūchú

濡染 rúrǎn　　被褥 bèirù　　丧服 sāngfú　　飒爽 sàshuǎng

介绍 jièshào　　奢侈 shēchǐ　　侍候 shìhòu　　剔除 tīchú

颐养 yíyǎng　　倚靠 yǐkào　　容易 róngyì　　雍容 yōngróng

迂回 yúhuí　　昭示 zhāoshì　　舆论 yúlùn　　咂嘴 zāzuǐ

仄声 zèshēng　　憎恨 zēnghèn　　札记 zhájì　　召集 zhàojí

遮挡 zhēdǎng　　症候 zhènghòu　　旗帜 qízhì　　质量 zhìliàng

接踵 jiēzhǒng　　恣意 zìyì　　佝偻 gōulóu　　谙熟 ānshú

夹袄 jiá'ǎo　　匕首 bǐshǒu　　秕谷 bǐgǔ　　翻译 fānyì

孵化 fūhuà　　束缚 shùfù　　敷衍 fūyǎn　　跛脚 bǒjiǎo

查缉 chájī　　沉闷 chénmèn　　唇膏 chúngāo　　逞能 chěngnéng

嗤笑 chīxiào　　传播 chuánbō　　辞藻 cízǎo　　戳穿 chuōchuān

成殓 chéngliàn　　拊手 fǔshǒu　　篡改 cuàngǎi　　殚力 dānlì

裤裆 kùdāng　　跌宕 diēdàng　　悼唁 dàoyàn　　踮脚 diǎnjiǎo

仰视 yǎngshì　　繁缛 fánrù

2. 声母易错词

孢子 bāozǐ　　粗糙 cūcāo　　分泌 fēnmì　　腐朽 fǔxiǔ

机械 jīxiè　　畸形 jīxíng　　纤维 xiānwēi　　秩序 zhìxù

贮存 zhùcún	姿势 zīshì	包庇 bāobì	濒临 bīnlín
怅惘 chàngwǎng	打战 dǎzhàn	堤坝 dībà	提防 dī·fang
对峙 duìzhì	发酵 fājiào	巷道 hàngdào	寒战 hánzhàn
哭泣 kūqì	湖畔 húpàn	漂泊 piāobó	扁舟 piānzhōu
活泼 huó·pō	泥淖 nínào	狙击 jūjī	媲美 pìměi
鞭挞 biāntà	膀胱 pángguāng	粗犷 cūguǎng	悚然 sǒngrán
恫吓 dònghè	冗长 rǒngcháng	气馁 qìněi	奇葩 qípā
朔月 shuòyuè	赚钱 zhuànqián	膝盖 xīgài	膏肓 gāohuāng
押解 yājiè	市侩 shìkuài	愆期 qiānqī	毗邻 pílín
坍塌 tāntā	丰稔 fēngrěn	色子 shǎi·zi	擦拭 cāshì
挈带 qièdài	妊娠 rènshēn	真谛 zhēndì	妃嫔 fēipín
高亢 gāokàng	角逐 juézhú	自诩 zìxǔ	偏颇 piānpō
霎时 shàshí	石笋 shísǔn	戏谑 xìxuè	荫庇 yìnbì
甬道 yǒngdào	糟粕 zāopò	证券 zhèngquàn	桎梏 zhìgù
贮备 zhùbèi	粽子 zòng·zi	功勋 gōngxūn	损失 sǔnshī
伫立 zhùlì	麻痹 mábì	裨益 bìyì	波浪 bōlàng
刹那 chànà	单于 chányú	赔偿 péicháng	惆怅 chóuchàng
琛宝 chēnbǎo	嗔怒 chēnnù	炽热 chìrè	禅让 shànràng
赡养 shànyǎng	似的 shì·de	翩跹 piānxiān	长吁 chángxū
蓄养 xùyǎng	屹立 yìlì	老妪 lǎoyù	宝藏 bǎozàng
胡诌 húzhōu	骤雨 zhòuyǔ	姓晁 xìngCháo	汤匙 tāngchí
侗族 Dòngzú	同胞 tóngbāo	蓓蕾 bèilěi	开辟 kāipì
复辟 fùbì	整饬 zhěngchì	阔绰 kuòchuò	回纥 huíhé
淙淙 cóngcóng	簇拥 cùyōng	皴裂 cūnliè	傣族 Dǎizú
缔结 dìjié	歼灭 jiānmiè	老茧 lǎojiǎn	秘鲁 Bìlǔ
伺候 cì·hou	眼睑 yǎnjiǎn	菁华 jīnghuá	沮丧 jǔsàng
鸟瞰 niǎokàn	铿锵 kēngqiāng	乜斜 miēxié	虐待 nüèdài
澎湃 péngpài	蹒跚 pánshān	苗圃 miáopǔ	蹊跷 qī·qiao
菜畦 càiqí	接洽 jiēqià	悭吝 qiānlìn	掮客 qiánkè
憔悴 qiáocuì	引擎 yǐnqíng	龋齿 qǔchǐ	小觑 xiǎoqù
缫丝 sāosī	稽留 jīliú	稽首 qǐshǒu	徜徉 chángyáng
弄堂 lòngtáng	屏除 bǐngchú	溃败 kuìbài	瓜蔓 guāwàn
轧钢 zhágāng	粘贴 zhāntiē	岿然 kuīrán	哺育 bǔyù
翱翔 áoxiáng	悲恸 bēitòng	贲门 bēnmén	崩坍 bēngtān
鱼鳔 yúbiào	摈弃 bìnqì	豺狼 cháiláng	犯怵 fànchù
疮痍 chuāngyí	疵点 cīdiǎn	淳朴 chúnpǔ	痤疮 cuóchuāng
邸宅 dǐzhái	诋毁 dǐhuǐ	谛听 dìtīng	缔造 dìzào
豢养 huànyǎng	打诨 dǎhùn	奇数 jīshù	幡然 fānrán
讣告 fùgào	撼动 hàndòng	恍然 huǎngrán	犄角 jījiǎo

| 亟待 jídài | 校对 jiàoduì | 下颌 xiàhé | 譬如 pìrú |
| 蜷曲 quánqū | | | |

3. 韵母易错词

沉着 chénzhuó	成熟 chéngshú	飞跃 fēiyuè	角色 juésè
咳嗽 ké·sou	模样 múyàng	奴隶 núlì	努力 nǔlì
钥匙 yào·shi	宾客 bīnkè	沉没 chénmò	称职 chènzhí
刚劲 gāngjìng	核对 héduì	开凿 kāizáo	露骨 lùgǔ
裸露 luǒlù	蓦然 mòrán	暖和 nuǎn·huo	肋骨 lèigǔ
刁悍 diāohàn	埋怨 mányuàn	寒碜 hánchen	雕镌 diāojuān
曲轴 qūzhóu	慰藉 wèijiè	相称 xiāngchèn	爪牙 zhǎoyá
着落 zhuóluò	着想 zhuóxiǎng	着眼 zhuóyǎn	阻塞 zǔsè
手癣 shǒuxuǎn	金钗 jīnchāi	咯血 kǎxiě	勒索 lèsuǒ
脉搏 màibó	抹布 mābù	呜咽 wūyè	殷勤 yīnqín
攒聚 cuánjù	猜度 cāiduó	舷窗 xiánchuāng	挟制 xiézhì
携手 xiéshǒu	酗酒 xùjiǔ	摘取 zhāiqǔ	砧板 zhēnbǎn
投掷 tóuzhì	浸渍 jìnzì	柏树 bǎishù	河蚌 hébàng
剥皮 bāopí	薄饼 báobǐng	薄弱 bóruò	只得 zhǐdé
黜罢 chùbà	句读 jùdòu	呵欠 hēqiàn	徘徊 páihuái
咀嚼 jǔjué	贿赂 huìlù	撂起 luòqǐ	愤懑 fènmèn
木讷 mùnè	嫩芽 nènyá	隐匿 yǐnnì	玩弄 wánnòng
抨击 pēngjī	披衣 pīyī	土坯 tǔpī	解剖 jiěpōu
亲家 qìng·jia	洗涮 xǐshuàn	游说 yóushuì	悖逆 bèinì
河浜 hébāng	碑拓 bēità	省略 shěnglüè	宠物 chǒngwù
醇香 chúnxiāng	磋商 cuōshāng	水泵 shuǐbèng	脉脉 mòmò
拓本 tàběn	拓荒 tuòhuāng	粤菜 yuècài	堆积 duījī
弹劾 tánhé			

4. 声母和韵母都易读错词

粳米 jīngmǐ	给以 gěiyǐ	供给 gòngjǐ	湍流 tuānliú
狭隘 xiá'ài	啜泣 chuòqì	绰号 chuòhào	涤纶 dílún
干涸 gānhé	皈依 guīyī	横亘 hénggèn	赧然 nǎnrán
惬意 qièyì	思忖 sīcǔn	绦虫 tāochóng	提携 tíxié
阴霾 yīnmái	造诣 zàoyì	灼热 zhuórè	岑寂 cénjì
瞠目 chēngmù	凹陷 āoxiàn	翁媪 wēng'ǎo	怆然 chuàngrán
辍学 chuòxué	佝偻 gōulóu	鳜鱼 guìyú	引吭 yǐnháng
怯懦 qiènuò	薅草 hāocǎo	抓阄 zhuājiū	喟然 kuìrán
仓廪 cānglǐn	联袂 liánmèi	分娩 fēnmiǎn	酝酿 yùnniàng
遗赠 wèizèng	绰约 chuòyuē	陨灭 yǔnmiè	瀑布 pùbù
小憩 xiǎoqì	关卡 guānqiǎ	天堑 tiānqiàn	嵌入 qiànrù

地壳 dìqiào	慑服 shèfú	摄影 shèyǐng	舐犊 shìdú
枢纽 shūniǔ	涎水 xiánshuǐ	叶韵 xiéyùn	星宿 xīngxiù
殷红 yānhóng	赝品 yànpǐn	疟子 yào·zi	笑靥 xiàoyè
谒见 yèjiàn	摇曳 yáoyè	游弋 yóuyì	无垠 wúyín
须臾 xūyú	破绽 pòzhàn	陟山 zhìshān	惴惴 zhuìzhuì
谆谆 zhūnzhūn	郴州 Chēnzhōu	乳臭 rǔxiù	咖喱 gālí
吮吸 shǔnxī	粟类 sùlèi	鬼祟 guǐsuì	倜傥 tìtǎng
殄灭 tiǎnmiè	迢迢 tiáotiáo	荼毒 túdú	斡旋 wòxuán
可恶 kěwù	捭阖 bǎihé	采撷 cǎixié	丛冢 cóngzhǒng
蹙额 cù'é	迭出 diéchū	讹人 é rén	丰腴 fēngyú
蛊惑 gǔhuò	纶巾 guānjīn	蚝油 háoyóu	脚踝 jiǎohuái
抉择 juézé	阒然 qùrán	夙愿 sùyuàn	椭圆 tuǒyuán
文苑 wényuàn	陨落 yǔnluò		

5. 轻读重读两可词语

白天 báitiān	报酬 bàochóu	别人 biéren	玻璃 bōli
长处 chángchù	成分 chéngfèn	诚实 chéngshí	出来 chūlái
出去 chūqù	刺激 cìjī	聪明 cōngmíng	答复 dáfù
底下 dǐxià	地下 dìxià	懂得 dǒngdé	多少 duōshǎo
对不起 duìbùqǐ	反正 fǎnzhèng	分量 fènliàng	父亲 fùqīn
干净 gānjìng	感激 gǎnjī	跟前 gēnqián	公平 gōngpíng
工人 gōngrén	费用 fèiyòng	固执 gùzhí	过来 guòlái
过去 guòqù	好处 hǎochù	喉咙 hóulóng	后面 hòumiàn
花费 huāfèi	回来 huílái	回去 huíqù	机会 jīhuì
家具 jiājù	价钱 jiàqián	讲究 jiǎngjiū	进来 jìnlái
进去 jìnqù	觉得 juédé	会计 kuàijì	来不及 láibùjí
力量 lìliàng	里面 lǐmiàn	里边 lǐbiān	老人家 lǎorénjiā
了不起 liǎobùqǐ	逻辑 luójí	毛病 máobìng	棉花 miánhuā
摸索 mōsuǒ	母亲 mǔqīn	哪里 nǎlǐ	佩服 pèifú
菩萨 púsà	葡萄 pútáo	妻子 qīzǐ	起来 qǐlái
舍不得 shebùdé	气氛 qìfēn	前景 qiánjǐng	情形 qíngxíng
情绪 qíngxù	任务 rènwù	容易 róngyì	上来 shànglái
上面 shàngmiàn	上去 shàngqù	身份 shēnfèn	神气 shénqì
使得 shǐdé	势力 shìlì	熟悉 shúxī	说法 shuōfǎ
太阳 tàiyáng	态度 tàidù	味道 wèidào	听见 tīngjiàn
外边 wàibiān	外面 wàimiàn	西瓜 xīguā	下边 xiàbiān
座位 zuò·wèi	下面 xiàmiàn	下来 xiàlái	下去 xiàqù
显得 xiǎndé	想法 xiǎngfǎ	小姐 xiǎojiě	小心 xiǎoxīn
晓得 xiǎodé	心里 xīnlǐ	新鲜 xīnxiān	烟囱 yāncōng

摇晃 yáohuàng	夜里 yèlǐ	已经 yǐjīng	意见 yìjiàn
意识 yìshí	因为 yīnwèi	应付 yìngfù	用处 yòngchù
右边 yòubiān	愿意 yuànyì	早晨 zǎochén	照顾 zhàogù
折磨 zhémó	这里 zhèlǐ	值得 zhídé	主人 zhǔrén
嘱咐 zhǔfù	资格 zīgé	左边 zuǒbiān	把手 bǎshǒu
摆布 bǎibù	摆弄 bǎinòng	摆设 bǎishè	褒贬 bāobiǎn
报应 bàoyìng	北边 běibiān	本钱 běnqián	鼻涕 bítì
别致 biézhì	尺寸 chǐcùn	吃不消 chībùxiāo	抽屉 chōutì
搭讪 dāshàn	当铺 dàngpù	得罪 dézuì	点缀 diǎnzhuì
打交道 dǎjiāodào	惦记 diànjì	东边 dōngbiān	短处 duǎnchù
翻腾 fānténg	分寸 fēncùn	大不了 dàbùliǎo	风水 fēngshuǐ
扶手 fúshǒu	服侍 fúshì	斧头 fǔtóu	干粮 gānliáng
告示 gàoshì	公家 gōngjiā	功劳 gōngláo	恭维 gōngwéi
勾当 gòudàng	估量 gūliáng	害处 hàichù	行家 hángjiā
和气 héqì	荷包 hébāo	滑稽 huájī	荒唐 huāngtáng
黄瓜 huángguā	恍惚 huǎnghū	晦气 huìqì	火气 huǒqì
伙食 huǒshí	祸害 huòhài	忌讳 jìhuì	缰绳 jiāngshéng
禁不住 jīnbùzhù	近视 jìnshì	看不起 kànbùqǐ	考究 kǎojiū
苦头 kǔtóu	魁梧 kuíwú	拉拢 lālǒng	牢骚 láosāo
冷清 lěngqīng	伶俐 línglì	琉璃 liúlì	露水 lùshuǐ
埋伏 máifú	卖弄 màinòng	玫瑰 méiguī	眉目 méimù
门面 ménmiàn	免得 miǎndé	牡丹 mǔdān	难处 nánchù
泥鳅 níqiū	挪动 nuódòng	喷嚏 pēntì	牌坊 páifāng
碰见 pèngjiàn	排场 páichǎng	琵琶 pípā	篇幅 piānfú
撇开 piēkāi	泼辣 pōlà	破绽 pòzhàn	敲打 qiāodǎ
俏皮 qiàopí	瞧见 qiáojiàn	亲事 qīnshì	轻巧 qīngqiǎo
洒脱 sǎtuō	神仙 shénxiān	生日 shēngrì	尸首 shīshǒu
手巾 shǒujīn	算盘 suànpán	孙女 sūnnǚ	太监 tàijiàn
提拔 tíbá	体谅 tǐliàng	体面 tǐmiàn	替换 tìhuàn
通融 tōngróng	透亮 tòuliàng	徒弟 túdì	围裙 wéiqún
喜鹊 xǐquè	薪水 xīnshuǐ	修行 xiūxíng	义气 yìqì
益处 yìchù	樱桃 yīngtáo	鸳鸯 yuānyāng	月季 yuèjì
匀称 yúnchèn	糟蹋 zāotà	渣滓 zhāzǐ	照应 zhàoyìng
阵势 zhènshì	证人 zhèngrén	侄女 zhínǚ	指头 zhǐtóu(或 zhítóu)
志气 zhìqì	周到 zhōudào	住处 zhùchù	

注： 1. "不"嵌在词语中间时，既可以读轻声，也可以读原有调值。

2. 趋向动词"来、去"处在动词的末尾时，既可以读轻声，也可以读原有调值。

3. 方位词"里、面、边、上、下"，既可以读轻声，也可以读原有调值。

4. 可轻读可重读的这些词语，读轻读重有的意义上没有什么差异，有的则有一定的区别。

第二节　普通话语流音变

　　这里所讲的语流音变是一种共时现象，是在同一个历史横断面上发生的。由于人们在运用语言进行交际时，总是一个音接着一个音地说，各个语音成分连续不断，形成了长短不等的一段语流，而语流内的一连串语音成分紧密相连，随着发音部位和发音方法的不断改变，有时难免会互相影响，产生明显的变化。这种语音变化就叫作语流音变。

　　语流音变在语流中的主要作用是产生协调感，方便人们口语表达。语流音变一般有较强的规律性，但这种规律性只适用于特定的语言和特定的时代。各种语言和方言都有自己特殊的语流音变规律。这里只研究普通话中的几种突出的语流音变现象。

一、变调

　　变调是指语流音变的结果改变了原有的声调形式。在普通话中，受语流音变的影响改变声调最明显的有上声变调、"一"的变调、"不"的变调，还有重叠形容词的变调等。

(一)上声变调

　　上声处于词句末尾的时候一般不变调，要求读全上，即读调值为 214 的降升调。当上声处于非词句末尾的时候，受后续音节声调的影响会产生变调现象。

1. 上声变调规律

　　上声变调有两种形式：一是变阳平，即由降升调变为升调，调值由 214 变为 35；二是变半上，即由降升调变为低降调，调值由 214 变为 211。

　　(1) 双音节词语中的上声变调。

　　① 变阳平　214→35。

　　当上声音节出现在上声音节前面时，前一音节的上声变阳平，如"永远"的"永"。当上声出现在一部分由上声变来的轻声音节前，如"小姐"中的"小"，也变阳平。

　　② 变半上　214→211。

　　当上声音节出现在非上声音节前面时，前一音节的上声变半上，如"永生、永恒、永世"三词中的"永"。当上声音节出现在由非上声变来的轻声音节前面时，也变读半上，如"尾巴、老实、使唤"中的"尾、老、使"；一部分由上声变来的轻声音节前的上声音节也有变读半上的，如"马虎、耳朵、斧子"中的"马、耳、斧"。

　　(2) 三个上声音节相连词语中的上声变调。

　　三个上声音节相连，如果后面没有其他音节，也不带什么语气词，末尾音节一般不变调，开头和当中的上声音节有两种变调形式。

　　① AB+C 结构的变调形式。

　　AB 都变阳平 35 调，C 不变，读全上 214 调，如"展览馆"中的"展览"两个字都读阳平 35 调，"馆"还读全上 214 调。也可以使 A 变阳平，B 变读成一种前后两个音节之间的过渡调，调值大致为 42。

② A+BC 结构的变调形式。

A 变半上 211 调，B 变阳平 35 调，C 不变，还读全上 214 调，如"孔乙己"中的"孔"读半上 211 调，"乙"读阳平 35 调，"己"还读全上 214 调。

(3) 一连串上声音节相连中的上声变调。

在普通话中，还有 4 个上声音节甚至更多的上声音节相连的情况，如"岂有此理""我很了解你"等。这要根据语法结构和语义表达两方面的因素来决定变调。示例：

① "岂有此理"。

可以看成"AB+CD"结构，"AB(岂有)""与 CD(此理)"均为两上相连，因此"A(岂)"与"C(此)"应该变阳平 35；"B(有)"处于语流中，后面有短暂的语音间歇，且又在"C(此时读阳平，为非上)"前，因此应该读半上 211；"D(理)"处于词语末尾，读原调全上 214。

② "我很了解你"。

A. 如果作为一个静态的语言单位短语来看待，可以看成是"AB+CD+E"的结构形式，这样"我"读阳平 35；"很"在语流中，后面有短暂的语音间歇，读半上 211；"了解你"便读成"阳平 35+阳平 35(或过渡调 42)+全上 214"。

B. 如果把"我很了解你"看作动态的语言单位句子来读，就可以有几种处理方式。

(A) 强调的是"我"，全句可以作这样的解构：A+B+CD+E。读"我"的时候后有较长停顿，"我"可以读全上 214；"很"读半上 211，"了"读阳平 35，"解"因为后面还有音节，可以读阳平 35，也可以读过渡调 42；"你"处于语句末尾，读原调全上 214。

(B) 强调的是"了解"，全句的结构为：AB+CD+E。"我"与"很"连接得较为紧密，这样"我"就读阳平 35，"很"读半上 211；"了"作为重音读阳平 35，"解"此时可以弱读为轻声音节，"你"弱读成半上 211。

(C) 强调的是"你"，整个句子的结构同(B)一样为：AB+CD+E，但读法却是这样的：阳平 35+半上 211+阳平 35+阳平 35+全上 214。

2. 上声变调训练

(拼音仍标原调，读的时候自己变过来。)

(1) 上声+上声(35+214)。

语法 yǔfǎ	美好 měihǎo	小鸟 xiǎoniǎo	手指 shǒuzhǐ
主导 zhǔdǎo	感慨 gǎnkǎi	总理 zǒnglǐ	远景 yuǎnjǐng

(2) 上声+非上声。

上声+阴平(211+55)

语音 yǔyīn	美观 měiguān	小说 xiǎoshuō	手心 shǒuxīn
主观 zhǔguān	感激 gǎnjī	总督 zǒngdū	远方 yuǎnfāng

上声+阳平(211+35)

语言 yǔyán	美德 měidé	小型 xiǎoxíng	手足 shǒuzú
主席 zhǔxí	感情 gǎnqíng	总结 zǒngjié	远程 yuǎnchéng

上声+去声(211+51)

语义 yǔyì	美丽 měilì	小数 xiǎoshù	手腕 shǒuwàn

| 主办 zhǔbàn | 感谢 gǎnxiè | 总务 zǒngwù | 远大 yuǎndà |

(3) 上声+轻声。

① (35+<u>31</u>)

| 打点 dǎ·dian | 打手 dǎ·shou | 哪里 lǎ·li | 老鼠 lǎo·shu |
| 裹腿 guǒ·tui | 可以 kě·yi | 晌午 shǎng·wu | 小姐 xiǎo·jie |

② (211+<u>44</u>)

| 本事 běn·shi | 扁担 biǎn·dan | 奶奶 nǎi·nai | 脑袋 nǎo·dai |
| 暖和 nuǎn·huo | 使唤 shǐ·huan | 体面 tǐ·mian | 妥当 tuǒ·dang |

(4) 上声+上声+上声。

① AB+C(35+35 或 42+214)

| 展览馆 zhǎnlǎnguǎn | 选举法 xuǎnjǔfǎ | 手写体 shǒuxiětǐ |
| 蒙古语 Měnggǔyǔ | 两点水 liǎngdiǎnshuǐ | 总统府 zǒngtǒngfǔ |

② A+BC(211+35+214)

| 苦水井 kǔshuǐjǐng | 小两口 xiǎoliǎngkǒu | 老保守 lǎobǎoshǒu |
| 孔乙己 Kǒng Yǐjǐ | 李指导 Lǐ zhǐdǎo | 纸老虎 zhǐlǎohǔ |

(5) 上声+上声+上声+上声……

早早晚晚 zǎozǎo-wǎnwǎn(35+211+35+214)

咱俩永远友好。Zǎn liǎ yǒngyuǎn yǒuhǎo。(35+211+35+211+35+214)

请你给我买几把小雨伞。Qǐng nǐ gěi wǒ mǎi jǐ bǎ xiǎo yǔsǎn。

(35+211+35+211+211+35+211+211+35+214)

种马厂有五百匹好种马。Zhǒngmǎchǎng yǒu wǔbǎi pǐ hǎo zhǒngmǎ。

(35+35 或 42+211+211+35+35 或 42+211+211+35+214)

(二)"一"的变调

在普通话中，"一、七、八、不"这四个古入声字在语流中都有变调现象，不过，现在人们读"七、八"两字已趋向不变，所以学习普通话只要求掌握"一、不"的变调。

1．"一"的变调规律

(1) 读阴平声，高平调55。

"一"的单字调属于阴平声，调值55，因此，当"一"字单念的时候读原调。除此之外，"一"在作为十位以上数的个数和序数时，仍读阴平。当"一"处于词句末尾时，也读阴平。如：一 、一楼、一百、统一。

(2) 读阳平声，高升调35。

"一"处于去声音节前读阳平。如：一对、一件、一次等。

(3) 读去声，全降调51。

"一"处于非去声音节前读去声。如：一般、一边、一手等。

(4) 读轻声，调值随后面的音节而定。

"一"处于动词叠用中间，读轻声，属于"次轻音"。由于"次轻音"的声调仍依稀可辨，因此变调时就不依前一个音节变为全轻声的调值(31 或 44)，而是依后面的音节来变调：在非去声前变去声的"次轻音"，如"听一听、学一学、写一写"等；在去声音节前

变阳平的"次轻音",如"按一按、算一算"等。

2. "一"的变调训练

(1) 读阴平。

① 单用或做基数与序数。

一 yī	一千一百一十一 yīqiān yībǎi yīshíyī
一月一日 yīyuè yīrì	一一得一 yī yī dé yī
一一过问 yīyī guòwèn	一一口试 yīyī kǒushì
第一名 dì-yī míng	第一次 dì-yī cì
一楼 yī lóu	一宿舍 yī sùshè
一等品 yīděngpǐn	一把手 yībǎshǒu

② 词语末尾。

万一 wànyī	同一 tóngyī	统一 tǒngyī	五一 Wǔ-Yī
整齐划一 zhěngqí-huàyī	百里挑一 bǎilǐ-tiāoyī		
始终如一 shǐzhōng-rúyī	传说不一 chuánshuō-bùyī		
背城借一 bèichéng-jièyī	劝百讽一 quànbǎi-fěngyī		

(2) 读阳平。

去声前

一半 yíbàn	一带 yídài	一旦 yídàn	一道 yídào	一定 yídìng
一度 yídù	一概 yígài	一共 yígòng	一贯 yíguàn	一律 yílǜ
一切 yíqiè	一向 yíxiàng	一样 yíyàng	一再 yízài	一阵 yízhèn
一并 yíbìng	一动 yídòng	一片 yípiàn	一晃 yíhuàng	一刻 yíkè
一路 yílù	一面 yímiàn	一气 yíqì	一色 yísè	一瞬 yíshùn

(3) 读去声。

阴平前

一般 yìbān	一斑 yìbān	一边 yìbiān	一端 yìduān	一发 yìfā
一经 yìjīng	一瞥 yìpiē	一身 yìshēn	一些 yìxiē	一心 yìxīn

阳平前

一连 yìlián	一旁 yìpáng	一齐 yìqí	一时 yìshí	一同 yìtóng
一头 yìtóu	一行 yìxíng	一直 yìzhí	一如 yìrú	一无 yìwú

上声前

一举 yìjǔ	一起 yìqǐ	一晃 yìhuǎng	一口 yìkǒu	一览 yìlǎn
一体 yìtǐ	一统 yìtǒng	一早 yìzǎo	一准 yìzhǔn	一总 yìzǒng

(4) 读轻声。

① 非去声前。

阴平前

掂一掂 diān yi diān	听一听 tīng yi tīng	翻一翻 fān yi fān

阳平前

查一查 chá yi chá	揉一揉 róu yi róu	挪一挪 nuó yi nuó

上声前

想一想 xiǎng　yi xiǎng　　　挡一挡 dǎng　yi dǎng　　　数一数 shǔ yi shǔ

② 去声前。

动一动 dòng　yi dòng　　　试一试 shì yi shì　　　算一算 suàn yi suàn

(三)"不"的变调

1."不"的变调规律

(1) 读去声，全降调51。

"不"的单字调是去声，因此"不"单念时读去声。在语流中，如果"不"出现在词句末尾，没有后续音节，也读去声，如"就不"。另外，当"不"出现在非去声音节前，不变调，仍读去声，如"不甘""不行""不敢""不屈不挠"等。

(2) 读阳平声，高升调35。

当"不"出现在去声音节前时，变读阳平，如："不对""不是""不见不散"等。

(3) 读轻声，调值随后面的音节而定。

当"不"作为词缀夹在词语中间时，如"来不及""了不起"等，读轻声；当"不"夹在动词或形容词之间、夹在动词和补语之间时，如"说不说""起不来"等，也读轻声。不过，作为词缀的"不"轻读明显，而夹在动词或形容词之间、动词与补语之间的"不"声调还依稀可辨，属于"次轻音"，因此受后续音节的声调影响较大，调值也依后续音节的声调而定，规律如下：在非去声前面读去声的"次轻音"，如"穿不穿""谈不谈""打不打"等；在去声前读阳平的"次轻音"，如"去不去""大不大""说不定"等。

2."不"的变调训练

(1) 读去声。

单念和词句末尾

不 bù	何不 hébù	决不 juébù	岂不 qǐbù	要不 yàobù

阴平前

不安 bù'ān	不单 bùdān	不端 bùduān	不甘 bùgān	不光 bùguāng
不公 bùgōng	不禁 bùjīn	不拘 bùjū	不屈 bùqū	不堪 bùkān
不惜 bùxī	不消 bùxiāo	不兴 bùxīng	不休 bùxiū	不依 bùyī

阳平前

不才 bùcái	不成 bùchéng	不迭 bùdié	不得 bùdé	不乏 bùfá
不妨 bùfáng	不觉 bùjué	不然 bùrán	不容 bùróng	不如 bùrú
不同 bùtóng	不行 bùxíng	不宜 bùyí	不曾 bùcéng	不足 bùzú

上声前

不比 bùbǐ	不法 bùfǎ	不管 bùguǎn	不解 bùjiě	不仅 bùjǐn
不久 bùjiǔ	不可 bùkě	不满 bùmǎn	不免 bùmiǎn	不少 bùshǎo
不朽 bùxiǔ	不许 bùxǔ	不已 bùyǐ	不止 bùzhǐ	不只 bùzhǐ

(2) 读阳平。

去声前

不必 búbì	不便 búbiàn	不但 búdàn	不当 búdàng	不定 búdìng
不断 búduàn	不过 búguò	不愧 búkuì	不料 búliào	不论 búlùn
不是 búshì	不幸 búxìng	不要 búyào	不用 búyòng	不住 búzhù

(3) 读轻声。

阴平前

吃不消 chī·buxiāo	差不多 chà·buduō	冷不丁 lěng·budīng
磨不开 mò·bukāi	想不开 xiǎng·bukāi	中不溜儿 zhōng·buliūr

阳平前

差不离 chà·bulí	恨不能 hèn·bunéng	划不来 huá·bulái
见不得 jiàn·budé	来不及 lái·bují	冷不防 lěng·bufáng

上声前

大不了 dà·buliǎo	了不起 liǎo·buqǐ	小不点儿 xiǎo·budiǎnr

去声前

动不动 dòng·budòng	说不定 shuō·budìng	犯不上 fàn·bushàng
想不到 xiǎng·budào	过不去 guò·buqù	靠不住 kào·buzhù

(四)重叠形容词的变调

1. 重叠形容词的变调规律

重叠形容词有多种形式，其读法各不相同。这里着重讲解 AA 式、ABB 式和 AABB 式 3 种。

(1) AA 式。

AA 式形容词是指单音形容词的重叠形式，可分为不儿化与儿化两种。

① 不儿化的，如"慢慢""长长""薄薄""渐渐"等。这类形容词在口语中一般按原调读，也可以变调，第二个音节读阴平，不强求一律。

② 儿化的，如"好好儿的""小小儿的""圆圆儿的""慢慢儿地"等。这类形容词在口语中必须变调，其方法是第二个音节与"儿"合成儿化韵并读阴平。

(2) ABB 式。

ABB 式形容词在口语中的使用频率比较高，如"骨碌碌""慢腾腾""文绉绉"等。BB 为叠音后缀，在老北京话中读阴平的现象比较普遍。随着北京人口结构、知识结构的变化，以及书面语的影响，如今 BB 读法已不统一。《现代汉语词典》注音分为 3 种情况。

① BB 注作阴平(B 原本就读阴平的自不必说)，如"黄澄澄、文绉绉"注作 huángdēngdēng、wénzhōuzhōu。

② BB 注本调，注音后面括号内注明口语中变读阴平，如"沉甸甸、热腾腾"注作 chéndiàndiàn、rèténgténg，注音后面括号内注明"口语中也读 chéndiāndiān、rètēngtēng"。

③ BB 只注本调，如"金灿灿、香馥馥"注作 jīncàncàn、xiāngfùfù。

从总体情况看，BB 原本就为阴平的词比较多，约占 70%。也许这正是老北京话将 BB 读阴平的动因。

(3) AABB 式。

AABB 式形容词是指双音节形容词的重叠形式，如"干干净净""整整齐齐"等。这类形容词在口语中可变调也可不变调，现在一般趋向于不变，如果变调的话，第二个 A 读轻声，BB 读阴平。

2. 重叠形容词的变调训练

(1) AA 式。

① 第二个音节读原调，也可读阴平：

饱饱的 bǎobǎo	de
好好的 hǎohǎo	de
狠狠地 hěnhěn	de
渐渐地 jiànjiàn	de
满满的 mǎnmǎn	de
慢慢地 mànmàn	de
圆圆的 yuányuán	de
远远的 yuǎnyuǎn	de

② 第二个音节儿化并读阴平：

饱饱儿的 bǎobāor	de
好好儿的 hǎohāor	de
狠狠儿地 hěnhēnr	de
渐渐儿地 jiànjiānr	de
满满儿的 mǎnmānr	de
慢慢儿地 mànmānr	de
圆圆儿的 yuányuānr	de
远远儿的 yuǎnyuānr	de

(2) ABB 式。

以下是 2005 年版《现代汉语词典》所收录的 ABB 式形容词。

① BB 读阴平(*为原调非阴平)：

1	矮墩墩 ǎidūndūn		10	翠生生 cuìshēngshēng
2	白花花 báihuāhuā		11	滴溜溜 dīliūliū
3	病恹恹 bìngyānyān		12	顶呱呱 dǐngguāguā
4	颤巍巍 chànwēiwēi		13	顶刮刮 dǐngguāguā(同顶呱呱)
5	潮乎乎 cháohūhū		14	肥腩腩 féidādā
6	潮呼呼 cháohūhū(同潮乎乎)		15	干巴巴 gānbābā
7	臭烘烘 chòuhōnghōng		16	骨碌碌*gūlūlū
8	臭乎乎 chòuhūhū		17	光溜溜guāngliūliū
9	喘吁吁(喘嘘嘘)chuǎnxūxū		18	光秃秃guāngtūtū

115

19	汗津津 hànjīnjīn	58	凉丝丝 liángsīsī
20	好端端 hǎoduānduān	59	凉飕飕 liángsōusōu
21	黑乎乎 hēihūhū(同黑糊糊)	60	亮光光 liàngguāngguāng
22	黑糊糊*hēihūhū	61	亮晶晶 liàngjīngjīng
23	黑黢黢 hēiqūqū	62	亮铮铮 liàngzhēngzhēng
24	黑魆魆 hēixūxū	63	绿生生 lùshēngshēng
25	黑压压 hēiyāyā	64	乱纷纷 luànfēnfēn
26	黑鸦鸦 hēiyāyā(同黑压压)	65	乱哄哄 luànhōnghōng
27	黑幽幽 hēiyōuyōu	66	乱糟糟 luànzāozāo
28	黑黝黝 hēiyōuyōu	67	麻酥酥 másūsū
29	红扑扑 hóngpūpū	68	满当当 mǎndāngdāng
30	红通通 hóngtōngtōng	69	满登登 mǎndēngdēng
31	红彤彤(红通通)*hóngtōngtōng	70	慢吞吞 màntūntūn
32	厚墩墩 hòudūndūn	71	慢悠悠 mànyōuyōu
33	虎彪彪 hǔbiāobiāo	72	毛烘烘 máohōnghōng
34	虎生生 hǔshēngshēng	73	毛乎乎 máohūhū
35	黄澄澄*huángdēngdēng	74	美滋滋 měizīzī
36	灰溜溜 huīliūliū	75	水汪汪 shuǐwāngwāng
37	活生生 huóshēngshēng	76	酸溜溜 suānliūliū
38	急巴巴 jíbābā	77	甜津津 tiánjīnjīn
39	急匆匆 jícōngcōng	78	甜丝丝 tiánsīsī
40	假惺惺 jiǎxīngxīng	79	文绉绉*wénzhōuzhōu
41	尖溜溜(方)jiānliūliū	80	木呆呆 mùdāidāi
42	娇滴滴 jiāodīdī	81	闹哄哄 nàohōnghōng
43	紧巴巴 jǐnbābā	82	闹嚷嚷 nàorāngrāng
44	紧绷绷 jǐnbēngbēng	83	蔫呼呼 niānhūhū
45	静悄悄 jìngqiāoqiāo	84	怒冲冲 nùchōngchōng
46	辣乎乎 làhūhū	85	暖烘烘 nuǎnhōnghōng
47	辣丝丝 làsīsī	86	暖呼呼 nuǎnhūhū
48	辣酥酥 làsūsū	87	胖墩墩 pàngdūndūn
49	蓝晶晶 lánjīngjīng	88	胖乎乎 pànghūhū
50	乐呵呵 lèhēhē	89	齐刷刷 qíshuāshuā
51	乐滋滋 lèzīzī	90	气冲冲 qìchōngchōng
52	泪汪汪 lèiwāngwāng	91	气哼哼 qìhēnghēng
53	冷冰冰 lěngbīngbīng	92	气呼呼 qìhūhū
54	冷清清 lěngqīngqīng	93	气咻咻 qìxiūxiū
55	冷森森 lěngsēnsēn	94	气吁吁 qìxūxū
56	冷丝丝 lěngsīsī	95	怯生生 qièshēngshēng
57	冷飕飕 lěngsōusōu	96	轻飘飘 qīngpiāopiāo

97	轻悠悠 qīngyōuyōu		116	兴冲冲 xìngchōngchōng
98	热烘烘 rèhōnghōng		117	凶巴巴 xiōngbābā
99	热乎乎(热呼呼)rèhūhū		118	雄赳赳 xióngjiūjiū
100	傻呵呵 shǎhēhē		119	羞答答 xiūdādā
101	傻乎乎 shǎhūhū		120	虚飘飘 xūpiāopiāo
102	湿漉漉(湿渌渌)shīlūlū		121	眼巴巴 yǎnbābā
103	乌溜溜 wūliūliū		122	眼睁睁 yǎnzhēngzhēng
104	稀溜溜 xīliūliū		123	阴森森 yīnsēnsēn
105	喜冲冲 xǐchōngchōng		124	硬邦邦 yìngbāngbāng
106	喜滋滋 xǐzīzī		125	硬撅撅 yìngjuējuē
107	咸津津 xiánjīnjīn		126	油乎乎 yóuhūhū
108	香喷喷 xiāngpēnpēn		127	油汪汪 yóuwāngwāng
109	响当当 xiǎngdāngdāng		128	脏兮兮(方)zāngxīxī
110	笑哈哈 xiàohāhā		129	直勾勾 zhígōugōu
111	笑呵呵 xiàohēhē		130	直撅撅(方)zhíjuējuē
112	笑眯眯 xiàomīmī		131	直溜溜 zhíliūliū
113	笑嘻嘻 xiàoxīxī		132	皱巴巴 zhòubābā
114	笑吟吟 xiàoyīnyīn		133	醉醺醺 zuìxūnxūn
115	血糊糊 xiěhūhū			

② BB 可以读原调也可读阴平的：

1	碧油油 bìyóuyóu(又 bìyōuyōu)		9	乱腾腾 luànténgténg(又 luàntēngtēng)
2	沉甸甸 chéndiàndiàn(又 chéndiāndiān)		10	慢腾腾 mànténgténg(又 màntēngtēng)
3	汗淋淋 hànlínlín(又 hànlīnlīn)		11	热腾腾 rèténgténg(又 rètēngtēng)
4	黑洞洞 hēidòngdòng(又 hēidōngdōng)		12	湿淋淋 shīlínlín(又 shīlīnlīn)
5	黑油油 hēiyóuyóu(又 hēiyōuyōu)		13	水淋淋 shuǐlínlín(又 shuǐlīnlīn)
6	亮堂堂 liàngtángtáng(又 liàngtāngtāng)		14	乌油油 wūyóuyóu(又 wūyōuyōu)
7	绿油油 lǜyóuyóu(又 lǜyōuyōu)		15	血淋淋 xiělínlín(又 xiělīnlīn)
8	乱蓬蓬 luànpéngpéng(又 luànpēngpēng)		16	直瞪瞪 zhídèngdèng(又 zhídēngdēng)

③ BB 读原调(非阴平)：

1	白皑皑 bái'ái'ái		11	黑沉沉 hēichénchén
2	白晃晃 báihuǎnghuǎng		12	黑茫茫 hēimángmáng
3	白茫茫 báimángmáng		13	黑蒙蒙 hēiméngméng
4	白蒙蒙 báiméngméng		14	红艳艳 hóngyànyàn
5	赤裸裸 chìluǒluǒ		15	黄灿灿 huángcàncàn
6	赤条条 chìtiáotiáo		16	灰沉沉 huīchénchén
7	恶狠狠 èhěnhěn		17	灰蒙蒙 huīméngméng
8	孤零零 gūlínglíng		18	火辣辣 huǒlàlà
9	光灿灿 guāngcàncàn		19	金灿灿 jīncàncàn
10	光闪闪 guāngshǎnshǎn		20	金煌煌 jīnhuánghuáng

21	金晃晃 jīnhuǎnghuǎng	40	暖融融 nuǎnróngróng
22	金闪闪 jīnshǎnshǎn	41	暖洋洋 nuǎnyángyáng
23	空荡荡 kōngdàngdàng	42	平展展 píngzhǎnzhǎn
24	空洞洞 kōngdòngdòng	43	气昂昂 qì'áng'áng
25	空落落 kōngluòluò	44	气鼓鼓 qìgǔgǔ
26	蓝盈盈 lányíngyíng	45	清泠泠(同清凌凌)qīnglínglíng
27	蓝莹莹 lányíngyíng(同蓝盈盈)	46	清凌凌 qīnglínglíng
28	懒洋洋 lǎnyángyáng	47	热辣辣 rèlàlà
29	乐陶陶 lètáotáo	48	软绵绵 ruǎnmiánmián
30	泪涟涟 lèiliánlián	49	雾沉沉 wùchénchén
31	亮闪闪 liàngshǎnshǎn	50	雾茫茫 wùmángmáng
32	绿茸茸 lǜróngróng	51	雾蒙蒙 wùméngméng
33	绿莹莹 lǜyíngyíng	52	喜洋洋 xǐyángyáng
34	毛茸茸 máoróngróng	53	香馥馥 xiāngfùfù
35	闷沉沉 mēnchénchén	54	阴沉沉 yīnchénchén
36	闷沉沉 mènchénchén	55	圆鼓鼓 yuángǔgǔ
37	密麻麻 mìmámá	56	圆滚滚 yuángǔngǔn
38	明晃晃 mínghuǎnghuǎng	57	直挺挺 zhítǐngtǐng
39	明闪闪 míngshǎnshǎn		

二、轻声

汉语是以单音节词和双音节词为主的语言。从原则上讲，每个词的每个音节都应有固定的声调，或是阴平，或是阳平，或是上声，或是去声。但是，也有例外现象：有一部分单音节虚词，如结构助词、动态助词、语气词等，它们只能在语流中出现，并且总是读成一种又轻又短的调子；另外，一般的双音节词通常是后一个音节读得较重，但也有一些双音节词语的后一音节读得较轻、较短；还有些多音节词语中也有被读成轻、短声调的音节。这就是轻声。被读成轻、短声调的音节称为轻声音节。

(一)轻声的性质

1. 轻声不是一个独立的调类，也没有固定的调值

轻声是一种特殊的变调现象。由于它长期处于口语轻读音节的地位，失去了原有声调的调值，又重新构成自身特有的音高形式，听感上显得轻短模糊。普通话中的轻声音节都是从阴平、阳平、上声、去声音节变化来的。轻声音节没有固定的调值，总是依前一个音节的调值而定，如在阴平、阳平、去声后面读短促的低降调，在上声后面读短促的高平调。

2. 轻声不能独立存在，一定体现在词语和句子中

轻声作为一种变调的语音现象，必须出现在词语和句子中，而不能独立存在。出现在词语中，构成轻声词，如"打听、明白"等；出现在句中的有固定读轻声的单音节助词、

语气词，如"的、了、呢"等。它们的实际轻声调值都要依靠前一个音节的声调来确定。

3. 轻声主要取决于音高、音长

从声学上分析，轻声音节的能量较弱，是音高、音长、音强、音色的综合效应，但这些语音要素在轻声音节的辨别中所起的作用大小是不同的。语音实验证明，轻声音节特性是由音高和音长这两个比较重要的因素构成的。从音高上看，轻声音节失去了原有的调值，变为轻声音节特有的音高形式，构成轻声调值。从音长上看，轻声音节一般短于正常重读音节的长度，甚至大大缩短，因此，音长短促是构成轻声特性的另一重要因素。

(二)轻声的作用

1. 区别词义与词性

有一部分书写形式相同的双音节词语读轻声与不读轻声意义是不相同的，如"地道"读轻声表示"实实在在"等意思，是个形容词，而不读轻声则是"地下通道"的意思，是个名词。

2. 协调语气，增强节奏感

人们使用有声语言进行口语表达时，在语流中应该有轻重缓急的变化，形成起伏跌宕的旋律和节奏感，这样才能增强语言的表现力。如："美丽的姑娘千千万"这句歌词中的"的"与"娘"应该读轻声，如果我们都重读的话，缺少轻重缓急的变化，原本的赞美之情就完全被破坏了。

(三)轻声音节的读法

1. 轻声音节的调值

轻声音节的调值有两种形式。

(1) 当前一个音节的声调为阴平、阳平、去声时，轻声音节的调形为短促的低降调，调值为31(调值下加短横线表示音长短，下同)，如读"妈妈、爷爷、爸爸"等。

(2) 当前一个音节是上声时，轻声音节的调形为短促的高平调，调值为44，如读"奶奶、婶婶"等。

2. 轻声音节的音色

轻声音节的音色也或多或少会发生变化。普通话中的轻声常使音节韵母弱化，最明显的是低元音的舌位趋向中央，如读"棉花、西瓜"等；前响复元音韵母有单元音化的倾向，如读"回来、眉毛"等；甚至还会出现韵母脱落的现象，如读"豆腐、意思"等。声母也会发生变化，不送气的清塞音、塞擦音变为相应的浊塞音、塞擦音，如读"弟弟、哥哥"等。

(四)轻声分布的明显规律

普通话的轻声与词义和语法成分有密切关系。语法成分应该读轻声的主要有以下几类。

1. 构词后缀

如"子、头、们、悠、巴、么"等：桌子、甜头、我们、晃悠、下巴、什么。

2. 重叠动词的后一音节

如说说、谈谈、玩玩、笑笑。

3. 量词"个"

如这个、那个、一个劲儿。

4. 名词后面的方位词或语素

如"里、上、下、边":屋里、黑板上、地下、那边。

5. 趋向动词

如"来、去、起来、下去"等作补语:回来、出去、站起来、说下去。

6. 助词

如"的、地、得、了、着、过":我的、慢慢地、说得对、走了、看着、想过。

7. 语气词

如"吧、吗、呢、啊"等:唱吧、是吗、谁呢、对啊。

(五)轻声发音训练

1. 普通话水平测试用常用必读轻声词语表

(1)

爱人	ài·ren	案子	àn·zi	巴掌	bā·zhang	把子	bǎ·zi
把子	bà·zi	爸爸	bà·ba	白净	bái·jing	班子	bān·zi
板子	bǎn·zi	帮手	bāng·shou	梆子	bāng·zi	膀子	bǎng·zi
棒槌	bàng·chui	棒子	bàng·zi	包袱	bāo·fu	包涵	bāo·han
包子	bāo·zi	豹子	bào·zi	杯子	bēi·zi	被子	bèi·zi
本事	běn·shi	本子	běn·zi	鼻子	bí·zi	比方	bǐ·fang
鞭子	biān·zi	扁担	biǎn·dan	辫子	biàn·zi	别扭	biè·niu
饼子	bǐng·zi	拨弄	bō·nong	脖子	bó·zi	簸箕	bò·ji
补丁	bǔ·ding	不由得	bùyóu·de	不在乎	búzài·hu	步子	bù·zi
部分	bù·fen	裁缝	cái·feng	财主	cái·zhu	苍蝇	cāng·ying
差事	chāi·shi	柴火	chái·huo	肠子	cháng·zi	厂子	chǎng·zi
场子	chǎng·zi	车子	chē·zi	称呼	chēng·hu	池子	chí·zi
尺子	chǐ·zi	虫子	chóng·zi	绸子	chóu·zi	除了	chú·le
锄头	chú·tou	畜生	chù·sheng	窗户	chuāng·hu	窗子	chuāng·zi
锤子	chuí·zi	刺猬	cì·wei	凑合	còu·he	村子	cūn·zi
耷拉	dā·la	答应	dā·ying	打扮	dǎ·ban	打点	dǎ·dian
打发	dǎ·fa	打量	dǎ·liang	打算	dǎ·suan	打听	dǎ·ting
大方	dà·fang	大爷	dà·ye	大夫	dài·fu	带子	dài·zi
袋子	dài·zi	耽搁	dān·ge	耽误	dān·wu	单子	dān·zi

胆子	dǎn·zi	担子	dàn·zi	刀子	dāo·zi	道士	dào·shi
稻子	dào·zi	灯笼	dēng·long	提防	dī·fang	笛子	dí·zi
底子	dǐ·zi	地道	dì·dao	地方	dì·fang	弟弟	dì·di
弟兄	dì·xiong	点心	diǎn·xin	调子	diào·zi	钉子	dīng·zi
东家	dōng·jia	东西	dōng·xi	动静	dòng·jing	动弹	dòng·tan
豆腐	dòu·fu	豆子	dòu·zi	嘟囔	dū·nang	肚子	dǔ·zi

(2)

肚子	dù·zi	缎子	duàn·zi	对付	duì·fu	对头	duì·tou
队伍	duì·wu	多么	duō·me	蛾子	é·zi	儿子	ér·zi
耳朵	ěr·duo	贩子	fàn·zi	房子	fáng·zi	份子	fèn·zi
风筝	fēng·zheng	疯子	fēng·zi	福气	fú·qi	斧子	fǔ·zi
盖子	gài·zi	甘蔗	gān·zhe	杆子	gān·zi	杆子	gǎn·zi
干事	gàn·shi	杠子	gàng·zi	高粱	gāo·liang	膏药	gāo·yao
稿子	gǎo·zi	告诉	gào·su	疙瘩	gē·da	哥哥	gē·ge
胳膊	gē·bo	鸽子	gē·zi	格子	gé·zi	个子	gè·zi
根子	gēn·zi	跟头	gēn·tou	工夫	gōng·fu	弓子	gōng·zi
公公	gōng·gong	功夫	gōng·fu	钩子	gōu·zi	姑姑	gū·gu
姑娘	gū·niang	谷子	gǔ·zi	骨头	gǔ·tou	故事	gù·shi
寡妇	guǎ·fu	褂子	guà·zi	怪物	guài·wu	关系	guān·xi
官司	guān·si	罐头	guàn·tou	罐子	guàn·zi	规矩	guī·ju
闺女	guī·nü	鬼子	guǐ·zi	柜子	guì·zi	棍子	gùn·zi
锅子	guō·zi	果子	guǒ·zi	蛤蟆	há·ma	孩子	hái·zi
含糊	hán·hu	汉子	hàn·zi	行当	háng·dang	合同	hé·tong
和尚	hé·shang	核桃	hé·tao	盒子	hé·zi	红火	hóng·huo
猴子	hóu·zi	后头	hòu·tou	厚道	hòu·dao	狐狸	hú·li
胡琴	hú·qin	糊涂	hú·tu	皇上	huáng·shang	幌子	huǎng·zi
胡萝卜	húluó·bo	活泼	huó·po	火候	huǒ·hou	伙计	huǒ·ji
护士	hù·shi	机灵	jī·ling	脊梁	jǐ·liang	记号	jì·hao
记性	jì·xing	夹子	jiā·zi	家伙	jiā·huo	架势	jià·shi
架子	jià·zi	嫁妆	jià·zhuang	尖子	jiān·zi	茧子	jiǎn·zi
剪子	jiǎn·zi	见识	jiàn·shi	毽子	jiàn·zi	将就	jiāng·jiu
交情	jiāo·qing	饺子	jiǎo·zi	叫唤	jiào·huan	轿子	jiào·zi

(3)

结实	jiē·shi	街坊	jiē·fang	姐夫	jiě·fu	姐姐	jiě·jie
戒指	jiè·zhi	金子	jīn·zi	精神	jīng·shen	镜子	jìng·zi
舅舅	jiù·jiu	橘子	jú·zi	句子	jù·zi	卷子	juàn·zi
咳嗽	ké·sou	客气	kè·qi	空子	kòng·zi	口袋	kǒu·dai
口子	kǒu·zi	扣子	kòu·zi	窟窿	kū·long	裤子	kù·zi
快活	kuài·huo	筷子	kuài·zi	框子	kuàng·zi	困难	kùn·nan

阔气	kuò·qi	喇叭	lǎ·ba	喇嘛	lǎ·ma	篮子	lán·zi
懒得	lǎn·de	浪头	làng·tou	老婆	lǎo·po	老实	lǎo·shi
老太太	lǎotài·tai	老头子	lǎotóu·zi	老爷	lǎo·ye	老子	lǎo·zi
姥姥	lǎo·lao	累赘	léi·zhui	篱笆	lí·ba	里头	lǐ·tou
力气	lì·qi	厉害	lì·hai	利落	lì·luo	利索	lì·suo
例子	lì·zi	栗子	lì·zi	痢疾	lì·ji	连累	lián·lei
帘子	lián·zi	凉快	liáng·kuai	粮食	liáng·shi	两口子	liǎngkǒu·zi
料子	liào·zi	林子	lín·zi	翎子	líng·zi	领子	lǐng·zi
溜达	liū·da	聋子	lóng·zi	笼子	lóng·zi	炉子	lú·zi
路子	lù·zi	轮子	lún·zi	萝卜	luó·bo	骡子	luó·zi
骆驼	luò·tuo	妈妈	mā·ma	麻烦	má·fan	麻利	má·li
麻子	má·zi	马虎	mǎ·hu	码头	mǎ·tou	买卖	mǎi·mai
麦子	mài·zi	馒头	mán·tou	忙活	máng·huo	冒失	mào·shi
帽子	mào·zi	眉毛	méi·mao	媒人	méi·ren	妹妹	mèi·mei
门道	mén·dao	眯缝	mī·feng	迷糊	mí·hu	面子	miàn·zi
苗条	miáo·tiao	苗头	miáo·tou	名堂	míng·tang	名字	míng·zi
明白	míng·bai	蘑菇	mó·gu	模糊	mó·hu	木匠	mù·jiang
木头	mù·tou	那么	nà·me	奶奶	nǎi·nai	难为	nán·wei
脑袋	nǎo·dai	脑子	nǎo·zi	能耐	néng·nai	你们	nǐ·men

(4)

念叨	niàn·dao	念头	niàn·tou	娘家	niáng·jia	镊子	niè·zi
奴才	nú·cai	女婿	nǚ·xu	暖和	nuǎn·huo	疟疾	nüè·ji
拍子	pāi·zi	牌楼	pái·lou	牌子	pái·zi	盘算	pán·suan
盘子	pán·zi	胖子	pàng·zi	狍子	páo·zi	盆子	pén·zi
朋友	péng·you	棚子	péng·zi	脾气	pí·qi	皮子	pí·zi
痦子	pǐ·zi	屁股	pì·gu	片子	piān·zi	便宜	pián·yi
骗子	piàn·zi	票子	piào·zi	漂亮	piào·liang	瓶子	píng·zi
婆家	pó·jia	婆婆	pó·po	铺盖	pū·gai	欺负	qī·fu
旗子	qí·zi	前头	qián·tou	钳子	qián·zi	茄子	qié·zi
亲戚	qīn·qi	勤快	qín·kuai	清楚	qīng·chu	亲家	qìng·jia
曲子	qǔ·zi	圈子	quān·zi	拳头	quán·tou	裙子	qún·zi
热闹	rè·nao	人家	rén·jia	人们	rén·men	认识	rèn·shi
日子	rì·zi	褥子	rù·zi	塞子	sāi·zi	嗓子	sǎng·zi
嫂子	sǎo·zi	扫帚	sào·zhou	沙子	shā·zi	傻子	shǎ·zi
扇子	shàn·zi	商量	shāng·liang	上司	shàng·si	上头	shàng·tou
烧饼	shāo·bing	勺子	sháo·zi	少爷	shào·ye	哨子	shào·zi
舌头	shé·tou	身子	shēn·zi	什么	shén·me	婶子	shěn·zi
生意	shēng·yi	牲口	shēng·kou	绳子	shéng·zi	师父	shī·fu
师傅	shī·fu	虱子	shī·zi	狮子	shī·zi	石匠	shí·jiang

石榴	shí·liu	石头	shí·tou	时候	shí·hou	实在	shí·zai
拾掇	shí·duo	使唤	shǐ·huan	世故	shì·gu	似的	shì·de
事情	shì·qing	柿子	shì·zi	收成	shōu·cheng	收拾	shōu·shi
首饰	shǒu·shi	叔叔	shū·shu	梳子	shū·zi	舒服	shū·fu
舒坦	shū·tan	疏忽	shū·hu	爽快	shuǎng·kuai	思量	sī·liang
算计	suàn·ji	岁数	suì·shu	孙子	sūn·zi	他们	tā·men

(5)

它们	tā·men	她们	tā·men	台子	tái·zi	太太	tài·tai
摊子	tān·zi	坛子	tán·zi	毯子	tǎn·zi	桃子	táo·zi
特务	tè·wu	梯子	tī·zi	蹄子	tí·zi	挑剔	tiāo·ti
挑子	tiāo·zi	条子	tiáo·zi	跳蚤	tiào·zao	铁匠	tiě·jiang
亭子	tíng·zi	头发	tóu·fa	头子	tóu·zi	兔子	tù·zi
妥当	tuǒ·dang	唾沫	tuò·mo	挖苦	wā·ku	娃娃	wá·wa
袜子	wà·zi	晚上	wǎn·shang	尾巴	wěi·ba	委屈	wěi·qu
为了	wèi·le	位置	wèi·zhi	位子	wèi·zi	蚊子	wén·zi
稳当	wěn·dang	我们	wǒ·men	屋子	wū·zi	稀罕	xī·han
席子	xí·zi	媳妇	xí·fu	喜欢	xǐ·huan	瞎子	xiā·zi
匣子	xiá·zi	下巴	xià·ba	吓唬	xià·hu	先生	xiān·sheng
乡下	xiāng·xia	箱子	xiāng·zi	相声	xiàng·sheng	消息	xiāo·xi
小伙子	xiǎohuǒ·zi	小气	xiǎo·qi	小子	xiǎo·zi	笑话	xiào·hua
谢谢	xiè·xie	心思	xīn·si	星星	xīng·xing	猩猩	xīng·xing
行李	xíng·li	性子	xìng·zi	兄弟	xiōng·di	休息	xiū·xi
秀才	xiù·cai	秀气	xiù·qi	袖子	xiù·zi	靴子	xuē·zi
学生	xué·sheng	学问	xué·wen	丫头	yā·tou	鸭子	yā·zi
衙门	yá·men	哑巴	yǎ·ba	胭脂	yān·zhi	烟筒	yān·tong
眼睛	yǎn·jing	燕子	yàn·zi	秧歌	yāng·ge	养活	yǎng·huo
样子	yàng·zi	吆喝	yāo·he	妖精	yāo·jing	钥匙	yào·shi
椰子	yē·zi	爷爷	yé·ye	叶子	yè·zi	一辈子	yíbèi·zi
衣服	yī·fu	衣裳	yī·shang	椅子	yǐ·zi	意思	yì·si
银子	yín·zi	影子	yǐng·zi	应酬	yìng·chou	柚子	yòu·zi
冤枉	yuān·wang	院子	yuàn·zi	月饼	yuè·bing	月亮	yuè·liang
云彩	yún·cai	运气	yùn·qi	在乎	zài·hu	咱们	zán·men

(6)

早上	zǎo·shang	怎么	zěn·me	扎实	zhā·shi	眨巴	zhǎ·ba
栅栏	zhà·lan	宅子	zhái·zi	寨子	zhài·zi	张罗	zhāng·luo
丈夫	zhàng·fu	帐篷	zhàng·peng	丈人	zhàng·ren	帐子	zhàng·zi
招呼	zhāo·hu	招牌	zhāo·pai	折腾	zhē·teng	这个	zhè·ge
这么	zhè·me	枕头	zhěn·tou	镇子	zhèn·zi	芝麻	zhī·ma

知识	zhī·shi	侄子	zhí·zi	指甲	zhǐ·jia (zhī·jia)	指头	zhǐ·tou (zhítou)
种子	zhǒng·zi	珠子	zhū·zi	竹子	zhú·zi	主意	zhǔ·yi(zhú·yi)
主子	zhǔ·zi	柱子	zhù·zi	爪子	zhuǎ·zi	转悠	zhuàn·you
庄稼	zhuāng·jia	庄子	zhuāng·zi	壮实	zhuàng·shi	状元	zhuàng·yuan
锥子	zhuī·zi	桌子	zhuō·zi	字号	zì·hao	自在	zì·zai
粽子	zòng·zi	祖宗	zǔ·zong	嘴巴	zuǐ·ba	作坊	zuō·fang
琢磨	zuó·mo						

2. 绕口令练习

两只猫

白猫黑鼻子，黑猫白鼻子。
黑猫的白鼻子碰破了，
白猫的黑鼻子，
白猫的黑鼻子碰破了，
剥个秕谷壳补鼻子，
黑猫的白鼻子没破，
就不剥秕谷壳补鼻子。

一个孩子

打南来了个孩子，
手里托着个碟子，
碟子里装着个茄子。
地上钉着个橛子，
绊倒了这个孩子，
洒了碟子里的茄子。
气得这个孩子撇了碟子，
拔了橛子，踩了茄子。

天上日头

天上日头，嘴里舌头，
地上石头，桌上纸头，
手掌指头，大腿骨头，
小脚指头，树上枝头，
集上势头。

三、儿化

汉语许多方言都存在儿化音变现象。绝大多数方言的儿化是词语末尾的"儿"同前面

音节合音形成的，是一种特殊的音变现象。普通话吸收了北京方言的儿化音变现象。在北京方言里，处于词语末尾的"儿"本是一个独立的音节，由于口语中处于轻读的地位，长期与前面的音节流利地连读而产生音变，例如"圈儿、口儿、这儿"等。音变后的"儿"失去了独立性，"化"到前一个音节上，只保持一个卷舌动作，使两个音节融合成一个音节，前面音节的韵母也或多或少地发生变化。被儿化的韵母称为"儿化韵"。

(一)儿化韵的辨识

1. 显性的，即有明显的儿化标志

(1) 用汉字表示。

在该词后加"儿"，如小孩儿、纳闷儿、金鱼儿、没事儿。

(2) 用汉语拼音表示。

在该词后加"r"，如 xiǎoháir nàmènr jīnyúr méishìr

2. 隐性的，即书面上缺少明显的儿化标志

在口语中必须在词尾加卷舌动作，如：男孩 nánháir、香味 xiāngwèir、聊天 liáotiānr、瓜子 guāzǐr。

(二)儿化的作用

1. 可以构成新词

在汉语中，"儿"代表不同的语素：有时是构词的后缀，有时是构形的词尾。加"儿"后能够形成新词的是词缀，如"头"与"头儿"是两个不同的词，因此，"头儿"中的"儿"是词缀；不形成新词的是词尾，如"花"与"花儿"是同一个词。加"儿"后构成新词的，如嘴儿、短儿、好儿、黄儿、亮儿、垫儿、盖儿、塞儿。

2. 可以区分感情色彩

北京方言中，往往用儿化来表示对"小"的事物的"喜爱"感情和对熟悉的人的"亲切"态度，如"金鱼儿""小胖儿""老头儿"等。

一般来说，词尾"儿"的作用是表示感情色彩。

(三)儿化韵的音变规律

儿化音变的基本性质是使一个音节的主要元音带上儿化色彩，汉语拼音在音节后加-r表示。-r 是儿化韵的形容性符号，不能把它作为一个音素看待。从理论上说，普通话的 39 个韵母中，除了已经卷舌的 er 不能再儿化外，其他的韵母都可以儿化。但在语音实践中，单元音韵母 ê 和 o(bo、po、mo、fo 后的 o 实际上是 uo 拼写上的省略，可与 uo 合并)未见儿化词。

儿化韵的音变条件取决于韵腹元音是否便于发生卷舌动作，而且儿化音变是从后向前使韵腹、韵尾发生变化，对声母和韵头没有影响。

1. 直接卷舌

在没有韵尾-i、-n、-ng且韵母最后音素为a、o、e、ê、u 的情况下，直接卷舌，如：

a、ia、ua→ar、iar、uar	刀把儿	找碴儿	笑话儿
o、uo→or、uor	山坡儿	细末儿	干活儿
e→er	山歌儿	方格儿	大个儿
ie、üe→ier、üer	台阶儿	木橛儿	

u、ou、iou、ao、iao→ur、our、iour、aor、iaor

(ao、iao 的韵尾音素为u)　白兔儿　小猴儿　蜗牛儿　草稿儿　小鸟儿

2. 变化后卷舌

(1) 丢韵尾卷舌。当韵尾为-i 和-n 时，丢弃韵尾，在韵腹的基础上卷舌，如：

丢韵尾-i，然后卷舌

| ai、uai→ar、uar | 鞋带儿 | 铺盖儿 | 一块儿 |
| ei、uei→er、uer | 墨水儿 | 茶杯儿 | 一会儿 |

丢韵尾-n，然后卷舌

| an、ian、uan、üan→ar、iar、uar、üar | 竹竿儿 | 聊天儿 | 拐弯儿 | 后院儿 |
| en、uen→er、uer | 后门儿 | 树根儿 | 木墩儿 | 打滚儿 |

如果韵腹为 i、ü，例如"手印儿""花裙儿"中"印、裙"的韵母 in、ün，先丢弃韵尾-n，然后按规律(3)进行儿化。

(2) 合韵尾卷舌。当韵尾为-ng时，需将韵尾与韵腹合成鼻化元音，然后卷舌，如：

ang、iang、uang→ar、iar、uar	帮忙儿	相框儿	蛋黄儿
eng→ẽr	调羹儿	麻绳儿	八成儿
ong→õr	小虫儿	钻空儿	打孔儿

如果韵腹为 i、ü 时，先按规律(3)添加韵腹"e"并鼻化，然后卷舌，如：

| ing→iẽr | 电影儿 | 打鸣儿 |
| iong[yŋ]→[yẽr] | 小熊儿 | 小虫儿 |

(3) 添韵腹卷舌。在元音 i、ü 的基础上儿化，需再添加韵腹"e"，然后卷舌，如：

i→ier	小鸡儿	底气儿
ü→üer	有趣儿	金鱼儿
in→ier	背心儿	没劲儿
ün→üer	花裙儿	一群儿

(4) 变韵腹卷舌。当韵腹为-i[ɿ、ʅ]时。需变作"e"再卷舌。如：

| -i[ɿ]→er | 铁丝儿 | 瓜子儿 |
| -i[ʅ]→er | 大侄儿 | 没事儿 |

(四)儿化发音训练

1. 普通话水平测试用儿化词语表

(1)

a>ar	刀把儿	dāobàr	号码儿	hàomǎr
	戏法儿	xìfǎr	在哪儿	zàinǎr
	找碴儿	zhǎochár	打杂儿	dǎzár
	板擦儿	bǎncār		

ai>ar	名牌儿	míngpáir	鞋带儿	xiédàir
	壶盖儿	húgàir	小孩儿	xiǎoháir
	加塞儿	jiāsāir		
an>ar	快板儿	kuàibǎnr	老伴儿	lǎobànr
	蒜瓣儿	suànbànr	脸盘儿	liǎnpánr
	脸蛋儿	liǎndànr	收摊儿	shōutānr
	栅栏儿	zhàlanr	包干儿	bāogānr
	笔杆儿	bǐgǎnr	门槛儿	ménkǎnr

(2)

ang>ar	药方儿	yàofāngr	赶趟儿	gǎntàngr
	香肠儿	xiāngchángr	瓜瓤儿	guārángr

(3)

ia>iar	掉价儿	diàojiàr	一下儿	yīxiàr
	豆芽儿	dòuyár		
ian>iar	小辫儿	xiǎobiànr	照片儿	zhàopiānr
	扇面儿	shànmiànr	差点儿	chàdiǎnr
	一点儿	yīdiǎnr	雨点儿	yǔdiǎnr
	聊天儿	liáotiānr	拉链儿	lāliànr
	冒尖儿	màojiānr	坎肩儿	kǎnjiānr
	牙签儿	yáqiānr	露馅儿	lòuxiànr
	心眼儿	xīnyǎnr		

(4)

iang>iar	鼻梁儿	bíliángr	透亮儿	tòuliàngr
	花样儿	huāyàngr		

(5)

ua>uar	脑瓜儿	nǎoguār	大褂儿	dàguàr
	麻花儿	máhuār	笑话儿	xiàohuar
	牙刷儿	yáshuār		
uai>uar	一块儿	yīkuàir		
uan>uar	茶馆儿	cháguǎnr	饭馆儿	fànguǎnr
	火罐儿	huǒguànr	落款儿	luòkuǎnr
	打转儿	dǎzhuànr	拐弯儿	guǎiwānr
	好玩儿	hǎowánr	大腕儿	dàwànr

(6)

uang>uar	蛋黄儿	dànhuángr	打晃儿	dǎhuàngr
	天窗儿	tiānchuāngr		

(7)

üan>üar	烟卷儿	yānjuǎnr	手绢儿	shǒujuànr
	出圈儿	chūquānr	包圆儿	bāoyuánr

人缘儿	rényuánr	绕远儿	ràoyuǎnr
杂院儿	záyuànr		

(8)

ei>er

en>er

刀背儿	dāobèir	摸黑儿	mōhēir
老本儿	lǎoběnr	花盆儿	huāpénr
嗓门儿	sǎngménr	把门儿	bǎménr
哥们儿	gēmenr	纳闷儿	nàmènr
后跟儿	hòugēnr	高跟儿鞋	gāogēnrxié
别针儿	biézhēnr	一阵儿	yīzhènr
走神儿	zǒushénr	大婶儿	dàshěnr
小人儿书	xiǎorénrshū	杏仁儿	xìngrénr
刀刃儿	dāorènr		

(9)

eng>ẽr

钢镚儿	gāngbèngr	夹缝儿	jiāfèngr
脖颈儿	bógěngr	提成儿	tíchéngr

(10)

ie>ier

üe>üer

半截儿	bànjiér	小鞋儿	xiǎoxiér
旦角儿	dànjuér	主角儿	zhǔjuér

(11)

uei>uer

跑腿儿	pǎotuǐr	一会儿	yīhuìr
耳垂儿	ěrchuír	墨水儿	mòshuǐr
围嘴儿	wéizuǐr	走味儿	zǒuwèir

uen>uer

打盹儿	dǎdǔnr	胖墩儿	pàngdūnr
砂轮儿	shālúnr	冰棍儿	bīnggùnr
没准儿	méizhǔnr	开春儿	kāichūnr

ueng>uẽr

小瓮儿	xiǎowèngr

(12)

-i(前)>er

瓜子儿	guāzǐr	石子儿	shízǐr
没词儿	méicír	挑刺儿	tiāocìr

-i(后)>er

墨汁儿	mòzhīr	锯齿儿	jùchǐr
记事儿	jìshìr		

(13)

i>i:er

针鼻儿	zhēnbír	垫底儿	diàndǐr
肚脐儿	dùqír	玩意儿	wányìr

in>i:er

有劲儿	yǒujìnr	送信儿	sòngxìnr
脚印儿	jiǎoyìnr		

(14)

ing>i:ẽr

花瓶儿	huāpíngr	打鸣儿	dǎmíngr
图钉儿	túdīngr	门铃儿	ménlíngr

眼镜儿	yǎnjìngr	蛋清儿	dànqīngr
火星儿	huǒxīngr	人影儿	rényǐngr

(15)

ü>ü:er

毛驴儿	máolǘr	小曲儿	xiǎoqǔr
痰盂儿	tányúr		

ün>ü:er

合群儿	héqúnr

(16)

e>er

模特儿	mótèr	逗乐儿	dòulèr
唱歌儿	chànggēr	挨个儿	āigèr
打嗝儿	dǎgér	饭盒儿	fànhér
在这儿	zàizhèr		

(17)

u>ur

碎步儿	suìbùr	没谱儿	méipǔr
儿媳妇儿	érxífur	梨核儿	líhúr
泪珠儿	lèizhūr	有数儿	yǒushùr

(18)

ong>õr

果冻儿	guǒdòngr	门洞儿	méndòngr
胡同儿	hútòngr	抽空儿	chōukòngr
酒盅儿	jiǔzhōngr	小葱儿	xiǎocōngr

iong>iõr

小熊儿	xiǎoxióngr

(19)

ao>aor

红包儿	hóngbāor	灯泡儿	dēngpàor
半道儿	bàndàor	手套儿	shǒutàor
跳高儿	tiàogāor	叫好儿	jiàohǎor
口罩儿	kǒuzhàor	绝着儿	juézhāor
口哨儿	kǒushàor	蜜枣儿	mìzǎor

(20)

iao>iaor

鱼漂儿	yúpiāor	火苗儿	huǒmiáor
跑调儿	pǎodiàor	面条儿	miàntiáor
豆角儿	dòujiǎor	开窍儿	kāiqiàor

(21)

ou>our

衣兜儿	yīdōur	老头儿	lǎotóur
年头儿	niántóur	小偷儿	xiǎotōur
门口儿	ménkǒur	纽扣儿	niǔkòur
线轴儿	xiànzhóur	小丑儿	xiǎochǒur
加油儿	jiāyóur		

(22)

iou>iour

顶牛儿	dǐngniúr	抓阄儿	zhuājiūr
棉球儿	miánqiúr		

(23)

uo>uor	火锅儿	huǒguōr	做活儿	zuòhuór
	大伙儿	dàhuǒr	邮戳儿	yóuchuōr
	小说儿	xiǎoshuōr	被窝儿	bèiwōr
o >or	耳膜儿	ěrmór	粉末儿	fěnmòr

2. 绕口令练习

练字音儿

进了门儿，倒杯水儿，

喝了两口运运气儿，

顺手拿起小唱本儿，

唱了一曲儿又一曲儿。

练完嗓子练嘴皮儿，

绕口令儿，练字音儿，

还有单弦儿、牌子曲儿；

小快板儿，大鼓词儿，

越说越唱越带劲儿。

四、语气词"啊"的音变

汉字书写的"啊"可能是语气词，也可能是叹词。作为叹词，"啊"读a，并可以有阴平、阳平、上声、去声四种不同的声调，分别表达不同的意义。叹词"啊"独立性很强，在语言使用中从不与其他成分相连，因而也就不会产生语流音变现象。而语气词"啊"则不能独立使用，总是要依附于词句末尾，而且读轻声，因而受前一音节韵母收尾音素的影响很大，产生出种种不同的读法来。

(一)"啊"的音变规律

(1) 当前一音节韵母末尾音素是a、o、e、ê、i、ü 时，"啊"读 ya，可以写作"呀"。

在韵母a、ia、ua后	好大呀	回家呀	桂花呀		
在韵母o、uo 后	快磨呀	快说呀			
在韵母e 后	天鹅呀	急不得呀			
在韵母ie、üe 后	小写呀	不缺呀			
在韵母i、ai、ei、uai、uei 后	是你呀	上来呀	快飞呀	真怪呀	睡呀
在韵母ü 后	钓鱼呀	多有趣呀			

(2) 当前一音节韵母末尾音素是 u (包括ao、iao 两个韵母)时，"啊"读 wa，可以写作"哇"。

在韵母u 后	读书哇	在哪儿住哇
在韵母ou、iou 后	仔细搜哇	去修哇
在韵母ao、iao 后	好好儿找哇	真好笑哇

(3) 当前一音节韵母末尾音素是-n 时，"啊"读 na，可以写作"哪"。

| 在韵母 an、ian、uan、üan 后 | 山哪 | 天哪 | 转哪 | 远哪 |

| 在韵母 en、in、uen、ün 后 | 闷哪 | 紧哪 | 准哪 | 晕哪 |

(4) 当前一音节韵母末尾音素是-ng 时，"啊"读 nga，仍写作"啊"。

| 在韵母 ang、iang、uang 后 | 就唱啊 | 真想啊 | 蛋黄啊 |

| 在韵母 eng、ing、ueng 后 | 不等啊 | 能行啊 | 老翁啊 |

| 在韵母 ong、iong 后 | 放松啊 | 好凶啊 |

(5) 当前一音节韵母末尾音素是-i[ʅ]和 er 时，"啊"读 ra，仍写作"啊"。

| 在音节 zhi 后 | 果汁啊 | 固执啊 | 废纸啊 | 抵制啊 |

| 在音节 chi 后 | 白吃啊 | 不迟啊 | 可耻啊 | 鱼翅啊 |

| 在音节 shi 后 | 老师啊 | 其实啊 | 历史啊 | 就是啊 |

| 在音节 ri 后 | 今日啊 |

| 在音节 er 后 | 女儿啊 | 老二啊 | 金鱼儿啊 |

(6) 当前一音节韵母末尾音素是-i[ɿ]时，"啊"读[za]，仍写作"啊"。

| 在音节 zi 后 | 投资啊 | 棋子啊 | 写字啊 |

| 在音节 ci 后 | 宋词啊 | 因此啊 | 上次啊 |

| 在音节 si 后 | 沉思啊 | 生死啊 | 寒山寺啊 |

从上面的例子可以看出，"啊"音变的结果是使"啊"添加了韵头"i、u"或声母"n、ng、r、[z]"。

(二)"啊"的音变训练

1. 句子练习

猪啊 wa、羊啊 nga，送到哪里去啊 ya？送给那亲人解啊 ya 放军！

山啊 na、云啊 na、树木啊 wa、流泉啊 na，真叫人大开眼界啊 ya！

这些孩子啊[za]，快乐得就像一群小鸟啊 wa，真可爱啊 ya！

诗歌啊 ya、小说啊 ya、报告文学啊 ya，到底喜欢哪一样啊 nga？我可说不准啊 na。

晚会上，大家唱啊 nga、跳啊 wa、笑啊 wa，尽情地乐啊 ya。

快走啊 wa，今天的会重要啊 wa，可不能迟到啊 wa！

作诗啊 ra、画画儿啊 ra，他样样都行啊 nga！

吃啊 ra，别不好意思啊[za]。

雪真大啊 ya，路上可得当心啊 na！

漓江的水真静啊 nga，静得让你感觉不到它在流动；漓江的水真清啊 nga，清得可以看见江底的沙石；漓江的水真绿啊 ya，绿得仿佛那是一块无瑕的翡翠。

桂林的山真奇啊 ya，一座座拔地而起，……桂林的山真秀啊 wa，像绿色的屏障，……桂林的山真险啊 na，……好像一不小心就会栽倒下来。

2. 诗歌练习

风流歌(节选)

纪 宇

二、风流的自述

……

多少回啊 ya，我随英雄报深仇，
一声吼："不扫奸贼誓不休！"
多少次啊[zA]，我伴志士同登楼，
高声唱："先天下之忧而忧"……
血沃的中原啊 na，古老的神州，
有多少风流人物千古不朽！
花开于春哟，叶落于秋，
历史不死啊[zA]，又拔新秀——
君不见，江山代有才人出？
现代人比祖先更加风流！

……

三、我和风流

……

人生之路啊 wa，可惜不能重走，
青春逝去啊 ya，只有伤痕遗留。
我一度沉湎于虚荣的引诱，
错把赶时髦当作风流——
借一台录音机替我遣忧，
靠一把六弦琴把灵魂拯救……
可这样的日子啊[zA]，不能长久，
昨天的时髦啊 wa，今天早已陈旧。
红尘啊 na，谁能看破？
看破不过是悲观自弃的一个借口。
未来啊 ya，谁能猜透？
猜透不过是妄自尊大的一个理由。
真正的风流是什么啊 ya？
我又在沉思中皱起了眉头……

思考与训练

一、思考题

1. 普通话音节的结构方式有哪些？

2. 简述普通话声母与韵母的配合规律。

3. 什么是音变？普通话常见的音变现象有哪些？

4. 普通话哪些词语常读作轻声？

5. 儿化有什么样的作用？

二、音变字词训练

1. 读准带"一、不"的双音节词语

一般 yībān、一生 yīshēng、一行 yīxíng、一连 yīlián、一起 yīqǐ、一体 yītǐ、一路 yīlù、一定 yīdìng

不屈 bùqū、不拘 bùjū、不能 bùnéng、不及 bùjí、不想 bùxiǎng、不好 bùhǎo、不够 bùgòu、不顾 bùgù

2. 读准带轻声字的双音节词语

刀子 dāo·zi、车子 chē·zi、孙子 sūn·zi、丫头 yā·tou、后头 hòu·tou、胳膊gē·bo、抽屉 chōu·ti、师傅 shī·fu、苍蝇 cāng·ying、记得 jì·de、心思 xīn·si、知识 zhī·shi、扎实 zhā·shi、软和 ruǎn·huo、在乎 zài·hu、进项 jìn·xiang、洒脱 sǎ·tuo、似的 shì·de、拨弄 bō·nong、直溜 zhí·liu、簸箕 bò·ji、月亮 yuè·liang

3. 读准带儿化韵的双音节词语

本色ㄦ běnshǎir、好好ㄦ hǎohāor、拈阄ㄦ niānjiūr、拔尖ㄦ bájiānr、照片ㄦ zhàopiānr、起名ㄦqímíngr、做活ㄦzuòhuór、玩ㄦ命 wánrmìng、片ㄦ汤 piànrtāng

第二篇　综合运用篇

第六章　普通话水平测试朗读概要

【学习目标】

本章主要介绍朗读、朗读的基本要求、普通话朗读测试的要求、朗读技巧以及普通话水平测试朗读作品语音难点提示。通过学习与训练，要求学生能够读准作品中每一个音节的声母、韵母和声调，掌握连读音变、停连、重音和语调等朗读技巧，流畅地朗读作品。

【重点难点】

- 朗读测试要求。
- 熟悉 60 篇朗读作品。
- 掌握每篇作品前 400 个音节的声母、韵母和声调，以及连读音变、停连、重音和句调、节奏、语速等朗读技巧。
- 纠正方言语音、语调。

第一节　朗　读　要　略

一、什么是朗读

朗读是把文字作品转化为发音规范的有声语言的再创作活动。朗读将书面语言用更能表情达意的有声语言表达出来，对听众产生更为强烈的感染力。

我们在朗读文字作品时，必须遵循朗读的基本规律：理解是基础，目的是统帅，感受是关键；感情要运动，声音要变化，状态要自如。也就是说，朗读者要在深入分析理解文字作品内容的基础上，加深内心的感受，产生真实的感情和鲜明的态度，然后通过富有感染力的声音，准确、清晰、生动地再现文字作品的思想内容，加深听者对作品的理解，引起共鸣，激发情感，从而达到朗读的目的。

二、朗读的特点

(一)声音性

朗读是有声语言中的一种形式。它与书面语言的区别就在于它的声音性，但朗读和书面语言有着必然的联系，朗读必须依附于书面语言，"取他人之所作，由自己所读，为别人所听。"也就是说，用朗读者的口，来代替作者说话。实际上，朗读者在作者和听者之间起着一个媒介或桥梁的作用。

说话和朗诵也是有声语言的表达形式，但它们和朗读有着一定的区别。

一个人在说话时，想和说几乎是同步进行的。说话很自由，想说什么就说什么，愿意怎么说就怎么说，说错了可以马上纠正，说得不全面可以补充，但朗读不像说话那么自由，朗读必须以文字作品为依据，必须尊重作者，按照原作品一字不差地读。平时我们口语中难免出现的一些毛病，在朗读中是不允许出现的。因此，朗读比说话更精确、严肃。

朗诵虽然也是以文字作品为依据，但它毕竟是一种艺术形式，是供观众欣赏的表演艺术。朗诵者除了必须脱离文字稿用口替作者说话以外，还必须运用态势语(如眼神、面部表情、手势、形体的动作等)相配合来帮助表情达意。朗诵作为一种艺术形式，它不仅仅是诉诸观众听觉的语言艺术，而且还是诉诸观众视觉的艺术造型，它已接近于戏剧表演。而朗诵的这些因素，恰恰是朗读所不必多加考虑的。当然，朗读者可以从朗诵这种艺术形式中汲取大量的营养，促进自己朗读水平的提高。

(二)再造性

文字作品是朗读的依据，它是作者的创作，但是文字作品往往无法表达生活语言中的某些语气、语调、语势、语感、抑扬顿挫、轻重缓急、情感上的细微差别等。朗读正是要通过有声语言弥补这些书面语言所无法表达的内容，从而使文字作品具有更强烈的感染力，这个过程离不开朗读者的再创造。可以这么说，作者用文字记录生活、反映生活是一种创造，而朗读者把这些记录下来的文字材料用声音形式还原其生活面貌，是一次再创造，这期间融合着朗读者再创作的心血。

(三)规范性

朗读必须使用规范的现代汉民族的共同语——普通话。规范的普通话以北京语音为标准音，以北方话为基础方言，以典范的现代白话文著作为语法规范。它要求从语音到词汇、语法都要正确、标准。朗读时使用规范的普通话，朗读的内容才能为广大的听众所接受和理解，从而获得一定的美感享受。同时，用规范的语言进行朗读，不仅可以提高朗读者的普通话语音水平，也有利于提高其语言表达能力。

三、朗读的基本要求

(一)规范的生活语言

朗读是在有文字凭借的情况下进行的，朗读的目的正是要把书面语作品中平面的无声无息的文字还原为立体的、有声有色的、自然生动的生活语言，用鲜活的生活语言来叙事说理，描物抒情，在声音的陪衬和点染下，使人感受到生活的真实，进入作品所描写的情境中去。不过，这种生活语言已不同于原始的自然生活语言，应该是源于生活、高于生活并进行过提炼加工的规范的文学语言，因此，比自然语言更生动、更鲜明、更具有美感。也正因为如此，我们在朗读时一定要忠实于原作品，不能有错读、漏读、改字、添字现象。

正确的朗读方式，可以给听者以美的感受，错误的朗读方式，只能给听者以虚假厌烦之感。现将几种错误的朗读方式分述如下，以期引起朗读者注意。

(1) 念字式：这是初学朗读的人最容易犯的毛病。文章是以词、短语、句子组合成的

大型的有机的语言表达单位。词有单音节形式，有多音节形式，在词的内部是不允许有语音停顿的，关系密切的短语之间也不允许有语音停顿，短句子中间也无须停顿。念字式的读法会破坏词的内部结构，割裂语意，影响表达的完整性。

(2) 念经式：文章中语言单位有大有小，结构关系有疏有密，朗读时应根据语言单位之间的结构关系做到有松有紧，有张有弛，有快有慢，显出轻重缓急来，而不能像和尚念经那样不紧不慢，四平八稳，还拖着长腔。

(3) 固定式：供我们朗读的作品体裁有别，题材也有不同，朗读时应根据体裁、题材的不同分别对待，改变语调，改变节奏。例如诗歌朗读的外在形式特点是节奏感强，而散文朗读需要有自然质朴的生活气息，小说朗读需要突出人物个性，论说文朗读则要强调说理性。

(4) 朗诵式：朗诵是一种舞台表演艺术，表演性强，夸张程度大，抒发感情浓烈。而朗读则是一项基本技能，需要的是质朴的生活本色，平实的表现风格。朗读与朗诵两者之间有一个量的积累到质的飞跃。有的作品，如抒情散文，抒发的感情也是很浓烈的，但我们朗读起来与朗诵还是有区别的。

(5) 演戏式：朗读中需要有角色区别，但不同于演员演戏那般逼真，不要求神形毕肖，活灵活现，只要在声音上稍做加工，体现出个性来即可。

(二)标准的普通话

普通话涵盖三方面的内容：语音、词汇、语法。由于我们朗读的作品是普通话的书面语作品，其词汇和语法已是规范的，因此在朗读时就不需再考虑这两个因素，只需要注意语音是否准确。语音准确意味着一要力求避免方言出现，二是不能读错字。由于同学们都来自方言区，方言的影响无时不在，无处不在。通过前面普通话语音系统的学习，大家都知道自己的突出问题是什么，但想一下子全部改掉也并非易事。一般来讲，在朗读中容易暴露的方言现象主要有下述各类。

(1) 表现在声母方面的问题主要有三类：有平翘舌音不分，鼻边音不分，唇齿音和舌根音不分等。

(2) 表现在韵母方面的问题也主要有三类：卷舌韵母 er 读成平舌韵母a或其他音，复元音韵母ai、ao 读成单元音韵母或是动程不够，带鼻音韵母不分前后，并且归韵不到位且带有鼻化色彩。

(3) 表现在声调方面的问题主要有两类：一是调形错误，高调读低调、升调读降调、曲调读平调等；二是调值错误，最突出的是阳平和去声，一升一降的幅度明显不够，有严重的缺陷存在，方言语调明显。

(4) 表现在语流音变方面的问题比较多：一是该变调的不变调。这牵涉上声连读变调问题、有"一""不"变调问题、有重叠形容词变调问题。二是该读轻声的不读轻声。朗读中的轻声现象有词汇轻声，如常用必读轻声词"窗户、玻璃、知道、时候、什么"等；也有语法轻声，如结构助词"的、地、得"、动态助词"了、着、过"、语气词"的、了、吧、吗、呢、啊"及趋向动词作补语在句中的轻读。另外，有些尽管不是必读轻声词，在语流里为了语气的和谐，也通常读成次轻声格式，如"照顾、恰当、到处"等。三是儿化。对于普通话中的必读儿化词，不管其在书面上是显性的还是隐性的，都必须按照儿化的要求来读，如"一会儿、快板、小孩"等。四是语气词"啊"的音变，应按其音变规律来读。

四、普通话朗读测试的要求

语音标准是普通话水平测试"朗读"项的基本要求。普通话水平测试中朗读的目的是测查应试人使用普通话朗读书面作品的水平，在测查声母、韵母、声调读音标准程度的同时，重点应测查连读音变、停连、重音、语调以及流畅程度，是对应试人普通话运用能力的一种综合检测形式。在普通话朗读测试中，应试人应做到以下几点。

(1) 遵从原文，不丢字、添字或改字。

(2) 准确、熟练地运用普通话，做到字音规范、音变正确。

(3) 语调自然，停连恰当，重音处理正确，语速快慢得当。

(4) 正确把握朗读基调，读出真情实感。

五、朗读技巧

对于特定的朗读作品，应试人可以先根据作品的思想内容确定其感情基调；然后根据其感情基调来确定全篇节奏和语速；最后根据上下文文意确定朗读时语音的停连、轻重和句调等。

(一)停连

停连是指朗读语流中声音的顿歇和连接，受制于朗读者的生理需要与心理活动等因素。从生理角度来说，朗读者不可能一口气把一篇作品读完，中间总要停下来换气和进行气息调节，这就需要停顿。气息调节好后继续朗读，这又需要连接。从心理角度来讲，朗读作品句子的语法结构、内容的逻辑关系、感情的逐步变化被朗读者进行了认真审视与揣摩后，引起心灵感应，并在原创作的基础上用有声语言进行再创作时，才能更准确地选择与确定停顿和连接位置。因此，停连恰当与否，会影响作品内容的表达。在朗读过程中，尤其要处理好停顿位置。如：

别的动物的嘴∧只会吃东西，人类的嘴除了吃东西∧还会说话。

这句除了在有逗号处要停顿外，还必须在前后分句中的"嘴"和"东西"之后分别安排一个小小的停顿。若不这样，如在后一分句的"吃"后面停顿，那就肯定违背了原文的意思，弄出"东西还会说话"的笑话了。

停顿，指语句或词语之间声音上的间歇，用/、∧、≋标示。

1. 语法停顿

(1) 语法停顿是反映一句话里语法关系的停顿。在书面语里最明显的表现为标点，因此语法停顿时间的长短同标点大致相对应。一般是：句号(问号、叹号)>分号、冒号>逗号>顿号。例如：

① 记得在小学里读书的时候，/班上有一位"能文"的大师兄，/在一篇作文的开头写下这么两句："∧鹦鹉能言，/不离于禽；∧猩猩能言，/不离于兽。" ≋ 我们看了都非常佩服。

② 正是因为说话跟吃饭、/走路一样的平常，∧人们才不去想它究竟是怎么回事。

(2) 在没有标点的地方常常也有一些表示语法关系的停顿：较长的主语和谓语之间，动词和较长的宾语之间，较长的附加成分和中心语之间，较长的联合成分之间。

① 这三件事儿 / 都是极不平常的。

② 这就是/我越来越深刻地感觉到∧谁是我们最可爱的人。

③ 原子是由居于原子中心的带正电的原子核 / 和核外带负电的电子∧组成。

(3) 语法是语言的结构规律。任何语言的句子都是由一定数量的词按照一定的语法规律排列组合起来的。朗读时，根据句子结构关系有目的地停顿，会使表达脉络分明，层次清楚。例如：

A 伟大的人/之所以伟大，/B 就在于∧他决不做/逼人尊重的人所做出的/那种倒人胃口的∧蠢事。

这是一个前果后因式因果复句，由两个分句组成。分句 A 表示结果，比较简单，朗读时只需在关联词语"之所以"前作短暂停顿；分句 B 表示原因，比较长，结构较为复杂，读时中间需要多次停顿。首先，要弄清分句 B 的结构关系与结构层次：整个分句的第一层为动宾结构，"就在于"是动语，后面的部分是宾语；第二层为主谓结构，主语是"他"，谓语是"决不做……蠢事"，这又是个动宾结构。朗读分句 B 时，停顿的位置首先应该选择在第一层的动宾之间，即"就在于"之后，其次，停顿的位置还应选择在第二层谓语"决不做……蠢事"的动宾之间。这一层面上的宾语前面的限制语有多层关系，又要作一次停顿，中心语"蠢事"前的停顿稍长。

(4) 在朗读时一定要考虑到句子成分语法结构的完整性，不能将一个关系密切的结构单位肢解开来，或将关系不十分密切的语言单位捏合在一起，例如：

① 叶徒相似，其∧实味不同。

② 忠之属也，可∧以一战。

③ 这就是被誉为/"世界民居奇葩"、/世上独一无二的/神话般的山区建筑模式的/客家人∧民居。

有人将"其∧实味不同""可∧以一战""客家人∧民居"读成"其实∧味不同""可以∧一战""客家∧人民居"，显然是错误的。例如：

语言学跟∧跟语言学有关系的一些问题。

这是著名语言大师赵元任先生的一篇讲演题目。题目中出现了两个跟字，其意义是不一样的，第一个"跟"是连词，第二个"跟"是介词，朗读时，两个跟字中间一定要停顿。

以上所讲的都是句中和句间的停顿。在一篇文章中，通常段落之间的停顿比句间要长，层次之间的停顿又比段落之间的停顿长。

2. 强调停顿

为了强调某个事物或突出某个语意、某种感情所用的停顿，叫作强调停顿。这种停顿是由说话人的意图和感情所决定的，所以没有确定的规律。它可以跟语法停顿一致，也可以在语法停顿的基础上改变停顿的长短，还可以跟语法停顿不一致。例如：

(1) 谁是我们/最可爱的人呢？

(2) 这不是很伟大的/奇观吗？

(3) 语言，也就是说话，好像是 / 极其稀松平常的事儿。

(4) 更妙的是，这只鹅从盘子里跳下来，背上插着刀和叉，蹒跚地在地板上走着，一直向这个穷苦的小女孩走来。︿这时候，火柴灭了，︿她面前只有一堵又厚又冷的墙。

(二)重音

朗读时，为了实现朗读目标，强调或突出词、短语、甚至某个音节，强调或突出的部分就被称为重音。重音也叫重读。重音经常在独立完整的语句中出现，因此，也称"语句重音"。重音是体现语句目的的重要手段。朗读时，必须区分句子中哪些词是主要的，哪些词是次要的，并使次要的词从属于主要的词，一个独立完整的句子，只能有一个主要重音。重音在语句中的位置，没有固定格式，只有从朗读目的、愿望出发，在深刻理解和感受作品内容的基础上，才能准确地确定重音的位置。如果把朗读目的比喻成"一条红线"，语句重音就像一颗颗珍珠，用重音体现目的，犹如"红线穿珠"，一穿到底。重音不是"加重声音"的简称，突出重音的方法，多种多样。重音轻读、拖长也是突出。可以快中显慢，也可重中见轻，还可高低相间，虚实互转、前后顿歇……把握重音就是要处理好重音与非重音、主要重音与次要重音的关系，要学会在朗读时把非重音、次要重音"带过去"的本领。一般来说，凡可以区分程度轻重、突出某种性质、动作、范围、感情或提示注意的词或短语，都应该重读。

1. 语法重音

在不表示什么特殊的思想和感情的情况下，根据语法结构的特点而把句子的某些部分读得稍重一点的，叫作语法重音。它的主要规律有以下几种。

(1) 一般短句的谓语部分常重读。例如：

① 今天<u>星期六</u>。

② 山<u>朗润</u>起来了，水<u>涨</u>起来了，太阳的脸<u>红</u>起来了。

(2) 谓语动词后的宾语常重读。例如：

这两句话有<u>问题</u>。

(3) 句子的修饰、补充成分常重读。例如：

① 风里带来些<u>新翻</u>的泥土的气息。(定语)

② <u>慢慢儿一步一步地努力</u>向上面升起来。(状语)

③ 树叶儿却绿得<u>发亮</u>，小草儿也青得<u>逼你的眼</u>。(补语)

(4) 某些疑问代词和指示代词常重读。例如：

① 今天<u>谁</u>值日？

② <u>这</u>是一本书。

③ 你<u>为什么</u>光喊加把劲而让自己的手放在衣袋里呢？

④ <u>为什么</u>偏白白走这一遭啊？

2. 强调重音

为了表示某种特殊的思想和感情而把句子的某些词语读得特别重的现象，叫作强调重音，强调重音的强度大于语法重音。

　　语句中什么地方该念强调重音并没有固定的规律，往往由说话的目的而定。同样一句话，说话目的不同，强调重音也就不一样。

　　现以"我没叫他买书"为例，说明重音对表达的重要作用。

　　(1) <u>我</u>没叫他买书。——是别人叫他买的，与我无关。

　　(2) 我<u>没</u>叫他买书。——我压根儿就不知道这回事。

　　(3) 我没叫<u>他</u>买书。——我叫的是别人。

　　(4) 我没叫他<u>买</u>书。——我叫他去借书的。

　　(5) 我没叫他买<u>书</u>。——我叫他买其他东西的。

　　从上例可以看出，重音位置不同，意义就有明显区别。所以在朗读中一定要很好地理解作品，以确定重音的正确位置。

　　生活中，我们平时对自己说话的目的性、针对性是较明确的，所以一般不会说错强调重音。但朗读却不同，绝大多数情况下读的是别人的文章，那就要求我们必须深入理解文章的思想内容，准确把握每句话的针对性、目的性，才能找准强调重音。可以说，没有准确的语句重音，朗读就难以达到准确地表情达意的要求。当然，语句中也有些地方通常总是读强调重音的，如表示比喻、夸张、对比、呼应、递进等意义的词语。

　　(1) 要论中国人，必须不被<u>搽在表面的自欺欺人的脂粉</u>所诓骗，却看看他的<u>筋骨和脊梁</u>，自信力的有无，状元宰相的文章是不足为据的，要自己去看<u>地底下</u>。(比喻)

　　(2) 这棵圣诞树，比她去年圣诞节……看到的<u>还要大</u>，<u>还要美</u>。翠绿的树枝上点着<u>几千支</u>明晃晃的蜡烛。……只见圣诞树上的烛光越升越高，最后<u>简直成了天空中闪烁的星星</u>。(夸张)

　　(3) 别的<u>动物</u>都吃<u>生</u>的，只有<u>人</u>类会烧<u>熟</u>了吃。(对比)

　　(4) 谁在读英语？——<u>我</u>在读英语。你在读<u>什么</u>？——我在读<u>英语</u>。(呼应)

　　(5) 两年以前，我们总自夸着"地大物博"是事实，不久就不再自夸了，只希望着国联，也是事实，现在是既不夸自己，也不信国联，改为一味求神拜佛，怀古伤今了——却也是事实。(递进)

　　重音一般用增加声音强度来表达，还可以用提高字调、拖长字音、一字一顿、重音轻读等方式来表达。另外，强调重音还常常伴随有强调停顿。例如：

　　<u>中国人</u> / 失掉 / <u>自信力</u>了吗？(增加音强并兼用停顿)

　　树叶儿却<u>绿</u>得发亮，小草儿也<u>青</u>得 / 逼你的眼。(提高字调并兼用停顿)

　　自信其实是 / 早就失掉了的。(拖长字音并兼用停顿)

　　然而，在这笼罩之下，我们有并不失掉自信力的 / <u>中国人在</u>。(一字一顿并兼用停顿)

　　风<u>轻</u>悄悄的，草<u>软</u>绵绵的。(重音轻读)

(三)句调

　　句调是指语句声音的高低升降变化。句子的升降是贯穿整个句子的，只是在句末音节(指句尾最后一个非轻声音节)上表现得特别明显。

　　句调能表示语气(陈述、感叹、祈使、疑问)和说话人的感情、态度。例如：

　　我赞美白杨树。↓(降调、陈述语气)

　　你赞美白杨树？↑(升调、疑问语气)

句调大致可分为降抑调、扬升调、平直调、曲折调四种。

1. 降抑调

降抑调前高后低，语势渐降。一般用于陈述句、感叹句和祈使句，表示肯定、坚决、赞美、祝愿等感情。例如：

(1) 这是虽在北方风雪的压迫下却保持着倔强挺立的一种树。↓

(2) 我们有并不失掉自信力的中国人在。↓

(3) 白杨树实在是不平凡的，我赞美白杨树！↓

(4) 啊！请把我带走吧！↓

(5) 可爱的小鸟和善良的水手结成了朋友。↓

(6) 完工后就送给你吧。↓

(7) 他一次次昏迷过去，又一次次地苏醒过来，心中只有一个念头：一定要活着回去。↓

2. 扬升调

扬升调前低后高，语势上升。部分疑问句用升调，一般句中暂停的地方也用升调。
升调还用于表示号召、鼓动、反问、设问等。例如：

(1) 这是他的衬衣？↑

(2) 同学们上公园去了，你不去？↑

(3) 小姐，您是哪国人?喜欢渥太华吗?↑

(4) 怎么妈妈的妈妈也喜欢吃鱼头？↑

3. 平直调

平直调全句语势平直舒缓，没有明显的升降变化。用于不带特殊感情的陈述和说明，还可以表示庄严、悲痛、冷淡等感情。例如：

(1) 人类的视觉最发达，可是语言诉之于听觉。→

(2) 于是有人慨叹曰：中国人失掉自信力了。→

(3) 车队像一条河，缓缓地流在深冬的风里……　→

(4) 今天夜里到明天，晴到少云，东南风三到四级。→

(5) 中国共产党中央委员会讣告→

(6) 夕阳落山不久，西方的天空，还燃烧着一片橘红色的晚霞。→

4. 曲折调

曲折调表示讽刺、怀疑、双关等语气，一般是在心情比较特殊的情况下所用。曲折调有时先升后降，有时先降再升，呈波浪形，用～标示。如：

(1) 啊呀呀～，你放了道台了，还说不阔～？现在有三房姨太太，出门便是八抬的大轿，还说不阔～？吓，什么都瞒不过我～。

(2) "别人在这儿找不到金子后便远远地离开，而我的'金～子'是在这块土地里，只有诚实的人用勤劳才能采集到。"

(3) 可怜的虫子!这样盲目地爬行，～什么时候才能爬到墙头呢?

(四)节奏与速度

在朗读中，朗读者由一定的思想感情的波澜起伏所形成的、在有声语言的表达上显示的快与慢、抑与扬、轻与重、虚与实等各种循环交替的声音形式，就是节奏。

1. 节奏

节奏是就整篇作品说的，因此，节奏不完全等于速度，而速度是构成节奏的主要内容。朗读所形成的节奏，种类很多，主要有以下几种类型。

紧张型——急促、紧张、气急、音短。

轻快型——多扬、少抑、轻快、欢畅。

高亢型——语势向高峰逐步推进，高昂、爽朗。

低沉型——语势抑闷、沉重，语音缓慢、偏暗。

凝重型——多抑少扬，语音沉着、坚实、有力。

舒缓型——气长而稳，语音舒展自如。

学会恰当地确定节奏类型，正确地运用节奏进行表情达意很重要。需要注意的是，每一种节奏类型都是对作品的全局性概括，并不是每一句话都符合这一类型。朗读实践证明，善于从具体作品、具体层次、具体思想感情中确定节奏类型，但又不拘泥于某种类型之中，根据需要，合理转换，才是真正把握了节奏。

2. 语速

语速是口头语言的快慢变化，它也是使语言富有表现力的一种重要手段。朗读时，如果没有语速的变化或语速变化不当，就会影响内容的表达和感情的抒发。

语速是由所要表达的内容和感情决定的。一般来说，凡是在急促、紧张的地方，或在兴奋、激动、愤怒、惊慌的情绪下，语速要快一些；凡在庄重、严肃、一般性陈述的地方，或在平静、悲哀、思念的情绪下，语速要慢一些。例如：

(1) 等他们走后，我惊慌失措地发现，再也找不到回家的那条孤寂的小道了。像只无头苍蝇，我到处乱钻，衣裤上挂满了芒刺。太阳已经落山。而此时此刻，家里一定开始吃晚餐了，双亲正盼着我回家……想着想着，我不由得背靠着一棵树，伤心地呜呜大哭起来……

这段文字写的是太阳已经落山，"我"却迷了路，一筹莫展，气氛很紧张，"我"的心情也十分惊慌。朗读时语速要快一些，才能烘托出当时的气氛和"我"的心情。

(2) 大雪整整下了一夜，今天早晨，天放晴了，太阳出来了，推开门一看，嗬!好大的雪啊！　山川、河流、树木、房屋，全部罩上了一层厚厚的雪，万里江山，变成了银妆玉砌的世界，落光了叶子的柳树上挂满了毛茸茸亮晶晶的银条儿；而那些冬夏常青的松树和柏树上，则挂满了蓬松松沉甸甸的雪球儿。一阵风吹来，树枝轻轻地摇晃，美丽的银条和雪球儿簌簌地落下来，玉屑似的雪末儿随风飘扬，映着清晨的阳光，显出一道道五光十色的彩虹。

这是一段写景的文字，属于一般性的陈述，表达了作者悠然宽松的情绪，朗读时语速要慢一些，才能更好地表现出优美的意境和作者对大自然的热爱。

第二节　普通话水平测试用 60 篇朗读作品及其朗读提示

作品 1 号

　　那是力争上游的一种树，笔直的干，笔直的枝。它的干呢，通常是丈把高，像是加以人工似的，一丈以内，绝无旁枝；它所有的桠枝呢，一律向上，而且紧紧靠拢，也像是加以人工似的，成为一束，绝无横斜逸出；它的宽大的叶子也是片片向上，几乎没有斜生的，更不用说倒垂了；它的皮，光滑而有银色的晕圈，微微泛出淡青色。这是虽在北方的风雪的压迫下却保持着倔强挺立的一种树！哪怕只有碗来粗细罢，它却努力向上发展，高到丈许，两丈，参天耸立，不折不挠，对抗着西北风。

　　这就是白杨树，西北极普通的一种树，然而决不是平凡的树！

　　它没有婆娑的姿态，没有屈曲盘旋的虬枝，也许你要说它不美丽，——如果美是专指"婆娑"或"横斜逸出"之类而言，那么，白杨树算不得树中的好女子；但是它却是伟岸，正直，朴质，严肃，也不缺乏温和，更不用提它的坚强不屈与挺拔，它是树中的伟丈夫！当你在积雪初融的高原上走过，看见平坦的大地上傲然挺立这么一株或一排白杨树，难道你就只觉得树只是树，难道你就不想到它的朴质，严肃，坚强不屈，至少也象征了北方的农民；难道你竟一点儿也不联想到，在敌后的广大土//地上，到处有坚强不屈，就像这白杨树一样傲然挺立的守卫他们家乡的哨兵！难道你又不更远一点想到这样枝枝叶叶靠紧团结，力求上进的白杨树，宛然象征了今天在华北平原纵横决荡用血写出新中国历史的那种精神和意志。

节选自茅盾《白杨礼赞》

朗读提示

1. 词语难点提示

一种 yìzhǒng	笔直 bǐzhí	似的 shìde	一丈 yízhàng
桠枝 yāzhī	一束 yíshù	横斜逸出 héngxiéyìchū	晕圈 yùnquān
倔强 juéjiàng	参天耸立 cāntiānsǒnglì	不折不挠 bùzhé-bùnáo	婆娑 pósuō
虬枝 qiúzhī	伟岸 wěi'àn	朴质 pǔzhì	积雪 jīxuě
一株 yìzhū	一排 yìpái	一点儿 yìdiǎnr	

2. 句子难点提示

这是虽在北方的风雪的压迫下却保持着倔强挺立的一种树！

此句的语音停顿宜在"这是虽在北方的风雪的压迫下"后，"却保持着倔强挺立的一种树"的前面，"倔强挺立"为重音所在，末尾的句调应该为降调。

3. 整体朗读提示

这篇文章是一篇托物言意之作，也是一曲献给根据地抗日军民的赞歌，通过对白杨树不平凡的形象的赞美，歌颂了中国共产党领导下的抗日军民和整个中华民族的紧密团结、

力求上进、坚强不屈的革命精神和斗争意志。所以，朗读时语言要热情奔放，气势要雄浑、铿锵有力，但不乏浓浓的诗意和质朴的情感。

作品2号

两个同龄的年轻人同时受雇于一家店铺，并且拿同样的薪水。

可是一段时间后，叫阿诺德的那个小伙子青云直上，而那个叫布鲁诺的小伙子却仍在原地踏步。布鲁诺很不满意老板的不公正待遇。终于有一天他到老板那儿发牢骚了。老板一边耐心地听着他的抱怨，一边在心里盘算着怎样向他解释清楚他和阿诺德之间的差别。

"布鲁诺先生，"老板开口说话了，"您现在到集市上去一下，看看今天早上有什么卖的。"

布鲁诺从集市上回来向老板汇报说，今早集市上只有一个农民拉了一车土豆在卖。

"有多少？"

布鲁诺赶快戴上帽子又跑到集上，然后回来告诉老板一共四十袋土豆。

"价格是多少？"

布鲁诺又第三次跑到集上问来了价格。

"好吧，"老板对他说，"现在请您坐到这把椅子上一句话也不要说，看看阿诺德怎么说。"

阿诺德很快就从集市上回来了。向老板汇报说到现在为止只有一个农民在卖土豆，一共四十口袋，价格是多少多少；土豆质量很不错，他带回来一个让老板看看。这个农民一个钟头以后还会弄来几箱西红柿，据他看价格非常公道。昨天他们铺子的西红柿卖得很快，库存已经不//多了。他想这么便宜的西红柿，老板肯定会要进一些的，所以他不仅带回了一个西红柿作样品，而且把那个农民也带来了，他现在正在外面等回话呢。

此时老板转向了布鲁诺，说："现在您肯定知道为什么阿诺德的薪水比您高了吧！"

节选自张健鹏、胡足青主编《故事时代》中《差别》

朗读提示

1. 词语难点提示

一家 yì jiā	店铺 diànpù	并且 bìngqiě	一段 yíduàn
阿诺德ā'nuòdé	布鲁诺 bùlǔnuò	仍 réng	终于 zhōngyú
一天 yì tiān	那儿 nàr	牢骚 láo·sāo	一边 yìbiān
盘算 pán·suan	怎样 zěnyàng	清楚 qīng·chu	去一下 qù yíxià
什么 shén·me	一个 yígè	一车 yìchē	告诉gào·su
一共 yígòng	您 nín	一句 yí jù	口袋 kǒu·dai
质量 zhìliàng	不错 búcuò	钟头 zhōngtóu	以后 yǐhòu
公道gōngdào	他们 tā·men	铺子 pù·zi	库存 kùcún

2. 句子难点提示

老板一边耐心地听着他的抱怨，一边在心里盘算着怎样向他解释清楚他和阿诺德之间的差别。

停顿宜在"怎样"之前和"清楚"之后，"怎样"为全句的语义重心，应该重读。

3. 整体朗读提示

注意老板话语的朗读，但语气不要太夸张。同时也要注意对比布鲁诺和阿诺德的行为，朗读布鲁诺的行为时语气要略显责备之情，朗读阿诺德的行为时语气要带上赞扬之情。

作品3号

我常常遗憾我家门前的那块丑石：它黑黝黝地卧在那里，牛似的模样；谁也不知道是什么时候留在这里的，谁也不去理会它。只是麦收时节，门前摊了麦子，奶奶总是说：这块丑石，多占地面呀，抽空把它搬走吧。

它不像汉白玉那样的细腻，可以刻字雕花，也不像大青石那样的光滑，可以供来浣纱捶布。它静静地卧在那里，院边的槐阴没有庇覆它，花儿也不再在它身边生长。荒草便繁衍出来，枝蔓上下，慢慢地，它竟锈上了绿苔、黑斑。我们这些做孩子的，也讨厌起它来，曾合伙要搬走它，但力气又不足；虽时时咒骂它，嫌弃它，也无可奈何，只好任它留在那里了。

终有一日，村子里来了一个天文学家。他在我家门前路过，突然发现了这块石头，眼光立即就拉直了。他再没有离开，就住了下来；以后又来了好些人，都说这是一块陨石，从天上落下来已经有二三百年了，是一件了不起的东西。不久便来了车，小心翼翼地将它运走了。

这使我们都很惊奇，这又怪又丑的石头，原来是天上的啊！它补过天，在天上发过热、闪过光，我们的先祖或许仰望过它，它给了他们光明、向往、憧憬；而它落下来了，在污土里，荒草里，一躺就//是几百年了！

我感到自己的无知，也感到了丑石的伟大；我甚至怨恨它这么多年竟会默默地忍受着这一切！而我又立即深深地感到它那种不屈于误解、寂寞的生存的伟大。

节选自贾平凹《丑石》

朗读提示

1. 词语难点提示

黑黝黝 hēiyǒuyǒu	似的 shì·de	麦子 mài·zi
丑石 chǒushí	细腻 xìnì	浣纱 huànshā
静静地 jìngjìngde	槐阴 huáiyīn	庇覆 bìfù
繁衍 fányǎn	枝蔓 zhīwàn	力气 lì·qi
只好 zhíhǎo	一日 yírì	一个 yígè
立即 lìjí	一块陨石 yíkuàiyǔnshí	小心翼翼 xiǎoxīn-yìyì
憧憬 chōngjǐng	一躺 yìtǎng	

2. 句子难点提示

我甚至怨恨它这么多年竟会默默地忍受着这一切！
此句停顿在"它"和"这么"之间，"这么"和"默默"为重音所在，末尾为降调。

而我又立即深深地感到它那种不屈于误解、寂寞的生存的伟大。

此句的停顿在"感到"和"它"之间。

3. 整体朗读提示

注意作者前后态度的变化，知道丑石是陨石之前，朗读时语气要略带不屑一顾，但不能太露骨，朗读那块丑石原来是陨石时要带有惊奇而又遗憾的心情。

作品 4 号

在达瑞八岁的时候，有一天他想去看电影。因为没有钱，他想是向爹妈要钱，还是自己挣钱。最后他选择了后者。他自己调制了一种汽水，向过路的行人出售。可那里正是寒冷的冬天，没有人买，只有两个人例外——他的爸爸和妈妈。

他偶然有一个和非常成功的商人谈话的机会。当他对商人讲述了自己的"破产史"后，商人给了他两个重要的建议：一是尝试为别人解决一个难题；二是把精力集中在你知道的、你会的和你拥有的东西上。

这两个建议很关键。因为对于一个八岁的孩子而言，他不会做的事情很多。于是他穿过大街小巷，不住地思考：人们会有什么难题，他又如何利用这个机会？

一天，吃早饭时父亲让达瑞去取报纸。美国的送报员总是把报纸从花园篱笆的一个特制的管子里塞进来。假如你想穿着睡衣舒舒服服地吃早饭和看报纸，就必须离开温暖和房间，冒着寒风，到花园去取。虽然路短，但十分麻烦。

当达瑞为父亲取报纸的时候，一个主意诞生了。当天他就按响邻居的门铃，对他们说，每个月只需付给他一美元，他就每天早上把报纸塞到他们的房门底下。大多数人都同意了，很快他有//了七十多个顾客。一个月后，当他拿到自己赚的钱时，觉得自己简直是飞上了天。

很快他又有了新的机会，他让他的顾客每天把垃圾袋放在门前，然后由他早上运到垃圾桶里，每个月加一美元。之后他还想出了许多孩子赚钱的办法，并把它集结成书，书名为《儿童挣钱的二百五十个主意》。为此，达瑞十二岁时就成了畅销书作家，十五岁有了自己的谈话节目，十七岁就拥有了几百万美元。

节选自[德]博多·费舍尔《达瑞的故事》，刘志明译

朗读提示

1. 词语难点提示

达瑞 dáruì	时候 shí·hou	因为 yīn·wèi
挣钱 zhèngqián	调制 tiáozhì	汽水 qìshuǐr
偶然 ǒurán	机会 jī·huì	知道 zhī·dào
东西 dōng·xi	事情 shì·qing	什么 shén·me
篱笆 lí·ba	管子里 guǎnzi·lǐ	塞进来 sāi jìn·lái
麻烦 máfan	主意 zhǔ·yi	诞生 dànshēng
早上 zǎo·shang	房门底下 fángmén dǐ·xià	

2. 句子难点提示

因为没有钱，他想是向爸妈要钱，还是自己挣钱。

此句的语音停顿宜在"想"和"是"之间。末尾的语调为上升调。

3. 整体朗读提示

这虽然是一篇叙事文章，但富有哲理，启发人们发现自我，创造机会，可采用自然、深沉的感情基调，并用平实、质朴的声音表达出作者的感受来。

作品5号

这是入冬以来，胶东半岛上第一场雪。

雪纷纷扬扬，下得很大。开始还伴着一阵儿小雨，不久就只见大片大片的雪花，从彤云密布的天空中飘落下来。地面上一会儿就白了。冬天的山村，到了夜里就万籁俱寂，只听得雪花簌簌地不断往下落，树木的枯枝被雪压断了，偶尔咯吱一声响。

大雪整整下了一夜。今天早晨，天放晴了，太阳出来了。推开门一看，嗬！好大的雪啊！山川、河流、树木、房屋，全都罩上了一层厚厚的雪，万里江山，变成了粉妆玉砌的世界。落光了叶子的柳树上挂满了毛茸茸亮晶晶的银条儿；而那些冬夏常青的松树和柏树上，则挂满了蓬松松沉甸甸的雪球儿。一阵风吹来，树枝轻轻地摇晃，美丽的银条儿和雪球儿簌簌地落下来，玉屑似的雪末儿随风飘扬，映着清晨的阳光，显出一道道五光十色的彩虹。

大街上的积雪足有一尺多深，人踩上去，脚底下发出咯吱咯吱的响声。一群群孩子在雪地里堆雪人，掷雪球，那欢乐的叫喊声，把树枝上的雪都震落下来了。

俗话说，"瑞雪兆丰年"。这个话有充分的科学根据，并不是一句迷信的成语。寒冬大雪，可以冻死一部分越冬的害虫；融化了的水渗进土层深处，又能供应//庄稼生长的需要。我相信这一场十分及时的大雪，一定会促进明年春季作物，尤其是小麦的丰收。有经验的老农把雪比做是"麦子的棉被"。冬天"棉被"盖得越厚，明春麦子就长得越好，所以又有这样一句谚语："冬天麦盖三层被，来年枕着馒头睡。"

我想，这就是人们为什么把及时的大雪称为"瑞雪"的道理吧。

节选自峻青《第一场雪》

朗读提示

1. 词语难点提示

一阵儿 yízhènr	只见 zhǐjiàn	彤云密布 tóngyún-mìbù
一会儿 yíhuìr	万籁俱寂 wànlài-jùjì	簌簌 sùsù
偶尔 ǒu'ěr	咯吱 gēzhī	(雪)啊 ya
粉妆玉砌 fěnzhuāng-yùqì	毛茸茸 máorōngrōng	银条儿 yíntiáor
柏树 bǎishù	蓬松松 péngsōngsōng	沉甸甸 chéndiàndiàn (chéndiāndiān)
雪球儿 xuěqiúr	雪末儿 xuěmòr	下来了 xià·lái le
融化 rónghuà	供应 gōngyìng	

2. 句子难点提示

落光了叶子的柳树上挂满了毛茸茸亮晶晶的银条儿;

此句的停顿宜在"柳树上"和"挂满了"之间，"满、毛茸茸、亮晶晶"为重音所在，为了表达作者的惊喜之情，末尾宜用升调。

3. 整体朗读提示

这篇文章前一部分主要描写了雪景，朗读时要把作者对美丽雪景的喜爱之情和雪地里孩子们打闹的欢乐情景表现出来，后一部分主要写了大雪对农作物的益处，朗读时要客观、朴素、自然。

作品6号

　　我常想读书人是世间幸福人，因为他除了拥有现实的世界之外，还拥有另一个更为浩瀚也更为丰富的世界。现实的世界是人人都有的，而后一个世界却为读书人所独有。由此我想，那些失去或不能阅读的人是多么的不幸，他们的丧失是不可补偿的。世间有诸多的不平等，财富的不平等，权力的不平等，而阅读能力的拥有或丧失却体现为精神的不平等。

　　一个人的一生，只能经历自己拥有的那一份欣悦，那一份苦难，也许再加上他亲自闻知的那一些关于自身以外的经历和经验。然而，人们通过阅读，却能进入不同时空的诸多他人的世界。这样，具有阅读能力的人，无形间获得了超越有限生命的无限可能性。阅读不仅使他多识了草木虫鱼之名，而且可以上溯远古下及未来，饱览存在的与非存在的奇风异俗。

　　更为重要的是，读书加惠于人们的不仅是知识的增广，而且还在于精神的感化与陶冶。人们从读书学做人，从那些往哲先贤以及当代才俊的著述中学得他们的人格。人们从《论语》中学得智慧的思考，从《史记》中学得严肃的历史精神，从《正气歌》中学得人格的刚烈，从马克思学得人世//的激情，从鲁迅学得批判精神，从托尔斯泰学得道德的执着。歌德的诗句刻写着睿智的人生，拜伦的诗句呼唤着奋斗的热情。一个读书人，一个有机会拥有超乎个人生命体验的幸运人。

节选自谢冕《读书人是幸福的人》

朗读提示

1. 词语难点提示

除了 chú·le	浩瀚 hàohàn	多么 duō·me
诸多 zhūduō	权利 quánlì	一生 yìshēng
一份 yí fèn	一些 yìxiē	草木虫鱼 cǎo-mù-chóng-yú
上溯 shàngsù	知识 zhī·shi	陶冶 táoyě
往哲先贤 wǎngzhé-xiānxián	才俊 cáijùn	他们 tā·men

2. 句子难点提示

……也许再加上他亲自闻知的那一些关于自身以外的经历和经验。

此句的停顿在"加上"后，"那一些"之前，"经历"之前，末尾宜用降调。

3. 整体朗读提示

这是一篇对读书充满深情厚谊的议论文，所以朗读时要把作者语重心长、耐人寻味的心声表述出来，语气要厚重、坚实。

作品7号

一天，爸爸下班回到家已经很晚了，他很累也有点儿烦，他发现五岁的儿子靠在门旁正等着他。

"爸，我可以问您一个问题吗？"

"什么问题？" "爸，您一小时可以赚多少钱？" "这与你无关，你为什么问这个问题？" 父亲生气地说。

"我只是想知道，请告诉我，您一小时赚多少钱？" 小孩儿哀求道。"假如你一定要知道的话，我一小时赚二十美金。"

"哦，" 小孩儿低下了头，接着又说，"爸，可以借我十美金吗？" 父亲发怒了："如果你只是要借钱去买毫无意义的玩具的话，给我回到你的房间睡觉去。好好想想为什么你会那么自私。我每天辛苦工作，没时间和你玩儿小孩子的游戏。"

小孩儿默默地回到自己的房间关上门。

父亲坐下来还在生气。后来，他平静下来了。心想他可能对孩子太凶了——或许孩子真的很想买什么东西，再说他平时很少要过钱。

父亲走进孩子的房间："你睡了吗？" "爸，还没有，我还醒着。" 孩子回答。

"我刚才可能对你太凶了，" 父亲说。"我不应该发那么大的火儿——这是你要的十美金。" "爸，谢谢您。" 孩子高兴地从枕头下拿出一些被弄皱的钞票，慢慢地数着。

"为什么你已经有钱了还要？" 父亲不解地问。

"因为原来不够，但现在凑够了。" 孩子回答："爸我现在有//二十美金了，我可以向您买一个小时的时间吗？明天请早一点儿回家——我想和您一起吃晚餐。"

节选自唐继柳编译《二十美金的价值》

朗读提示

1. 词语难点提示

一天 yìtiān	爸爸 bàba	已经 yǐ·jīng
有点儿 yǒudiǎnr	儿子 érzi	等着 děngzhe
可以 kěyǐ	一个 yígè	您 nín
一小时 yìxiǎoshí	与 yǔ	为什么 wèishénme
这个 zhège	告诉 gàosu	小孩儿 xiǎoháir
一定 yídìng	哦 ò	接着 jiēzhe
好好 hǎohǎo	想想 xiǎngxiang	那么 nàme
玩儿 wánr	默默地 mòmòde	平静 píngjìng
真的 zhēnde	东西 dōngxi	要过 yàoguo
孩子 háizi	醒着 xǐngzhe	应该 yīnggāi

火儿 huǒr   谢谢 xièxie   枕头 zhěntou
一些 yìxiē   因为 yīn·wèi   不够 búgòu

2. 句子难点提示

如果你只是要借钱去买毫无意义的玩具的话，给我回到你的房间睡觉去。

此句是父亲发怒时的言语，朗读时应语气贯通，一气呵成，表现出父亲的生气和责备。

3. 整体朗读提示

这篇文章的角色对话很多，朗读时要注意把孩子稚嫩和渴望的语言与父亲疲惫、不耐烦的语言进行对比，同时也要注意区分父亲发怒时和平静之后语言的鲜明不同。

作品 8 号

我爱月夜，但我也爱星天。从前在家乡七八月的夜晚在庭院里纳凉的时候，我最爱看天上密密麻麻的繁星。望着星天，我就会忘记一切，仿佛回到了母亲的怀里似的。

三年前在南京我住的地方有一道后门，每晚我打开后门，便看见一个静寂的夜。下面是一片菜园，上面是星群密布的蓝天。星光在我们的肉眼里虽然微小，然而它使我们觉得光明无处不在。那时候我正在读一些天文学的书，也认得一些星星，好像它们就是我的朋友，它们常常在和我谈话一样。

如今在海上，每晚和繁星相对，我把它们认得很熟了。我躺在舱面上，仰望天空。深蓝色的天空里悬着无数半明半昧的星。船在动，星也在动，它们是这样低，真是摇摇欲坠呢！渐渐地我的眼睛模糊了，我好像看见无数萤火虫在我的周围飞舞。海上的夜是柔和的，是静寂的，是梦幻的。我望着许多认识的星，我仿佛看见它们在对我眨眼，我仿佛听见它们在小声说话。这时我忘记了一切。在星的怀抱中我微笑着，我沉睡着。我觉得自己是一个小孩子，现在睡在母亲的怀里了。

有一夜，那个在哥伦波上船的英国人指给我看天上的巨人。他用手指着：//那四颗明亮的星是头，下面的几颗是身子，这几颗是手，那几颗是腿和脚，还有三颗星算是腰带。经他这一番指点，我果然看清楚了那个天上的巨人。看，那个巨人还在跑呢！

节选自巴金《繁星》

朗读提示

1. 词语难点提示

时候 shíhou   天上 tiān·shàng   密密麻麻 mìmì-mámá
繁星 fánxīng   一切 yíqiè   似的 shìde
地方 dìfang   一道 yídào   一个 yígè
静寂 jìngjì   一片 yípiàn   然而 rán'ér
无处不在 wúchù-búzài 一些 yìxiē   认得 rènde
星星 xīngxing   朋友 péngyou   一样 yíyàng
仰望 yǎngwàng   悬着 xuánzhe   半明半昧 bànmíng-bànmèi
摇摇欲坠 yáoyáo-yùzhuì 渐渐地 jiànjiànde   眼睛 yǎnjing

模糊 móhu　　　　　梦幻 mènghuàn　　　　看见 kàn·jiàn
眨眼 zhǎyǎn　　　　觉得 jué·dé　　　　　一夜 yíyè
那个 nàge

2. 句子难点提示

有一夜，那个在哥伦波上船的英国人指给我看天上的巨人。

此句的停顿在"英国人"之后，同时注意"指""给"和"我"都是上声，形成语流后，要发生音变。

3. 整体朗读提示

作品中三次写繁星，由于年龄、阅历、心情和时间、地点、氛围的不同，表现出的意境和感受就不同。　朗读时要注意三次写繁星行文感情处理的不同，第一次是在自家院子，卧看时，所见的天空有限，显得深而且远，因此有回到母亲怀里的感觉。第二次是在南京的菜园地，作者当时挣脱出了封建家庭的樊笼，来到大的天地中，接受了自然科学的知识，因此觉得星星很亲切，光明无所不在。第三次是在海上，船动星移，追引起梦幻之感。去国之际，对未来有种种设想，又有淡淡的乡愁，不由又回忆起童年来了。

作品9号

假日到河滩上转转，看见许多孩子在放风筝。一根根长长的引线，一头系在天上，一头系在地上，孩子同风筝都在天与地之间悠荡，连心也被悠荡得恍恍惚惚了，好像又回到了童年。

儿时的放风筝，大多是自己的长辈或家人编扎的，几根削得很薄的篾，用细纱线扎成各种鸟兽的造型，糊上雪白的纸片，再用彩笔勾勒出面孔与翅膀的图案。通常扎得最多的是"老雕""美人儿""花蝴蝶"等。

我们家前院就有位叔叔，擅扎风筝，远近闻名。他扎得风筝不只体型好看，色彩艳丽，放飞得高远，还在风筝上绷一叶用蒲苇削成的膜片，经风一吹，发出"嗡嗡"的声响，仿佛是风筝的歌唱，在蓝天下播扬，给开阔的天地增添了无尽的韵味，给驰荡的童心带来几分疯狂。

我们那条胡同的左邻右舍的孩子们放的风筝几乎都是叔叔编扎的。他的风筝不卖钱，谁上门去要，就给谁，他乐意自己贴钱买材料。

后来，这位叔叔去了海外，放风筝也渐与孩子们远离了。不过年年叔叔给家乡写信，总不忘提起儿时的放风筝。香港回归之后，他的家信中说道，他这只被故乡放飞到海外的风筝，尽管飘荡游弋，经沐风雨，可那线头儿一直在故乡和//亲人手中牵着，如今飘得太累了，也该要回归到家乡和亲人身边来了。

是的。我想，不光是叔叔，我们每个人都是风筝，在妈妈手中牵着，从小放到大，再从家乡放到祖国最需要的地方去啊！

节先自李恒瑞《风筝畅想曲》

朗读提示

1. 词语难点提示

转转 zhuànzhuan　　　孩子 háizi　　　　　风筝 fēngzheng

一根根 yìgēngēn　　　一头 yìtour　　　　系 jì

与 yǔ　　　　　　　　悠荡 yōudàng　　　　恍恍惚惚 huǎnghuǎng-hūhū

编扎 biānzā　　　　　削 xiāo　　　　　　薄 báo

篾 miè　　　　　　　勾勒 gōulè　　　　　美人儿 měirénr

叔叔 shūshu　　　　　擅扎 shànzā　　　　体型 tǐxíng

绷 bēng　　　　　　　一叶 yíyè　　　　　蒲苇 púwěi

膜片 mópiàn　　　　　一吹 yìchuī　　　　嗡嗡 wēngwēng

增添 zēngtiān　　　　胡同 hútòngr　　　　左邻右舍 zuǒlín-yòushè

不卖钱 búmàiqián　　　谁 shéi　　　　　　不过 búguò

不忘 búwàng　　　　　尽管 jǐnguǎn　　　　游弋 yóuyì

经沐 jīngmù　　　　　线头儿 xiàntóur　　　一直 yìzhí

2. 句子难点提示

我们那条胡同的左邻右舍的孩子们放的风筝几乎都是叔叔编扎的。

此句的停顿在"风筝"和"几乎"之间，句子末尾为降调。

3. 整体朗读提示

这是一篇童年美好回忆的作品，语言自然清新。朗读时可以使用甜美的声音，把作者的童趣勾勒出来。最后一个自然段和倒数第二自然段的最后一句话是全文的画龙点睛之笔，朗读时应饱含着深深的思乡之情和爱国之情。

作品 10 号

爸不懂得怎样表达爱，使我们一家人融洽相处的是我妈。他只是每天上班下班，而妈则把我们做过的错事开列清单，然后由他来责骂我们。

有一次我偷了一块糖果，他要我把它送回去，告诉卖糖的说是我偷来的，说我愿意替他拆箱卸货作为赔偿。但妈妈却明白我只是个孩子。

我在运动场打秋千跌断了腿，在前往医院的途中一直抱着我的，是我妈。爸把汽车停在急诊室门口，他们叫他驶开，说那空位是留给紧急车辆停放的。爸听了便叫嚷道："你以为这是什么车？旅游车？"

在我生日会上，爸总是显得有些不大相称。他只是忙于吹气球，布置餐桌，做杂务。把插着蜡烛的蛋糕推过来让我吹的，是我妈。

我翻阅照相册时，人们总是问："你爸爸是什么样子的？"天晓得！他老是忙着替别人拍照。妈和我笑容可掬地一起拍的照片，多得不可胜数。

我记得妈有一次教我骑自行车。我叫他别放手，但他却说是应该放手的时候了。我摔倒之后，妈跑过来扶我，爸却挥手要她走开。我当时生气极了，决心要给他点颜色看。于是我马上爬上自行车，而且自己骑给他看。他只是微笑。

我念大学时，所有的家信都是妈写的。他//除了寄支票外，还寄过一封短柬给我，说因为我不在草坪上踢足球了，所以他的草坪长得很美。

每次我打电话回家，他似乎都想跟我说话，但结果总是说："我叫你妈来接。"

我结婚时，掉眼泪的是我妈。他只是大声擤了一下鼻子，便走出房间。

我从小到大都听他说："你到哪里去？什么时候回家？汽车有没有汽油？不，不准去。"爸完全不知道怎样表达爱。除非……

会不会是他已经表达了，而我却未能察觉？

节选自［美］艾尔玛·邦贝克《父亲的爱》

朗读提示

1. 词语难点提示

懂得 dǒng·dé	我们 wǒmen	一家人 yì jiā rén
相处 xiāngchǔ	做过的 zuòguo de	一次 yícì
一块 yí kuài	送回去 sòng huí·qù	偷来的 tōu·lái de
赔偿 péicháng	明白 míngbai	孩子 háizi
跌断了 diēduànle	一直 yìzhí	空位 kòngwèi
叫嚷 jiàorǎng	不大相称 búdà xiāngchèn	样子 yàngzi
晓得 xiǎo·dé	笑容可掬 xiàoróngkějū	一起 yìqǐ
照片 zhàopiàn	记得 jì·dé	点儿 diǎnr

2. 句子难点提示

他只是每天上班下班，而妈则把我们做过的错事开列清单，然后由他来责骂我们。

此句把爸爸的行为和妈妈的行为进行比较，为了区分爸爸和妈妈行为的不同，朗读时要注意重音所在，第一个分句重音在"只是"上。第二个分句的重音在"妈"上，第三个分句在"他"上。

3. 整体朗读提示

区分朗读爸爸的行为和妈妈的行为。在朗读爸爸的行为时要责备中带有理解和含蓄，以及最后对爸爸深沉爱的眷顾，不能大声地斥责。

作品11号

一个大问题一直盘踞在我脑袋里：

世界杯怎么会有如此巨大的吸引力？除去足球本身的魅力之外，还有什么超乎其上而更伟大的东西？

近来观看世界杯，忽然从中得到了答案：是由于一种无上崇高的精神情感——国家荣誉感！

地球上的人都会有国家的概念，但未必时时都有国家的感情。往往人到异国，思念家乡，心怀故国，这国家概念就变得有血有肉，爱国之情来得非常具体。而现代社会，科技昌达，信息快捷，事事上网，世界真是太小太小，国家的界限似乎也不那么清晰了。再说

足球正在快速世界化，平日里各国球员频繁转会，往来随意，致使越来越多的国家联赛都具有国际的因素。球员们不论国籍，只效力于自己的俱乐部，他们比赛时的激情中完全没有爱国主义的因子。

然而，到了世界杯大赛，天下大变。各国球员都回国效力，穿上与光荣的国旗同样色彩的服装。在每一场比赛前，还高唱国歌以宣誓对自己祖国的挚爱与忠诚。一种血缘情感开始在全身的血管里燃烧起来，而且立刻热血沸腾。

在历史时代，国家间经常发生对抗，好男儿戎装卫国。国家的荣誉往往需要以自己的生命去//换取。但在和平时代，唯有这种国家之间大规模对抗性的大赛，才可以唤起那种遥远而神圣的情感，那就是：为祖国而战！

节选自冯骥才《国家荣誉感》

朗读提示

1. 词语难点提示

一个 yígè	一直 yìzhí	盘踞 pánjù
脑袋 nǎodai	怎么 zěnme	魅力 mèilì
东西 dōngxi	一种 yìzhǒng	概念 gàiniàn
往往 wǎngwǎng	有血有肉 yǒuxiěyǒuròu	昌达 chāngdá
似乎 sìhū	清晰 qīngxī	频繁 pínfán
不论 búlùn	然而 rán'ér	与 yǔ
每一场 měiyìchǎng	挚爱 zhì'ài	血缘 xuèyuán
血管 xuèguǎn	热血沸腾 rèxuèfèiténg	戎装 róngzhuāng

2. 句子难点提示

在每一场比赛前，还高唱国歌以宣誓对自己祖国的挚爱与忠诚。
此句中后一个分句的停顿在"国歌"的后面，句子末尾宜为降调。

3. 整体朗读提示

本篇写了作者从足球比赛领悟出的感受，朗读时应该注意语调自然，感情真切，节奏明朗适中。

作品 12 号

夕阳落山不久，西方的天空，还燃烧着一片橘红色的晚霞。大海，也被这霞光染成了红色，而且比天空的景色更要壮观。因为它是活动的，每当一排排波浪涌起的时候，那映照在浪峰上的霞光，又红又亮，简直就像一片片霍霍燃烧着的火焰，闪烁着，消失了。而后面的一排，又闪烁着，滚动着，涌了过来。

天空的霞光渐渐地淡下去了，深红的颜色变成了绯红，绯红又变成浅红。最后，当这一切红光都消失了的时候，那突然显得高而远了的天空，则呈现出一片肃穆的神色。最早出现的启明星，在这蓝色的天幕上闪烁起来了。它是那么大，那么亮，整个广漠的天幕上只有它在那里放射着令人注目的光辉，活像一盏悬挂在高空的明灯。

夜色加浓，苍空中的"明灯"越来越多了。而城市各处的真的灯火也次第亮了起来，尤其是围绕在海港周围山坡上的那一片灯光，从半空倒映在乌蓝的海面上，随着波浪，晃动着，闪烁着，像一串流动着的珍珠，和那一片片密布在苍穹里的星斗互相辉映，煞是好看。

在这幽美的夜色中，我踏着软绵绵的沙滩，沿着海边，慢慢地向前走去。海水，轻轻地抚摸着细软的沙滩，发出温柔的//刷刷声。晚来的海风，清新而又凉爽。我的心里，有着说不出的兴奋和愉快。

夜风轻飘飘地吹拂着，空气中飘荡着一种大海和田禾相混合的香味儿，柔软的沙滩上还残留着白天太阳炙晒的余温。那些在各个工作岗位上劳动了一天的人们，三三两两地来到这软绵绵的沙滩上，他们浴着凉爽的海风，望着那缀满了星星的夜空，尽情地说笑，尽情地休憩。

节选自峻青《海滨仲夏夜》

朗读提示

1. 词语难点提示

燃烧着 ránshāozhe	而且 érqiě	一排排 yìpáipái
波浪 bōlàng	涌起 yǒngqǐ	一片片 yípiànpiàn
霍霍 huòhuò	消失 xiāoshī	闪烁着 shǎnshuòzhe
绯红 fēihóng	一切 yíqiè	肃穆 sùmù
广漠 guǎngmò	次第 cìdì	围绕 wéirào
苍穹 cāngqióng	互相 hùxiāng	煞 shà
软绵绵 ruǎnmiánmián	抚摸 fǔmō	

2. 句子难点提示

整个广漠的天幕上只有它在那里放射着令人注目的光辉，活像一盏悬挂在高空的明灯。此句的停顿在"只有"前，"只有"后面的"它"是重音所在。

3. 整体朗读提示

本篇是优美的写景散文。作者抓住夕阳落山不久——月到中天这段时间的光线和色彩的变化，描绘了夏夜海滨特有的景色和劳动者的闲适、欢愉的休憩场面，抒发了对美好生活的赞美之情。所以朗读时要热情、真切，让听者从你的声音里感受到大自然的多彩多姿和生活之美。

作品 13 号

生命在海洋里诞生绝不是偶然的，海洋的物理和化学性质，使它成为孕育原始生命的摇篮。

我们知道，水是生物的重要组成部分，许多动物组织的含水量在百分之八十以上，而一些海洋生物的含水量高达百分之九十五。水是新陈代谢的重要媒介，没有它，体内的一系列生理和生物化学反应就无法进行，生命也就停止。因此，在短时期内动物缺水要比缺少食物更加危险。水对今天的生命是如此重要，它对脆弱的原始生命，更是举足轻重了。

生命在海洋里诞生，就不会有缺水之忧。

水是一种良好的溶剂。海洋中含有许多生命所必需的无机盐，如氯化钠、氯化钾、碳酸盐、磷酸盐，还有溶解氧，原始生命可以毫不费力地从中吸取它所需要的元素。

水具有很高的热容量，加之海洋浩大，任凭夏季烈日曝晒，冬季寒风扫荡，它的温度变化却比较小。因此，巨大的海洋就像是天然的"温箱"，是孕育原始生命的温床。

阳光虽然为生命所必需，但是阳光中的紫外线却有扼杀原始生命的危险。水能有效地吸引紫外线，因而又为原始生命提供了天然的"屏障"。

这一切都是原始生命得以产生和发展的必要条件。//

节选自童裳亮《海洋与生命》

朗读提示

1. 词语难点提示

生命 shēngmìng	不是 búshì	孕育 yùnyù
部分 bùfen	一些 yìxiē	新陈代谢 xīnchén-dàixiè
一系列 yíxìliè	反应 fǎnyìng	举足轻重 jǔzú-qīngzhòng
诞生 dànshēng	不会 búhuì	一种 yìzhǒng
氯化钠 lǜhuànà	磷酸盐 línsuānyán	任凭 rènpíng
曝晒 pùshài	扼杀 èshā	提供 tígōng
屏障 píngzhàng	一切 yíqiè	

2. 句子难点提示

海洋中含有许多生命所必需的无机盐，如氯化钠、氯化钾、碳酸盐、磷酸盐，还有溶解氧，原始生命可以毫不费力地从中吸取它所需要的元素。

此句有几个化学术语，要读好。此外第一个分句的停顿在"含有"之前，最后一个分句的停顿在"从中"之前。

3. 整体朗读提示

这是一篇说明文，但字里行间又充满了对生命之源——水的赞美之情，朗读时注意融入这种情感，做到客观说明和情感表达的有机结合。

作品 14 号

读小学的时候，我的外祖母去世了。外祖母生前最疼爱我，我无法排除自己的忧伤，每天在学校的操场上一圈儿又一圈儿地跑着，跑得累倒在地上，扑在草坪上痛哭。

那哀痛的日子，断断续续地持续了很久，爸爸妈妈也不知道如何安慰我。他们知道与其骗我说外祖母睡着了，还不如对我说实话：外祖母永远不会回来了。

"什么是永远不会回来？"我问着。

"所有时间里的事物，都永远不会回来了。你的昨天过去，它就永远变成昨天，你不能再回到昨天。爸爸以前也和你一样小，现在也不能回到你这么小的童年了；有一天你会长大，你会像外祖母一样老；有一天你度过了你的时间，就永远不会回来了。"爸爸说。

爸爸等于给我一个谜语，这谜语比课本上的"日历挂在墙壁，一天撕去一页，使我心里着急"和"一寸光阴一寸金，寸金难买寸光阴"还让我感到可怕；也比作文本上的"光阴似箭，日月如梭"更让我觉得有一种说不出的滋味。

时间过得那么飞快，使我的小心眼里不只是着急，而是悲伤。有一天我放学回家，看到太阳快落山了，就下决心说："我要比太阳更快地回家。"我狂奔回去，站在庭院前喘气的时候，看到太阳//还露着半边脸，我高兴地跳跃起来，那一天我跑赢了太阳。以后我就时常做那样的游戏，有时和太阳赛跑，有时和西北风比快，有时一个暑假才能做完的作业，我十天就做完了；那时我三年级，常常把哥哥五年级的作业拿来做。每一次比赛胜过时间，我就快乐得不知道怎么形容。

如果将来我有什么要教给我的孩子，我会告诉他：假若你一直和时间比赛，你就可以成功！

节选自(台湾)林清玄《和时间赛跑》

朗读提示

1. 词语难点提示

外祖母 wàizúmǔ	忧伤 yōushāng	一圈儿 yìquānr
持续 chíxù	睡着了 shuìzháole	永远 yǒngyuǎn
不会 búhuì	回来了 huí·lái le	度过了 dùguole
等于 děngyú	谜语 míyǔ	一天 yì tiān
一寸 yícùn	光阴似箭 guāngyīnsìjiàn	一种 yìzhǒng
说不出 shuō·bùchū	滋味 zīwèi	小心眼儿里 xiǎo xīnyǎnr·lǐ
着急 zháojí		

2. 句子难点提示

也比作文本上的"光阴似箭，日月如梭"更让我觉得有一种说不出的滋味。

此句的停顿在"更"之前，而且"更"为重音所在，同时朗读时语调中应有淡淡的忧伤。

3. 整体朗读提示

朗读这篇文章需注意前半部分和后半部分要做不同的处理，朗读前半部分时宜语速缓慢，带有不安、悲痛、不解、低沉的心情，朗读后半部分时要带有坚定、沉稳的心情，语速适中。

作品 15 号

三十年代初，胡适在北京大学任教授。讲课时他常常对白话文大加称赞，引起一些只喜欢文言文而不喜欢白话文的学生的不满。

一次，胡适正讲得得意的时候，一位姓魏的学生突然站了起来，生气地问："胡先生，难道说白话文就毫无缺点吗？"胡适微笑着回答说："没有。"那位学生更加激动了："肯定有！白话文废话太多，打电报用字多，花钱多。"胡适的目光顿时变亮了。轻

声地解释说："不一定吧！前几天有位朋友给我打来电报，请我去政府部门工作，我决定不去，就回电拒绝了。复电是用白话写的，看来也很省字。请同学们根据我这个意思，用文言文写一个回电，看看究竟是白话文省字，还是文言文省字？"胡教授刚说完，同学们立刻认真地写了起来。

十五分钟过去，胡适让同学举手，报告用字的数目，然后挑了一份用字最少的文言电报稿，电文是这样写的：

"才疏学浅，恐难胜任，不堪从命。"白话文的意思是：学问不深，恐怕很难担任这个工作，不能服从安排。

胡适说，这份写得确实不错，仅用了十二个字。但我的白话电报却只用了五个字：

"干不了，谢谢！"

胡适又解释说："干不了"就有才疏学浅、恐难胜任的意思；"谢谢"既//对朋友的介绍表示感谢，又有拒绝的意思。所以，废话多不多，并不看它是文言文还是白话文，只要注意选用字词，白话文是可以比文言文更省字的。

节选自陈灼主编《实用汉语中级教程》(上)中《胡适的白话电报》

朗读提示

1. 词语难点提示

白话文 báihuàwén	称赞 chēngzàn	引起 yǐnqǐ
文言文 wényánwén	学生 xué·sheng	不满 bùmǎn
起来 qǐ·lái	微笑 wēixiào	顿时 dùnshí
不一定 bùyídìng	不去 bú qù	根据 gēnjù
意思 yìsi	举手 jǔshǒu	才疏学浅 cáishūxuéqiǎn
干不了 gàn·bùliǎo		

2. 句子难点提示

请同学们根据我这个意思，用文言文写一个回电，看看究竟是白话文省字，还是文言文省字？

此句中后两个分句的语音停顿在"看看"的后面，末尾虽然有问号，但读时应该为降调。

3. 整体朗读提示

本篇文章的对话比较多，特别应注意学生和胡适两种角色语言的区别，朗读时宜稍作夸张，把两者截然不同的观点通过自己的声音鲜明地突出出来。

作品 16 号

很久以前，在一个漆黑的秋天的夜晚，我泛舟在西伯利亚一条阴森森的河上。船到一个转弯处，只见前面黑黢黢的山峰下面一星火光蓦地一闪。

火光又明又亮，好像就在眼前……

"好啦，谢天谢地！"我高兴地说，"马上就到过夜的地方啦！"

船夫扭头朝身后的火光望了一眼，又不以为然地划起桨来。

"远着呢！"

我不相信他的话，因为火光冲破朦胧的夜色，明明在那儿闪烁。不过船夫是对的，事实上，火光的确还远着呢。

这些黑夜的火光的特点是：驱散黑暗，闪闪发亮，近在眼前，令人神往。乍一看，再划几下就到了……其实却还远着呢！……

我们在漆黑如墨的河上又划了很久。一个个峡谷和悬崖，迎面驶来，又向后移去，仿佛消失在茫茫的远方，而火光却依然停在前头，闪闪发亮，令人神往——依然是这么近，又依然是那么远……

现在，无论是这条被悬崖峭壁的阴影笼罩的漆黑的河流，还是那一星明亮的火光，都经常浮现在我的脑际，在这以前和在这以后，曾有许多火光，似乎近在咫尺，不止使我一人心驰神往。可是生活之河却仍然在那阴森森的两岸之间流着，而火光也依旧非常遥远。因此，必须加劲划桨……

然而，火光啊……毕竟……毕竟就//在前头！……

节选自[俄]柯罗连科《火光》，张铁夫译

朗读提示

1. 词语难点提示

一个 yígè	漆黑 qīhēi	一条 yìtiáo
阴森森 yīnsēnsēn	转弯 zhuǎnwān	黑黢黢 hēiqūqū
一星 yìxīng	蓦地 mòdì	一闪 yìshǎn
好啦 hǎola	地方 dìfang	一眼 yìyǎn
不相信 bùxiāngxìn	因为 yīn·wèi	朦胧 ménglóng
那儿 nàr	闪烁 shǎnshuò	闪闪 shǎnshǎn
令人神往 lìngrénshénwǎng	乍一看 zhàyíkàn	很久 hénjiǔ
一个个 yígègè	前头 qiántou	阴影 yīnyǐng
咫尺 zhǐchǐ	不止 bùzhǐ	一人 yìrén
	前头 qiántou	

2. 句子难点提示

无论是这条被悬崖峭壁的阴影笼罩的漆黑的河流，还是那一星明亮的火光，都经常浮现在我的脑际……

此句的第一个分句比较长，停顿应在"笼罩"之前。

3. 整体朗读提示

这篇文章运用了象征的写作手法，文中的火光象征着光明和希望，能让人们感到温暖，给人们以勇气。朗读时要把现实的阴暗和作者对未来充满憧憬的希望之情进行不同的处理。

作品 17 号

　　对于一个在北平住惯的人，像我，冬天要是不刮风，便觉得是奇迹；济南的冬天是没有风声的。对于一个刚由伦敦回来的人，像我，冬天要能看得见日光，便觉得是怪事；济南的冬天是响晴的。自然，在热带的地方，日光永远是那么毒，响亮的天气，反有点儿叫人害怕。可是，在北方的冬天，而能有温晴的天气，济南真得算个宝地。

　　设若单单是有阳光，那也算不了出奇。请闭上眼睛想：一个老城，有山有水，全在天底下晒着阳光，暖和安适地睡着，只等春风来把它们唤醒，这是不是理想的境界？小山把济南围了个圈儿，只有北边缺着点口儿。这一圈小山在冬天特别可爱，好像是把济南放在一个小摇篮里，它们安静不动地低声说："你们放心吧，这儿准保暖和。"真的，济南的人们在冬天是面上含笑的。他们一看那些小山，心中便觉得有了着落，有了依靠。他们由天上看到山上，便不知不觉地想起：明天也许就是春天了吧？这样的温暖，今天夜里山草也许就绿起来了吧？就是这点儿幻想不能一时实现，他们也并不着急，因为这样慈善的冬天，干什么还希望别的呢！

　　最妙的是下点儿小雪呀。看吧，山上的矮松越发的青黑，树尖儿上顶//着一髻儿白花，好像日本看护妇。山尖儿全白了，给蓝天镶上一道银边。山坡上，有的地方雪厚点儿，有的地方草色还露着；这样，一道儿白，一道儿暗黄，给山们穿上一件带水纹儿的花衣；看着看着，这件花衣好像被风儿吹动，叫你希望看见一点儿更美的山的肌肤。等到快日落的时候，微黄的阳光斜射在山腰上，那点儿薄雪好像忽然害羞，微微露出点儿粉色。就是下小雪吧，济南是受不住大雪的，那些小山太秀气。

节选自老舍《济南的冬天》

朗读提示

1. 词语难点提示

一个 yígè	觉得 jué·dé	奇迹 qíjì
看得见 kàndejiàn	响晴 xiǎngqíng	地方 dìfɑng
永远 yǒngyuǎn	有点儿 yǒudiǎnr	真得 zhēnděi
算不了 suàn·bùliǎo	眼睛 yǎnjing	晒着 shàizhe
暖和 nuǎnhuo	唤醒 huànxǐng	是不是 shì·bushì
圈儿 quānr	只有 zhǐyǒu	点(儿)diǎnr
口儿 kǒur	不动 búdòng	这儿 zhèr
准保 zhǔnbǎo	一看 yíkàn	着落 zhuóluò
不知不觉 bùzhī-bùjué	也许 yěxǔ	一时 yìshí
着急 zháojí	下点儿 xiàdiǎnr	小雪 xiáoxuě
树尖(儿)shùjiānr		

2. 句子难点提示

小山把济南围了个圈儿，只有北边缺着点口儿。

此句中"了个圈儿"和"着点口儿"都是虚词和儿化的连用，读的时候不宜过快，否则就有不清楚的感觉。

3. 整体朗读提示

这是一篇充满诗情画意的散文，作者紧紧抓住济南冬天与众不同之处——温情这一特点，表达了对济南冬天的赞美喜爱之情。朗读时应把这种情感融汇到你的声音中。

作品 18 号

纯朴的家乡村边有一条河，曲曲弯弯，河中架一弯石桥，弓样的小桥跨两岸。

每天，不管是鸡鸣晓月，日丽中天，还是华泻地，小桥都印下串串足迹，洒落串串汗珠。那是乡亲为了追求多棱的希望，兑现美好的遐想。弯弯小桥，不时荡过轻吟低唱，不时露出舒心的笑容。

因而，我稚小的心灵，曾将心声献给小桥：你是一弯银色的新月，给人间普照光辉；你是一把闪亮的镰刀，割刈着欢笑的花果；你是一根晃悠悠的扁担，挑起了彩色的明天！哦，小桥走进我的梦中。

我在漂泊他乡的岁月，心中总涌动着故乡的河水，梦中总看到弓样的小桥。当我访南疆探北国，眼帘闯进座座雄伟的长桥时，我的梦变得丰满了，增添了赤橙黄绿青蓝紫。

三十多年过去，我带着满头霜花回到故乡，第一紧要的便是去看望小桥。

啊！小桥呢？小桥躲起来？河中一道长虹，浴着朝霞熠熠闪光。哦，雄浑的大桥敞开胸怀，汽车的呼啸、摩托的笛音、自行车的叮铃，合奏着进行交响乐；南来的钢筋、花布，北往的柑橙、家禽，绘出交流欢悦图……

啊！蜕变的桥，传递了家乡进步的消息，透露了家乡富裕的声音。时代的春风，美好的追求，我蓦地记起儿时唱//给小桥的歌，哦，明艳艳的太阳照耀了，芳香甜蜜的花果捧来了，五彩斑斓的岁月拉开了！

我心中涌动的河水，激荡起甜美的浪花。我仰望一碧蓝天，心底轻声呼喊：家乡的桥啊，我梦中的桥！

节选自郑莹《家乡的桥》

朗读提示

1. 词语难点提示

纯朴 chúnpǔ	一条 yì tiáo	曲曲弯弯 qūqū-wānwān
一弯 yì wān	串串 chuànchuàn	足迹 zújì
为了 wèile	多棱 duōléng	兑现 duìxiàn
轻吟 qīngyín	稚小 zhìxiǎo	割刈 gēyì
晃悠悠 huàngyōuyōu	漂泊 piāobó	涌动 yǒngdòng
朝霞 zhāoxiá	熠熠 yìyì	北往 běiwǎng
蜕变 tuìbiàn	蓦地 mòdì	

2. 句子难点提示

你是一弯银色的新月，给人间普照光辉；你是一把闪亮的镰刀，割刈着欢笑的花果；你是一根晃悠悠的扁担，挑起了彩色的明天！

注意朗读的层次性，应使语调各异，否则就有呆板之感。

3. 整体朗读提示

这是一篇抒发浓浓乡情的散文，朗读时声音要轻柔、甜美，充满了对故乡的赞美之情，节奏要鲜明、舒缓。

作品 19 号

三百多年前，建筑设计师莱伊恩受命设计了英国温泽市政府大厅。他运用工程力学的知识，依据自己多年的实践，巧妙地设计了只用一根柱子支撑的大厅天花板。一年以后，市政府权威人士进行工程验收时，却说只用一根柱子支撑天花板太危险，要求莱伊恩再多加几根柱子。

莱伊恩自信只要一根坚固的柱子足以保证大厅安全，他的"固执"惹恼了市政官员，险些被送上法庭。他非常苦恼，坚持自己原先的主张吧，市政官员肯定会另找人修改设计；不坚持吧，又有悖自己为人的准则。矛盾了很长一段时间，莱伊恩终于想出了一条妙计，他在大厅里增加了四根柱子，不过这些柱子并未与天花板接触，只不过是装装样子。

三百多年过去了，这个秘密始终没有被人发现。直到前两年，市政府准备修缮大厅的天花板，才发现莱伊恩当年的"弄虚作假"。消息传出后，世界各国的建筑专家和游客云集，当地政府对此也不加掩饰，在新世纪到来之际，特意将大厅作为一个旅游景点对外开放，旨在引导人们崇尚和相信科学。

作为一名建筑师，莱伊恩并不是最出色的。但作为一个人，他无疑非常伟大，这种//伟大表现在他始终恪守着自己的原则，给高贵的心灵一个美丽的住所，哪怕是遭遇到最大的阻力，也要想办法抵达胜利。

节选自游宇明《坚守你的高贵》

朗读提示

1. 词语难点提示

莱伊恩 Láiyī'ēn	知识 zhīshi	一根 yìgēn
支撑 zhīchēng	一年 yìnián	柱子 zhùzi
固执 gùzhi	法庭 fǎtíng	苦恼 kúnǎo
有悖 yǒubèi	一段 yíduàn	一条 yìtiáo
不过 búguò	与 yǔ	只不过 zhǐ·búguò
装装 zhuāngzhuang	这个 zhège	修缮 xiūshàn
弄虚作假 nòngxū-zuòjiǎ	消息 xiāoxi	一个 yígè
旨在 zhǐzài	一名 yìmíng	并不是 bìngbúshì

2. 句子难点提示

莱伊恩自信只要一根坚固的柱子足以保证大厅安全，他的"固执"惹恼了市政官员，险些被送上法庭。

第一个分句停顿应该在"自信"的后面，重音在"一根"上。

3. 整体朗读提示

本文以建筑设计师莱伊恩的故事向读者讲述了一个深刻的哲理："恪守着自己的原则，哪怕遭遇到最大的阻力，也要想办法抵达胜利。"朗读时要分成两部分，前一部分是叙事部分，朗读时要平和自然，不必过于夸张。

作品 20 号

　　自从传言有人在萨文河畔散步时无意发现了金子后，这里便常有来自四面八方的淘金者。他们都想成为富翁，于是寻遍了整个河床，还在河床上挖出很多大坑，希望借助它们找到更多的金子。的确，有一些人找到了，但另外一些人因为一无所得而只好扫兴归去。

　　也有不甘心落空的，便驻扎在这里，继续寻找。彼得·弗雷特就是其中一员。他在河床附近买了一块没人要的土地，一个人默默地工作。他为了找金子，已把所有的钱都押在这块土地上。他埋头苦干了几个月，直到土地全变成了坑坑洼洼，他失望了——他翻遍了整块土地，但连一丁点儿金子都没看见。

　　六个月后，他连买面包的钱都没有了。于是他准备离开这儿到别处去谋生。

　　就在他即将离去的前一个晚上，天下起了倾盆大雨，并且一下就是三天三夜。雨终于停了，彼得走出小木屋，发现眼前的土地看上去好像和以前不一样：坑坑洼洼已被大水冲刷平整，松软的土地上长出一层绿茸茸的小草。

　　"这里没找到金子，"彼得忽有所悟地说，"但这土地很肥沃，我可以用来种花，并且拿到镇上去卖给那些富人，他们一定会买些花装扮他们华丽的客//厅。如果真是这样的话，那么我一定会赚许多钱。有朝一日我也会成为富人……"

　　于是他留了下来。彼得花了不少精力培育花苗，不久田地里长满了美丽娇艳的各色鲜花。

　　五年以后，彼得终于实现了他的梦想——成了一个富翁。"我是唯一的一个找到真金的人！"他时常不无骄傲地告诉别人，"别人在这儿找不到金子后便远远地离开，而我的'金子'是在这块土地里，只有诚实的人用勤劳才能采集到。"

节选自陶猛译《金子》

朗读提示

1. 词语难点提示

萨文 Sàwén	河畔 hépàn	金子 jīnzi
四面八方 sìmiàn-bāfāng	富翁 fùwēng	一些 yìxiē
因为 yīn·wèi	一无所得 yìwú-suǒdé	只好 zhǐhǎo
扫兴 sǎoxìng	驻扎 zhùzhā	彼得 Bǐdé
弗雷特 Fúléitè	一块 yíkuài	一个人 yīgèrén

所有 suǒyǒu

一丁点儿 yìdīngdiǎnr

即将 jíjiāng

看上去 kànshàng·qù

绿茸茸 lùróngróng

装扮 zhuāngbàn

坑坑洼洼 kēngkeng-wāwā

这儿 zhèr

倾盆大雨 qīngpén-dàyǔ

不一样 bùyíyàng

可以 kéyǐ

翻遍 fānbiàn

谋生 móushēng

一下 yíxià

一层 yìcéng

一定 yídìng

2. 句子难点提示

……，但另外一些人因为一无所得而只好扫兴归去。

此分句应停顿在"一些人"的后面，"而"的前面。

3. 整体朗读提示

本文讲了淘金者彼得·弗雷特以自己的勤劳和诚实获得"真金"的小故事。朗读前一部分时语气应略带失望之情，朗读后一部分时要通过声音把主人公顿悟后的欣喜表现出来。

作品 21 号

　　我在加拿大学习期间遇到过两次募捐，那情景至今使我难以忘怀。

　　一天，我在渥太华的街上被两个男孩子拦住去路，他们十来岁，穿得整整齐齐，每人头上戴着个做工精巧、色彩鲜艳的纸帽，上面写着"为帮助患小儿麻痹的伙伴募捐"。其中的一个，不由分说就坐在小凳上给我擦起皮鞋来，另一个则彬彬有礼地发问："小姐，您是哪国人？喜欢渥太华吗？""小姐，在你们国家有没有小孩儿患小儿麻痹？谁给他们医疗费？"一连串的问题，使我这个有生以来头一次在众目睽睽之下让别人擦鞋的异乡人，从近乎狼狈的窘态中解脱出来。我们像朋友一样聊起天来……

　　几个月之后，也是在街上。一些十字路口处或车站坐着几位老人。他们满头银发，身穿各种老式军装，上面布满了大大小小形形色色的徽章、奖章，每人手捧一大束鲜花。有水仙、石竹、玫瑰及叫不出名字的，一色雪白。匆匆过往的行人纷纷止步，把钱投进这些老人身旁的白色木箱内，然后向他们微微鞠躬，从他们手中接过一朵花。我看了一会儿，有人投一两元，有人投几百元，还有人掏出支票填好后投进木箱。那些老军人毫不注意人们捐多少钱，一直不//停地向人们低声道谢。同行的朋友告诉我，这是为纪念二次大战中参战的勇士，募捐救济残废军人和烈士遗孀，每年一次；认捐的人可谓踊跃，而且秩序井然，气氛庄严。有些地方，人们还耐心地排着队。我想，这是因为他们都知道：正是这些老人们的流血牺牲换来了包括他们信仰自由在内的许许多多。

　　我两次把那微不足道的一点儿钱捧给他们，只想对他们说声"谢谢"。

节选自青白《捐诚》

朗读提示

1. 词语难点提示

募捐 mùjuān

哪国人 nǎ guó rén

小儿麻痹 xiǎo'ér mábì

男孩子 nánháizi

渥太华 Wòtàihuá

医疗费 yīliáofèi

小姐 xiǎo·jiě

小孩儿 xiǎoháir

一连串 yìliánchuàn

众目睽睽 zhòngmù-kuíkuí　　　狼狈 lángbèi　　　窘态 jiǒngtài

朋友 péngyou　　　玫瑰 méi·guī　　　鞠躬 jūgōng

一直 yìzhí

2. 句子难点提示

一连串的问题，使我这个有生以来头一次在众目睽睽之下让别人擦鞋的异乡人，从近乎狼狈的窘态中解脱出来。

此句的中间成分比较长，读时注意断句，应该停顿在"头一次"前面和"众目睽睽"的后面，但整个句子仅仅是个单句，所以还要注意连贯性。

3. 整体朗读提示

本篇叙述了作者在加拿大遇到过两次募捐，行文质朴，但感人至深。朗读时要把这种感人至深、令人难以忘怀的情感，融入你娓娓道来的讲述之中。

作品22号

没有一片绿叶，没有一缕炊烟，没有一粒泥土，没有一丝花香，只有水的世界，云的海洋。

一阵台风袭过，一只孤单的小鸟无家可归，落到被卷到洋里的木板上，乘流而下，姗姗而来，近了，近了！……

忽然，小鸟张开翅膀，在人们头顶盘旋了几圈，"噗啦"一声落到了船上。许是累了？还是发现了"新大陆"？水手撵它它不走，抓它，它乖乖地落在掌心。可爱的小鸟和善良的水手结成了朋友。

瞧，它多美丽，娇巧的小嘴，啄理着绿色的羽毛，鸭子样的扁脚，呈现出春草的鹅黄。水手们把它带到舱里，给它"搭铺"，让它在船上安家落户，每天，把分到的一塑料桶淡水匀给它喝，把从祖国带来的鲜美的鱼肉分给它吃，天长日久，小鸟和水手的感情日趋笃厚。清晨，当第一束阳光射进舷窗时，它便敞开美丽的歌喉，唱啊唱，嘤嘤有韵，宛如春水淙淙。人类给它以生命，它毫不悭吝地把自己的艺术青春奉献给了哺育它的人。可能都是这样？艺术家们的青春只会献给尊敬他们的人。

小鸟给远航生活蒙上了一层浪漫色调，返航时，人们爱不释手，恋恋不舍地想把它带到异乡。可小鸟憔悴了，给水，不喝！喂肉，不吃！油亮的羽毛失去了光泽。是啊，我//们有自己的祖国，小鸟也有它的归宿，人和动物都是一样啊，哪儿也不如故乡好！

慈爱的水手们决定放开它，让它回到大海的摇篮去，回到蓝色的故乡去。离别前，这个大自然的朋友与水手们留影纪念。它站在许多人的头上，肩上，掌上，胳膊上，与喂养过它的人们，一起融进那蓝色的画面……

　　　　　　　　　　　　　　　　　　　节选自王文杰《可爱的小鸟》

朗读提示

1. 词语难点提示

一片 yípiàn　　　一缕 yìlǔ　　　一粒 yí lì

一丝 yì sī	一阵 yí zhèn	袭过 xíguò
一只 yì zhī	姗姗 shānshān	盘旋 pánxuán
几圈儿 jǐquānr	结成 jiéchéng	舱 cāng
塑料 sùliào	笃厚 dǔhòu	舷窗 xiánchuāng
淙淙 cóngcóng	悭吝 qiānlìn	哺育 bǔyù
憔悴 qiáocuì	是啊 shì ra	

2. 句子难点提示

人类给它以生命，它毫不悭吝地把自己的艺术青春奉献给了哺育它的人。

此句的后一分句停顿宜在"把"之前和"奉献"之前。

3. 整体朗读提示

这是一篇描绘人与小鸟和谐共存而且感情日趋笃厚的抒情散文，朗读时要以声传情，以情感人。

作品23号

纽约的冬天常有大风雪，扑面的雪花不但令人难以睁开眼睛，甚至呼吸都会吸入冰冷的雪花。有时前一天晚上还是一片晴朗，第二天拉开窗帘，却已经积雪盈尺，连门都推不开了。

遇到这样的情况，公司、商店常会停止上班，学校也通过广播，宣布停课。但令人不解的是，唯有公立小学，仍然开放。只见黄色的校车，艰难地在路边接孩子，老师则一大早就口中喷着热气，铲去车子前后的积雪，小心翼翼地开车去学校。

据统计，十年来纽约的公立小学只因为超级暴风雪停过七次课。这是多么令人惊讶的事。犯得着在大人都无须上班的时候让孩子去学校吗？小学的老师也太倒霉了吧？

于是，每逢大雪而小学不停课时，都有家长打电话去骂。妙的是，每个打电话的人，反应全一样——先是怒气冲冲地责问，然后满口道歉，最后笑容满面地挂上电话。原因是，学校告诉家长：

在纽约有许多百万富翁，但也有不少贫困的家庭。后者白天开不起暖气，供不起午餐，孩子的营养全靠学校里免费的中饭，甚至可以多拿些回家当晚餐。学校停课一天，穷孩子就受一天冻，挨一天饿，所以老师们宁愿自己苦一点儿，也不能停课。//

或许有家长会说：何不让富裕的孩子在家里，让贫穷的孩子去学校享受暖气和营养午餐呢？

学校的答复是：我们不愿让那些穷苦的孩子感到他们是在接受救济，因为施舍的最高原则是保持受施者的尊严。

节选自(台湾)刘墉《课不能停》

朗读提示

1. 词语难点提示

风雪 fēngxuě　　　　　眼睛 yǎn·jing　　　　　冰冷的 bīnglěngde

前一天 qiányìtiān

盈尺 yíngchǐ

小心翼翼 xiǎoxīn-yìyì

犯得着 fàndezháo

一样 yíyàng

富翁 fùwēng

挨一天 áiyìtiān

一片 yípiàn

唯有 wéiyǒu

因为 yīn·wèi

妙的是 miàodeshì

满口 mǎnkǒu

供不起 gōng·bùqǐ

宁愿 nìngyuàn

积雪 jīxuě

一大早 yídàzǎo

停过 tíngguo

反应 fǎnyìng

告诉 gào·su

可以 kěyǐ

一点儿 yìdiǎnr

2. 句子难点提示

犯得着在大人都无须上班的时候让孩子去学校吗?

此句读时语气宜稍作夸张,停顿在"犯得着"的后面和"时候"的后面,重音应该落在"孩子"上,句子末尾用升调。

3. 整体朗提示

这篇文章通过"课不能停"这件事情,表达了这样的主题:施舍的最高原则是保持受施者的尊严。朗读时要体会学校的良苦用心,节奏应是不紧不慢的,语调应是凝重深沉的。

作品 24 号

十年,在历史上不过是一瞬间。只要稍加注意,人们就会发现:在这一瞬间里,各种事物都悄悄经历了自己的千变万化。

这次重新访日,我处处感到亲切和熟悉,也在许多方面发觉了日本的变化。就拿奈良的一个角落来说吧,我重游了为之感受很深的唐招提寺,在寺内各处匆匆走了一遍,庭院依旧,但意想不到还看到了一些新的东西。其中之一,就是近几年从中国移植来的"友谊之莲"。

在存放鉴真遗像的那个院子里,几株中国莲昂然挺立,翠绿的宽大荷叶正迎风而舞,显得十分愉快。开花的季节已过,荷花朵朵已变为莲蓬累累。莲子的颜色正在由青转紫,看来已经成熟了。

我禁不住想:"因"已转化为"果"。

中国的莲花开在日本,日本的樱花开在中国,这不是偶然。我希望这样一种盛况延续不衰。可能有人不欣赏花,但决不会有人欣赏落在自己面前的炮弹。

在这些日子里,我看到了不少多年不见的老朋友,又结识了一些新朋友。大家喜欢涉及的话题之一,就是古长安和古奈良。那还用得着问吗,朋友们缅怀过去,正是瞩望未来。瞩目于未来的人们必将获得未来。

我不例外,也希望一个美好的未来。

为//了中日人民之间的友谊,我将不浪费今后生命的每一瞬间。

节选自严文井《莲花和樱花》

朗读提示

1. 词语难点提示

不过 búguò	一瞬间 yíshùnjiān	千变万化 qiānbiàn-wànhuà
熟悉 shú·xī	一个 yígè	角落 jiǎoluò
招提寺 zhāotísì	一遍 yíbiàn	意想不到 yìxiǎngbúdào
一些 yìxiē	东西 dōngxi	友谊 yǒuyì
鉴真 Jiànzhēn	昂然挺立 ángrántǐnglì	迎风 yíngfēng
朵朵 duǒduǒ	累累 léiléi	莲子 liánzǐ
禁不住 jīn·búzhù	不是 búshì	一种 yìzhǒng
盛况 shèngkuàng	延续不衰 yánxùbùshuāi	决不会 juébuhuì
不少 bùshǎo	朋友 péngyou	用得着 yòngdezháo
缅怀 miǎnhuái	瞩望 zhǔwàng	不例外 búlìwài

2. 句子难点提示

可能有人不欣赏花，但决不会有人欣赏落在自己面前的炮弹。

此句的后一分句停顿宜在"欣赏"的前面，朗读整句时应语气坚实。

3. 整体朗读提示

本文是一篇表达中日人民友好的文章，语言通俗易懂，没有抽象的高谈阔论，所以朗读时声音要松弛，语气要自然亲切。

作品 25 号

　　梅雨潭闪闪的绿色招引着我们，我们开始追捉她那离合的神光了。揪着草，攀着乱石，小心探身下去，又鞠躬过了一个石穹门，便到了汪汪一碧的潭边了。

　　瀑布在襟袖之间，但是我的心中已没有瀑布了。我的心随潭水的绿而摇荡。那醉人的绿呀！仿佛一张极大极大的荷叶铺着，满是奇异的绿呀。我想张开两臂抱住她，但这是怎样一个妄想啊。

　　站在水边，望到那面，居然觉着有些远呢！这平铺着，厚积着的绿，着实可爱。她松松地皱缬着，像少妇拖着的裙幅；她滑滑的明亮着，像涂了"明油"一般，有鸡蛋清那样软，那样嫩；她又不杂些儿尘滓，宛然一块温润的碧玉，只清清的一色——但你却看不透她！

　　我曾见过北京什刹海拂地的绿杨，脱不了鹅黄的底子，似乎太淡了。我又曾见过杭州虎跑寺近旁高峻而深密的"绿壁"，丛叠着无穷的碧草与绿叶的，那又似乎太浓了。其余呢，西湖的波太明了，秦淮河的也太暗了。可爱的，我将什么来比拟你呢？我怎么比拟得出呢？大约潭是很深的，故能蕴蓄着这样奇异的绿；仿佛蔚蓝的天融了一块在里面似的，这才这般的鲜润呀。

　　那醉人的绿呀！我若能裁你以为带，我将赠给那轻盈的//舞女，她必能临风飘举了。我若能挹你以为眼，我将赠给那善歌的盲妹，她必明眸善睐了。我舍不得你，我怎舍得你呢？我用手拍着你，抚摩着你，如同一个十二三岁的小姑娘。我又掬你入口，便是吻着她

普通话学习与水平测试教程(第2版)

了。我送你一个名字，我从此叫你"女儿绿"，好吗？

第二次到仙岩的时候，我不禁惊诧于梅雨潭的绿了。

节选自朱自清《绿》

朗读提示

1. 词语难点提示

梅雨潭 méiyǔtán　　闪闪 shǎnshǎn　　揪着 jiūzhe
鞠躬 jūgōng　　一个 yígè　　石穹门 shíqióngmén
一碧 yíbì　　襟袖 jīnxiù　　一张 yìzhāng
妄想 wàngxiǎng　　厚积 hòujī　　着实 zhuóshí
皱缬 zhòuxié　　裙幅 qúnfú　　一般 yìbān
嫩 nèn　　些儿 xiēr　　尘滓 chénzǐ
宛然 wǎnrán　　一块 yíkuài　　一色 yísè
看不透 kàn·bútòu　　见过 jiànguo　　什刹海 Shíchàhǎi
拂地 fúdì　　脱不了 tuō·bùliǎo　　虎跑寺 Hǔpáosì
高峻 gāojùn　　与 yǔ　　似乎 sìhū
比拟 bǐnǐ　　蕴蓄 yùnxù　　蔚蓝 wèilán
轻盈 qīngyíng

2. 句子难点提示

我又曾见过杭州虎跑寺近旁高峻而深密的"绿壁"，丛叠着无穷的碧草与绿叶的，那又似乎太浓了。

此句的第一个分句停顿宜在"杭州"之前，结合前后几句，把比较而得到的不同通过语调表现出来。

3. 整体朗读提示

本文描绘了梅雨潭"奇异""醉人"的绿，字里行间洋溢着一种浓郁的诗味——诗的情感、诗的意境、诗的语言，所以朗读时语调要舒展柔和，饱含着诗情画意。

作品26号

我们家的后园有半亩空地，母亲说："让它荒着怪可惜的，你们那么爱吃花生，就开辟出来种花生吧。"我们姐弟几个都很高兴，买种，翻地，播种，浇水，没过几个月，居然收获了。

母亲说："今晚我们过一个收获节，请你们父亲也来尝尝我们的新花生，好不好？"我们都说好。母亲把花生做成了好几样食品，还吩咐就在后园的茅亭里过这个节。

晚上天色不太好，可是父亲也来了，实在很难得。

父亲说："你们爱吃花生么？"

我们争着答应："爱！"

"谁能把花生的好处说出来？"

　　姐姐说：　"花生的味美。"

　　哥哥说：　"花生可以榨油。"

　　我说：　"花生的价钱便宜，谁都可以买来吃，都喜欢吃。这就是它的好处。"

　　父亲说：　"花生的好处很多，有一样最可贵，它的果实埋在地里，不像桃子、石榴、苹果那样，把鲜红嫩绿的果实高高地挂在枝头上，使人一见就生爱慕之心。你们看它矮矮地长在地上，等到成熟了，也不能立刻分辨出来它有没有果实，必须挖出来才知道。"

　　我们都说是，母亲也点点头。

　　父亲接下去说：　"所以你们要像花生，它虽然不好看，可是很有用，不是外表好看而没有实用东西。"

　　我说：　"那么，人要做有用的人，不要做只讲体面，而对别人没有好处的人了。"　//

　　父亲说："对。这是我对你们的希望。"

　　我们谈到夜深才散。花生做的食品都吃完了，父亲的话却深深地印在我的心上。

节选自许地山《落花生》

朗读提示

1. 词语难点提示

空地 kòngdì　　　　那么 nàme　　　　买种 máizhǒng

播种 bōzhǒng　　　尝尝 chángchang　　吩咐 fēn·fù

晚上 wǎnshang　　　好处 hǎo·chù　　　姐姐 jiějie

哥哥 gēge　　　　　价钱 jià·qian　　　便宜 pián·yi

地里 dìli　　　　　桃子 táozi　　　　石榴 shíliu

东西 dōngxi　　　　别人 biéren

2. 句子难点提示

它的果实埋在地里，不像桃子、石榴、苹果那样，把鲜红嫩绿的果实高高地挂在枝头上，使人一见就生爱慕之心。

此句朗读时要注意分句的连贯性，并读出哲理来。

3. 整体朗读提示

　　这篇文章用花生质朴的外表但有丰硕的果实来喻征着做人要学花生，不哗众取宠，老老实实本分地做一个有用的人。朗读时要注意角色的区分，父亲的话语重心长，孩子的话质朴、活泼。

作品 27 号

　　我打猎归来，沿着花园的林阴路走着。狗跑在我的前边。

　　突然，狗放慢脚步，蹑足潜行，好像嗅到了前边有什么野物。

　　我顺着林阴路望去，看见了一只嘴边还带黄色、头上生着柔毛的小麻雀。风猛烈地吹打着林阴路上的白桦树，麻雀从巢里跌落下来，呆呆地伏在地上，孤立无援地张开两只羽毛还未丰满的小翅膀。

　　我的狗慢慢向它靠近。忽然，从附近一棵树上飞下一只黑胸脯的老麻雀，像一颗石子似的落到狗的跟前。老麻雀全身倒竖着羽毛，惊恐万状，发出绝望、凄惨的叫声，接着向露出牙齿、大张着的狗嘴扑去。

　　老麻雀是猛扑下来救护幼雀的。它用身体掩护着自己的幼儿……但它整个小小的身体因恐怖而战栗着，它小小的声音也变得粗暴嘶哑，它在牺牲自己！

　　在它看来，狗该是多么庞大的怪物啊！然而，它还是不能站在自己高高的、安全的树枝上……一种比它的理智更强烈的力量，使它从那儿扑下身来。

　　我的狗站住了，向后退了退……看来，它也感到了这种力量。

　　我赶紧唤住惊慌失措的狗，然后我怀着崇敬的心情，走开了。

　　是啊，请不要见笑。我崇敬那只小小的、英勇的鸟儿，我崇敬它那种爱的冲动和力量。

　　爱，我想，比//死和死的恐惧更强大。只有依靠它，依靠这种爱，生命才能维持下去，发展下去。

节选自[俄]屠格涅夫《麻雀》，巴金译

朗读提示

1. 词语难点提示

林阴 línyīn	蹑足潜行 nièzú-qiánxíng	嗅到 xiùdào
一只 yìzhī	柔毛 róumáo	白桦树 báihuàshù
孤立无援 gūlìwúyuán	丰满 fēngmǎn	一棵 yìkē
胸脯 xiōngpú	一颗 yìkē	似的 shìde
惊恐万状 jīngkǒng-wànzhuàng	露出 lòuchū	狗嘴 góuzuǐ
小小 xiǎoxiǎo	战栗 zhànlì	嘶哑 sīyǎ
牺牲 xīshēng	怪物 guàiwu	一种 yìzhǒng
那儿 nàr	退了退 tuìletuì	赶紧 gánjǐn
惊慌失措 jīnghuāng-shīcuò	崇敬 chóngjìng	不要 búyào
鸟儿 niǎor		

2. 句子难点提示

　　风猛烈地吹打着林阴路上的白桦树，麻雀从巢里跌落下来，呆呆地伏在地上，孤立无援地张开两只羽毛还未丰满的小翅膀。

　　此句的最后一个分句的停顿应在"张开"和"两只"之间，在"两只"和"羽毛"稍作停顿，以免语意不清。

3. 整体朗读提示

　　这篇文章通过老麻雀拯救小麻雀的故事，歌颂了一种伟大的力量——母爱，事情的经过写得细致入微，生动形象。朗读时要用略显夸张的语气表现这场搏斗，从而渲染出伟大的母爱。最后两个自然段是作者的感受，要用崇敬、沉着的语气读出来。

作品 28 号

那年我 6 岁。离我家仅一箭之遥的小山坡旁，有一个早已被废弃的采石场，双亲从来不准我去那儿，其实那儿风景十分迷人。

一个夏季的下午，我随着一群小伙伴偷偷上那儿去了。就在我们穿越了一条孤寂的小路后，他们却把我一个人留在原地，然后奔向"更危险的地带"了。

等他们走后，我惊慌失措地发现，再也找不到要回家的那条孤寂的小道了。像只无头的苍蝇，我到处乱钻，衣裤上挂满了芒刺。太阳已经落山，而此时此刻，家里一定开始吃晚餐了，双亲正盼着我回家……想着想着，我不由得背靠着一棵树，伤心地呜呜大哭起来……

突然，不远处传来了声声柳笛。我像找到了救星，急忙循声走去。一条小道边的树桩上坐着一位吹笛人，手里还正削着什么。走近细看，他不就是被大家称为"乡巴佬"的卡廷吗？

"你好，小家伙，"卡廷说，"看天气多美，你是出来散步的吧？"

我怯生生地点点头，答道："我要回家了。"

"请耐心等上几分钟，"卡廷说，"瞧，我正在削一支柳笛，差不多就要做好了，完工后就送给你吧！"

卡廷边削边不时把尚未成形的柳笛放在嘴里试吹一下。没过多久，一支柳笛便递到我手中。我俩在一阵阵清脆悦耳的笛音//中，踏上了归途……

当时，我心中只充满感激，而今天，当我自己也成了祖父时，却突然领悟到他用心之良苦！那天当他听到我的哭声时，便判定我一定迷了路，但他并不想在孩子面前扮演"救星"的角色，于是吹响柳笛以便让我能发现他，并跟着他走出困境！卡廷先生以乡下人的纯朴，保护了一个小男孩强烈的自尊。

节选自唐若水译《迷途笛音》

朗读提示

1. 词语难点提示

一箭之遥 yíjiànzhī yáo	一个 yí gè	早已 zǎo yǐ
那儿 nàr	一群 yìqún	我们 wǒmen
他们 tāmen	找不到 zhǎo·búdào	孤寂 gūjì
苍蝇 cāngying	已经 yǐjīng	一定 yídìng
想着 xiǎngzhe	不由得 bùyóude	一棵 yì kē
传来了 chuán·láile	循声 xúnshēng	一条 yìtiáo
一位 yí wèi	削着 xiāozhe	什么 shénme
不就是 bú jiùshì	乡巴佬儿 xiāngbalǎor	卡廷 kǎtíng

2. 句子难点提示

卡廷边削边不时把尚未成形的柳笛放在嘴里试吹一下。

此句的停顿应在"把"的前面和"放在"的前面。句子末尾用降调。

3. 整体朗读提示

朗读这篇文章时可分为两部分,前三个自然段为一部分,描写了迷路的小孩惊慌失措,朗读时要紧凑,基调要略带惊慌之情,后面为一部分,描写了听到笛音的孩子好像找到了救星,朗读基调应是欢快的。

作品 29 号

在浩瀚无垠的沙漠里,有一片美丽的绿洲,绿洲里藏着一颗闪光的珍珠。这颗珍珠就是敦煌莫高窟。它坐落在我国甘肃省敦煌市三危和鸣沙山的怀抱中。

鸣沙山东麓是平均高度为十七米的崖壁。在一千六百多米长的崖壁上,凿有大小洞窟七百余个,形成了规模宏伟的石窟群。其中四百九十二个洞窟中,共有彩色塑像两千一百余尊,各种壁画共四万五千多平方米。莫高窟是我国古代无数艺术匠师留给人类的珍贵文化遗产。

莫高窟的彩塑,每一尊都是一件精美的艺术品。最大的有九层楼那么高,最小的还不如一个手掌大。这些彩塑修改鲜明,神态各异。有慈眉善目的菩萨,有威风凛凛的天王,还有强壮勇猛的力士……

莫高窟壁画的内容丰富多彩,有的是描绘古代劳动人民打猎、捕鱼、耕田、收割的情景,有的是描绘人们奏乐、舞蹈、演杂技的场面,还有的是描绘大自然的美丽风光。其中最引人注目的是飞天。壁画上的飞天,有的臂挎花篮,采摘鲜花;有的反弹琵琶,轻拨银弦;有的倒悬身子,自天而降;有的彩带飘拂,漫天遨游;有的舒展着双臂,翩翩起舞。看着这些精美动人的壁画,就像走进了//灿烂辉煌的艺术殿堂。

莫高窟里还有一个面积不大的洞窟——藏经洞。洞里曾藏有我国古代的各种经卷、文书、帛画、刺绣、铜像等共六万多件。由于清朝政府腐败无能,大量珍贵的文物被外国强盗掠走。仅存的部分经卷,现在陈列于北京故宫等处。

莫高窟是举世闻名的艺术宝库。这里的每一尊彩塑、每一幅壁画、每一件文物,都是中国古代人民智慧的结晶。

节选自小学《语文》第六册中《莫高窟》

朗读提示

1. 词语难点提示

浩瀚 hàohàn	无垠 wúyín	一片 yípiàn
一颗 yìkē	珍珠 zhēnzhū	敦煌 Dūnhuáng
莫高窟 Mògāokū	东麓 dōnglù	凿 záo
塑像 sùxiàng	慈眉善目 címéi-shànmù	菩萨 pú·sà
威风凛凛 wēifēnglǐnlǐn	舞蹈 wǔdǎo	琵琶 pípa
银弦 yínxián	身子 shēnzi	漫天 màntiān
翩翩起舞 piānpiān-qíwǔ	遨游 áoyóu	

2. 句子难点提示

莫高窟是我国古代无数艺术匠师留给人类的珍贵文化遗产。

此句的停顿应在"是"的前面，"留给"的前面，"珍贵"的前面，这样的停顿能够突出语意重心。

3. 整体朗读提示

本文是一篇介绍我国文化遗产莫高窟的文章，作品中除了客观的介绍，还融入了赞美惊叹之情，所以在朗读时应该略带惊奇的语气和赞叹欣赏的口吻。

作品 30 号

其实你在很久以前并不喜欢牡丹，因为它总被人作为富贵膜拜。后来你目睹了一次牡丹的落花，你相信所有的人都会为之感动：一阵清风徐来，妖艳鲜嫩的盛期牡丹忽然整朵整朵地坠落，铺撒一地绚丽的花瓣。那花瓣落地时依然鲜艳夺目，如同一只奉上祭坛的大鸟脱落的羽毛，低吟着壮烈的悲歌离去。

牡丹没有花谢花败之时，要么烁于枝头，要么归于泥土，它跨越萎顿和衰老，由青春而死亡，由美丽而消遁。它虽美却不吝惜生命，即使告别也要展示给人最后一次的惊心动魄。

所以在这阴冷的四月里，奇迹不会发生。任凭游人扫兴和诅咒，牡丹依然安之若素。它不苟且、不俯就、不妥协、不媚俗，甘愿自己冷落自己。它遵循自己的花期自己的规律，它有权利为自己选择每年一度的盛大节日。它为什么不拒绝寒冷？

天南海北的看花人，依然络绎不绝地涌入洛阳城。人们不会因牡丹的拒绝而拒绝它的美。如果它再被贬谪十次，也许它就会繁衍出十个洛阳牡丹城。

于是你在无言的遗憾中感悟到，富贵与高贵只是一字之差。同人一样，花儿也是有灵性的，更有品位之高低。品位这东西为气为魂为//筋骨为神韵，只可意会。你叹服牡丹卓尔不群之姿，方知品位是多么容易被世人忽略或是漠视的美。

节选自张抗抗《牡丹的拒绝》

朗读提示

1. 词语难点提示

牡丹 mǔ·dān	膜拜 móbài	一次 yí cì
为之 wèizhī	一阵 yí zhèn	鲜嫩 xiānnèn
坠落 zhuìluò	一地 yídì	绚丽 xuànlì
一只 yìzhī	低吟着 dīyínzhe	要么 yàome
萎顿 wěidùn	消遁 xiāodùn	吝惜 lìnxī
即使 jíshǐ	诅咒 zǔzhòu	苟且 gǒuqiě
不媚俗 bú mèisú	一度 yí dù	为什么 wèishénme
络绎不绝 luòyì-bùjué	人们 rénmen	不会 bú huì
贬谪 biǎnzhé	繁衍 fányǎn	一字之差 yízìzhīchā
为气为魂 wéiqìwéihún		

2. 句子难点提示

那花瓣落地时依然鲜艳夺目，如同一只奉上祭坛的大鸟脱落的羽毛，低吟着壮烈的悲歌离去。

此句中的第一个分句停顿应在"依然"之前；第二个分句为了使语意清楚，停顿应在"如同"的后面和"大鸟"的后面；第三个分句为了表现花瓣落地的悲壮，在"离去"前应有一停顿。

3. 整体朗读提示

这篇文章让我们感受到除了雍容华贵外，还有另一面：不随波逐流，以及对生命执着的追求。作品文笔细腻，感情真挚，富有哲理，耐人寻味。朗读时语气要自然，声音要坚实厚重，节奏要明朗，语速要适中，以便读出哲理来。

作品 31 号

森林涵养水源，保持水土，防止水旱灾害的作用非常大。据专家测算，一片十万亩面积的森林，相当于一个两百万立方米的水库，这正如农谚所说的："山上多栽树，等于修水库。雨多它能吞，雨少它能吐。"

说起森林的功劳，那还多得很。它除了为人类提供木材及许多种生产、生活的原料之外，在维护生态环境方面也是功劳卓著，它用另一种"能吞能吐"的特殊功能孕育了人类。因为地球在形成之初，大气中的二氧化碳含量很高，氧气很少，气温也高，生物是难以生存的。大约在四亿年之前，陆地才产生了森林。森林慢慢将大气中的二氧化碳吸收，同时吐出新鲜氧气，调节气温；这才具备了人类生存的条件，地球上才最终有了人类。

森林，是地球生态系统的主体，是大自然的总调度室，是地球的绿色之肺。森林维护地球生态环境的这种"能吞能吐"的特殊功能是其他任何物体都不能取代的。然而，由于地球上的燃烧物增多，二氧化碳的排放量急剧增加，使得地球生态环境急剧恶化，主要表现为全球气候变暖，水分蒸发加快，改变了气流的循环，使气候变化加剧，从而引发热浪、飓风、暴雨、洪涝及干旱。

为了//使地球的这个"能吞能吐"的绿色之肺恢复健壮，以改善生态环境，抑制全球变暖，减少水旱等自然灾害，我们应该大力造林、护林，使每一座荒山都绿起来。

节选自《中考语文课外阅读试题精选》中《"能吞能吐"的森林》

朗读提示

1. 词语难点提示

涵养 hányǎng	一片 yípiàn	面积 miànjī
一个 yígè	农谚 nóngyàn	等于 děngyú
多得很 duódehěn	提供 tígōng	功劳卓著 gōng·láozhuózhù
另一种 lìngyìzhǒng	孕育 yùnyù	因为 yīn·wèi
很少 hěnshǎo	新鲜 xīn·xiān	主体 zhǔtǐ
调度室 diàodùshì	蒸发 zhēngfā	飓风 jùfēng
洪涝 hónglào		

2. 句子难点提示

森林维护地球生态环境的这种"能吞能吐"的特殊功能是其他任何物体都不能取代的。

此句较长，停顿宜在"这种"的前面和"是"的前面。

3. 整体朗读提示

此文为说明文，朗读时要使用质朴连贯的语气，不紧不慢的语速，力求声音清晰明白，不宜有任何夸张的情感。

作品 32 号

朋友即将远行。

暮春时节，又邀了几位朋友在家小聚，虽然都是极熟的朋友，却是终年难得一见，偶尔电话里相遇，也无非是几句寻常话。一锅小米稀饭，一碟大头菜，一盘自家酿制的泡菜，一只巷口买回的烤鸭，简简单单，不像请客，倒像家人团聚。

其实，友情也好，爱情也好，久而久之都会转化为亲情。

说也奇怪，和新朋友会谈文学、谈哲学、谈人生道理等等，和老朋友却只话家常，柴米油盐，细细碎碎，种种琐事。很多时候，心灵的契合已经不需要太多的言语来表达。

朋友新烫了个头，不敢回家见母亲，恐怕惊骇了老人家，却欢天喜地来见我们，老朋友颇能以一种趣味性的眼光欣赏这个改变。

年少的时候，我们差不多都在为别人而活，为苦口婆心的父母活，为循循善诱的师长活，为许多观念、许多传统的约束力而活。年岁逐增，渐渐挣脱外在的限制与束缚，开始懂得为自己活，照自己的方式做一些自己喜欢的事，不在乎别人的批评意见，不在乎别人的诋毁流言，只在乎那一份随心所欲的舒坦自然。偶尔，也能够纵容自己放浪一下，并且有一种恶作剧的窃喜。

就让生命顺其自然，水到渠成吧，犹如窗前的//乌桕，自生自落之间，自有一份圆融丰满的喜悦。春雨轻轻落着，没有诗，没有酒，有的只是一份相知相属的自在自得。

夜色在笑语中渐渐沉落，朋友起身告辞，没有挽留，没有送别，甚至也没有问归期。

已经过了大喜大悲的岁月，已经过了伤感流泪的年华，知道了聚散原来是这样的自然和顺理成章，懂得这点，便懂得珍惜每一次相聚的温馨，离别便也欢喜。

节选自(台湾)杏林子《朋友和其他》

朗读提示

1. 词语难点提示

即将 jíjiāng	暮春 mùchūn	极熟的 jí shú de
朋友 péngyou	一见 yíjiàn	偶尔 ǒu'ěr
一锅 yì guō	小米 xiǎomǐ	一碟 yì dié
一盘 yì pán	一只 yì zhī	倒像 dàoxiàng
琐事 suǒshì	契合 qìhé	已经 yǐjīng
不敢 bùgǎn	惊骇 jīnghài	约束 yuēshù

挣脱 zhèngtuō　　　　束缚 shùfù　　　　诋毁 dǐhuǐ

舒坦 shūtɑn　　　　　纵容 zòngróng　　　恶作剧 èzuòjù

2. 句子难点提示

朋友新烫了个头，不敢回家见母亲，恐怕惊骇了老人家，却欢天喜地来见我们，老朋友颇能以一种趣味性的眼光欣赏这个改变。

此句的前几个分句较为短小，要把作者的感受读出来，最后一个分句稍长，读时停顿宜在"老朋友"的后面，"欣赏"的前面。

3. 整体朗读提示

这是一篇带有作者感情的杂文，既有叙事，又有议论，叙事部分要读得自然朴实，议论部分要读得富有哲理，语调舒缓，声音沉稳。

作品 33 号

我们在田野散步：我，我的母亲，我的妻子和儿子。

母亲本不愿出来的。她老了，身体不好，走远一点儿就觉得很累。我说，正因为如此，才应该多走走。母亲信服地点点头，便去拿外套。她现在很听我的话，就像我小时候很听她的话一样。

这南方初春的田野，大块小块的新绿随意地铺着，有的浓，有的淡，树上的嫩芽也密了，田里的冬水也咕咕地起着水泡。这一切都使人想着一样东西——生命。

我和母亲走在前面，我的妻子和儿子走在后面。小家伙突然叫起来："前面是妈妈和儿子，后面也是妈妈和儿子。"我们都笑了。

后来发生了分歧：母亲要走大路，大路平顺；我的儿子要走小路，小路有意思。不过，一切都取决于我。我的母亲老了，她早已习惯听从她强壮的儿子；我的儿子还小，他还习惯听从他高大的父亲；妻子呢，在外面，她总是听我的。一霎时我感到了责任的重大。我想找一个两全的办法，找不出；我想拆散一家人，分成两路，各得其所，终不愿意。我决定委屈儿子，因为我伴同他的时日还长。我说："走大路。"

但是母亲摸摸孙儿的小脑瓜，变了主意："还是走小路吧。"她的眼随小路望去：那里有金色的菜花，两行整齐的桑树，//尽头一口水波粼粼的鱼塘。"我走不过去的地方，你就背着我。"母亲对我说。

这样，我们在阳光下，向着那菜花、桑树和鱼塘走去。到了一处，我蹲下来，背起了母亲；妻子也蹲下来，背起了儿子。我和妻子都是慢慢地，稳稳地，走得很仔细，好像我背上的同她背上的加起来，就是整个世界。

节选自莫怀戚《散步》

朗读提示

1. 词语难点提示

妻子 qī·zǐ　　　　　儿子 ér·zi　　　　　不愿 búyuàn

一点儿 yìdiǎnr　　　觉得 jué·dé　　　　因为 yīn·wèi

应该 yīnggāi	走走 zǒu·zou	点点 diǎndiǎn
小时候 xiǎoshí·hou	一样 yíyàng	嫩芽 nènyá
咕咕地 gūgū·de	一切 yíqiè	生命 shēngmìng
小家伙 xiǎojiā·huo	妈妈 mā·ma	分歧 fēnqí
有意思 yǒuyì·si	不过 búguò	父亲 fù·qīn
一霎时 yíshàshí	一个 yígè	找不出 zhǎo·buchū
一家人 yìjiārén	委屈 wěi·qu	摸摸 mō·mo
孙儿 sūn'ér	小脑瓜 xiǎonáoguā	主意 zhǔ·yi

2. 词语难点提示

这一切都使人想着一样东西——生命。

此句有一破折号，读时宜语调缓慢，语重心长，在"生命"前有略长的停顿。

3. 整体朗读提示

这篇文章质朴清新，朗读时不必在声音上大加渲染，只需要用娓娓道来的口吻，稳健地读出来即可。

作品 34 号

　　地球上是否真的存在"无底洞"？按说地球是圆的，由地壳、地幔和地核三层组成，真正的"无底洞"是不应存在的，我们所看到的各种山洞、裂口、裂缝，甚至火山口也都只是地壳浅部的一种现象。然而中国一些古籍却多次提到海外有个深奥莫测的无底洞。事实上地球上确实有这样一个"无底洞"。

　　它位于希腊亚各斯古城的海滨。由于濒临大海，大涨潮时，汹涌的海水便会排山倒海般地涌入洞中，形成一股湍湍的急流。据测，每天流入洞内的海水量达三万多吨。奇怪的是，如此大量的海水灌入洞中，却从来没有把洞灌满。曾有人怀疑，这个"无底洞"会不会就像石灰岩地区的漏斗、竖井、落水洞一类的地形。然而从十二世纪三十年代以来，人们就做了多种努力企图寻找它的出口，却都是枉费心机。

　　为了揭开这个秘密，一九五八年美国地理学会派出一支考察队，他们把一种经久不变的带色染料溶解在海水中，观察染料是如何随着海水一起沉下去。接着又察看了附近海面以及岛上的各条河、湖，满怀希望地寻找这种带颜色的水，结果令人失望。难道是海水量太大把有色水稀释得太淡，以致无法发现？ //

　　至今谁也不知道为什么这里的海水会没完没了地"漏"下去，这个"无底洞"的出口又在哪里，每天大量的海水究竟都流到哪里去了？

节选自罗伯特·罗威尔《神秘的"无底洞"》

朗读提示

1. 词语难点提示

地壳 dìqiào	地幔 dìmàn	地核 dìhé
不应 bùyīng	一种 yìzhǒng	一些 yìxiē

深奥莫测 shēn'ào-mòcè	一个 yígè	亚各斯 Yàgèsī
濒临 bīnlín	排山倒海 páishān-dǎohǎi	一股 yìgǔ
湍湍的 tuāntuānde	这个 zhège	会不会 huì·búhuì
一类 yílèi	枉费心机 wǎngfèi-xīnjī	一支 yìzhī
一种 yìzhǒng	经久不变 jīngjiǔ-búbiàn	海水 hǎishuǐ
一起 yìqǐ	沉下去 chénxià·qù	稀释 xīshì

2. 句子难点提示

然而中国一些古籍却多次提到海外有个深奥莫测的无底洞。

此句的停顿宜在"古籍"的后面和"提到"的前面,根据句子表达的含义,重音应落在"多次"之上。

3. 整体朗读提示

本文是说明文,朗读时要带有惊奇疑惑和饶有兴趣的语气。

作品 35

我在俄国所见到的景物再没有比托尔斯泰墓更宏伟、更感人的了。

完全按照托尔斯泰的愿望,他的坟墓成了世间最美的,给人印象最深刻的坟墓。它只是树林中的一个小小的长方形土丘,上面开满鲜花——没有十字架,没有墓碑,没有墓志铭,连托尔斯泰这个名字也没有。

这位比谁都感到受自己的声名所累的伟人,却像偶尔被发现的流浪汉,不为人知的士兵,不留名姓地被人埋葬了。谁都可以踏进他最后的安息地,围在四周的稀疏的木栅栏是不关闭的——保护列夫·托尔斯泰得以安息的没有任何别的东西,惟有人们的敬意;而通常,人们却总是怀着好奇,去破坏伟人墓地的宁静。

这里,逼人的朴素禁锢住任何一种观赏的闲情,并且不容许你大声说话。风儿俯临,在这座无名者之墓的树木之间飒飒响着,和暖的阳光在坟头嬉戏;冬天,白雪温柔地覆盖这片幽暗的圭土地。无论你在夏天或冬天经过这儿,你都想像不到,这个小小的、隆起的长方体里安放着一位当代最伟大的人物。

然而,恰恰是这座不留姓名的坟墓,比所有挖空心思用大理石和奢华装饰建造的坟墓更扣人心弦。在今天这个特殊的日子//里,到他的安息地来的成百上千人中间,没有一个有勇气,哪怕仅仅从这幽暗的土丘上摘下一朵花留作纪念。人们重新感到,世界上再没有比托尔斯泰最后留下的、这座纪念碑式的朴素坟墓,更打动人心的了。

节选自[奥]茨威格《世间最美的坟墓》,张厚仁译

朗读提示

1. 词语难点提示

托尔斯泰 Tuō'ěrsītài	印象 yìnxiàng	一个 yígè
小小的 xiǎoxiǎode	墓志铭 mùzhìmíng	这个 zhège
名字 míngzi	谁 shéi	声名 shēngmíng
累 lěi	偶尔 ǒu'ěr	可以 kěyǐ

木栅栏 mùzhàlan　　　　东西 dōngxi　　　　敬意 jìngyì

禁锢住 jìngùzhù　　　　一种 yìzhǒng　　　　不容许 bùróngxǔ

风儿 fēng'ér　　　　　　俯临 fǔlín　　　　　飒飒 sàsà

坟头 féntóur　　　　　　幽暗 yōu'àn　　　　圭土地 guītǔdì

这儿 zhèr　　　　　　　不到 búdào　　　　　一位 yíwèi

所有 suǒyǒu　　　　扣人心弦 kòurénxīnxián　　日子 rìzi

2. 句子难点提示

然而，恰恰是这座不留姓名的坟墓，比所有挖空心思用大理石和奢华装饰建造的坟墓更扣人心弦。

此句中最后一个分句较长，读时停顿应在"用"的前面和"更"的前面，"更"为重音所在。

3. 整体朗读提示

这篇文章中作者把坟墓的朴素与坟墓主人的伟大进行强烈的对比，从而衬托出托尔斯泰的伟大的人格魅力，朗读时要将作者的崇敬之情融入其中。

作品 36 号

我国的建筑，从古代的宫殿到近代的一般住房，绝大部分是对称的，左边怎么样，右边怎么样。苏州园林可绝不讲究对称，好像故意避免似的。东边有了一个亭子或者一道回廊，西边决不会来一个同样的亭子或者一道同样的回廊。这是为什么？我想，用图画来比方，对称的建筑是图案画，不是美术画，而园林是美术画，美术画要求自然之趣，是不讲究对称的。

苏州园林里都有假山和池沼。

假山的堆叠，可以说是一项艺术而不仅是技术。或者是重峦叠嶂，或者是几座小山配合着竹子花木，全在乎设计者和匠师们生平多阅历，胸中有丘壑，才能使游览者攀登的时候忘却苏州城市，只觉得身在山间。

至于池沼，大多引用活水。有些园林池沼宽敞，就把池沼作为全园的中心，其他景物配合着布置。水面假如成河道模样，往往安排桥梁。假如安排两座以上的桥梁，那就一座一个样，决不雷同。

池沼或河道的边沿很少砌齐整的石岸，总是高低屈曲任其自然。还在那儿布置几块玲珑的石头，或者种些花草。这也是为了取得从各个角度看都成一幅画的效果。池沼里养着金鱼或各色鲤鱼，夏秋季节荷花或睡莲开//放，游览者看"鱼戏莲叶间"，又是入画的一景。

节选自叶圣陶《苏州园林》

朗读提示

1. 词语难点提示

一般 yìbān　　　　　　部分 bùfen　　　　　对称 duìchèn

怎么样 zěnmeyàng　　　绝不 juébù　　　　　似的 shìde

一个 yígè	一道 yídào	决不会 juébúhuì
为什么 wèishénme	比方 bǐfang	不是 búshì
不讲究 bùjiǎng·jiū	池沼 chízhǎo	一项 yíxiàng
重峦叠嶂 chóngluán-diézhàng	竹子 zhúzi	在乎 zàihu
丘壑 qiūhè	时候 shíhou	宽敞 kuān·chǎng
布置 bùzhì	往往 wǎngwǎng	一座 yízuò
一个样 yígèyàng	很少 hěnshǎo	屈曲 qūqū
那儿 nàr	玲珑 línglóng	一幅 yìfú

2. 句子难点提示

这也是为了取得从各个角度看都成一幅画的效果。

此句的停顿宜在"取得"的后面,"都"的前面。

3. 整体朗读提示

这是一篇写景说明文,表达了作者对苏州园林的眷恋和欣赏之情。朗读时语调要自然、明快,通过自己的声音把听者带入如诗如画的景色中。

作品 37 号

一位访美中国女作家,在纽约遇到一位卖花的老太太。老太太穿着破旧,身体虚弱,但脸上的神情却是那样祥和兴奋。女作家挑了一朵花说:"看起来,你很高兴。"老太太面带微笑地说:"是的,一切都这么美好,我为什么不高兴呢?""对烦恼,你倒真能看得开。"女作家又说了一句。没料到,老太太的回答更令女作家大吃一惊:"耶稣在星期五被钉上十字架时,是全世界最糟糕的一天,可三天后就是复活节。所以,当我遇到不幸时,就会等待三天,这样一切就恢复正常了。"

"等待三天",多么富于哲理的话语,多么乐观的生活方式。它把烦恼和痛苦抛下,全力去收获快乐。

沈从文在"文革"期间,陷入了非人的境地。可他毫不在意,他在咸宁时给他的表侄、画家黄永玉写信说:"这里的荷花真好,你若来……"身陷苦难却仍为荷花的盛开欣喜赞叹不已,这是一种趋于澄明的境界,一种旷达洒脱的胸襟,一种面临磨难坦荡从容的气度,一种对生活童子般的热爱和对美好事物无限向往的生命情感。

由此可见,影响一个人快乐的,有时并不是困境及磨难,而是一个人的心态。如果把自己浸泡在积极、乐观、向上的心态中,快乐必然会//占据你的每一天。

节选自韩如意《态度创造快乐》

朗读提示

1. 词语难点提示

一位 yíwèi	老太太 lǎotàitai	穿着 chuānzhuó
兴奋 xīngfèn	一朵花 yìduǒhuā	看起来 kànqǐ·lái
一切 yíqiè	看得开 kàndekāi	一句 yíjù

大吃一惊 dàchīyìjīng　　一天 yìtiān　　　　所以 suǒyǐ

多么 duōme　　　　　咸宁 xiánníng　　　澄明 chéngmíng

旷达 kuàngdá　　　　胸襟 xiōngjīn　　　美好 měihǎo

影响 yǐngxiǎng　　　并不是 bìng·búshì　　一个人 yígèrén

浸泡 jìnpào

2. 句子难点提示

身陷苦难却仍为荷花的盛开欣喜赞叹不已，这是一种趋于澄明的境界，一种旷达洒脱的胸襟，一种面临磨难坦荡从容的气度，一种对生活童子般的热爱和对美好事物无限向往的生命情感。

此句中重复使用一种句式，读时注意不要过于呆板。

3. 整体朗读提示

本文主要写了作者从老太太的言语中领悟出的人生哲理：态度创造快乐。朗读时要娓娓道来，语调要深沉、平稳。

作品 38 号

泰山极顶看日出，历来被描绘成十分壮观的奇景。有人说：登泰山而看不到日出，就像一出大戏没有戏眼，味儿终究有点寡淡。

我去爬山那天，正赶上个难得的好天，万里长空，云彩丝儿都不见，素常，烟雾腾腾的山头，显得眉目分明。同伴们都喜的说："明儿早晨准可以看见日出了。"我也是抱着这种想头，爬上山去。

一路上从山脚往上爬，细看山景，我觉得挂在眼前的不是五岳独尊的泰山，却像一幅规模惊人的青绿山水画，从下面倒展开来。在画卷中最先露出的是山根底那座明朝建筑岱宗坊，慢慢地便现出王母池、斗母宫、经石峪。……山是一层比一层深，一叠比一叠奇，层层叠叠，不知还会有多深多奇。万山丛中，时而点染着极其工细的人物。王母池旁边吕祖殿里有不少尊明塑，塑着吕洞宾等一些人，姿态神情是那样有生气，你看了，不禁会脱口赞叹说："活啦。"

画卷继续展开，绿荫森森的柏洞露面不太久，便来到对松山。两面奇峰对峙着，满山峰都是奇形怪状的老松，年纪怕都上千岁了，颜色竟那么浓，浓得好像要流下来似的。来到这儿你不妨权当一次画里的写意人物，坐在路旁的对松亭里，看看山色，听听流//水的松涛。

一时间，我又觉得自己不仅是在看画卷，却又像是在零零乱乱翻着一卷历史稿本。

节选自杨朔《泰山极顶》

朗读提示

1. 词语难点提示

看不到 kàn·búdào　　　一出 yì chū　　　　味儿 wèir

有点 yǒu diǎnr　　　　寡淡 guǎdàn　　　云彩丝儿 yúncaisīr

不见 bú jiàn　　　　　同伴们 tóngbànmen　　　想头 xiǎngtou
一路 yílù　　　　　　不是 búshì　　　　　　一幅 yì fú
露出 lòuchū　　　　　岱宗坊 Dàizōngfāng　　　经石峪 Jīngshíyù
一层 yìcéng　　　　　一叠 yì dié　　　　　　点染 diǎnrǎn
一些人 yìxiē rén　　　姿态 zītài　　　　　　不禁 bùjīn
露面 lòumiàn　　　　　不太久 bú tài jiǔ　　　对峙着 duìzhìzhe
流下来 liú xià·lái　　　似的 shìde　　　　　　这儿 zhèr
一次 yí cì

2. 句子难点提示

在画卷中最先露出的是山根底那座明朝建筑岱宗坊，慢慢地便现出王母池、斗母宫、经石峪。

此句中第一个分句的停顿应在"是"的前面，并读好带顿号的词语之间的停顿。

3. 整体朗读提示

这是一篇写景文章，描写了泰山的自然景观和人文景观的美丽。朗读时语气应朴实流畅，感情要饱满、真挚。

作品 39 号

育才小学校长陶行知在校园看到学生王友用泥块砸自己班上的同学，陶行知当即喝止了他，并令他放学后到校长室去。无疑，陶行知是要好好教育这个"顽皮"的学生。那么他是如何教育的呢？

放学后，陶行知来到校长室，王友已经等在门口准备挨训了。可一见面，陶行知却掏出一块糖果送给王友，并说："这是奖给你的，因为你按时来到这里，而我却迟到了。"王友惊疑地接过糖果。

随后，陶行知又掏出一块糖果放到他手里，说："这第二块糖果也是奖给你的，因为当我不让你再打人时，你立即就住手了，这说明你很尊重我，我应该奖你。"王友更惊疑了，他眼睛睁得大大的。

陶行知又掏出第三块糖果塞到王友手里，说："我调查过了，你用泥块砸那些男生，是因为他们不守游戏规则，欺负女生；你砸他们，说明你很正直善良，且有批评不良行为的勇气，应该奖励你啊!"王友感动极了，他流着眼泪后悔地喊道："陶……陶校长你打我两下吧!我砸的不是坏人，而是自己的同学啊……"

陶行知满意地笑了，他随即掏出第四块糖果递给王友，说："为你正确地认识错误，我再奖给你一块糖果，只可惜我只有这一块糖果了。我的糖果//没有了，我看我们的谈话也该结束了吧！"说完，就走出了校长室。

节选自《教师博览·百期精华》中《陶行知的"四块糖果"》

朗读提示

1. 词语难点提示

学生 xuésheng	喝止 hèzhǐ	好好 hǎohǎo
那么 nàme	挨训 áixùn	一见面 yíjiànmiàn
一块 yíkuài	因为 yīn·wèi	接过 jiēguo
不让 búràng	应该 yīnggāi	眼睛 yǎnjing
大大的 dàdàde	欺负 qīfu	打我 dǎwǒ
坏人 huàirén	认识 rènshi	只可惜 zhǐkěxī

2. 句子难点提示

育才小学校长陶行知在校园看到学生王友用泥块砸自己班上的同学……

此句比较长的停顿应在"陶行知"的后面和"用泥块"的前面。

3. 整体朗读提示

本文记叙了陶行知利用四块糖果教育学生的故事,朗读时应注意陶行知的言语,没有任何说教,亲切、友好、平等。

作品40号

享受幸福是需要学习的,当它即将来临的时刻需要提醒。人可以自然而然地学会感官的享乐,却无法天生地掌握幸福的韵律。灵魂的快意同器官的舒适像一对孪生兄弟,时而相傍相依,时而南辕北辙。

幸福是一种心灵的震颤。它像会倾听音乐的耳朵一样,需要不断地训练。

简而言之,幸福就是没有痛苦的时刻。它出现的频率并不像我们想像的那样少。人们常常只是在幸福的金马车已经驶过去很远时,才拣起地上的金鬃毛说,原来我见过它。

人们喜爱回味幸福的标本,却忽略它披着露水散发清香的时刻。那时候我们往往步履匆匆,瞻前顾后不知在忙着什么。

世上有预报台风的,有预报蝗灾的,有预报瘟疫的,有预报地震的。没有人预报幸福。

其实幸福和世界万物一样,有它的征兆。

幸福常常是朦胧的,很有节制地向我们喷洒甘霖。你不要总希望轰轰烈烈的幸福,它多半只是悄悄地扑面而来。你也不要企图把水龙头拧得更大,那样它会很快地流失。你需要静静地以平和之心,体验它的真谛。

幸福绝大多数是朴素的。它不会像信号弹似的,在很高的天际闪烁红色的光芒。它披着本色外衣,亲//切温暖地包裹起我们。

幸福不喜欢喧嚣浮华,它常常在暗淡中降临。贫困中相濡以沫的一块糕饼,患难中心心相印的一个眼神,父亲一次粗糙的抚摸,女友一张温馨的字条……这都是千金难买的幸福啊。像一粒粒缀在旧绸子上的红宝石,在凄凉中愈发熠熠夺目。

节选自毕淑敏《提醒幸福》

朗读提示

1. 词语难点提示

提醒 tíxǐng	自然而然 zìrán'érrán	一对 yíduì
孪生 luánshēng	兄弟 xiōngdì	相傍相依 xiāngbàng-xiāngyī
南辕北辙 nányuán-běizhé	一种 yìzhǒng	震颤 zhènchàn
耳朵 ěrduo	一样 yíyàng	不断地 búduànde
频率 pínlǜ	并不像 bìngbúxiàng	想像 xiǎngxiàng
很远 hěnyuǎn	鬃毛 zōngmáo	见过 jiànguo
露水 lù·shuǐ	那时候 nàshíhou	步履 bùlǚ
瞻前顾后 zhānqián-gùhòu	瘟疫 wēnyì	征兆 zhēngzhào
朦胧 ménglóng	甘霖 gānlín	不要 búyào
拧得 nǐngde	不会 búhuì	似的 shìde

2. 句子难点提示

人们常常只是在幸福的金马车已经驶过去很远时,才拣起地上的金鬃毛说,原来我见过它。

此句的第一分句的停顿应在"常常"的后面,读到后面一个分句时要略带醒悟的语气。

3. 整体朗读提示

本文用清新而又富有哲理的语言向我们娓娓道出幸福的含义。朗读时应语调自然,语速稍缓,语气中带有几分的感慨和醒悟。

作品 41 号

在里约热内卢的一个贫民窟里,有一个男孩子,他非常喜欢足球,可是又买不起,于是就踢塑料盒,踢汽水瓶,踢从垃圾箱里拣来的椰子壳。他在胡同里踢,在能找到的任何一片空地上踢。

有一天,当他在一处干涸的水塘里猛踢一个猪膀胱时,被一位足球教练看见了。他发现这个男孩儿踢得很像是那么回事,就主动提出要送给他一个足球。小男孩儿得到足球后踢得更卖劲了。不久,他就能准确地把球踢进远处随意摆放的一个水桶里。

圣诞节到了,孩子的妈妈说:"我们没有钱买圣诞礼物送给我们的恩人,就让我们为他祈祷吧。"

小男孩儿跟随妈妈祈祷完毕,向妈妈要了一把铲子便跑了出去。他来到一座别墅前的花园里,开始挖坑。

就在他快要挖好坑的时候,从别墅里走出一个人来,问小孩儿在干什么,孩子抬起满是汗珠的脸蛋儿,说:"教练,圣诞节到了,我没有礼物送给您,我愿给您的圣诞树挖一个树坑。"

教练把小男孩儿从树坑里拉上来,说,我今天得到了世界上最好的礼物。明天你就到

我的训练场去吧。

三年后，这位十七岁的男孩儿在第六届足球锦标赛上独进二十一球，为巴西第一次捧回了金杯。一个原来不//为世人所知的名字——贝利，随之传遍世界。

节选自刘燕敏《天才的造就》

朗读提示

1. 词语难点提示

里约热内卢 Lǐyuērènèilú	一个 yí gè	贫民窟里 pínmínkū·lǐ
男孩子 nánháizi	喜欢 xǐhuan	买不起 mǎi·bùqǐ
塑料盒 sùliàohér	椰子壳 yēzikér	一片 yí piàn
空地上 kòngdì·shàng	有一天 yǒu yì tiān	一处 yí chù
干涸 gānhé	膀胱 pángguāng	一位 yí wèi
看见了 kàn·jiàn le	这个 zhège	那么 nàme
小男孩儿 xiǎonánháir	水桶里 shuǐtǒng·lǐ	我们 wǒmen
祈祷 qídǎo	一把 yì bǎ	铲子 chǎnzi
跑了出去 pǎole chū·qù	一座 yí zuò	别墅 biéshù
花园里 huāyuán·lǐ	时候 shíhou	干什么 gàn shénme
脸蛋儿 liǎndànr	得到了 dédàole	圣诞树 shèngdànshù
树坑里 shùkēng·lǐ	拉上来 lā shàng·lái	第一次 dì-yícì

2. 句子难点提示

我们没有钱买圣诞礼物送给我们的恩人，就让我们为他祈祷吧。

此句的前一个分句的停顿应在"礼物"的后面，因为是祈使语气，末尾宜用降调。

3. 整体朗读提示

本文记叙了贝利小时候对足球执着追求的故事，叙述极为自然、朴实。朗读时要把小贝利的执着劲和为了报答教练而挖坑的感人至深的情感读出来。

作品42号

记得我十三岁时，和母亲住在法国东南部的耐斯城。母亲没有丈夫，也没有亲戚，够清苦的，但她经常能拿出令人吃惊的东西，摆在我面前。她从来不吃肉，一再说自己是素食者。然而有一天，我发现母亲正仔细地用一小块碎面包擦那给我煎牛排用的油锅。我明白了她称自己为素食者的真正原因。

我十六岁时，母亲成了耐斯市美蒙旅馆的女经理。这时，她更忙碌了。一天，她瘫在椅子上，脸色苍白，嘴唇发灰。马上找来医生，做出诊断：她摄取了过多的胰岛素。直到这里我才知道母亲多年一直对我隐瞒的疾病——糖尿病。

她的头歪向枕头一边，痛苦地用手抓挠胸口。床架上方，则挂着一枚我一九三二年赢得耐斯市少年乒乓球冠军的银质奖章。

啊，是对我的美好前途的憧憬支撑着她活下去，为了给她那荒唐的梦至少加一点真实

的色彩，我只能继续努力，与时间竞争，直至一九三八年我被征入空军。巴黎很快失陷，我辗转调到英国皇家空军。刚到英国就接到了母亲的来信。这些信是由在瑞士的一个朋友秘密地转到伦敦，送到我手中的。

现在我要回家了，胸前佩带着醒目的绿黑两色的解放十字绶//带，上面挂着五六枚我终身难忘的勋章，肩上还佩带着军官肩章。到达旅馆时，没有一个人跟我打招呼。原来，我母亲在三年半以前就已经离开人间了。

在她死前的几天中，她写了近二百五十封信，把这些信交给她在瑞士的朋友，请这个朋友定时寄给我。就这样，在母亲死后的三年半的时间里，我一直从她身上吸取着力量和勇气——这使我能够继续战斗到胜利那一天。

节选自[法]罗曼加里《我的母亲独一无二》

朗读提示

1. 词语难点提示

记得 jì·dé	丈夫 zhàng·fu	亲戚 qīnqi
东西 dōngxi	一再 yízài	有一天 yǒuyìtiān
一小块 yìxiǎokuàir	明白了 míngbaile	女经理 nǚjīnglǐ
摄取了 shèqǔle	胰岛素 yídǎosù	知道 zhī·dào
一直 yìzhí	枕头 zhěntou	一边 yìbiān
抓挠 zhuā·nao	一枚 yìméi	赢得 yíngdé
憧憬 chōngjǐng	活下去 huóxià·qù	一点 yìdiǎnr
与 yǔ	辗转 zhǎnzhuǎn	朋友 péng·you
醒目 xǐngmù	绶带 shòudài	

2. 句子难点提示

我发现母亲正仔细地用一小块碎面包擦那给我煎牛排用的油锅。

此句的停顿应在"母亲"的后面和"擦"的前面。

3. 整体朗读提示

本文赞扬了伟大的母爱，朗读时语气宜凝重、沉缓，语调略带悲伤，并充满对母爱的由衷赞美之情。

作品 43 号

生活对于任何人都非易事，我们必须有坚韧不拔的精神。最要紧的，还是我们自己要有信心。我们必须相信，我们对每一件事情都具有天赋的才能，并且，无论付出任何代价，都要把这件事完成。当事情结束的时候，你要能问心无愧地说："我已经尽我所能了。"

有一年的春天，我因病被迫在家里休息数周。我注视着我的女儿们所养的蚕正在结茧，这使我很感兴趣。望着这些蚕执着地、勤奋地工作，我感到我和它们非常相似。像它们一样，我总是耐心地把自己的努力集中在一个目标上。我之所以如此，或许是因为有某

种力量在鞭策着我——正如蚕被鞭策着去结茧一般。

近五十年来，我致力于科学研究，而研究，就是对真理的探讨。我有许多美好快乐的记忆。少女时期我在巴黎大学，孤独地过着求学的岁月；在后来献身科学的整个时期，我丈夫和我专心致志，像在梦幻中一般，坐在简陋的书房里艰辛地研究，后来我们就在那里发现了镭。

我永远追求安静的工作和简单的家庭生活。为了实现这个理想，我竭力保持宁静的环境，以免受人事的干扰和盛名的拖累。

我深信，在科学方面我们有对事业而不是//对财富的兴趣。我的唯一奢望是在一个自由国家中，以一个自由学者的身份从事研究工作。

我一直沉醉于世界的优美之中，我所热爱的科学也不断增加它崭新的远景。我认定科学本身就具有伟大的美。

节选自[波兰]玛丽·居里《我的信念》，剑捷译

朗读提示

1. 词语难点提示

坚韧不拔 jiānrènbùbá	每一件 měiyíjiàn	事情 shìqing
结束 jiéshù	时候 shíhou	问心无愧 wènxīnwúkuì
有一年 yǒuyìnián	很感 hěngǎn	勤奋地 qínfènde
一样 yíyàng	之所以 zhīsuóyǐ	因为 yīn·wèi
某种 mǒuzhǒng	鞭策 biāncè	一般 yìbān
美好 měihǎo	丈夫 zhàngfu	简陋的 jiǎnlòude
那里 nà·lǐ	镭 léi	永远 yǒngyuǎn
这个 zhège	理想 lǐxiǎng	竭力 jiélì
以免 yǐmiǎn	拖累 tuōlěi	不是 búshì

2. 句子难点提示

像它们一样，我总是耐心地把自己的努力集中在一个目标上。

此句的停顿应在"把"的前面和"集中"的前面。

3. 整体朗读提示

本文是以第一人称的口吻写的，表现了玛丽·居里对生活事业坚韧不拔的信心。朗读时语调应自信、坚定。

作品 44 号

我为什么非要教书不可？是因为我喜欢当教师的时间安排表和生活节奏。七、八、九三个月给我提供了进行回顾、研究、写作的良机，并将三者有机融合，而善于回顾、研究和总结正是优秀教师素质中不可缺少的成分。

干这行给了我多种多样的"甘泉"去品尝，找优秀的书籍去研读，到"象牙塔"和实际世界里去发现。教学工作给我提供了继续学习的时间保证，以及多种途径、机遇和

挑战。

　　然而，我爱这一行的真正原因，是爱我的学生。学生们在我的眼前成长、变化。当教师意味着亲历"创造"过程的发生——恰似亲手赋予一团泥土以生命，没有什么比目睹它开始呼吸更激动人心的了。

　　权利我也有了：我有权利去启发诱导，去激发智慧的火花，去问费心思考的问题，去赞扬回答的尝试，去推荐书籍，去指点迷津。还有什么别的权利能与之相比呢？

　　而且，教书还给我金钱和权利之外的东西，那就是爱心。不仅有对学生的爱，对书籍的爱，对知识的爱，还有教师才能感受到的对"特别"学生的爱。这些学生，有如冥顽不灵的泥块，由于接受了老师的炽爱才勃发了生机。

　　所以，我爱教书，还因为，在那些勃发生机的"特//别"学生身上，我有时发现自己和他们呼吸相通，忧乐与共。

节选自[美]彼得·基·贝得勒《我为什么当教师》

朗读提示

1. 词语难点提示

不可 bùkě	因为 yīn·wèi	喜欢 xǐ·huan
提供了 tígōngle	途径 tújìng	这一行 zhèyìháng
学生 xué·sheng	赋予 fùyǔ	一团 yìtuán
指点迷津 zhǐdiǎnmíjīn	给我 gěiwǒ	东西 dōngxi
知识 zhīshi	冥顽不灵 míngwánbùlíng	炽爱 chì'ài
所以 suǒyǐ		

2. 句子难点提示

当教师意味着亲历"创造"过程的发生——恰似亲手赋予一团泥土以生命，没有什么比目睹它开始呼吸更激动人心的了。

此句第一个分句的前半部分的停顿应在"意味"的前面，后面一个分句的停顿应在"什么"的后面和"呼吸"的后面。

3. 整体朗读提示

本文充满感情地阐述了"我"喜欢当教师的理由，语言质朴清新，毫无夸夸其谈之态，所以在朗读时宜娓娓道来，感情起伏不宜过于强烈。同时，语调自然之中要饱含对教师职业的热爱之情，这样才能把作者的感悟和心情淋漓尽致地表现出来。

作品 45 号

　　中国西部我们通常是指黄河与秦岭相连一线以西，包括西北和西南的十二个省、市、自治区。这块广袤的土地面积为五百四十六万平方公里，占国土总面积的百分之五十七；人口二点八亿，占全国总人口的百分之二十三。

　　西部是华夏文明的源头。华夏祖先的脚步是顺着水边走的：长江上游出土过元谋人牙齿化石，距今约一百七十万年；黄河中游出土过蓝田人头盖骨，距今约七十万年。这两处

古人类都比距今约五十万年的北京猿人资格更老。

西部地区是华夏文明的重要发源地。秦皇汉武以后，东西方文化在这里交汇融合，从而有了丝绸之路的驼铃声声，佛院深寺的暮鼓晨钟。敦煌莫高窟是世界文化史上的一个奇迹，它在继承汉晋艺术传统的基础上，形成了自己兼收并蓄的恢宏气度，展现出精美绝伦的艺术形式和博大精深的文化内涵。秦始皇兵马俑、西夏王陵、楼兰古国、布达拉宫、三星堆、大足石刻等历史文化遗产，同样为世界所瞩目，成为中华文化重要的象征。

西部地区又是少数民族及其文化的集萃地，几乎包括了我国所有的少数民族。在一些偏远的少数民族地区，仍保留//了一些久远时代的艺术品种，成为珍贵的"活化石"，如纳西古乐、戏曲、剪纸、刺绣、岩画等民间艺术和宗教艺术。特色鲜明、丰富多彩，犹如一个巨大的民族民间文化艺术宝库。

我们要充分重视和利用这些得天独厚的资源优势，建立良好的民族民间文化生态环境，为西部大开发做出贡献。

节选自《中考语文课外阅读试题精选》中《西部文化和西部开发》

朗读提示

1. 词语难点提示

一线 yíxiàn	广袤的 guǎngmàode	面积 miànjī
元谋人 Yuánmóurén	一百 yìbǎi	佛院 fóyuàn
暮鼓晨钟 mùgǔ-chénzhōng	敦煌 Dūnhuáng	莫高窟 Mògāokū
一个 yígè	奇迹 qíjì	兼收并蓄 jiānshōu-bìngxù
博大精深 bódà-jīngshēn	为 wéi	瞩目 zhǔmù
集萃地 jícuìdì	几乎 jīhū	所有 suǒyǒu
一些 yìxiē		

2. 句子难点提示

中国西部我们通常是指黄河与秦岭相连一线以西，包括西北和西南的十二个省、市、自治区。

此句的第一个分句的停顿应在"我们"的前面。

3. 整体朗读提示

本文以说明文的形式介绍了西部的文化和西部的开发。朗读时宜客观、沉稳，感情抑扬不明显。

作品 46 号

高兴，这是一种具体的被看得到摸得着的事物所唤起的情绪。它是心理的，更是生理的。它容易来也容易去，谁也不应该对它视而不见失之交臂，谁也不应该总是做那些使自己不高兴也使旁人不高兴的事。让我们说一件最容易做也最令人高兴的事吧，尊重你自己，也尊重别人，这是每一个人的权利，我还要说这是每一个人的义务。

快乐，它是一种富有概括性的生存状态、工作状态。它几乎是先验的，它来自生命本

身的活力，来自宇宙、地球和人间的吸引，它是世界的丰富、绚丽、阔大、悠久的体现。快乐还是一种力量，是埋在地下的根脉。消灭一个人的快乐比挖掘掉一棵大树的根要难得多。

欢欣，这是一种青春的、诗意的情感。它来自面向着未来伸开双臂奔跑的冲力，它来自一种轻松而又神秘、朦胧而又隐秘的激动，它是激情即将到来的预兆，它又是大雨过后的比下雨还要美妙得多也久远得多的回味……

喜悦，它是一种带有形而上色彩的修养和境界。与其说它是一种情绪，不如说它是一种智慧、一种超拔、一种悲天悯人的宽容和理解，一种饱经沧桑的充实和自信，一种光明的理性，一种坚定//的成熟，一种战胜了烦恼和庸俗的清明澄澈。它是一潭清水，它是一抹朝霞，它是无边的平原，它是沉默的地平线。多一点儿、再多一点儿喜悦吧，它是翅膀，也是归巢。它是一杯美酒，也是一朵永远开不败的莲花。

节选自王蒙《喜悦》

朗读提示

1. 词语难点提示

一种 yìzhǒng	摸得着 mōdezháo	谁 shéi
视而不见 shì'érbújiàn	失之交臂 shīzhījiāobì	一件 yíjiàn
每一个 měiyígè	几乎 jīhū	绚丽 xuànlì
地下 dìxià	根脉 gēnmài	一棵 yìkē
朦胧 ménglóng	隐秘 yǐnmì	久远 jiǔyuǎn
与其 yǔqí	悲天悯人 bēitiān-mǐnrén	理解 lǐjiě

2. 句子难点提示

高兴，这是一种具体的被看得到摸得着的事物所唤起的情绪。

此句的停顿应在"具体的"的后面和"事物"的后面。

3. 整体朗读提示

本文是人生感悟，富有哲理和诗意，朗读时语调沉稳中要有感情的起伏，把作者的感悟通过自己的声音渲染出来。

作品 47 号

在湾仔，香港最热闹的地方，有一棵榕树，它是最贵的一棵树，不光在香港，在全世界，都是最贵的。

树，活的树，又不卖何言其贵？只因它老，它粗，是香港百年沧桑的活见证，香港人不忍看着它被砍伐，或者被移走，便跟要占用这片山坡的建筑者谈条件：可以在这儿建大楼盖商厦，但一不准砍树，二不准挪树，必须把它原地精心养起来，成为香港闹市中的一景。太古大厦的建设者最后签了合同，占用这个大山坡建豪华商厦的先决条件是同意保护这棵老树。

树长在半山坡上，计划将树下面的成千上万吨山石全部掏空取走，腾出地方来盖楼，

把树架在大楼上面，仿佛它原本是长在楼顶上似的。建设者就地造了一个直径十八米、深十米的大花盆，先固定好这棵老树，再在大花盆底下盖楼。光这一项就花了两千三百八十九万港币，堪称是最昂贵的保护措施了。

太古大厦落成之后，人们可以乘滚动扶梯一次到位，来到太古大厦的顶层，出后门，那儿是一片自然景色。一棵大树出现在人们面前，树干有一米半粗，树冠直径足有二十多米，独木成林，非常壮观，形成一座以它为中心的小公园，取名叫"榕圃"。树前面//插着铜牌，说明缘由。此情此景，如不看铜牌的说明，绝对想不到巨树根底下还有一座宏伟的现代大楼。

节选自舒乙《香港：最贵的一棵树》

朗读提示

1. 词语难点提示

湾仔 wānzǎi	热闹 rè·nao	地方 dì·fang
一棵 yìkē	又不卖 yòubúmài	沧桑 cāngsāng
看着 kànzhe	砍伐 kǎnfá	可以 kěyǐ
这儿 zhèr	养起来 yǎngqǐ·lái	一景 yìjǐng
合同 hé·tong	下面 xià·miàn	取走 qǔzǒu
仿佛 fǎngfú	似的 shìde	一个 yígè
直径 zhíjìng	这一项 zhèyíxiàng	堪称 kānchēng
一次到位 yícìdàowèi	那儿 nàr	树冠 shùguān
独木成林 dúmù-chénglín	一座 yízuò	榕圃 róngpǔ

2. 句子难点提示

太古大厦的建设者最后签了合同，占用这个大山坡建豪华商厦的先决条件是同意保护这棵老树。

此句第一个分句的停顿应在"最后"之前，后一个分句长，停顿宜在"大山坡"的后面和"先决条件"的后面。

3. 整体朗读提示

本文描写了香港最贵的一棵树，文章一开头就给了读者一个悬念，朗读时，语调要有起伏，语势可稍作夸张。然后一步步地揭示答案，让读者明白其中的缘由，朗读这一部分，语调要平稳而不失惊奇。

作品 48 号

我们的船渐渐地逼近榕树了。我有机会看清它的真面目：是一棵大树，有数不清的丫枝，枝上又生根，有许多根一直垂到地上，伸进泥土里。一部分树枝垂到水面上，从远处看，就像一棵大树斜躺在水面上一样。

现在正是枝繁叶茂的时节。这棵榕树好像在把它的全部生命力展示给我们看。那么多的绿呀，一簇堆在另一簇的上面，不留一点缝隙。翠绿的颜色明亮地在我们的眼前闪耀，似乎每一片树叶上都有一个新的生命在颤动，这美丽的南国的树！

　　船在树下泊了片刻，岸上很湿，我们没有上去。朋友说这里是"鸟的天堂"，有许多鸟在这棵树上做窝，农民不许人去捉它们。我仿佛听见几只鸟扑翅的声音，但是等到我的眼睛注意地看那里时，我却看不见一只鸟的影子。只有无数的树根立在地上，像许多根木桩。地是湿的，大概涨潮时河水常常冲上岸去。"鸟的天堂"里没有一只鸟，我这样想到。船开了，一个朋友拨着船，缓缓地流到河中间去。

　　第二天，我们划着船到一个朋友的家乡去，就是那个有山有塔的地方。从学校出发，我们又经过那"鸟的天堂"。

　　这一次是在早晨，阳光照在水面上，也照在树梢上。一切都//显得非常光明。我们的船也在树下泊了片刻。

　　起初四周围非常清静。后来忽然起了一声鸟叫。我们把手一拍，便看见一只大鸟飞了起来，接着又看见第二只，第三只。我们继续拍掌，很快地这个树林就变得很热闹了。到处都是鸟声，到处都是鸟影。大的，小的，花的，黑的，有的站在枝上叫，有的飞起来，在扑翅膀。

节选自巴金《鸟的天堂》

朗读提示

1. 词语难点提示

我们 wǒmen	渐渐地 jiànjiàn de	机会 jī·huì
数不清 shǔ·bùqīng	丫枝 yāzhī	一直 yìzhí
地上 dì·shàng	泥土里 nítǔ·lǐ	一部分 yí bùfen
水面上 shuǐmiàn·shàng	一棵 yì kē	一样 yíyàng
时节 shíjié	那么 nàme	一簇 yí cù
上面 shàng·miàn	一点儿 yìdiǎnr	缝隙 fèngxì
似乎 sìhū	每一片 měi yí piàn	树叶上 shùyè·shàng
颤动 chàndòng	泊了 bóle	岸上 àn·shàng
上去 shàng·qù	朋友 péng·you	这里 zhè·lǐ
它们 tāmen	听见 tīng·jiàn	眼睛 yǎn·jing
那里 nà·lǐ	看不见 kàn·bújiàn	一只 yì zhī
影子 yǐngzi	只有 zhǐyǒu	冲上岸去 chōng·shàng àn·qù
塔 tǎ	早晨 zǎo·chén	一切 yíqiè
树梢上 shùshāo·shàng		

2. 句子难点提示

　　翠绿的颜色明亮地在我们的眼前闪耀，似乎每一片树叶上都有一个新的生命在颤动，这美丽的南国的树！

　　此句的第一个分句停顿应在"颜色"的后面，第二个分句停顿应在"都"之前。在读这句话时语调要明快并夹杂着欣喜，特别最后一个分句，宜语速放慢，音长加长，以表现作者的赞叹之情。

3. 整体朗读提示

本文写了作者两次观赏大榕树的情景，而且两次的印象有些不同，朗读时要区别对待，朗读前一部分时要用欣喜的语调、舒缓的节奏表现出对大榕树的赞美之情，朗读中间过渡时语调要略含失望、遗憾，朗读后一部分时语调要畅快欣喜——终于看到鸟啦！

作品 49 号

有这样一个故事。

有人问：世界上什么东西的气力最大？回答纷纭得很，有的说"象"，有的说"狮"，有人开玩笑似的说：是"金刚"，金刚有多少气力，当然大家全不知道。

结果，这一切答案完全不对，世界上气力最大的，是植物的种子。一粒种子所可以显现出来的力，简直是超越一切。

人的头盖骨，结合得非常致密与坚固，生理学家和解剖学者用尽了一切的方法，要把它完整地分出来，都没有这种力气。后来忽然有人发明了一个方法，就是把一些植物的种子放在要剖析的头盖骨里，给它以温度与湿度，使它发芽。一发芽，这些种子便以可怕的力量，将一切机械力所不能分开的骨骼，完整地分开了。植物种子的力量之大，如此如此。

这，也许特殊了一点儿，常人不容易理解。那么，你看见过笋的成长吗？你看见过被压在瓦砾和石块下面的一棵小草的生长吗？它为着向往阳光，为着达成它的生之意志，不管上面的石块如何重，石与石之间如何狭，它必定要曲曲折折地，但是顽强不屈地透到地面上来。它的根往土壤钻，它的芽往地面挺，这是一种不可抗拒的力，阻止它的石块，结果也被它掀翻，一粒种子的力量之大，//如此如此。

没有一个人将小草叫作"大力士"，但是它的力量之大，的确是世界无比。这种力是一般人看不见的生命力。只要生命存在，这种力就要显现。上面的石块，丝毫不足以阻挡。因为它是一种"长期抗战"的力；有弹性，能屈能伸的力；有韧性，不达目的不止的力。

节选自夏衍《野草》

朗读提示

1. 词语难点提示

这样 zhèyàng	故事 gù·shi	东西 dōngxi
金刚 Jīngāng	一切 yíqiè	不对 búduì
种子 zhǒngzi	一粒 yílì	解剖 jiěpōu
分出来 fēnchū·lái	力气 lì·qi	一个 yígè
一些 yìxiē	一发芽 yìfāyá	机械力 jīxièlì
也许 yěxǔ	一点 yìdiǎnr	理解 lǐjiě
看见过 kàn·jiànguo	瓦砾 wǎlì	一棵 yìkē
小草 xiǎocǎo	曲曲折折 qūqū-zhézhé	顽强不屈 wánqiáng-bùqū
土壤 tǔrǎng	不可抗拒 bùkěkàngjù	阻止 zǔzhǐ
掀翻 xiānfān		

2. 句子难点提示

你看见过被压在瓦砾和石块下面的一棵小草的生长吗？

此句的停顿应在"你看见过"的后面，末尾宜用升调。

3. 整体朗读提示

本文饱含激情地描写了小草种子的力量，开头便留有悬念，朗读时语气要自然轻松而不失好奇，接着具体描写了小草种子力量之大，朗读时要洋溢着新奇和对种子顽强不息力量的赞美之情。

作品 50 号

著名教育家班杰明曾经接到一个青年人的求教电话，并与那个向往成功、渴望指点的青年人约好了见面的时间和地点。

待那个青年人如约而至时，班杰明的房门敞开着，眼前的景象却令青年人颇感意外——班杰明的房间里乱七八糟、狼藉一片。

没等青年人开口，班杰明就招呼道："你看我这房间，太不整洁了，请你在门外等候一分钟，我收拾一下，你再进来吧。"一边说着，班杰明就轻轻关上了房门。

不到一分钟的时间，班杰明就又打开了房门并热情地把青年人让进客厅。这时，青年人的眼前展现出另一番景象——房间内的一切已变得井然有序，而且有两杯刚刚倒好的红酒，在淡淡的香水气息里还漾着微波。

可是，没等青年人把满腹的有关人生和事业的疑难问题向班杰明讲出来，班杰明就非常客气地说道："干杯。你可以走了。"

青年人手持酒杯一下子愣住了，既尴尬又非常遗憾地说："可是，我……我还没向您请教呢……"

"这些……难道还不够吗？"班杰明一边微笑着，一边扫视着自己的房间，轻言细语地说，"你进来又有一分钟了。"

"一分钟……一分钟……"青年人若有所思地说，"我懂了，您让我明白了一分钟的时间可以做许//多事情，可以改变许多事情的深刻道理。"

班杰明舒心地笑了。青年人把杯里的红酒一饮而尽，向班杰明连连道谢后，开心地走了。

其实，只要把握好生命的每一分钟，也就把握了理想的人生。

节选自纪广洋《一分钟》

朗读提示

1. 词语难点提示

曾经 céngjīng	一个 yígè	指点 zhǐdiǎn
那个 nàge	如约而至 rúyuē'érzhì	颇感 pōgǎn
狼藉一片 lánjíyípiàn	招呼 zhāohu	一分钟 yìfēnzhōng
收拾 shōushi	一下 yíxià	一边 yìbiān
不到 búdào	另一番 lìngyìfān	一切 yíqiè
井然有序 jǐngrán-yǒuxù	漾着 yàngzhe	讲出来 jiǎngchū·lái

客气 kè·qi　　　　　可以 kěyǐ　　　　　一下子 yíxiàzi

尴尬 gāngà　　　　　不够 búgòu　　　　　明白 míngbai

2. 句子难点提示

著名教育家班杰明曾经接到一个青年人的求教电话，并与那个向往成功、渴望指点的青年人约好了见面的时间和地点。

第一个分句停顿应在"曾经"的前面，第二个分句的停顿应在"青年人"的后面。

3. 整体朗读提示

本文用一件小事道出了人生哲理：其实，只要把握好生命的每一分钟也就把握了理想的人生。朗读时应根据文章内容调整好班杰明和青年人对话的语调变化，其他叙述部分沉着平稳就行了。

作品 51 号

有个塌鼻子的小男孩儿，因为两岁时得过脑炎，智力受损，学习起来很吃力。打个比方，别人写作文能写二三百字，他却只能写三五行。但即便这样的作文，他同样能写得很动人。

那是一次作文课，题目是《愿望》。他极其认真地想了半天，然后极认真地写，那作文极短。只有三句话：我有两个愿望，第一个是，妈妈天天笑眯眯地看着我说："你真聪明，"第二个是，老师天天笑眯眯地看着我说："你一点儿也不笨。"

于是，就是这篇作文，深深地打动了他的老师，那位妈妈式的老师不仅给了他最高分，在班上带感情地朗读了这篇作文，还一笔一画地批道：你很聪明，你的作文写得非常感人，请放心，妈妈肯定会格外喜欢你的，老师肯定会格外喜欢你的，大家肯定会格外喜欢你的。

捧着作文本，他笑了，蹦蹦跳跳地回家了，像只喜鹊。但他并没有把作文本拿给妈妈看，他是在等待，等待着一个美好的时刻。

那个时刻终于到了，是妈妈的生日——一个阳光灿烂的星期天：那天，他起得特别早，把作文本装在一个亲手做的美丽的大信封里，等着妈妈醒来。妈妈刚刚睁眼醒来，他就笑眯眯地走到妈妈跟前说："妈妈，今天是您的生日，我要//送给您一件礼物。"

果然，看着这篇作文，妈妈甜甜地涌出了两行热泪，一把搂住小男孩儿，搂得很紧很紧。

是的，智力可以受损，但爱永远不会。

节选自张玉庭《一个美丽的故事》

朗读提示

1. 词语难点提示

塌鼻子 tābízi　　　　男孩儿 nánháir　　　　因为 yīn·wèi

得过 déguo　　　　　比方 bǐfang　　　　　一次 yícì

只有 zhǐyǒu　　　　　笑眯眯 xiàomīmī　　　聪明 cōng·míng

一点儿 yìdiǎnr   不笨 búbèn   一笔一画 yìbǐ-yíhuà
喜欢 xǐhuan   喜鹊 xǐ·què   一个 yígè
美好 měihǎo

2. 句子难点提示

你很聪明，你的作文写得非常感人，请放心，妈妈肯定会格外喜欢你的，老师肯定会格外喜欢你的，大家肯定会格外喜欢你的。

这是老师对小男孩儿的作文写的批语，充满了浓浓的爱意，读时语调宜轻柔。

3. 整体朗读提示

本文讲述了一个感人而又美丽的故事，朗读时，声音要柔和甜润，把整篇文章浓浓的爱意表现出来。最后一句为画龙点睛之笔，读时应语气舒缓，语调稳健，耐人寻味，感人至深。

作品 52 号

　　小学的时候，有一次我们去海边远足，妈妈没有做便饭，给了我十块钱买午餐。好像走了很久、很久，终于到海边了，大家坐下来便吃饭，荒凉的海边没有商店，我一个人跑到防风林外面去，级任老师要大家把吃剩的饭菜分给我一点儿。有两三个男生留下一点儿给我，还有一个女生，她的米饭拌了酱油，很香。我吃完的时候，她笑眯眯地看着我，短头发，脸圆圆的。

　　她的名字叫翁香玉。

　　每天放学的时候，她走的是经过我们家的一条小路，带着一位比她小的男孩儿，可能是弟弟。小路边是一条清澈见底的小溪，两旁竹阴覆盖，我总是远远地跟在她后面，夏日的午后特别炎热，走到半路她会停下来，拿手帕在溪水里浸湿，为小男孩儿擦脸。我也在后面停下来，把肮脏的手帕弄湿了擦脸，再一路远远地跟着她回家。

　　后来我们家搬到镇上去了，过几年我也上了中学。有一天放学回家，在火车上，看见斜对面一位短头发、圆圆脸的女孩儿，一身素净的白衣黑裙。我想她一定不认识我了。火车很快到站了，我随着人群挤向门口，她也走近了，叫我的名字。这是她第一次和我说话。

　　她笑眯眯的，和我一起走过月台。以后就没有再见过//她了。

　　这篇文章收在我出版的《少年心事》这本书里。

　　书出版后半年，有一天我忽然收到出版社转来的一封信，信封上是陌生的字迹，但清楚地写着我的本名。

　　信里面说她看到了这篇文章心里非常激动，没想到在离开家乡，漂泊异地这么久之后，会看见自己仍然在一个人的记忆里，她自己也深深记得这其中的每一幕，只是没想到越过遥远的时空，竟然另一个人也深深记得。

节选自苦伶《永远的记忆》

朗读提示

1. 词语难点提示

时候 shí·hou	有一次 yǒuyícì	便饭 biànfàn
很久 hěnjiǔ	坐下来 zuòxià·lái	一个人 yígèrén
吃剩 chīshèng	一点儿 yìdiǎnr	给我 gěiwǒ
一个 yígè	头发 tóu·fa	名字 míng·zi
翁 wēng	一条 yìtiáo	一位 yíwèi
男孩儿 nánháir	弟弟 dìdi	远远地 yuǎnyuǎnde
浸湿 jìnshī	肮脏 āngzāng	一路 yílù
女孩儿 nǚháir	一身 yìshēn	素净 sù·jìng
一定 yídìng	认识 rèn·shi	一起 yìqǐ
见过 jiànguo		

2. 句子难点提示

级任老师要大家把吃剩的饭菜分给我一点儿。

这个句子的停顿应在"老师"的后面和"饭菜"的后面。

3. 整体朗读提示

这是一篇充满浓浓怀念之情的回忆录，语言清新自然，没有大起大落的感情起伏，所以朗读时语气要舒缓，声音要柔婉，仿佛回到那令人回味无穷，令人难以忘怀的情景之中。

作品53号

在繁华的巴黎大街的路旁，站着一个衣衫褴褛、头发斑白、双目失明的老人。他不像其他乞丐那样伸手向过路行人乞讨，而是在身旁立一块木牌，上面写着："我什么也看不见！"街上过往的行人很多，看了木牌上的字都无动于衷，有的还淡淡一笑，便姗姗而去了。

这天中午，法国著名诗人让·彼浩勒也经过这里。他看看木牌上的字，问盲老人："老人家，今天上午有人给你钱吗？"

盲老人叹息着回答："我，我什么也没有得到。"说着，脸上的神情非常悲伤。

让·彼浩勒听了，拿起笔悄悄地在那行字的前面添上了"春天到了，可是"几个字，就匆匆地离开了。

晚上，让·彼浩勒又经过这里，问那个盲老人下午的情况。盲老人笑着回答说："先生，不知为什么，下午给我钱的人多极了！"让·彼浩勒听了，摸着胡子满意地笑了。

"春天到了，可是我什么也看不见！"这富有诗意的语言，产生这么大的作用，就在于它有非常浓厚的感情色彩。是的，春天是美好的，那蓝天白云，那绿树红花，那莺歌燕舞，那流水人家，怎么不叫人陶醉呢？但这良辰美景，对于一个双目失明的人来说，只是一片漆黑。当人们想到这个盲老人，一生中竟连万紫千红的春天//都不曾看到，怎能不对他产生同情之心呢？

节选自小学《语文》第六册中《语言的魅力》

朗读提示

1. 词语难点提示

一个 yígè	褴褛 lánlǚ	头发 tóu·fa
乞讨 qǐtǎo	一块 yíkuài	看不见 kàn·bújiàn
无动于衷 wúdòngyúzhōng	一笑 yíxiào	姗姗而去 shānshānérqù
著名 zhùmíng	彼浩勒 Bǐhàolè	给你gěinǐ
神情 shénqíng	悄悄 qiāoqiāo	匆匆地 cōngcōngde
晚上 wǎnshang	这里 zhè·lǐ	先生 xiān·sheng
胡子 húzi	美好 měihǎo	莺歌燕舞 yīnggē-yànwǔ
不叫人 bújiàorén	漆黑 qīhēi	一生 yìshēng

2. 句子难点分析

他不像其他乞丐那样伸手向过路行人乞讨……

此分句的停顿应在"那样"和"伸手"之间。

3. 整体朗读提示

本文通过一件小事，让我们感受到语言的魅力，朗读时可以分成两部分：一是叙事部分，用沉着稳健的语调把故事娓娓动听地讲述出来。二是最后一个自然段的抒情部分，要用感叹的语调读出来。

作品 54 号

有一次，苏东坡的朋友张鹗拿着一张宣纸来求他写一幅字，而且希望他写一点儿关于养生方面的内容。苏东坡思索了一会儿，点点头说："我得到了一个养生长寿古方，药只有四味，今天就赠给你吧。"于是，东坡的狼毫在纸上挥洒起来，上面写着："一曰无事以当贵，二曰早寝以当富，三曰安步以当车，四曰晚食以当肉。"

这哪里有药？张鹗一脸茫然地问。苏东坡笑着解释说，养生长寿的要诀，全在这四句里面。

所谓"无事以当贵"，是指人不要把功名利禄、荣辱过失考虑得太多，如能在情志上潇洒大度，随遇而安，无事以求，这比富贵更能使人终其天年。

"早寝以当富"，指吃好穿好、财货充足，并非就能使你长寿。对老年人来说，养成良好的起居习惯，尤其是早睡早起，比获得任何财富更加宝贵。

"安步以当车"，指人不要过于讲求安逸、肢体不劳，而应多以步行来替代骑马乘车，多运动才可以强健体魄，通畅气血。

"晚食以当肉"，意思是人应该用已饥方食、未饱先止代替对美味佳肴的贪吃无厌。他进一步解释，饿了以后才进食，虽然是粗茶淡饭，但其香甜可口会胜过山珍；如果饱了还要勉强吃，即使美味佳肴摆在眼前也难以//下咽。

苏东坡的四味"长寿药"，实际上是强调了情志、睡眠、运动、饮食四个方面对养生长寿的重要性，这种养生观点即使在今天仍然值得借鉴。

节选自蒲昭和《赠你四味长寿药》

朗读提示

1. 词语难点提示

有一次 yǒuyícì	朋友 péng·you	张鹗 ZhāngÈ
一张 yìzhāng	一幅 yìfú	一点儿 yìdiǎnr
一会儿 yíhuìr	点点 diǎndiǎn	只有 zhǐyǒu
当 dàng	早寝 zǎoqǐn	哪里 nǎ·lǐ
一脸 yìliǎn	要诀 yàojué	里面 lǐ·miàn
不要 búyào	利禄 lìlù	随遇而安 suíyù'ér'ān
使你 shǐnǐ	安逸 ānyì	应 yīng
可以 kěyǐ	气血 qìxuè	意思 yìsi
已饥方食 yǐjīfāngshí	可口 kěkǒu	勉强 miǎnqiǎng

2. 句子难点提示

有一次，苏东坡的朋友张鹗拿着一张宣纸来求他写一幅字，而且希望他写一点儿关于养生方面的内容。

第一个分句停顿应在"拿着"的前面，第二个分句应在"关于"的前面。

3. 整体朗读提示

本文是一篇关于养生之道的小杂文，朗读时宜使用平稳、深沉的基调，不紧不慢地娓娓道出养生四味长寿药的内涵和实质。

作品55号

人活着，最要紧的是寻觅到那片代表着生命绿色和人类希望的丛林，然后选一高高的枝头站在那里观览人生，消化痛苦，孕育歌声，愉悦世界！

这可真是一种潇洒的人生态度，这可真是一种心境爽朗的情感风貌。

站在历史的枝头微笑，可以减免许多烦恼。在那里，你可以从众生相所包含的甜酸苦辣、百味人生中寻找你自己，你境遇中的那点苦痛，也许相比之下，再也难以占据一席之地，你会较容易地获得从不悦中解脱灵魂的力量，使之不致变得灰色。

人站得高些，不但能有幸早些领略到希望的曙光，还能有幸发现生命的立体的诗篇。每一个人的人生，都是这诗篇中的一个词、一个句子或者一个标点。你可能没有成为一个美丽的词，一个引人注目的句子，一个惊叹号，但你依然是这生命的立体诗篇中的一个音节、一个停顿、一个必不可少的组成部分。这足以使你放弃前嫌，萌生为人类孕育新的歌声的兴致，为世界带来更多的诗意。

最可怕的人生见解，是把多维的生存图景看成平面。因为那平面上刻下的大多是凝固了的历史——过去的遗迹；但活着的人们，活得却是充满着新生智慧的，由//不断逝去的

"现在"组成的未来。人生不能像某些鱼类躺着游，人生也不能像某些兽类爬着走，而应该站着向前行，这才是人类应有的生存姿态。

节选自[美]本杰明·拉什《站在历史的枝头微笑》

朗读提示

1. 词语难点提示

活着 huózhe	寻觅 xúnmì	丛林 cónglín
高高的 gāogāo de	观览 guānlǎn	一种 yì zhǒng
潇洒的 xiāosǎ de	态度 tài·dù	可以 kěyǐ
减免 jiánmiǎn	众生相 zhòngshēngxiàng	甜酸苦辣 tián-suān-kǔ-là
那点儿 nà diǎnr	也许 yěxǔ	一席之地 yì xí zhī dì
容易地 róng·yì de	不悦中 búyuè zhōng	力量 lì·liàng
不但 búdàn	曙光 shǔguāng	每一个 měi yí gè
句子 jùzi	部分 bùfen	萌生 méngshēng
兴致 xìngzhì	因为 yīn·wèi	凝固了的 nínggùle de
遗迹 yíjì		

2. 句子难点提示

人活着，最要紧的是寻觅到那片代表着生命绿色和人类希望的丛林，然后选一高高的枝头站在那里观览人生，消化痛苦，孕育歌声，愉悦世界！

"然后"之前的部分较长，朗读时停顿应在"是"之前与"和"的前面。

3. 整体朗读提示

本文是关于人生哲理的小品文，朗读时语气要坚实、从容，语调要平稳、诚恳。

作品 56 号

中国的第一大岛、台湾省的主岛台湾，位于中国大陆架的东南方，地处东海和南海之间，隔着台湾海峡和大陆相望。天气晴朗的时候，站在福建沿海较高的地方，就可以隐隐约约地望见岛上的高山和云朵。

台湾岛形状狭长，从东到西，最宽处只有一百四十多公里；由南到北，最长的地方约有三百九十多公里。地形像一个纺织用的梭子。

台湾岛上的山脉纵贯南北，中间的中央山脉犹如全岛的脊梁。西部为海拔近四千米的玉山山脉，是中国东部的最高峰。全岛约有三分之一的地方是平地，其余为山地。岛内有缎带般的瀑布，蓝宝石似的湖泊，四季常青的森林和果园，自然景色十分优美。西南部的阿里山和日月潭，台北市郊的大屯山风景区，都是闻名世界的游览胜地。

台湾岛地处热带和温带之间，四面环海，雨水充足，气温受到海洋的调剂，冬暖夏凉，四季如春，这给水稻和果木生长提供了优越的条件。水稻、甘蔗、樟脑是台湾的"三宝"。岛上还盛产鲜果和鱼虾。

台湾岛还是一个闻名世界的"蝴蝶王国"。岛上的蝴蝶共有四百多个品种，其中有不

少是世界稀有的珍贵品种。岛上还有不少鸟语花香的蝴//蝶谷，岛上居民利用蝴蝶制作的标本和艺术品，远销许多国家。

节选自《中国的宝岛——台湾》

朗读提示

1. 词语难点提示

主岛 zhǔdǎo	时候 shí·hou	地方 dìfang
可以 kěyǐ	隐隐约约 yǐnyǐn-yuēyuē	云朵 yúnduǒ
只有 zhǐyǒu	梭子 suōzi	山脉 shānmài
纵贯 zòngguàn	脊梁 jǐliang	瀑布 pùbù
似的 shìde	湖泊 húpō	雨水 yǔshuǐ
提供 tígōng	甘蔗 gān·zhe	樟脑 zhāngnǎo
闻名世界 wénmíngshìjiè	不少 bùshǎo	品种 pínzhǒng

2. 句子难点提示

岛内有缎带般的瀑布，蓝宝石似的湖泊，四季常青的森林和果园，自然景色十分优美。

每一个分句都很短小，但都饱含着作者的赞叹和热爱之情，朗读时要通过自己的声音表现出来，不要平平淡淡，一念而过。

3. 整体朗读提示

本文介绍了中国宝岛——台湾的概貌，具有客观性，但又融入了作者对宝岛台湾的赞美热爱之情，在朗读时要使用稳健的语调，同时又要包含着热爱的情感。

作品 57 号

对于中国的牛，我有着一种特别尊敬的感情。

留给我印象最深的，要算在田垄上的一次"相遇"。

一群朋友郊游，我领头在狭窄的阡陌上走，怎料迎面来了几头耕牛，狭道容不下人和牛，终有一方要让路。它们还没有走近，我们已经预计斗不过畜牲，恐怕难免踩到稻田泥水里，弄得鞋袜又泥又湿了。正踟蹰的时候，带头的一头牛，在离我们不远的地方停下来，抬起头看看，稍迟疑一下，就自动走下田去，一队耕牛，全跟着它离开阡陌，从我们身边经过。

我们都呆了，回过头来，看着深褐色的牛队，在路的尽头消失，忽然觉得自己受了很大的恩惠。

中国的牛，永远沉默地为人做着沉重的工作。在大地上，在晨光或烈日下，它拖着沉重的犁，低头一步又一步，拖出了身后一列又一列松土，好让人们下种。等到满地金黄或农闲时候，它可能还得担当搬运负重的工作，或终日绕着石磨，朝同一方向，走不计程的路。

在它沉默的劳动中，人便得到应得的收成。

那时候，也许，它可以松一肩重担，站在树下，吃几口嫩草。偶尔摇摇尾巴，摆摆耳

朵，赶走飞附身上的苍蝇，已经算是它最闲适的生活了。

中国的牛，没有成群奔跑的习//惯，永远沉沉实实的，默默地工作，平心静气。这就是中国的牛!

节选自小思《中国的牛》

朗读提示

1. 词语难点提示

一种 yìzhǒng	田垄 tiánlǒng	一次 yícì
一群 yìqún	朋友 péng·you	阡陌 qiānmò
耕牛 gēngniú	容不下 róng·búxià	一方 yìfāng
斗不过 dòu·bu·guò	畜牲 chùsheng	踟蹰 chíchú
一头 yìtóu	停下来 tíngxia·lai	看看 kànkan
一下 yíxià	一队 yíduì	深褐色 shēnhèsè
永远 yǒngyuǎn	一步 yíbù	一列 yíliè
同一 tóngyī	收成 shōucheng	也许 yěxǔ
可以 kěyǐ	一肩 yìjiān	偶尔 ǒu'ěr
尾巴 wěiba	耳朵 ěrduo	赶走 gǎnzǒu
苍蝇 cāngying		

2. 句子难点提示

一群朋友郊游，我领头在狭窄的阡陌上走，怎料迎面来了几头耕牛，狭道容不下人和牛，终有一方要让路。

此句中每一个小分句中末尾都是押韵的，朗读时语调要抑扬顿挫，避免呆板，同时也不要读成打油诗的样式。

3. 整体朗读提示

本文赞美了牛的品格：永远沉沉实实的，默默的工作，平心静气。朗读时要让声音散发出浓郁的生活气息，并充满对牛的赞美、尊敬之情，但不能太夸张，要把握好分寸，做到恰到好处。

作品 58 号

不管我的梦想能否成为事实，说出来总是好玩儿的：

春天，我将要住在杭州。二十年前，旧历的二月初，在西湖我看见了嫩柳与菜花，碧浪与翠竹。由我看到的那点儿春光，已经可以断定，杭州的春天必定会教人整天生活在诗与图画之中。所以，春天我的家应当是在杭州。

夏天，我想青城山应当算作最理想的地方。在那里，我虽然只住过十天，可是它的幽静已拴住了我的心灵。在我所看见过的山水中，只有这里没有使我失望。到处都是绿，目之所及，那片淡而光润的绿色都在轻轻地颤动，仿佛要流入空中与心中似的。这个绿色会像音乐，涤清了心中的万虑。

秋天一定要住北平。天堂是什么样子，我不知道，但是从我的生活经验去判断，北平之秋便是天堂。论天气，不冷不热。论吃的，苹果、梨、柿子、枣儿、葡萄，每样都有若干种。论花草，菊花种类之多，花式之奇，可以甲天下。西山有红叶可见，北海可以划船——虽然荷花已残，荷叶可还有一片清香。衣食住行，在北平的秋天，是没有一项不使人满意的。

冬天，我还没有打好主意，成都或者相当的合适，虽然并不怎样和暖，可是为了水仙，素心蜡梅，各色的茶花，仿佛就受一点儿寒//冷，也颇值得去了。昆明的花也多，而且天气比成都好，可是旧书铺与精美而便宜的小吃远不及成都那么多。好吧，就暂这么规定：冬天不住成都便住昆明吧。

在抗战中，我没能发国难财。我想，抗战胜利以后，我必能阔起来。那时候，假若飞机减价，一二百元就能买一架的话，我就自备一架，择黄道吉日慢慢地飞行。

节选自老舍《住的梦》

朗读提示

1. 词语难点提示

不管 bùguǎn	好玩儿 hǎowánr	与 yǔ
那点儿 nàdiǎnr	可以 kěyǐ	所以 suǒyǐ
理想 lǐxiǎng	地方 dì·fang	住过 zhùguo
只有 zhǐyǒu	使我 shǐwǒ	颤动 chàndòng
仿佛 fǎngfú	似的 shìde	涤清了 díqīngle
一定 yídìng	不冷不热 bùlěngbúrè	枣儿 zǎor
葡萄 pú·táo	甲 jiǎ	北海 Běihǎi
一片 yípiàn	一项 yíxiàng	打好 dǎhǎo
主意 zhǔ·yi	一点儿 yìdiǎnr	

2. 句子难点提示

由我看到的那点儿春光，已经可以断定，杭州的春天必定会教人整天生活在诗与图画之中。

最后的分句较长，停顿应在"春天"的后面，"杭州"和"必定"为重音所在。

3. 整体朗读提示

这是一篇充满诗情画意的随笔散文，朗读时要展开想象的翅膀，用甜美的声音，起伏的节奏，富有韵律而又稍有夸张的语调，表现出作者的梦想来。

作品 59 号

我不由得停住了脚步。

从未见过开得这样盛的藤萝，只见一片辉煌的淡紫色，像一条瀑布，从空中垂下，不见其发端，也不见其终极，只是深深浅浅的紫，仿佛在流动，在欢笑，在不停地生长。紫色的大条幅上，泛着点点银光，就像迸溅的水花。仔细看时，才知那是每一朵紫花中的最浅谈的部分，在和阳光互相挑逗。

这里除了光彩，还有淡淡的芳香。香气似乎也是浅紫色的，梦幻一般轻轻地笼罩着我。忽然记起十多年前，家门外也曾有过一大株紫藤萝，它依傍一株枯槐爬得很高，但花朵从来都稀落，东一穗西一串伶仃地挂在树梢，好像在察言观色，试探什么。后来索性连那稀零的花串也没有了。园中别的紫藤花架也都拆掉，改种了果树。那时的说法是，花和生活腐化有什么必然关系。我曾遗憾地想：这里再看不见藤萝花了。

过了这么多年，藤萝又开花了，而且开得这样盛，这样密，紫色的瀑布遮住了粗壮的盘虬卧龙般的枝干，不断地流着，流着，流向人的心底。

花和人都会遇到各种各样的不幸，但是生命的长河是无止境的。我抚摸了一下那小小的紫色的花舱，那里满装了生命的酒酿，它张满了帆，在这//闪光的花的河流上航行。它是万花中的一朵，也正是由每一个一朵，组成了万花灿烂的流动的瀑布。

在这浅紫色的光辉和浅紫色的芳香中，我不觉加快了脚步。

节选自宗璞《紫藤萝瀑布》

朗读提示

1. 词语难点提示

不由得 bùyóude	见过 jiànguo	一片 yípiàn
一条 yìtiáo	不见 bújiàn	深深浅浅 shēnshēn-qiǎnqiǎn
条幅 tiáofú	点点 diǎndiǎn	迸溅 bèngjiàn
每一朵 měiyìduǒ	部分 bùfen	挑逗 tiǎodòu
似乎 sìhū	浅紫色 qiánzǐsè	一般 yìbān
一大株 yídàzhū	依傍 yībàng	一株 yìzhū
枯槐 kūhuái	东一穗 dōngyísuì	伶仃 língdīng
稀零 xīlíng	关系 guānxi	看不见 kàn·bújiàn
盘虬 pánqiú	不幸 búxìng	一下 yíxià
小小的 xiǎoxiǎode	酒酿 jiǔniàng	

2. 句子难点提示

仔细看时，才知那是每一朵紫花中的最浅淡的部分，在和阳光互相挑逗。

这句除了标点符号标示的停顿外，"才知"的后面也应该有停顿。

3. 整体朗读提示

这是一篇写景散文，朗读时要注意区分眼前情景与回忆情景，眼前情景美丽无比，朗读时要用轻快、愉悦而又有赞美的语调，在朗读回忆情景时，语调要低沉些，略有遗憾之情。

作品 60 号

在一次名人访问中，被问及上个世纪最重要的发明是什么时，有人说是电脑，有人说是汽车，等等。但新加坡的一位知名人士却说是冷气机。他解释，如果没有冷气，热带地

区如东南亚国家，就不可能有很高的生产力，就不可能达到今天的生活水准。他的回答实事求是，有理有据。

看了上述报道，我突发奇想：为什么没有记者问："二十世纪最糟糕的发明是什么？"其实二〇〇二年十月中旬，英国的一家报纸就评出了"人类最糟糕的发明"。获此"殊荣"的，就是人们每天大量使用的塑料袋。

诞生于上个世纪三十年代的塑料袋，其家族包括用塑料制成的快餐饭盒、包装纸、餐用杯盘、饮料瓶、酸奶杯、雪糕杯等等。这些废弃物形成的垃圾，数量多、体积大、重量轻、不降解，给治理工作带来很多技术难题和社会问题。

比如，散落在田间、路边及草丛中的塑料餐盒，一旦被牲畜吞食，就会危及健康甚至导致死亡。填埋废弃塑料袋、塑料餐盒的土地，不能生长庄稼和树木，造成土地板结，而焚烧处理这些塑料垃圾，则会释放出多种化学有毒气体，其中一种称为二噁英的化合物，毒性极大。

此外，在生产塑料袋、塑料餐盒的//过程中使用的氟利昂，对人体免疫系统和生态环境造成的破坏也极为严重。

节选自林光如《最糟糕的发明》

朗读提示

1. 词语难点提示

一次 yícì	等等 děngděng	一位 yíwèi	水准 shuǐzhǔn
实事求是 shíshì-qiúshì	有理有据 yóulǐ-yǒujù	一家 yìjiā	垃圾 lājī
体积 tǐjī	不降解 bújiàngjiě	散落 sànluò	一旦 yídàn
甚至 shènzhì	庄稼 zhuāngjia	处理 chǔlǐ	二噁英 èr'èyīng

2. 句子难点提示

诞生于上个世纪三十年代的塑料袋，其家族包括用塑料制成的快餐饭盒、包装纸、餐用杯盘、饮料瓶、酸奶杯、雪糕杯等等。

这句注意带顿号的词语之间的停顿不宜过长，否则就脱离了和整个句子的联系。

3. 整体朗读提示

这是一篇保护生态环境的文章，文中既有对事件的讲述，又有对客观事实的说明。朗读时要加以区别，朗读事件时语调要充满好奇，并略有起伏，而朗读客观事实说明时要沉稳、坚实。

思考与训练

一、思考题

1. 普通话朗读测试有什么样的要求？
2. 常见的节奏有哪几种？

二、朗读训练(注意停顿、重音、句调)

1. 停顿

加过工资的和尚未加过工资的同志，都应正确对待这次工调。

我跟他学英语，你跟小李学法语。

我邀请他来。

我们这里，有的是大学生。

浙江和江苏的部分地区有小雨。

他说不下去了。

年轻的妻子死了丈夫发誓不再结婚。

2. 重音

有个小花鼓，鼓上画老虎。锤子打破鼓，妈妈用布补。不知是布补鼓，还是布补虎。

东风来了，春天的脚步近了。

山朗润起来了，水涨起来了，太阳的脸红起来了。

这个妹妹，我曾见过的。

西湖真美！

驿路梨花处处开。

实在标致极了。

我吃惊地睁大了眼睛。

山，好大的山！

由埃及和日本的考古学家组成的一个考古小组最近证实，埃及狮身人面像的基石下面有一条大的裂缝和一个很深的洞。

他爱人的妹夫的小姑单位上的一位领导的妻子从某县转院到此。她是受委托来慰问的。

他可把我气坏了。

这一仗打得漂亮。

她怎么了？

你们的经理是谁？

他什么时候走的？

3. 句调

今天下午到明天多云，西北风3～4级。明天最高25℃，最低17℃。

评定普通话等级，采用定量分析与定性分析相结合的原则。

天才是用劳动换来的。

多么可爱的秋色！

唉！我不知何时再能与他相见！

散学了，你们走吧！

咱们两家不分你我，就不要再说这些了！

谁是你们的班长？

为什么你不去？

他什么时候来的?

你说的就是他?

什么? 四口人一间房?是啊，是啊，是这个情况，工资呢?工资多少?五十六块半? 你看，你看，难怪人家说拿手术刀的不如拿剃头刀的。真是一点儿不假。嗯?去年调工资，怎么没有给她调?

一个人思虑太多就会失去做人的乐趣。

好啦好啦，我是说，你们就算了吧，白费这个力气做什么?

第七章　普通话水平测试说话概要

【学习目标】

本章主要介绍普通话水平测试中的说话内容和应试技巧。通过学习本章内容，学生应了解说话的要求，避免方言语音、词汇、语法的影响，使自己具有流利说标准普通话的能力，从而达到测试的要求，考出好成绩。

【重点难点】

- 掌握说话测试的要领。
- 明确 30 个话题，把握说话方略。
- 纠正方言语音、词汇、语法。
- 训练、提高说普通话的能力。

第一节　说话的理论界定和要领

一、说话的理论界定

说话是普通话水平测试的一项极其重要的内容，其分值占总分的 40%(或 30%)。然而普通话水平测试理论研究中对说话的研究却最为薄弱。本节以普通话水平测试新大纲及实施纲要为依据，结合多年来的测试经验，对说话做些理性思考，企望为普通话水平测试的理论研究和实际操作提供一些借鉴。

普通话水平测试是按照严格、统一的程序和规则，对应试人所表现的普通话水平进行量化描写的一种语言测试，其量化操作为测试的效度与信度提供了有力的保证。但是普通话水平测试是一种主观性比较强的口语考试，它"只能通过听觉感知应试人在测试过程中的表现行为，间接测量其内化的能力水平"，因而主试人的认知能力与认知模式不可避免地影响，甚至制约了量化操作的客观性，这种只有通过主试人的心理测度才能实现的量化操作不可避免地带有一定的主观性与模糊性。相比较而言，普通话水平测试四项或五项测试内容中说话量化操作主观性与模糊性最强，操作难度最大，也最易产生偏差。这固然和说话最活(不像其他测试项有固定文字、文本为依据)、测试内容复杂有关，但也和说话特性把握到位与否紧密相连(比如，有的主试人将说话等同于演讲，我们认为不妥)。

说话的测试目的是"测查应试人在无文字凭借的情况下说普通话的水平，重点测查语音标准程度，词汇、语法规范程度和自然流畅程度"。这个测试目的与普通话定义所涉及的三个方面即"语音、词汇、语法"相吻合，因而测查目的可理解为测查应试人"自然流畅普通话的规范程度"，着重测查的是应试人的语言运用能力。

普通话水平测试中的说话是"命题说话"。"命题说话"是个偏正短语。其语义重心在"说话"上，强调的是应试人在自然状态下本真的口语表达能力。在机器测试的背景下，应试人与主试人不出现在相同的现实语境，主试人滞后听录音评判，因为隐性主试人

的存在，说话与交谈有许多相似之处。"说话"的修饰成分"命题"又给说话做了限制，而且强调的是单项表述性，所以它又与演讲界限不清。由此观之，如何准确恰当地从理论上界定说话的性质与特点应该是普通话水平测试理论研究的重要内容。下面通过与交谈、演讲的比较来阐释说话的特质。

交谈一般指两个或两个以上的人凭借口语表达，面对面地进行思想、情感、信息交流的语言表述与接收活动。人们的口语除了极少数是自言自语外，大多数是与别人的对话交谈，这是人类语言活动中最基本最常用的方式。在社会生活中，许多职业和工作都是以交谈的形式进行的，如贸易洽谈、新闻采访、法律辩护、求职面谈、心理咨询等，并且以交谈的效果决定工作成效。

说话指的是以口语为表达手段的语言表述活动。可以是一个人自言自语，更正常的情况下是在交谈状态中的口语表达。如果说交谈强调的是"交流"，是说话者与听话者双方的互动，那么说话则强调的是"自我的表述"。正如萧伯纳所说："你我是朋友，各拿出一个苹果彼此交换，交换后仍是各有一个苹果。倘若你有一种思想，我也有一种思想，而朋友间相互交流思想，那么我们每个人就有了两种思想"。无论你的思想，还是我的思想，都需要自己说出来，才能进行交流，所以，说话是交谈的基础，是交谈最主要的表现形式，只不过交谈更强调话题的调整与交际过程的调节。交谈双方都是说和听的双重角色，不但要把自己的意思表达清楚，还要从对方反馈的信息里调整自己的说话内容及表达方式，使交谈能顺利进行下去。假如双方的信息反馈不对应，就会出现"对牛弹琴"或冷场的局面，交谈将会中断。

说话不仅与交谈有交叉点，与演讲也有交叉点。

演讲指演讲者在特定场合针对具有独到见解的观点，凭借有声语言和体态语言进行交流的语言艺术。说话与演讲相比，说话更强调自然状态的口语表达，场合随意；演讲虽然也使用有声语言，但经过修饰，语调、节奏已经是刻意准备过后的自然了。演讲从确定题材，提炼主题，到有序论证、选择论据等，更多的是着眼于谋篇布局和内容的新颖独特，强调演讲在社会生活大背景下的思想含量、宣传功能等更多方面的附加值。有声语言只是演讲的外化形式，普通话的标准程度是演讲的前提，但并不是充分必要条件。当毛泽东那浓重的湖南口音回荡在天安门广场上空时，谁又能否认这不是最饱含激情的演讲呢？

说话要求从《普通话水平测试用话题》中选取话题，连续说一段话。因为普通话水平测试只是以语言运用能力为测试目标，不是语文知识的考试，更不是口才的考试，所以对说话这一项测试内容，测试评分细则未做任何的限定，只是当出现"离题"或"无话可说"等极端的表现时才做出了相应的规定。这符合对应试人在未经修饰下口语表达能力进行考查的测试目的。虽然有"命题"限制，但仍是说话的界定，符合客观实际。

从《普通话水平测试实施纲要》说话命题的题目分析看，话题开放、宽泛，贴近生活，体现了让人有话可说的原则。30个话题可分为人、事、物、综合四个小类，突破了记叙、说明、议论的限制。因为在口语的表述中，几乎每个题目都需要叙述、说明、议论三者相结合的表述方式，只是在说的过程中，话题重心是偏向人、事、物或强调其中两者或三者之间关系综合性的问题。从各类题目所占的比重看，综合类题目所占比重较大。这种发散式的题目，更适合应试人稍做准备后自然的口语表述，不需要像演讲一样开头、高潮、结尾三部分明晰，围绕一个中心条分缕析地论证。说话有时间的限制，有时应试人的话题还没有说完，但测试时间已满，这也是与演讲有很大不同的地方。

根据以上论述，我们可将说话界定为"有限制的潜性交谈"。这种界定概括了说话的特质。"有限制"主要表现为"命题"(话题)的限制、测查内容的限制。"潜性交谈"主要表现为单向表述过程中的交流倾向。

我们对说话特质的认识源自认知科学范畴化理论的启示。

从认知角度观察，范畴化是人类高级认知活动基本方式之一，指人类在歧异的现实中看到相似性，由此对世界万物进行分类，进而形成概念的过程和能力。原型范畴化理论认为范畴不一定能用一组充分必要特征/条件来下定义，范畴化根据实体与好的、清楚的样本即原型范畴在某些/一组属性上的相似性，将实体归入该范畴。因为属性本身拥有连续的标度，所以范畴的边界往往具有模糊性。就属性而言，原型成员可以最大限度地区别于其他范畴的原型成员，而非原型成员却与同类其他成员共有属性较少，并与相邻范畴共有一些属性。

说话因为"说话"与交谈有联系，因为"命题"与"演讲"有瓜葛，属于非典型成员，可以看成一种中介现象，是口语艺术研究需要关注的研究领域。

二、说话的要领

普通话水平测试中的说话部分，主要考查应试人在没有文字凭借的情况下，说普通话的规范程度，有效地考查应试人在自然状态下运用普通话语音、词汇、语法的能力，说话能全面体现应试人普通话的真实水平。为了取得良好的成效，我们训练时要做到以下几点。

(一)尽量口语化

说话是口语表达，但口语表达的内容并不仅仅是口语材料。我们口头说话使用的语言，可以是生动口语化的，也可以是严谨书面化的，从普通话水平测试的说话效果看，应该追求自然、流畅的境界，为此，我们在语音和选词造句等方面要尽量体现口语的特点。

语音上想做到自然，就要按照日常口语的语音、语调来说话，不要一个字一个字地念出来，也不要带着朗读或背诵的腔调。这虽然不是很高的要求，但实际做起来却是很困难的。究其原因，许多应试人在日常生活中很少用普通话，只是在读书和庄重的场合才说，而且，许多人还把朗读作为学习普通话的手段，模仿久了，许多人在说话时也不自觉地带上了朗读腔调。

口语的说话和朗读的区别可以细化到语音物理属性的四个方面。

音高：朗读音高对比度较大，高和低跨度明显，听觉上有强调、夸张的感觉。口语说话音高的对比度较小，听觉上有放松、随意的效果。

音强：朗读的音强轻重明显，儿化韵尾有时可以转化为轻声的儿化韵自成音节，口语说话很少出现此种情况。轻声音节在口语中具有更大的依附性，出现的频次也远远高于朗读。

音长：朗读各个音节(轻声除外)的音长大都很到位，从而保证了朗读的清晰度。从外在语速感觉，同样的语言片段，朗读的语速慢，节奏明显。口语说话各个音节的音长要短点，语速快得多。建议测试时比平常说话稍微慢一点，说话速度大致控制为 180～240 个音节/分钟，这样一来，三分钟测试可说 540～720 个音节，这意味着只有充分准备测试话

题，才能流畅说满三分钟。

音质：朗读是艺术表演，声音需要加工、夸张，强调发声、共鸣、吐字的圆润和华美。口语说话只要语音规范即可，对音质的美化没有做特别要求。

测试说话应和口语说话一样，追求真诚、自然、亲切的表达效果，营造和谐的说话氛围，实现良好的交际目标。

从词汇角度着眼，要尽可能多选择口语词，使用一些通俗词语，少用书面语，从而获得生动活泼的效果。假如你运用语言能力很强，具有出口成章的能力，在说话时选择一些文雅的词，强调精练、庄重、正式的效果也是可行的。说话时，要选择适合自己表达习惯，自己能驾驭的词语。尽量不用生僻的、没有规范的流行语、不清楚意思和用法的词，避免出错。

要使一段话有吸引力，容易表达和被接受，选择合适的句式很关键。要多用短句、单句，少用长句、复句，避免带有复杂修饰语的欧化句子出现。说话时可以采用补充的方法进行说明、解释、更改某些信息，使用重复表示强调，运用关联词、语气词表因果、转折、停顿等复杂的关系，增强表达直白性，降低理解难度。

在口语表达中，语句的流畅度在很大程度上决定着表达效果。从整段话语看，要尽量减少冗余成分，一定要避免机械无意义的重复，如：重复一句话末尾的几个音节，语气词"啊、嗯、噢、啦"等，还有夹杂在句子中间的"然后、这个、的话、就是说"等。还要避免颠三倒四混乱表述相似内容，无意识重复口头禅等毛病，力戒啰唆。

为了保证说话自然流畅，首先要养成良好的说普通话的习惯，在任何场合都能坚持说。其次学会用普通话思维，把内语言和外语言完美地结合起来，尽量缩短转化的时间差。最后要排除思维障碍，减少说话断断续续、无话可说等不连贯现象，保证流畅度，使说话具有自然的口语状态。

(二)营造交流感

在普通话水平机器测试过程中，主试人隐形存在与应试人构成交谈的人际环境和交谈语境。说话作为一种"有限制的潜性交谈"需要轻松自然的说话环境，因为轻松自然的说话环境可以让应试人处于自然放松的状态，更加真实地展示普通话的水平，而这与普通话水平测试的目的是相符合的。

应试人应该有意识地营造良好的测试氛围与潜性交谈氛围，避免说一些与测试内容不相干的无效话语，力戒背诵诗歌、故事、自己事先准备好的稿子等作品充数，导致出现无视主试人存在，简单重复、自说自话的尴尬局面。

应试人要尽力克服紧张心理，改正声音发抖，啰唆、重复等毛病，可以依据说话的内容，随着情绪的变化伴之喜怒哀乐的感情，与隐形主试人沟通，营造真诚、自然的说话环境，提升说话的交流感。

(三)围绕话题展开

从语言能力培养的角度看，说话特别强调即兴、应变能力。说话要围绕给定的话题展开，保证思路清晰，举例典型，尽量做到结构完整，不苛求整个讲话的层次性、体系性。

口头交际无过多思索余地，不可能精细推敲。如果想使自己的说话既有规范性又有感染力，使一段话有血有肉，生动、鲜活起来，要力争促使人与人交流的心理暗示发挥积极作用，在说话过程中，可以借助手势、面部表情、实物等表达情感，也可以大量使用语气词、感叹词、象声词以及富有变化的语调，营造书面语没有的口语语感。

普通话水平测试的说话虽然强调的是语音、词汇、语法的规范性，对说话的内容没有明确的要求，但任何一段好的说话都是内容与形式的统一，高效语言感受、能言善讲应该是大家有意识追求的目标。

第二节　说话的方略

普通话水平测试用话题包括以下内容。

(1) 我的愿望(或理想)。

(2) 我的学习生活。

(3) 我尊敬的人。

(4) 我喜爱的动物(或植物)。

(5) 童年的记忆。

(6) 我喜爱的职业。

(7) 难忘的旅行。

(8) 我的朋友。

(9) 我喜爱的文学(或其他)艺术形式。

(10) 谈谈卫生与健康。

(11) 我的业余生活。

(12) 我喜欢的季节(或天气)。

(13) 学习普通话的体会。

(14) 谈谈服饰。

(15) 我的假日生活。

(16) 我的成长之路。

(17) 谈谈科技发展与社会生活。

(18) 我知道的风俗。

(19) 我和体育。

(20) 我的家乡(或熟悉的地方)。

(21) 谈谈美食。

(22) 我喜欢的节日。

(23) 我所在的集体(学校、机关、公司等)。

(24) 谈谈社会公德(或职业道德)。

(25) 谈谈个人修养。

(26) 我喜欢的明星(或其他知名人士)。

(27) 我喜爱的书刊。

(28) 谈谈对环境保护的认识。

(29) 我向往的地方。

(30) 购物(消费)的感受。

　　这 30 个话题是促使"说话"测试得以顺利开展的源头，是构思内容所围绕的中心。测试时应力争围绕一个话题有话可说，追求语言规范，表义明确，语感自然、流畅等效果，为此，建议采用"结构模式+好例子"的说话方略。模式可以降低构思难度，确保有话可说，好例子可以增强说话内容的真实、生动性，两者是表达技巧和表达效果的有机结合。

　　从普通话水平测试说话项的要求上观察，说话与演讲有很大不同，说话对内容没有太高、太严格的规定，这为说话"结构模式"的总结提供了理论支持。

　　普通话水平测试的话题大致可分为记叙类和评说类两种类型。

　　记叙类：记人物：3，8，26

　　　　　　记生活：2，5，7，11，15，16，18

　　　　　　记所爱：1，4，6，9，12，20，22，23，27，29

　　评说类：论关系：10，17，19

　　　　　　论观点：13，14，21，24，25，28，30

　　以上只是方便说话构思进行的大致分类，不是严格、科学的分类。有的题目既可以从记叙角度说，还可以从评说角度说，如：13，18，19，23 等，题目划到哪一个类型都有些道理，说话时还可以夹叙夹议，根据说话观点、角度的不同随时调整说话风格。

一、记叙类话题结构模式

　　此类话题涉及的大多是熟悉的人、事等，说话时只要围绕以下模式理清思路即可。

　　(1) 谁？/什么？

　　(2) 为什么？

　　(3) 好的例子。

　　(4) 我的态度。

(一)记人

　　以"我尊敬的人"为话题，按照以上提供的结构模式构思一段话，用以验证总结的说话方略行之有效。

我尊敬的人

　　认识倪祥和教授是在一个初秋，那是我任教后的一个初秋，平常的日子，平常的相识，平常的记忆。远远地听别人说起他的种种事情，由于距离，终究是淡淡的关注。

　　时间水一样地流走，悄悄地，先生竟然变成了一位老人。当而立之年的我再次坐在课堂里旁听先生讲授《修辞学》时，听到的不仅是一位老师在传授知识，体会的更是一位老人从心里流淌出的睿智。那时先生因病行走已经不大方便，平路走时，一条腿用力，另一条腿只好平移过来。平常人五分钟的路程，他却要花上半个小时。当时的课排在下午，他中午不睡，烂熟的讲稿仍是要再翻一翻的，并且总是担心时间的问题，所以午饭后，他就已经进入讲课的准备状态了。教室的讲台很高，先生缓缓地放上一只脚，用一只手撑着讲桌，再用力地提起另一只脚，更确切地说是拖上来另一只脚，然后喘一口长气，微笑着转身，开始说话。平平静静地，好似他从来就是这样，只是额上不时滚下的汗珠告诉我们，

先生身体的不正常。听先生的课，就好像打开一轴画，舒缓而从容。

那是先生最后一次给本科生开课。教室里学生专门为他摆放的椅子经常是空的，他总是竭尽全力地又似乎很平静地站在讲桌旁，为的是方便板书。有一次下课后，我伴着先生走回家，半路上突然发现先生的茶杯忘在讲桌上了。当时先生很急，说那是礼物，要找回来。我说："我去吧。"先生说："不好麻烦你，自己的事。"听到这，我心里一酸，忙说"我跑得快"。当我跑回时，发现先生竟然坐在路旁的台阶上，满面倦容，那是一位老人用尽了全身力气上完课后的放松状态。我上前搀起了他，先生慢慢地站起，拍拍衣服上的灰，微笑着说："有点累。"何止是"有点"，对先生来说应该是非常累，可他仍是这样淡然处之。

平日里与先生接触不多，但每每见到他，我总是会想起朱自清《背影》中蹒跚父亲的身影。我觉得先生化自己为一座桥，使他的学生们能由此而过。桥旧了，桥破了，可仍挺立在那条偏僻的小河上，因为桥知道他是这儿的人走向外面世界不多的几条通道的一条。

先生静静地生活在我们的周围，从没有高声大气地讲过话，似微风，不知不觉中让人陶醉于他的温暖。先生是位花匠，用一生播下向善的种子，使阜阳这块贫瘠的土地上又多了一分春色。先生的满头银发，如同旗帜，昭示他的精神，温和、执着、宽容、纯洁。先生本身就是一片风景，吸引着我们驻足观望，荡涤浮华，留下坚持的勇气，心灵的冀盼。

讲台上倪祥和教授的蹒跚身影定格成我记忆深处的影像，演化为我生命中珍藏的一幅照片，永远，永远。

点评：这是一篇成功的说话，内容丰富，思路清晰，语言流畅，感情真挚，整个说话洋溢着浓浓的对所尊敬老师的怀念之情。

选取了老师带病上课的片段作为典型的好事例，突出了"落红不是无情物，化作春泥更护花"的高尚教师品德。

结尾意味深长，老师的精神永存，并将被后来者发扬光大。

从语言表达技巧来看，这篇讲话也是很成功的。主要有以下特点。

善于选取感人的事例、生动的细节来丰满人物；语言简洁、流畅生动；白描勾勒、朴实真切；表达上无废话，无口头语，无重复；说话整体风格典雅，虽带有书面语之嫌，但仍具有多使用短句，力戒病句出现等优点。这些都说明说话人有良好的语言修养，具有极强的打腹稿和谋篇布局的能力，并且有丰富的当众说话的经验，是说话的高手。能做到这一点绝非一日之功，需要多加练习才是。

不足之处是说话内容有点长，三分钟时间讲不完，为了展示其完整性，在此录下了全部内容。这提示我们在测试中，要准备好充足的说话内容，宽备窄用。因为，说话时间满三分钟终止，不会影响测试成绩，说话缺时，会被扣分。

(二)记所爱

我喜爱的文学(或其他)艺术形式

我喜欢对联，对联是一种独特的文学艺术形式，它始于五代，盛于明清，迄今已有一千多年的历史。

早在秦汉以前，我国民间过年就有悬挂桃符的习俗。所谓桃符，就是把传说中的降鬼大神"神荼"和"郁垒"的名字，分别写在两块桃木板上，悬挂在左右门，以驱鬼压邪。

这种习俗持续了一千多年，到了五代，人们才开始把联语题在桃木板上。五代末年，我国出现了最早的一副春联。宋代以后，民间新年悬挂春联的习俗已经相当普遍，王安石诗中"千门万户瞳瞳日，总把新桃换旧符"之句，就是当时盛况的真实写照。一直到了明代，人们才开始用红纸代替桃木板，出现我们今天所见的春联。

对联是由律诗的对偶句发展而来的，它保留着律诗的某些特点。古人把吟诗作对相提并论，在一定程度上反映了两者之间的关系。对联一般说来比诗更为精练，句式也较灵活，可长可短，伸缩自如。

怎样作对联呢？中华书局《文史知识》介绍的作对联的规律如下：第一，上下联的字数必须相等，不能用重复字；第二，上联的末一字必须是仄声，下一联的末一字必须是平声；第三，上下联的句式必须一致；第四，上下联的平仄要相对立，上联要用平声字的地方，下联就得用仄声字，反过来也一样；第五，上下联意思可以相近或相反，可以只说一事，也不妨分说两事。

我收集到几个山水的对联现在说出来和大家一起欣赏：

四岭八峰摇路转；三溪百瀑抱云流。

八面峤峰四面画；半江绣水满江春。

高山既得赏枫叶；深谷无妨听瀑声。

春风作彩染千树；流水为弦弹万溪。

风吹云彩花齐放；水泻山崖雪乱飞。

对联无论是咏物言志，还是写景抒情，都要求作者有较高的概括力与驾驭文字的本领，才可能以寥寥数语，做到文情并茂，神形兼备，给人以思想和艺术美的感受。

点评：这篇说话开头点题说喜爱的文学艺术形式是对联，接下来说喜欢的原因有三：对联是一种独特的文学艺术形式，具有悠久的历史传统；形式美；内容美。选取山水对联作典型的例证，从而强化自己喜欢对联的态度。最难得的是，说话人介绍了作对联的五点注意事项，能清楚表达如此的专业知识，说明说话人已经把喜爱对联这种文学艺术形式升格为自觉的理论学习境界。

从语言表达技巧来看，整篇说话结构严谨，用语规范，采用夹叙夹议的说话方式，有内容，有思想，整体风格深入浅出，在说明自己喜欢对联原因的同时介绍了相关专业知识，前期案头准备认真、扎实，说话时基本上做到了收放自如，美中不足的是书面语痕迹明显，口语化稍欠缺。

(三)记生活

我的学习生活

从上幼儿园的那一天起，我的生活就与学习紧密地联系在一起了，算算至今已快有二十年的时间了。

小的时候，我最喜欢的就是坐在妈妈身边，听妈妈给我讲《灰姑娘》以及《丑小鸭》的故事。大了一些，我上学了，认识字了，于是，我开始自己翻书，读我喜欢的童话。我就是在这样的生活中，一天天地学习，长大的。而今的我，再也不用妈妈给我读故事了，可是小时候养成的爱看书的习惯，却一直陪伴着我走进了大学。

我爱看书，书本给我带来了无穷的乐趣。从书中我认识了自尊自爱的简·爱；认识了坚强不息的保尔；认识了少年英雄刘胡兰；认识了党的好儿子雷锋。从书中我知道了中国拥有世人羡慕的四大发明，我还知道中国有令人惊叹的奇迹——万里长城。书本展现了一代女皇武则天的风采；书本印证了一代名君康熙大帝的成长历程。

我爱看书，书本教给我很多知识。

古语云：书中自有黄金屋，书中自有颜如玉。但我读书既不求黄金屋，也不为颜如玉，我求的是知识，用它来开阔我的视野，武装我的头脑，充实我的精神世界。在书中我找到了现实生活中的答案，在书中我看到了人间的欢乐与苦难，在书中我窥测到人的崇高与卑劣……

我爱书，因为书早已成为我的知己了。

一本好书在手，一切烦恼都会抛于脑后。每当读了一本好书时，我总是希望有人与我一起分享。所以，我把好书推荐给室友，这样一来，一屋子六个女生就有了共同的话题，每天晚上熄灯后，我们都会躺在床上神侃一番。书本不仅教给我们知识，还增进了我们之间的团结与友谊。

"书山有路勤为径，学海无涯苦作舟"。不错的，书是知识的海洋，带着我乘风破浪；书是美好的开始，带着我寻找结果；书是完美的结局，带着我创造历史；书又是乐趣的果实，带着我尝试酸甜苦辣……

我早已把读书当成我学习生活中的一种乐趣了！

点评：整篇说话体现了大学生的学习生活特色，对他们来说，学习的途径主要是从书本中汲取知识和精神养料，学习生活典型化为读书生活。

说话人首先表明从小到大养成的爱读书的习惯，然后以排比段落说明学习就是读书，读书自有乐趣。

我爱看书，书本给我带来了无穷的乐趣。

我爱看书，书本教给我很多知识。

我爱书，因为书早已成为我的知己了。

我早已把读书当成我学习生活中的一种乐趣了！

从语言表达技巧来看，整篇说话口语特点明显，流畅自然，抒情性浓，只是例子不典型，内容时有游离，逻辑性稍感薄弱。如果能说一说难以忘怀或影响自己人生的典型事例，则全篇说话就会有血有肉，生动形象得多。

二、评说类话题结构模式

此类话题略有难度，需要缜密的思维和概括、说理能力，结构模式如下。
(1) 什么样的观点(关系)？
(2) 支持此观点(关系)的理由。
(3) 好的例子。
(4) 再次强调观点(关系)/提出实现观点的方法。

(一)论关系

我们以"谈谈科技发展与社会生活"为话题，按照以上提供的结构模式构思一段话。

谈谈科技发展与社会生活

——注意你的手机礼仪

科技的迅猛发展影响到社会生活的许多方面。例如，随着手机的日益普及，无论是在社交场所还是工作场合，放肆地使用手机，已经成为礼仪的最大威胁之一，手机礼仪越来越受到关注。澳大利亚电讯的各营业厅就采取向顾客提供"手机礼节"宣传册的方式，宣传手机礼仪。

公共场合特别是楼梯、电梯、路口、人行道等地方，不可以旁若无人地使用手机。在会议中、和别人洽谈的时候，最好的方式还是把手机关掉，起码也要调到震动状态。这样既显示出对别人的尊重，又不会打断发话者的思路。在一些场合，比如在看电影时或在剧院打手机是极其不合适的，如果非得回话，采用静音的方式发送手机短信是比较适合的。在餐桌上，关掉手机或是把手机调到震动状态还是必要的。不要正吃到兴头上的时候，被一阵烦人的铃声打断。无论业务多忙，为了自己和其他乘客的安全，在飞机上都不要使用手机。

使用手机，特别是在公共场合，应该把自己的声音尽可能地压低一些，绝不能大声说话，以赢取路人的眼球。在一切公共场合，手机在没有使用时，都要放在合乎礼仪的常规位置。无论如何，都不要在并没使用的时候放在手里或是挂在上衣口袋外。

放手机的常规位置有：一是随身携带的公文包里(这种位置最正规)。二是上衣的内袋里。有时候，可以将手机暂放腰带上，或是开会的时候交给秘书、会务人员代管，也可以放在不起眼的地方，如手边、背后、手袋里，但不要放在桌上。

手机短信越来越广泛地被使用，使得它也成为手机礼仪关注的焦点。在一切需要手机震动状态或是关机的场合，如果短信的声音此起彼伏，那么和直接接、打手机又有什么区别呢？所以，在会议中、和别人洽谈的时候使用手机接收短信，要设定成震动状态，不要在别人能注视到你的时候查看短信。一边和别人说话，一边查看手机短信，能说明你对别人的尊重吗？在短信的内容选择和编辑上，应该和通话文明一样重视。因为通过你发的短信，意味着你赞同至少不否认短信的内容，也同时反映了你的品位和水准。所以不要编辑或转发不健康的短信，特别是一些带有讽刺伟人、名人甚至是革命烈士的短信，更不应该转发。

我们要宣传手机礼仪，捍卫短信的纯洁！

点评：科技的发展对人们生活的影响是多方面的，如此大的话题该怎样把握呢？科技发展迅速，手机的使用覆盖面和使用频率越来越高，手机成了人们生活中不可缺少的交际工具。说话者从手机礼仪这个具体话题入手，可以使说话深入、集中，是聪明的选择。

手机的普及已使手机礼仪成为人们面临的新问题，手机礼仪不仅包括接、打电话，也包括短信的接、发，人们要注意时间、场合、说话的方式，以不妨碍别人为前提。说话人最后再次强调自己的观点，要宣传手机礼仪，捍卫短信的纯洁！

从语言表达技巧来看，整篇说话以评说为主，条理清楚，逻辑性强，从正反两方面论证，更能使人信服。但事例大都泛泛而谈，缺少典型性。

在口语表达语境中，有时难免会出现虽然可以理解语义但语法出现错误的毛病，如上文的"在短信的内容选择和编辑上，应该和通话文明一样重视"。大家要引以为戒，尽力克服。

(二)论观点

谈谈社会公德(或职业道德)

童年时代，我的老师们春风化雨、无微不至的教诲和关怀给我留下了极其深刻的印象。记得有这样一句话：教师是人类灵魂的工程师——用笔耕耘、用语言播种、用汗水浇灌、用心血滋润。因此，怀着对教师这份神圣、光荣职业的崇敬和向往，刚刚走出大学校门的我，在人生的重要转折点上，毫不犹豫地选择了教师这份职业，立志要做一名桃李满天下的园丁。

师者，所以传道授业解惑者也。千百年来，教师不仅一直是科学知识的传播者，更是人道主义、伦理道德的诠释者，教书育人是教师一生的写照。教师作为"人类灵魂的工程师"，不仅要教好书，还要育好人，各个方面都要为人师表，传承中华传统美德是我们教学工作者义不容辞的责任。

有人说："一切最好的教育方法，一切最好的教育艺术，都产生于教育者对学生无比热爱的炽热心灵中。"教师的爱不是一般的爱，这种爱是教育的桥梁，是教育的推动力，是学生转变的催化剂，我试图以平等的、尊重的、真诚的爱心去打开每个学生的心门，因为我知道，每一扇门的后面，都是一个不可估量的世界，每一扇门的开启，都是一个无法预测的未来。

教师，我喜爱的职业，因为是你给了我可以实现梦想的机会，给了我挥洒激情的舞台，给了我志存高远的境界！

最后我要说，做一个教师不容易，做一个好教师更不容易，那么作为新教师，我唯有以更充分的准备、最大的努力去迎接新的挑战，不断磨炼自己，努力做一个对孩子、对家庭、对社会、对祖国负责的合格教师！

点评：教师职业道德是指教师在其职业生涯中，调节和处理与他人、与社会、与集体、与职业工作关系所应遵守的基本行为规范或行为准则，以及在此基础上所表现出来的观念意识和行为品质。教师职业道德主要由教师职业理想、教师职业责任、教师职业态度、教师职业纪律、教师职业技能、教师职业良心、教师职业作风和教师职业荣誉八个因素构成，这些因素从不同的方面反映出了特定本质和规律，同时又互相配合，构成一个严谨的教师职业道德结构模式。

说话者凭借自己的经历和对教师职业道德的理解，提倡言传身教和爱的教育。从语言表达技巧来看，整篇说话以评说为主，论点清晰，语言连贯，充满激情，口语化明显。事例选择有亲历性，整篇说话入情入理，避免了空洞的说教和言不由衷的毛病。

以上的举例来自应试人的说话录音，除了纠正明显的语法错误和删除啰唆外，没有进行大的改动，基本上保留了说话的原貌。这也体现了我们尊重客观事实，认为说话不同于演讲的观点。

针对话题，只是提供了最基本的结构参考模式，假如你的口头表达能力很好，可以更自由地应对每一个话题，从而使说话更加灵活、生动，传达出自己的心声和说话的快乐。

资料6：说话实例参考

说话实例参考

【说明】以下话题前的数字为普通话水平测试30个话题的原序号。此处提供了25个实例，前文分析过的5个话题："我尊敬的人""我喜爱的文学(或其他)艺术形式""我的学习生活""谈谈科技发展与社会生活""谈谈社会公德(或职业道德)"，此处不再提供实例。

1. 我的愿望

人是要有愿望的。人没了愿望，就像发动机没有了动力；人没愿望，就等于生命缺少了阳光雨露。人在社会上扮演了多重角色，有着多重的愿望。我是一位青年，我渴求进步；我是一位父亲，我期望女儿健康成长；我是一名教师，我希望我的学生早日成为栋梁。我有太多太多的愿望，在这我要说说其中的一个愿望。就说说教师吧。"师者，传道授业解惑也"。师者，既要教书育人，又要教学相长；既要传授知识，又要培养能力。要做好教师，可谓责任重大。自从参加工作做了教师以来，我一直有个美好的愿望：做深受学生喜爱的"良师益友"。十多年来我一直在努力，但仍然觉得现实与愿望还有一段差距。要缩短差距，必须做好以下工作。①热爱教育，注重情感。教学是师生双向的活动，任何一方没做好，都有可能导致教学的失败。一位教育家说，"爱可以弥补天生的缺陷""情可以使寒冷的冬天变得春天般的温暖"。这充满哲理的话语，的确可以启迪许多人的心扉。只要真诚地热爱教育、关心学生，我想对教育的辛勤付出就不会没有回报。②与时俱进，终生学习。教师绝不能满足现状，要随时学习，及时调整知识结构，以免知识老化。现代是知识经济、信息革命的时代，你若跟不上时代的步伐，定将是社会历史的淘汰者。③塑造形象，给人表率。教师的形象直接或间接地影响着学生的言行举止，甚至影响他一生的理想和信念。教师应时时处处，养成良好的师德规范，无论是言行举止，还是衣着打扮，都要体现新时代教师的精神风貌。给学生和他人留下美好的形象。以上三点，若能做好，我想，要做"良师益友"的愿望就会现实。

4. 我喜欢的动物——猫

不知道和猫儿们结了怎样的缘分，从小到大一直有它们的陪伴。因为父母爱猫，有些猫儿流浪到我家，从此安家落户了。呵呵，难道猫儿们也会分辨爱它们与不爱它们的人吗？

由于没有兄弟姐妹，猫儿就是我最亲密的伙伴，平时没少和它们平辈相称，父母也经常开玩笑："大猫、二猫来吃饭了！"大猫自然就是我了，二猫就是我怀中的猫儿。它们是那么可爱啊！柔软光滑的毛皮，脚上暖暖的粉红色的肉垫，呼噜呼噜睡懒觉的模样，都是我童年最温暖的记忆。

虽然没少打狂犬疫苗针，可我还是爱猫，总认为它们是最特别的宠物。没有狗的乖顺与忠诚，欢喜时不会摇尾巴，甚至连撒娇都带着生硬的矜持，理所当然地爬上你的膝头，自顾自地呼呼大睡，会莫名其妙地失踪几天然后又脏兮兮地回来，会静静地卧在一个地方，尾巴绕过身体搭在并拢的两只前爪上，很沉重地冥想些什么，像一位大隐隐于市的隐士——我是指它的生活态度。

家里的猫儿都有自己的名字,取名字时也相当"慎重",好听还得有意义。有很长一段时间,家里不论男猫女猫都叫"咪咪",为的是纪念妈妈最喜欢的那只黑猫。黑咪是我见过的最有"佛性"的猫,它只爱吃豆类的素食,会将成块的豆腐咬成好看的月牙形再慢慢吃掉,几乎不杀生,偶尔抓到老鼠,只是玩耍,然后叼到妈妈面前邀功,很招人疼爱。"老黄"是我最可以拿来炫耀的,它一度让我喂到近二十斤,肥嘟嘟的,走路都很费劲,摸起来很有手感。"宝宝"和"贝贝"是我捡的一对流浪白猫,洗干净后像两团雪,漂亮得要命!"香菇"是特爱干净的大花猫,"波波"是挑食的波斯猫,现在家里养的猫叫"补丁",全身长着不对称的花纹,让人怀疑它乱穿了衣服,热爱吃饭,一天若干顿……真想它们啊!

因为常年在外读书,真正照顾它们的时间并不多,所以通常还没培养好感情就要离开了,回家后它们会像见到陌生人一样躲着我(有点寒心啊,你们可都是我捡回家的),可我还是愿意和它们玩,谁让我那么喜欢猫儿们呢!

5. 童年的记忆

我们家共有三个小孩,姐姐、弟弟和我。小时候,妈妈叫我们"三倒"——讲倒话的、穿倒鞋的、睡倒觉的,分别是姐姐、我和弟弟。到现在我还想不通,左右脚的鞋差别不小,我又只有几岁,怎么就能从不出错地把右脚伸进左脚的鞋里呢?

我最喜欢的是吃和玩。幼儿园时,我经常吃完自己的零食,再把姐姐在幼儿园舍不得吃、带回家的零食找出来吃光,从来没想到给弟弟留一点。

到了小学二年级,一天中午,天气有点热,我吵着让妈妈带橘子水,妈妈就用很重的铝制军用水壶给我装了满满一壶。放了学,我拎着空水壶和小伙伴一起回家。一路上,我挥舞着水壶的背带让水壶在空中不停地转圈,水壶一下撞在我的脑门上,当时只是感到被撞的地方热乎乎地往外冒什么,手一摸满手都是血,看到血,我脑袋嗡的一下,失去了知觉。等到我醒来时,我的头横一道竖一道,满头都是纱布,认识的叔叔们都问我是不是刚从朝鲜战场上下来。其实我的伤并不严重,没缝几针,却被医生包得像个粽子似的。第二天,我跟妈妈说我不想去学校,最后在爸爸的拳头之下,我妥协了,背着书包去了学校。老师看到我的样子吓了一大跳,告诉我课间操和体育课就不用去了。我老老实实待在教室里,可是一到下课时间,我们教室门口、窗户外面都是其他班的同学,他们像看动物园里的动物一样,边看边笑,还用手指指点点。当我不得不走出教室的时候,那回头率是相当的高。放了学,我总是慢慢吞吞地最后一个离开。拆纱布那天,我获得了彻底的解放。

还有一次,就是我较为勇敢的举动了——捅马蜂窝。我家的厨房窗户外面有一个马蜂窝,老是有那么一两只从窗户飞进厨房。妈妈不敢开窗户,做饭时油烟大,呛的妈妈直咳嗽。有一天爸爸不在家,我自告奋勇去除害。正值夏天,妈妈给我找爸爸的工作服穿在身上,手上戴了手套,头上戴了帽子,脸上戴了面罩,工具是报纸。妈妈把我从窗户放了出去,站在石棉瓦做的天篷顶上,我的勇气一点点减少,哆哆嗦嗦地来到马蜂窝前,拿着报纸去包。有几只精明的马蜂没包住,朝我飞来,吓得我手一抖,报纸掉在地上,里面的马蜂结队向我飞来,我后退,这才发现我脚上穿的是凉鞋。有几只马蜂仿佛已经发现了,纷纷朝我脚上飞,我开始哭喊起来,喊妈妈救我,妈妈却狠心地关严了窗户。我吓傻了,边

哭边不停地跺脚，马蜂们急于拯救家园，它们衔着窝飞远了，这时妈妈才开了窗放我进去，我已经哭得直抖了。

6. 我喜爱的职业

有人说，当老师多好，天天和孩子在一起永远年轻！是的，教师是我最喜爱的职业，因为教师是太阳底下最崇高的职业。之所以说是"最崇高""最光辉"，就是因为教师是"人类灵魂的工程师"。设计一座房子或桥梁的人，我们称他为建筑工程师；设计工厂的合理流程的人，我们称他为工业工程师；研究更好地养花种花、美化环境的人，我们称他为园艺工程师。教师是灵魂的工程师，就意味着是塑造人类的思想、建设人们的精神世界，是精神文明的设计者和创造者，是精神花园里的一个园丁。

在中国，早在西周时期就有了"学在官府"的记载，到了春秋时期，以孔子为首的一大批私学大师相继涌现出来，成为中国教育史上最早的专职教师。教师的出现，极大地推动了教育事业的发展，人才的培养也变得普及起来。

"师者，所以传道授业解惑也。"传播人生道理，讲授专业知识，解除心中困惑。在这个过程中，等于把知识的火炬一代代地传递下去。所以，我认为，教师更像一个接力赛的队员。这个接力赛的总长度是人类的整个时间长河，前不见古人，后不见来者，悠悠无尽头。历史赋予我们特定的一程，我们从上一代手中接过知识接力棒，然后跟时间赛跑，直到跑完我们的这一段，把接力棒传递给下一代的人。

教师对学生的爱是无私的，在当今社会更是难能可贵的。不求别的，单是在街上遇到了，他们大声地叫我一句："老师好！"只这简单的一句话，就会满足。因为我是一名光荣的人民教师。

7. 难忘的旅行

为了和妻的二人世界充满更多的浪漫，经过认真的准备，我们各自向单位请了假，准备去美丽的西双版纳。

我们为即将开始的旅行兴奋不已。叮咚——有客来访，大李带着儿子串门来了。沏茶寒暄，大李说："跟你说个事儿，下周一我和你嫂子都要出差，老爷子老太太岁数都大了，没人给带孩子，想着你们两口子没什么事，孩子放你们这儿几天，对了，听说你们这几天要休假，正好。周五回来我们就接走。"我看看妻失去的笑脸，对大李说："绝对不行，我们是要休假，可是我们有其他安排，实在没法帮你这个忙，你找别人试试，要不找个钟点工给带几天。"大李脸若冰霜地说："我们是不是好兄弟？""当然是。""我就是冲咱们是好兄弟才找你帮这个忙，孩子放别人那儿我还不放心呢！今儿这孩子我带来了，就不准备带走了，你看着办。(转而笑)兄弟，我这可是照顾你，给你一次机会，积累带小孩的经验，偷着乐去吧，要是别人，谁舍得让自己的孩子当实验品啊。好了，不耽误你们了，周五我过来接孩子。"我尴尬地看着妻："咱们还去吗？"妻甩过一个寒冷的背影："你看着办！"

接下来的时间，我一边给小家伙联系机票，一边对妻做工作，妻就是妻，在上飞机之前，终于顾全大局地给出了点儿笑脸，我悄悄地松了一口气。

旅行回来了，大李来接儿子，进门就说："真抱歉，我不知道你们要去旅行，这多不合适啊！"我说："你别来这套。我问你，你儿子是不是孙猴子托生的，那小家伙怎么就不知道什么叫好好站着呢？我现在算是知道唐僧为什么屡次三番要轰走孙悟空了，不是因为他多打死了几个妖精，而是嫌他太闹腾。"大李说："是我的错，忘了和你说，我那儿子就是太淘气，在家里上天入地，谁都管不了，这回肯定给你们惹了不少麻烦，我替他向你们赔罪，明天我们请你们两口子吃饭。听说西双版纳特别美，是不是真的？"妻搭话了："西双版纳怎么样不知道，大闹天宫挺好看的。"

8. 我的朋友

这里我想说说我童年时真实的朋友。

我是独生女，住的地方周围都是楼房，没有同龄人。爸爸妈妈没时间送我去幼儿园，我就天天在家看画书。天知道我是多么盼望上学！只有上学，我才能和人说话，和人一起玩。

妈妈知道我的渴望，她让我提前两年进了学校，在那里，我认识了方方和玲玲。她们大我一两岁，和我住得很近。我非常珍惜这友谊，对她们，我从来都是顺从，生怕她们不理我。可是不知道我哪里不顺她们的眼了，跟她们在一起，我总是遍体鳞伤。

我们放学的路上，一道暖气沟掀开了，她们说跳下去走走，很过瘾的。我说我下不去，那沟那么深，我怕爬不出来。玲玲说没问题，我们拉你出来，这样我就跟她们跳下去了。走到沟的尽头，她们踩着我很狼狈地爬上去了，我等着她们拉我，可是等来的是嘲笑和脏话，她们说他们在骗小狗。

我没有哭，我用小树枝挖沟的边，挖出一个个小坑来，好从那里往上爬。天已经黑透的时候，我终于爬出来了。

第二天，我还是跟她们一起上学了，我们谁也没提昨天发生的事。我没别的朋友，我也从没有过朋友，我没别的办法。

每次她们在我家玩，我总是拿出我最喜欢的东西来招待她们，她们走的时候总要拿上好多才肯走。我喜欢她们开心，看着她们开心我就觉得好高兴。我觉得我没本事，跳皮筋也不会，没人愿意和我一班儿，扣沙子也扣不好，常惹她们不高兴。每次她们从我家里出去，一路骂骂咧咧的，把我的玩具砸烂，只要第二天她们还来找我一起上学，我就好像什么事都没发生过一样，因为我太需要朋友了。

当年的一幕幕浮现在我眼前，这些回忆即使在今天，仍让我委屈得想哭，可是，我并不后悔，因为我曾拥有过朋友。

10. 谈谈卫生与健康

人都是在生病的时候，才知道健康的重要性，体会到身体健康是多么的幸福。而健康呢，跟我们平时良好的卫生习惯有关。

良好的卫生习惯可不是抽象的概念，而是表现在一点一滴的生活小事上。比如：要保持个人清洁卫生，衣服要勤换洗，勤洗澡，勤剪指甲；饭前便后要洗手；经常打扫环境卫生；适当参加体育锻炼，增强身体免疫力。我想，这些理论知识在我们读小学的时候，老师家长们曾经多次教育过我们，关键是我们得时刻提醒自己，养成一个良好的生活习惯。

其实卫生是处处都必须注意的，你看，现在的路边、大街上、小巷中，在那些小摊小贩的摊子上，经常做一些油饼、臭豆腐之类的食品，你可千万不能去买，且不说他们这些东西是用什么做的，光是摆摊的地方就很不卫生，灰尘很容易沾到食物，吃了容易生病。

说到健康，也许有人会说："吃多了东西也就健康了吧！"其实健康并不在于多吃东西，你还要常运动、多喝水，每天定量吃饭，按时睡觉，等等，这样才能做到健康。在报纸上看到过多吃水果、蔬菜、多补充维生素，这样对身体大有好处。

卫生与健康是紧密相连的，不讲卫生不仅使身体容易生病，有时连你宝贵的双眼也会受到侵袭。当你接触过钱、霉旧的书之类的东西，你可千万不要去揉眼睛，否则，沾到你手上的细菌就会跑进眼睛，这样会使你患上沙眼病，导致视力下降。

所以说卫生与健康是形影不离的好朋友，二者缺一不可。

11. 我的业余生活

有人说："玩得好才能学得好"，身体是革命的本钱，只有在学习之余充分地休息才能有更好的精力学习。学习之余我有许多的休闲方式，比如旅游、逛街、听音乐、看电视等，在这许多的娱乐方式中我最喜欢的就是看电视了。我迷上那一方小小的窗口是因为一部电视剧，那是拍摄于上个世纪八十年代的一部电视剧，反映了旧上海那种灯红酒绿生活背后的凄惨而又无奈的人生及爱情。

仍然记得那部由周润发主演的《上海滩》是如何深深地打动了我，不仅仅是因为成熟迷人的许文强，不仅仅是因为美丽优雅的冯程程，也不仅仅是因为许文强与冯程程之间那种浪漫曲折的爱情故事，还有那种旧上海所特有的气息。在那样的环境下，在那样的背景下，在那样的时代下，那样的爱情是如何地让人心动，是如何地令人心碎，是如何地令人留恋，它逐渐形成一种令人难以割舍的上海情结。

至今还记得，在影片的结尾，许文强倒在血泊之中挣扎着对丁力说的那句话："阿力，你知道我要去哪里吗？我要去法国。"为什么？为什么？为什么一个人要在经历了那么多的风雨之后，才真正地明白爱终究是无法割舍的，在心中的那份悸动是不可忽略的，爱终究是无法抹杀的。在我看过这部电视剧之后，我就明白了，人最重要的不是金钱，不是权力，不是荣耀而是爱，是人与人之间真挚无比的爱，它是别的什么东西都无法代替的，它是独一无二的。

就是这么一部电视剧让我迷上电视的，让我学会在电视中了解人生的百态，了解爱恨情仇。电视让我陶冶了心性，学会了如何做人，知道了什么才是最重要的，知道了人活着的意义。我在电视的陪伴中慢慢地长大了，慢慢地懂事成熟了。

学习之余有一种让我娱乐、休闲的方式，让我沉醉，让我充实，让我体会人生，让我学会释放自己的情感，让我随着剧中的人物哭、笑、悲、乐，这已足矣。

12. 我喜欢的季节(或天气)

我喜欢秋天，它是一位美丽的使者。踏着轻盈的脚步，穿着薄如蝉翼的纱衣，趁大地还没叠起天使馈赠的雾衣，就挥动着神奇的画笔，将粉红、暗绿、雪白、金黄……洒向大地。初升的朝阳惊奇地发现，迎接它的，竟是一片绚烂多姿的色彩。阳光，不再是鲜红，它的光线已成了耀眼的金色。秋是一个美丽的季节。

我喜欢秋天，它是一位多情的恋人。那飞舞的枯叶，似一只只翩翩的彩蝶，随风飘动，传递着爱的信息，倾诉着爱的絮语。那耐寒的秋菊，在萧瑟的秋风中凛凛绽放，是经过了春的萌发，夏的酝酿，才在秋季开出了绚烂的花朵。

我喜欢秋天，它是一个多情的季节。那绵绵的秋雨，拥你入怀，浸润着你的刚硬，滋

补着你的温柔,那缠绵,那朦胧,那滴答不停的雨声,都会让人情思万种,缱绻不安。

我喜欢秋天,它是一个收获的季节。有谁不喜欢红的、绿的、紫的、黑的果子挂满了枝头?有谁能厌看雪白的棉花架满田野?有谁在金色的稻浪前不收获着丰收的喜悦?那红的高粱,饱满的大豆,金灿灿的玉米,哪个不是唱响着丰收的赞歌?秋天是一个丰收的季节,它用个个成熟的果实讲述着快乐的故事,最后笑得他们一个个绽开了眼,露出了他们积蓄了一生的果实。真的,我喜欢秋天这个充实的季节,这个快乐的季节。

秋天,是一位神秘的魔法师。带来了金黄的色彩,带来了丰收的喜悦,带来了一切它想给予我们的。它是那么的富有和大度,它是那么的光鲜和美丽。

我喜欢秋天,还因为它是生命的孕育,是生命的开始。我就在这样的季节出世,我的生命里浸润了秋的风韵。我爱秋天,爱这个给了我生命的季节。

13. 学习普通话的体验

普通话是我国的通用语言,是我们日常交流沟通的工具。我认为学好普通话很重要,说一口标准的普通话不仅能给人一种美感,还能给人一种无穷的享受。

我有这样一种体验,以前我本人有许多错误的读音:如四与十,经营与金银,眼睛与眼镜,老鼠与老师,我总是分不清怎么读。

我还记得有一位亲戚与女友第一次去未来岳父家,因为普通话说得不好,差点误会了。这位亲戚是广东人,他的普通话说得不好,而她的女友则是北京人。当时,女友的父亲问这位亲戚多大,他想说是二十九,但却说成"爱死狗",问他在哪里工作,他想说是在师范,却说成是"稀饭",差点把未来岳父气死。可见学好普通话是多么重要。

自从开始学习普通话,我已经矫正了许多自己以前的错误,同时也增长了许多自己以前不知道的知识:如儿化、轻声、多音字。学普通话的过程,有苦也有乐,我是这样学习的:

一是学好拼音,掌握好发音。每天我都早早地起来听录音,跟着读,不懂的就向其他人请教,有时为了读准一个拼音,经常练到嘴巴发痛,舌头发硬。

二是借助一些多媒体软件来学习、听读,自己跟着读。听收音机、看电视时尽量看用普通话主持的节目,增加耳濡目染的效果。

三是向字典请教,不懂就查,尤其要注意一些字的多音与多义。我还把自己常常读错的多音字,难读的字注上拼音,并用笔记本记下来。这样可以做到更有针对性,这也是最有效的方法。

四是大胆,用普通话交流。我平时一有空就与网上说普通话好的朋友聊天,听他们说,自己试着说,让他们纠正我读错的音。

总之,通过学习普通话,我受益匪浅。

14. 谈谈服饰(我国少数民族服饰文化的一般特点)

我国少数民族种类繁多,分布广阔,因而民族服饰多姿多彩,服饰文化内容丰富,有取之不尽的服饰资源。

我国少数民族服饰,无论从质料、色彩来看,也无论从式样、搭配来看,都是十分丰富的。有着 25 个少数民族的云南省举行民族艺术节,数千人的少数民族文艺队伍也就是数千人的少数民族服饰表演队。昆明民族歌舞团以"日月风火"为题的民族服饰抒怀舞

会，分"春日生辉""夏月溶溶""秋风送爽""冬火熊熊"四个场景展示了三百套民族服饰，其品种之多、款式之奇、色彩之艳、花样之繁令人惊赞。短短的一个半小时表演，令人信服地证明：云南不但是歌舞的海洋，也是少数民族服饰的海洋。而这，正是多民族中国的一个缩影。

由于自然环境的差异和民族风俗习惯、审美情趣的不同，中国少数民族服饰显示出北方和南方、山区和草原的巨大差别，表现出不同的风格和特点。

中国的自然条件南北迥异，北方严寒多风雪，森林草原宽阔，分布其间的北方少数民族多靠狩猎、畜牧为生；南方温热多雨，山地峻岭相间，生活其间的少数民族多从事农耕。不同的自然环境、生产方式和生活方式，造成了不同的民族性格和民族心理，也造成了不同的服饰风格和服饰特点。生活在高原、草场并从事畜牧业的蒙古、藏、哈萨克、柯尔克孜、塔吉克、裕固等少数民族，穿着多取之于牲畜皮毛，用羊皮缝制的衣、裤、大氅多为光板，有的在衣领、袖口、衣襟、下摆镶以色布或细毛皮。藏族和柯尔克孜族用珍贵裘皮镶边的长袍和裙子显得雍容厚实。哈萨克族的"库普"是用驼毛絮里的大衣，十分轻暖。他们服装的风格是宽袍大袖、厚实庄重。南方少数民族地区宜于植麻种棉，自织麻布和土布是衣裙的主要用料。所用工具十分简陋，但织物精美，花纹奇丽。因天气湿热，需要袒胸露腿，衣裙也就多短窄轻薄，其风格多生动活泼，式样繁多，各不雷同。总之，风格多种多样，特点十分突出，构成了中国少数民族服饰文化的一个特点。

15. 我的假日生活

工作一年多了，心早已飞得不知去向，想品味书中的滋味，那简直是妄想。前几日就已经告诉自己不能再如此颓废下去了，可每天到办公室，只要没事做，便想上网，根本无心顾及那可怜的书本，虽然每天上班都把书本装在包里。

考试就要来临了，不得不捧起书本啊！还好要放假了，别人去疯玩，而我要在书里陶醉，希望可以找回失去的感觉。

十月一日，雨下得特别大。雨再怎么大，也不能够阻挡一个不怕雨的人。我夹着书本等公交车，转了两次车，终于到了学校，见了同学。亲切的寒暄和拥抱之后，便匆匆地赶往教室。虽说雨有时会让人郁闷，可此时我却格外的平静，站在窗口，看雨，听雨，心情十分的愉悦。本想将好心情延续到三号，可谁知下午教室里进来一位同学，手捧一本高数，竟在教室里大声读起数学公式来，气得我直瞪眼，有这样学习的吗，当时真想举起一张课桌狠砸过去，当场让小子闭嘴！想引起我的注意也不需要用这样老土的方法吧，气极之下，夹着书本告别同学，回到了自己的小屋。

还是自己的小屋清静，从一号下午一直待到三号下午，也许是因为这几天一直下雨，只有在三号下午时雨停了，我才有跨出去的愿望。这几天里连门都没迈出半步，现在想想不得不佩服自己了，也不知道这几天的吃饭问题是怎么解决的，只知道那本砖块样的书已被我翻过去了一半。

抬眼看看隔着绿色窗帘透过来的微光，好生温馨。放下书本，机械地从书桌前移开，终于体会到了废寝忘食的感觉。

下到二楼时，大妈见到我的第一句话就是："怎么瘦成这样了，脸色好苍白。"不会吧，只有三天没见啊，千万别以为我这是在自虐哦！千万别，只是自己看书忘乎所以了！

16. 我的成长之路

我比较喜欢静，但性格又不是很内向。因此，对于一些体育活动比如篮球、足球不是很感兴趣。平常我喜欢的休息方式就是读书、逛书店，经常一逛就是一天。对于我而言，最好的休息方法就是读一些课外书。家里人很支持我，从不认为这会影响学习而阻止我。相反，我从中学到了很多课外知识，这对于其他一些功课很有帮助。比如说我爱读文学名著，家里的藏书很多，从读书中我学到了很多的诗词、成语和专业知识，这些对我写作文的帮助很大。

平常上学的时候，一般早晨5:30起床，晚上11点以前睡觉，很少熬过11点。这样一来，一天的精神都很好。我的时间观念很强，做事也很有计划性，一般复习都严格按照时间进度表进行。每一个时间段该做什么就做什么，文理科交叉开，可以提高学习效率。

在高三，我最大的收获就是学会了怎样和全班一起进步。我们学校是一所由实验中学转过来的学校，老师年富力强，有丰富教学经验，对我们的复习给予了很大的帮助。在这些好老师的指导下，我们班同学一起进步。不像有的班级那样，大家在高考的非常时期变得很自私，互相之间不交流。我们班是快班，大家学习气氛很好，你追我赶又互相帮助。比如说，我觉得这本参考书不错，就介绍给别的同学看；这道题他会做，就会毫无保留地给别人讲解题方法。我想，正是在这样的环境下，我才能取得这么好的成绩。

我还认为高考前期应该以学习为主，结合适当的休息。学生的主要任务还是学习，更何况是在高考这个非常时刻。一定的压力是应该有的，可能来自家长、老师、同学，可能更多的是来自自己。至少，要对得起这十几年的努力吧。

我的父亲是工程师，母亲是会计，两人都很支持我自由地发展个性。我和父亲的关系就像朋友一样无话不谈，很多时候，他们把选择权交给我，就像这次填报志愿一样，他们不参加任何意见。

对填报志愿，我自己的原则是：凡是喜欢的就要坚持。现在社会上很多人朝着热门专业去，一点也不考虑自己的爱好和性格，这也许是对自己的不负责任。生物科学在将来会是一个热门产业，又符合自己的兴趣，我会好好学的。即使以后发现和自己想象得不太一样，或者不能赚大钱，我都不会后悔，一定坚持下去——人是必须为自己的选择付出代价的。

17. 我知道的风俗

藏族有一些独特的风俗习惯。

献哈达是藏族最普遍也是最隆重的一种礼节。当好客的主人向客人献哈达时，客人应该鞠躬接受。藏族人伸舌头是一种谦逊和尊重对方的行为，而不是对他人不敬。双手合十表示对客人的祝福。

三口一杯是藏族在会客时最主要的一种礼节。客人先用右手无名指蘸点酒向空中、半空、地上弹三下，以示敬天、地和祖先(或者敬佛法僧三宝)，然后小喝一口，主人把杯子倒满，再喝一口，主人又会把杯子倒满，这样喝完三次，最后把杯子中的酒喝完。

在西藏，是从来不吃马肉、驴肉和狗肉的，有些地方的藏民，连鱼肉都不吃。藏族人认为狗和马通人性，是不能吃的，而驴被视为一种很不干净的东西，也不会食用，所以在西藏千万不能提起吃驴肉、狗肉等事情。

西藏主要旅游景点是寺庙。目前西藏对游客开放的很多寺庙都是藏传佛教寺庙。藏民族普遍信仰藏传佛教，所以在转经时一定要按顺时针方向行走，切不可逆时针方向行走。很多藏族老者在转经的时候，身后会跟着一些挂着红绸子的羊，这种羊被称为"放生羊"，不能骚扰它们。在寺庙、佛殿之内不可大声喧哗和随意触摸佛像，在没有允许的情况下，更不能在佛殿内录像、照相等。

19. 我和体育

说实在的，我从小就不怎么喜欢体育。上学时，我各科成绩都不错，唯独我的体育成绩一直在及格线上挣扎。最不喜欢上的就是体育课，偏偏学校提出"德智体全面发展"的口号，体育不及格还不能当三好学生，所以，我为此付出了很多努力。

我不胖，体质也不算弱，但不知道为什么，体育成绩就不能达到优秀。最怕跳高与长跑了，仰卧起坐相对而言好些，但也是指达标没问题。于是打心底里羡慕那些轻而易举在体育方面拿高分的人！我知道他们努力过，但我付出的也不比他们少，甚至远远比他们还多，而成效却微乎其微啊。

尽管如此，体育还是给我带来了许多乐趣。初一时，我被老师选上参加篮球比赛，记得那次比赛我们班还赢了呢！如果不是因为怕耽误学习，就继续练下去了。后来，我迷上了乒乓球，还参加了课外乒乓球兴趣小组，一番折腾下来，还算小有成绩，能打两下子了。现在，觉得打羽毛球不错，有时去打打，技术有点进步。去年又因为世界杯，对足球大感兴趣，开始爱看球赛，弄清了"角球""越位"等一些术语，并有点后悔上学时怎么没练足球。无论结果如何，我热衷于锻炼过程。最近常常早起晨练，我深深地知道，没有一个健康的身体，什么都做不成。也就是说，体育锻炼是很重要的。

这就是我和体育，苦恼与快乐着。

20. 我的家乡(或熟悉的地方)

印象中的天堂应该是很遥远的，于是跟着认为天堂里的声音也一定遥不可及。但腾格尔可不这样想，听听他是怎么样唱的吧：蓝蓝的天空，青青的湖水，绿绿的草原，这是我的家。奔驰的骏马，洁白的羊群，还有你的姑娘，这是我的家……

静静地听着腾格尔的歌时，我正身处高楼林立、车水马龙、喧闹无休的现代化都市里的一角。望着眼前这一切，我似乎感到耳朵里听到了来自天堂那遥远的歌声。那一刻，我神思恍惚起来，那遥远而亲切的音乐，似乎带着我又回到了自己熟悉的、美丽的、宁静的小山村。

那里的天空蓝得发青，村子四周环绕着遍布绿色森林的大山，一条如珍珠般晶莹的溪流从屋后那座高山上挂下来，它穿过一层层绿油油的梯形水田，经过我家那盖着青苍苍土瓦片的老屋的侧边，越过屋前那片同样绿油油的田野，向着村口向着远方曲折而去。

每天清晨，屋前那一小丛青翠的竹林中总有几只鸟雀在清脆地歌唱，宽广的绿野间不时闪现一些勤劳的人影，逶迤其间的小路上则响起了孩童们上学的笑语声；黄昏时候，红彤彤的太阳从大山的背后慢慢落下去，田野里零落的农家屋顶上升起缕缕炊烟，路上归来的老牛哞哞地叫唤着，小鸟翩然投入了渐渐变暗的山林，村里的父母们的呼唤此起彼落，很快，四周静静地只听得见一片响亮的蛙鸣和蟋蟀的叫声……

听着听着，想着想着，我突然发觉，虽然我从未对我的家人和我的家乡说过"我爱你"之类的话，但我却是从心底最深处隐藏着对他们的深深热爱。

是的，正如腾格尔所唱的，我的家乡也是我的天堂。

21. 谈谈美食

吃饭在我们中国人心目中是很重要的，是头等大事。见面就问："你吃过了么？"这一点有许多流传至今的谚语可以证明：民以食为天；人是铁饭是钢等等。与此相对应，我们中华民族五千年的悠久历史，造就了这博大精深的中华饮食文化。

中国是具有五千年历史的文明古国，它的饮食文化与烹调技艺也是文明史的一部分，更是中国灿烂文化的结晶。中国疆域辽阔，气候多样，再加上地形多样，江河湖海，山川平原，无一不备，这样就为中国的饮食与烹调提供了不同种类、不同品质的鱼肉禽蛋、山珍海味、瓜果蔬菜等丰富的动植物原料、调料。几千年来，中餐积累了精湛的烹调技艺，仅烹调的操作方法就有好多种：烧、炸、烤、熏、贴、蒸等，大概近百种，形成了各式各样、千差万别、风味各异的菜系和品种。

据不完全统计，现在全国约有各式菜肴一万多种，形成闻名世界的八大菜系。"满汉全席"相信大家都听过吧，仅一桌的冷热大菜就有一百二十余种。以这种大菜为代表的中国食文化，显示出华丽、气派的"天朝"和"帝王"心态，表现出中国传统文化的普遍特点。

我国的菜肴以色艳、香浓、味鲜、型美著称于世。其中的型美，尤以花式冷拼盘最为突出。它造型别致、五彩缤纷、栩栩如生，常常带有富有意境的景色和图案。中国菜每套都以双数为单位，四、六、八、十等，有句俗话说："两个盘子待客，三个盘子待鳖"，追求双数正是中国文化的一种体现，讲究成双成对，注重十全十美。

在中国，还有就是，走到哪里、吃到哪里。全国各地的饭店、酒家、餐馆、食摊比比皆是。尤其是各大、中城市，仅在一地，就可以品尝到南北各地的饮食风味，荤素名菜，点心面粥，应时小吃。在世界上，凡是有华人甚至没有华人的地方，也都能感受到中国饮食文化的影响。在国外，中式餐馆很多，几乎遍布世界各地。这些中餐馆常常是宾客满座，应接不暇，生意十分兴隆。在美国，中餐馆更是多得惊人，仅纽约一个城市，就有五千家以上。姚明就在休斯敦开了一个中餐馆，吃得外国人连声叫好，由此可见我国美食的魅力不同凡响了吧！

22. 我喜欢的节日

终于盼到了除夕之夜。除夕之夜真是热闹极了！我们全家特地赶到乡下的儿子外婆家过春节。

除夕的饭菜特别丰富，有冷盘的、热炒的、油炸的，还有红烧的，摆满了一桌子，只要你一进门，香味就会扑鼻而来。

晚饭刚吃到一半，我就被一阵阵震耳欲聋的鞭炮声吸引了过去。我和儿子跑出去一看，到处都在放鞭炮，可壮观了！于是，儿子干脆把饭碗往前一推，缠住舅舅，要他和我们一起放鞭炮。舅舅答应了，儿子连忙拉起一旁正在吃饭的表弟，对大人们说："我们等一会儿再吃，你们也要来看啊！"儿子和他的表弟走出屋门，拿出一个名叫"五彩缤纷"的烟花放在地上，等着舅舅来点。舅舅拿着打火机，把导火线点着，导火线烧完后，"五彩缤纷"突然"呼"的一声，同时爆出无数种颜色的烟花：红、橙、黄、绿、青、蓝、

紫，真是五彩缤纷，美丽极了！"五彩缤纷"放完了，他们从屋里各拿出一支用压岁钱买的"烟花手枪"。我的儿子先用打火机对准"烟花手枪"前方，立刻，"手枪"不停地冒着火花，大约5秒钟，火花停了，发出两声"啪！啪！"的响声，又喷出两发"子弹"——两个小火球，向空中射去，到了半空，"子弹"冒出了绚丽的火花。那震耳欲聋的声音，吓得表弟急忙跑回屋里。后来，他们还放了"九龙戏珠"，它真像九条龙在天空中飞舞。"哨声旅行"也很有意思，舅舅把它的尾巴点着，顷刻，只听见"呼"的一声响，就像有人吹着优美动听的哨子，同时，火花像一支腾空而起的火箭，直冲云霄，然后又撒出火花，飘落下来。远处，也有很多人在放烟花，那美丽的"两只蝴蝶"，扇动着彩色的翅膀，好像在百花丛中翩翩起舞。"满天星"真像天上的星星，好看极了！

无数支烟花不断地向天上飞去，点缀着除夕的夜空，真是美不胜收。我们兴致勃勃地看着，忘记了吃饭，大家都沉浸在节日的欢乐气氛中。

23. 我所在的集体(学校、机关、公司等)

我是一名教师，迎春小学是我工作的集体，我生活在一个十分温暖的集体里。在这个集体里，大家互助互爱，情同兄弟姐妹，相处得十分友好。集体里的每一个人都深深知道，人与人相处最重要的是相互尊重、相互理解。

俗话说："一个篱笆三个桩，一个好汉三个帮。"没有学校集体中人与人之间的团结协作，即使我们每个人都能奏出最优美的音符，人们听到的也只能是杂乱无章的噪音。只有团结协作，相互配合，我们才能奏出最优美的学校乐章。

近年来，我校坚持"从大处着眼、从小处着手"的原则，形成了迎春小学的德育特色，建设了第一流校风。同时，大力推进素质教育和信息化教学，取得了显著的办学成效，连年小考成绩各科名列前茅，受到教育局领导与公众的好评！

走进宽敞而幽雅的迎春小学大门，扑鼻的花香，嫩绿的小草，清新的空气，整洁的教室，富有朝气的学生……你会感受到这所学校焕发出的勃勃生机和令人振奋的信息化浪潮，学校办公大楼庄重朴实，教学大楼、实验设备完善，今年我校添置了信息化设备，给每个年级组配备个人电脑、一部电话，学生也有微机室、实验室、阅览室等。

在全校师生的共同努力下，我校成了校园环境优美、校风学风优良、教学设施一流、信息化技术应用水平领先的学校。现在，我们正齐心协力，努力将迎春小学办成更加出色、令人瞩目的新型学校。

25. 谈谈个人修养

个人是否具备修养，基本不看外表，主要看德行。德，即品德，是内在的东西，居于个人修养的首要位置。行，是由内在品德素质决定的外在表现，这两样构成了个人修养。

简单地说，我认为一个人的气质是指一个人内在涵养或修养的外在体现。气质是内在的不自觉的外露，而不仅是表面功夫。如果一个人胸无点墨，那么任凭用多么华丽的衣服装饰，这个人也是毫无气质可言的，反而给别人肤浅的感觉。所以，如果想要提升自己的气质，做到气质出众，除了穿着得体，说话有分寸之外，还要不断提高自己的知识，品德修养，不断丰富自己。

女子的气质美，是女子美的全部表现。气质美，会使男士们忽视其貌而永存其美。气质美的女孩，即使丑点，人们根本不会说她丑。无知的美在外表，其实很难在男士们的心

底烙上美印。前者高雅，后者俗气。

用培养气质来使自己变美的女子，比用服装和打扮来美化自己的女子，要具备更高一层的精神境界。前者使人活得充实，后者使人变得空虚，最完美的恰恰是两者的结合。气质美，至少蕴藏着真诚和善良。一个虚伪和凶狠的女人，很难说她有什么美好。几乎所有的女性都渴望自己在性格和外表方面对别人具有更大的吸引力，那么，怎样才能修炼出良好的气质呢？懂得如何去发挥自己的优点及克服自己的缺点，便可使你魅力大增。

26. 我喜欢的明星(或其他知名人士)

我不大喜欢去崇拜什么明星，所以也很少去评判他们。我曾用天使形容过的女人，似乎只有王菲一个人。首先还得从面孔讲起，她的面孔的骨骼很薄，这种人灵气很多，但是容易有悲情色彩；眼睛很大很圆，这种人通常比较自我；鼻子有点扁，这种人通常缺乏心机，藏不住话；嘴唇比较薄且唇线有些向下，这种人通常有点悲观且缺乏热情。而这正是我喜欢的女人，就是，她得有缺点，而且用一种很随意坦荡的态度去面对自己的缺点，比如王菲经常说，我是一个有缺点的人，你们不要把我当偶像，我喜欢打麻将，我是一个既自卑又自傲的人，等等。

另外我想谈谈王菲的音乐，我一直不喜欢人声，因为我觉得人声太吵，真正的天籁是人声以外的声音。但是王菲的声音很轻，在听觉上刺激不大，所以她的声音是我听过的人声中唯一不让我讨厌的一种。换句话来说，我不喜欢过于突兀的东西，不喜欢太有攻击性的东西，不喜欢太有视觉冲击力的东西，不喜欢太有个性的东西，而王菲是没有这些特点的一个人。王菲是最没有个性的一个人，她不漂亮，唱歌声音不吵，无论怎么奇装异服还是平平淡淡，所以她是天使。我喜欢这样的明星。

27. 我喜爱的书刊

《学习时报》创刊已经很多年了，这些年中，它吸引了无数的读者。一种报刊在信息大爆炸的年代能受到不同层次读者的喜爱，实在难得。之所以难得，我认为有以下几个方面的原因。

一是它代表着主流文化的发展趋势。一个社会要发展、要进步，必有一种文化在各种文化中占主导地位，影响其他文化，进而成为这个社会的精神驱动力。行为的束缚是可以强制的，思想的影响却是永远不能消除的。《学习时报》将主流文化以不同的风格和形式展现在读者面前，让人耳目一新，读后既不觉得媚俗阿谀，又不觉得是"套子"中的教条。

二是对中国传统文化独辟蹊径。对中国历史、国情、传统、风格、气派、韵味等中国的人文精神进行高度概括和综合体现。浏览历史、人物、文化专栏，总有这样的文章将你的目光和思维吸引进去，仿佛这些历史事件、杰出人物、文化风貌就在你眼前。作者以大家的风范、智者的慧眼展现了不同于现成之说的另一面，启动着我们的思维，感叹着人物的命运，享受着文化的美味。《学习时报》以海纳百川的胸怀吸收、借鉴着国内外的先进文化成果，它博采世界文化之长，将多样性的文化集于一隅。它不是对西方文化的晦涩照抄，更不是故作"文雅"地卖弄，而是在读者能接受和理解的基础上重新整合和创新。

三是《学习时报》版面清新，格调高雅。它让一流的学术走进读者的视野，在带给读者知识的同时，又留给读者一份沉思。《学习时报》的每个版面都是经过精心设计的，文章既有出自大家之手的经典之作，又有未来学者的一片天地。它没有把自己弄得"高处不

胜寒"，也没有让人感到"曲高和寡"，它已形成了自己独有的风格。

四是《学习时报》人文气息很浓厚，充分体现了科学发展观的内涵。《学习时报》的办报主旨给人一种人文关怀，如历史、文化栏目的写作风格和评价口吻让人亲切，使人感受到人物命运跌宕，文化的渗透力量。

《学习时报》有很多优点，在此希望它越办越好，成为我终身的学习伴侣。

28. 谈谈对环境保护的认识

二十世纪中叶以来，环境问题已经成为整个地球的一大危机。人类赖以生存和发展的环境受到了严峻挑战，资源的迅猛开发与有效利用，使它日益枯竭，生态环境遭到了严重破坏，各种污染事故频频发生。环境问题已经成为当今人类面临的全球性问题之一，引起了各国的普遍关注。

人类必须意识到，人的生存无不依赖于自然生态系统。人类文明与大自然的命运已紧密结合在一起，就如同心灵和躯体一样密不可分。今天，人类不能再以一个征服者的面目对自然发号施令，必须学会尊重自然、善待自然，自觉充当维护自然稳定与和谐的调节者。从一个号令自然的主人，到一个善待自然的朋友，这是人类意识的一次深刻觉醒，也是人类角色的一次深刻转换。实现这一角色的转换不仅需要外在的法律强制，更需要人类的良知和内在的道德力量。

我们应该倡导一种保护自然、拯救自然的态度。今天，人类比任何时候都能领略到气候变化的威胁，如果人类再不行动，那么 100 年后，巨大的热浪将会席卷地球每一个角落，海洋中漂浮的冰山将有可能融化得无影无踪。保护自然，修复自然，维护自然生态系统的平衡与和谐，应当是我们义不容辞的责任。真能如此，新世纪的人们将会迎来新的希望，人类文明将会走向光辉的彼岸。

29. 我向往的地方

草原是我向往的地方，很小的时候就有一个愿望，那就是能去大草原看一看。我经常想，自己如果出生在草原，该是一件多么惬意的事。那草原，那蓝天，还有那清新的空气和那山间的雪，就和阿尔卑斯山的阳光一样可以给人温暖。可惜我生在南方，这里没有草原，只有丘陵，平原，一望无际的稻田。

其实，我也不知道为什么，自己就是想到草原上去看看。也许是她的美丽，也许是她的深邃，又或许是她的纯洁征服了我这样一个世俗的人。大概只有草原才是人类最后的洁净之地吧！

我喜欢草原是从一首诗开始的，一首大家耳熟能详的诗：

敕勒川，

阴山下，

天似穹庐，

笼盖四野。

天苍苍，

野茫茫，

风吹草低见牛羊。

这是一首流传了千百年的民歌，它所吟唱的就是阴山脚下内蒙古大草原的风光：天像圆圆的大毡帐，罩住青青的大草原。蓝蓝的天空下，碧草如茵，一望无际，风儿吹过，草儿低头，成群的牛羊就掩映在这浓密的碧草之中……我相信绝大多数人都和我一样，对内蒙古大草原的喜爱都是从这首北朝民歌开始的。

我有时想，如果有一天，在我的眼前出现一望无际的大草原，那该多好。可以想象：草原蔚蓝的天空，偶尔会有老鹰翱翔。浩瀚的草原像一张无边的绿毯铺在广袤的大地上，草原上道道车痕与天际的蓝交织在一起。那星星点点的蒙古包就像散落在绿毯上的白莲花，那一群群的白羊犹如天边涌动的云彩，几个牧羊人在草原上骑马嬉戏。

当微风拂过，躺在草原上，闭上双眼，耳边只有呼呼的风声，闻着那泥土的淡淡芳香，感受这周围的一切，该是怎样惬意的事啊！

可惜的是，我一直没有机会去看看我心目中的草原。那种"风吹草低见牛羊"的想象，总在我脑海里萦绕，赶之不走，挥之不去，这便成为我向往草原的动力。我现在还在读书，我相信会有那么一天，我一定去草原——我向往的地方，好好感受一下草原那迷人的气息。

30. 购物(消费)的感受

消费是人类生存的基本条件，是人与生俱来的本能行为。通常所说的消费是指个人消费，包括物质消费和精神文化消费两个方面。我们每个人都是消费者，在生活里常常遇到一系列问题，还是以我最近一次经历为例来说吧。

今年五月十八日，是母亲节，儿子说要拿他的奖学金请我吃饭，感谢我的养育之恩。我说你有这点心意就行，你现在还是读书阶段，奖学金你自己留着，你下苦功读书就行，还是妈妈来请吧。

当天晚上六点多，一家人到屯门一酒楼吃饭，没有想到酒楼竟人满为患。经过约大半个小时的轮候，终于找到了座位。我们点了几个平时在这里吃过的菜，一个是盐焗鸡，一个是烧鹅，一个是排骨焖莲藕，还要了两碗饭。平时来这里吃，点这样的菜是二百多元，那晚结账时，我愕然了，竟要四百多元，节日的价格竟涨得这么厉害。平时吃也行，非要节日去吃吗？于是我决定，节假日尽量不要在外吃饭，要吃挑平时的日子去，学会科学消费，把钱用在点子上，花最少的钱办最多的事，有计划地消费，不跟从，不盲目。

其实，学会科学消费是很重要的。比如，屯门市中心的百佳与惠康每星期三所有商品都打九折，我就趁那天到商场里选购自己需要的东西，这样的花钱方式既合算又不算太浪费。另外，看到有减价的商品，一定要看是不是自己需要的，如果不是的话，再便宜也不要买。

我觉得要做到科学消费，就要这样做：根据自己的实际需要适度消费，不要盲目从众和攀比，量力而行，量入为出，自己需要的才是合理的。盲目从众就是看别人都买的东西，自己也随大流去购买，而买的东西往往并不需要。别人说好的东西，别人都买的东西，有时也并不见得好，即使这些东西比较好，也不一定适合你自己的需要，所以买东西要有自己的主见、有计划，保持冷静头脑，避免盲目性。

我们应该擦亮眼睛，学做一名理智的消费者。

思考与训练

一、思考题

1. 如何理解普通话水平测试的说话要领？

2. 怎样把握普通话水平测试的说话方略？

二、说话综合训练

1. 联想性思维训练

给定几个所指对象互不相关的词语，要求学生在一定的时间内串成一段有意义的话。

如：月亮·水稻·桌子；树木·狗·冰箱。

2. 发散性思维训练

指定某个事物或话题，以此展开想象。可由一个人，也可由多人作辐射式想象。

3. 话题提纲拟定训练

给定话题，思考该话题展开的框架(从哪些方面叙述、描述或论述)。

第三篇　模拟测试篇

第八章　普通话水平模拟测试

【学习目标】

熟悉计算机辅助普通话测试上机考试流程，认真对待普通话水平测试的各个环节，领悟测试抓分策略，解决测试时面临的疑难问题，做好考前模拟测试训练，调整好测试心态，争取高水平发挥，考出理想成绩。

【重点难点】

● 解决测试疑难问题，把握应考高分策略。

● 做好考前模拟测试训练，对症下药，整体把握普通话水平测试。

第一节　计算机辅助普通话测试上机考试流程

计算机辅助普通话测试系统为国家普通话水平智能测评系统，其考试流程如下所述。

一、登录机测页面

机测页面是由考试主机直接分发给应试考生的。考生只要戴好耳机，等待主机分发试题，即可出现考生的登录页面。智能测试软件启动之后，系统弹出佩戴耳机的提示，单击"下一步"按钮即可继续。

二、输入并核对考生信息

(1) 进入用户登录页面：输入应试考生考号的后 4 位考号，并核对考生姓名、身份证号是否为考生本人，即可确认，如因输入错误，导致页面出现错误信息，考生可以单击"返回"按钮，重新输入考生信息并再次确认。

(2) 信息确认：考生确认准考证号无误之后即可单击"进入"按钮，开始测试。

三、系统试音

进入测试之前，系统会提示应试考生听到"嘟"的一声后朗读界面上的提示文字，以便给系统提供声音音量，以对用户电脑的声音设备进行检测，并对麦克风音量进行调节。

四、进行测试

第一题：读单音节字词(100 音节)

第一题读单音节词，是在有文字凭借下对语音标准程度的测评，单音节词没有语境，因此要把声音发完整，读音要有动程，阴平、阳平声调调值高度要升到位，上声声调要读出曲折度，去声声调要降到位。

第一题朗读完毕后，单击"下一题"按钮，即可进入第二题测试页面。

第二题：读多音节词语(100 个音节)

第二题读多音节词语，要把一个词连起来读，不要把词分开读或一顿一顿地读。由于一个词的朗读会有相应的语流音变，因此本题考查的是在一定语境下的普通话标准程度。其中包括上声与上声相连、上声与非上声相连，儿化韵，轻声词，词的重音与次重音等。

读完本题内容后，单击"下一题"按钮，即可进入第三题的页面。

第三题：朗读短文

第三题朗读短文，要按短文后的提示音正确朗读。由于是短文，这道题是具有语境的朗读材料，因此不要一个字一个字地读，也不要一个词一个词地读，要一句话一句话地朗读，注意不要回读，同时注意标点符号的停顿。

朗读完材料后，单击"下一题"按钮，即可进入第四题的页面。

第四题：命题说话

第四题页面出现后，有 2 个题目供选择，考生不要点击题目，而是直接朗读出自己选中的题目，然后围绕话题说话。本题是对没有文字凭借下的应试者语言能力的测评，因此考生不要写成书面作文，或使用网上出现的命题说话范文。这会被测试员认定为口语化差或雷同而扣除分数，导致考生成绩不理想。一定要围绕话题用自己的语言说话、聊天。

命题说话时间要说满 3 分钟，即考生要注意查看屏幕下方的时间进度条全部运行到结束，此时说话题目即为说满了 3 分钟。页面出现"祝你考试顺利"。测试全部完成，考试结束。

系统进入最后评测阶段：自动对应试人第 1~3 题语料进行评测，测试任务全部完成后上传考生已测语料包。

注意事项

考生在测试过程中应注意以下事项。

(1) 每一题测试前系统都会有一段提示音，请在提示音结束并听到"嘟"的一声后，再开始朗读。

(2) 考试过程中，请以适中的音量答题。

(3) 前三题读完后，请立即点击右下角"下一题"按钮，进入下一题测试；最后第四题要说完时间段。

(4) 考生测试时，尤其是第四题说话过程中不要说与命题话题无关的内容，或者不说话，这些情况都会导致考生成绩不高，甚至 0 分的结果。

第二节　普通话水平测试答疑及抓分策略

一、普通话水平测试答疑

1. 如何高效纠正自己的语音错误

第一，要辨音，懂得什么样的音是正确的，什么样的音是错误的。模仿中央电视台、中央人民广播电台播音员的发音是比较好的办法。

第二，要熟读普通话 400 个左右的基本音节，特别是高频使用的音节，进而扩大到1200 个左右的带声调的音节的练习，从而彻底改变发音不准确的习惯，规范语音面貌。

第三，要解决多音字、异读词、变调、轻声、儿化等问题。

第四，要养成正确的发音习惯。

2. 什么是"语音错误"

语音错误是指把一个音节中的声母、韵母或声调读成其他的声母、韵母或声调。比如，"读单音节字词"中把鼻音读成边音、把后鼻音韵母读成前鼻音韵母、把阴平读成去声等。"读多音节词语"中除上述语音错误以外还有该变调的不变或变错、该读轻声的未读、儿化不会卷舌，等等。

3. 什么是"语音缺陷"

语音缺陷指把一个音节中的声母、韵母或声调读得不到位、不标准，但还没有完全读成其他的声母、韵母或声调。比如，各种声母、韵母和声调不标准的读音；读音不完全规范的变调、轻声、儿化等。

4. 什么叫"声母或韵母系统性缺陷"

声母或韵母系统性缺陷指朗读短文时同一类声母或同一类韵母的字有 3 个或 3 个以上出现语音缺陷的情况。

5. 什么叫"语调偏误"

语调偏误指朗读短文时出现的重音不当、词语的轻重格式错误、同一类声调有 3 个或 3 个以上出现语音缺陷、句调不够自然、语速过快或过慢等现象。

6. 什么叫"停连不当"

停连不当指在不该停顿的地方停顿，在不该连读的地方连读，破词、破句，影响了语意表达效果的错误语音现象。比如把"我常想读书人是世间幸福人"读成"我常想读书/人是世间幸福人"；"近来观看世界杯，忽然从中得到了答案：是由于一种无上崇高的精神情感——国家荣誉感！"读成 "近来观看世界杯，忽然从中得到了答案：是由于一种无上崇高的精神情感国家荣誉感！" 等等。

7. "闻 wén"类字中的 w 到底应该怎么读

发 w 时上下唇可有轻微摩擦。u 开头的韵母自成音节属零声母音节，发音时上唇轻微

地碰到下齿，不会扣错误或缺陷分。但如将音节开头的 w 读成了浊音[v]，则要扣分。

8. 发 j、q、x 这几个音时总是带有尖音倾向，怎么办

j、q、x 是舌面音，舌尖不和上齿背产生摩擦，若摩擦就会出现尖音倾向。因此发 j、q、x 时应把舌尖固定在下齿背，让舌面起作用，发出真正的舌面音。

二、普通话水平测试抓分策略

(一)总体把握测试的抓分策略

1. 明确测试目的

了解试卷的编排，掌握测试评分标准(参见本书第一章)。

2. 心理的调整

应试人要学会克服测试时的恐惧心理。

在观察和教学实践中，我们发现，许多人在刚开始当众讲话时，都不由自主地被恐惧、紧张情绪所控制，他们不能清晰地思考，更无法集中心智，甚至事先想好的那些话，一旦出口，竟然张口结舌、吞吞吐吐。

其实，恐惧人人都有。害怕当众说话，并不是哪一个人的特例，事实证明：当众说话时的恐惧，是人人都有的共性心理现象。我们采取什么具体的方法来克服这种心理呢？

第一，深深地呼吸三十秒，增加氧气供给，这样可以提神，使心情逐渐趋于平静。

第二，要善于用自我暗示的方法，告诫自己："没什么可怕！""要勇敢些。"将可能出现的对自己的怀疑紧紧关在心理的大门外面，我们应当对自己说，"我有信心来参加测试"。

第三，轻松大步地走上测试席，把身体坐直，坦然地开始信心十足的测试。

3. 加强规范意识

普通话水平测试的"水平"主要表现在规范性上，"规范"是有客观标准的，是以语音科学的研究为保障的。测试评分中对发音"正确"确定了两个对立面，语音错误和语音缺陷。测试中，对这些发音错误和发音缺陷的情况，应试者要保持高度的警惕。如果掉以轻心，测试时，这些错误或缺陷就有可能在一系列字词中反复出现，就会出现许多不必要的失分。不是你不会读，不会说，而是有时读的说的不规范，导致扣分，所以说，加强规范意识的培养非常重要，我们一定要在准确性上下功夫。

4. 学好难点字音，熟记难点字音

学习普通话关键是改变自己的方言发音习惯，养成普通话的发音习惯。不同方言区的人学习普通话各有自己的难点，因此，学习普通话要有针对性。首先要学会自己不会发的音，其次要分辨清楚方言和普通话相似却又有差异的音，念准这些音，进而记住这些难点音的字，最终改善自己的普通话现状。

为了应试朗读和说话的需要，记住了的字音必须放到句子中反复念诵。如：爱——爱情、爱人、爱心——为何我的眼里常含泪水，因为我对这土地爱的深沉。

设计"旧话翻新""散点连缀""故事接龙""实话实说""精彩对白""焦点评说""热门话题"等训练，开启学生思维的灵敏、新颖、广阔、深刻、条理性，使语言顺利地成为思维的载体，不必为词不达意或无话可说而发愁。此项训练重在教师的评，学生的练，评练结合，让单字在活的语言里经受考验，从而达到真正会用的目的，最终使普通话的表达上升到自由使用的状态。

5. 分层次确定训练应试方法

养成良好的普通话表达习惯需要坚持不懈地练习，在持之以恒的训练过程中要避免盲目性，提高自觉性。普通话基础较好的应试人要善于从自己已经掌握的正确的字音背后找到数量不太多的字词的读音错误或缺陷，加以纠正。

普通话基础不太好的应试人要在勤练字词的基础上，抓住日常听广播、看电视等机会，有意识地对有声语言进行储存，注意演员们的发音技巧和感情处理，结合教材的基本理论总结出朗读、说话的规律；在强化分辨语音能力的同时，应试人自己必须进行创造性的朗读、说话实践。通过听——模仿——总结——创造这四个过程的训练，应试人不仅能欣赏到名家们的表演，还能巩固语流音变知识在具体作品中的表现情况，更重要的是应试人把这些表演作为养料储存在自己的大脑中，与原有的关于朗读、说话方面的知识融会贯通，从而可提高应试人的朗读、说话水平。要善于利用与别人交谈的机会纠正自己的语音缺陷和错误，要高标准，严要求，随时发现问题，随时练习。俗话说：台下一年功，台上一分钟。如果没有在台下的苦练，就不可能获得台上的成功，平时就把普通话练好了，测试自然会有满意的结果。

(二)针对单音节、双音节词测试的抓分策略

1. 多音字

读单音节字词时，如果遇到没有标明语言环境的多音字，读出它的任何一个规范音都可以。

2. 不认识的字

读单音节字词时，如果遇到不认识的字，不妨依据汉字形音义的特点试着读读。因为不读，算一个语音错误；读错，也只算一个语音错误。

读多音节词语时，遇到不认识的字，为了避免读错，有的应试者干脆不读这个词。这种做法不是太好。因为"读多音节词语"不是以词为单位，而是以字为单位扣分的。如果只有一个字不认识而不读整个词，就会白白丢掉另一个或几个音节的分。我们建议还是读，碰碰运气。

3. 改读

在读单音节字词和读多音节词语测试中，如果发现自己读错了可以改读，但不要隔字或隔词改读。这两项中每个字词都有一次改读的机会；如果读错而改对，不扣分；如果读对而改错，按语音错误扣分；如果连续改读两次或两次以上，仍按第一次改读评分；不过，如果隔字或隔词改读，即使改对，也要按语音错误扣分。

4. 重读

在读单音节字词和读多音节词语测试中，读某个字时由于喉咙不舒服、换气、犹豫不决等原因没有读完整或读得不清晰，应该重新读一遍。因为这些因素都可以导致声母、韵母或声调方面的缺陷，如果不改读，就会按语音缺陷扣分。

(三)针对朗读与说话测试的抓分策略

1. 不必回读

朗读作品时，有的应试人发现读错了或者感觉读得不好，往往把那个词或句子重读一遍。这种做法其实得不偿失。朗读时如果读错了一个字，只扣 0.1 分；如果回读，已经读错的字要扣分，回读还要视程度轻重(回读字数和次数的多少)扣0.5分、1分、2分。

2. 不必改正

命题说话时不小心发错音，不必改正。因为即使马上改正过来，也是会扣分的。命题说话的目的是测查应试人在无文字凭借的情况下说普通话的水平，重点测查语音标准程度、词汇语法规范程度和自然流畅程度。因此每次发音错误都会被当作扣分的依据。由此看来，命题说话时发错音，不必改正，更不要反复改正。

3. 改用其他

命题说话时，如果同一个字反复读错，则会分别计算错误。所以，对易读错的词语宜尽量避免，可改用其他词语来表达。

第三节　普通话水平测试模拟试卷

说明：下面提供的五套模拟试卷第三项"朗读"与第四项"说话"皆省略。

一号卷

第一项，读单音节字词100个(10分)

胞	钠	砣	婶	仇	涩	蔫	您	敬	卷	赛	如	蹿	软	邹
习	襄	给	从	而	挖	隋	痣	筐	唐	宵	泉	俊	胸	邻
始	塌	烤	独	屁	脓	俩	判	猛	乖	累	晌	辞	欧	午
求	翁	婿	仰	用	款	爱	颇	苗	字	扛	根	合	最	雪
爷	安	广	贴	褶	纫	浊	笋	决	晕	甲	膻	草	端	耗
饼	飘	患	呈	砸	逮	费	抓	表	冷	忙	否	篇	劣	委
拨	返	偷	众	存	丢	溶	涮	闯	去					

第二项，读双音节词语50个(20分)

普通	念头	怀表	处分	盛开	破土	勇敢	操场	枕席	烟卷儿
率领	棒槌	宾馆	手法	私人	两旁	行家	耳朵	夸赞	金鱼儿
蛾子	决赛	制造	穷困	累次	装载	运动	顺序	导师	面条儿
牛奶	床单	黄米	那样	送别	软木	肥沃	确定	采取	好玩儿
流窜	下课	贫寒	礼堂	挂钩	虽然	群众	内争	喧嚷	藕节儿

二号卷

第一项，读单音节字词 100 个(10 分)

乡	寸	求	党	荒	鬼	凶	克	拨	份	百	叶	容	官	石
爱	蹶	弩	断	园	午	料	买	美	佟	漫	册	忙	护	屉
贰	咱	浆	黑	乘	挠	判	推	沈	迟	钟	幼	风	宋	索
穷	草	章	赛	扎	弯	玖	按	学	俩	摸	邹	悬	浊	夸
润	田	话	手	根	狂	寺	匀	紫	猜	槛	揣	质	饼	跑
破	军	姜	拐	价	尼	沓	虾	浮	涮	辞	虐	碑		徐
顶	御	飞	灵	品	妞	习	翁	全	迁					

第二项，读双音节词语 50 个(20 分)

巴结	支部	连续	率领	此外	阵雨	柔和	快车	翅膀	纳闷儿
阿姨	乐观	车辙	吝啬	爱人	顺手	来潮	白天	诽谤	好玩儿
类似	搞鬼	担保	丑恶	凤凰	床铺	干脆	王后	武装	拈阄儿
仍然	丧家	而且	抚养	刷子	抓紧	椭圆	剥落	破除	面条儿
存款	舌头	遵循	奖状	群众	恰当	发难	冲锋	惩处	围嘴儿

三号卷

第一项，读单音节字词 100 个(10 分)

白	否	翻	给	胎	勒	行	黑	傣	潮	遮	渴	凭	骗	米
刮	佛	炉	耍	若	淤	总	釉	旧	勋	瘫	疆	旅	狂	夸
脏	而	我	饶	丑	删	呈	矻	捺	偶	顺	焚	锐	拽	薛
窘	飘	灭	俩	蝶	脸	您	女	跟	日	伞	曾	外	死	二
随	招	耙	西	极	鸟	得	卡	纯	众	催	寒	很	盟	光
菩	湍	漠	扛	迸	尊	哺	错	松	哑	雁	翁	兄		蜷
饼	群	卷	酿	李	唤	泯	庭	摔	窜			粤		

第二项，读双音节词语 50 个(20 分)

悲观	谈话	面条	两头	疟蚊	君主	穷酸	开始	废墟	表扬
牛蛙	绝望	聪明	乔装	皮革	漫长	排斥	看来	动作	愣神儿
喧嚷	容易	船员	风景	热闹	爱好	伺候	气功	下游	早点儿
寸心	揣测	陪嫁	保守	永生	苍蝇	韵味	而且	取消	搭茬儿
推广	森林	夫人	拨款	对流	破坏	所属	解雇	天真	嗓门儿

四号卷

第一项，读单音节字词 100 个(10 分)

室	鳃	满	笙	耳	蜇	脚	溺	浊	沤	鹅	秤	邢	拽	喘
藏	刷	攘	轴	颤	乖	邵	慌	横	举	份	垮	窜	裆	累
坡	逢	窗	秒	捺	吼	砌	冰	纽	幼	笋	磨	弩	掖	饶
葱	沓	牵	跪	砣	啮	尊	降	翁	熊	费	绑	醉	薛	混
贴	凉	经	穷	粟	攒	溜	热	捐	聘	掐	钓	司		絮

荫 苔 给 喷 荀 锌 种 隋 泡 筛 略 家 券 瓷 晕
贼 日 砍 绒 甩 扣 挽 恋 拨 袄

第二项，读双音节词语50个(20分)

瓶子	摆动	防洪	刹那	管理	假日	欣赏	作呕	色彩	邪门儿
迅速	酗酒	开垦	温暖	领导	挂面	卑鄙	滑冰	全都	群体
矿藏	凶恶	转悠	卓绝	综合	酿造	探测	玫瑰	赛跑	金鱼儿
窘迫	满腔	妥帖	女儿	快乐	卷尺	失望	闰月	恰如	墨水儿
跳舞	脾气	品种	发奋	灾害	轮流	坏处	前程	仍然	聊天儿

五号卷

第一项，读单音节字词100个(10分)

翁	层	俩	又	胞	判	剜	苗	疮	连	播	伪	姜	镖	钱
根	柠	掰	蛋	吃	卷	捏	踹	秦	武	习	润	逮	撇	坡	裁
地	选	略	而	夏	名	侧	沉	若	思	群	风	鹤	铸	黑	涩	用
洗	非	损	丢	你	军	槛	肖	晌	腌	肾	软	姚	梯	偶	岸	扛
子	伏	乖	缓	质	凉	推	雄	捺	熟	秧	尊	穴	奏	女
云	挤	拽	觉	壮	假	抓	涝	枚	御	插	穷	刷
乱	啪	佟	总	锁	清	古

第二项，读双音节词语50个(20分)

摆脱	恐惧	雄伟	姑娘	脖子	雌蕊	保温	海军	儿女	相片儿
渔网	测绘	导游	下旬	火车	平安	神学	本土	丘陵	烟卷儿
粉笔	批准	岁月	炸药	手指	费用	蜡黄	对证	外孙	玩意儿
清楚	旅馆	当然	粮食	夸赞	农家	玫瑰	全体	痛快	纳闷儿
放养	暂且	课程	内因	泯灭	面容	头发	鲜花	材料	怒色

答案：

一号卷

第一项，读单音节字词100个(10分)

bāo	nà	tuó	shěn	chóu	sè	niān	nín	jìng	juǎn	sài	rú	chuài	ruǎn	zōu
胞	钠	砣	婶	仇	涩	蔫	您	敬	卷	赛	如	踹	软	邹
xí	xiāng	gěi	cóng	ér	wā	suí	zhì	kuāng	táng	xiāo	quán	jùn	xiōng	lín
习	襄	给	从	而	挖	隋	痣	筐	唐	宵	泉	俊	胸	邻
shǐ	tā	kǎo	dú	tì	nóng	liǎng	pàn	měng	guāi	lèi	shǎng	cí	ōu	wǔ
始	塌	烤	独	屉	脓	俩	判	猛	乖	累	晌	辞	欧	午
qiú	wēng	xù	yǎng	yòng	kuǎn	ài	pō	miáo	zì	káng	gēn	hé	zuì	xuě
求	翁	婿	仰	用	款	爱	颇	苗	字	扛	根	合	最	雪
yé	ān	guǎng	tiē	zhě	rèn	zhuó	sǔn	jué	yùn	jiǎ	shān	cǎo	duān	hào
爷	安	广	贴	褶	纫	浊	笋	决	晕	甲	膻	草	端	耗
bǐng	piāo	huàn	chéng	zá	dǎi	fèi	zhuā	biǎo	lěng	máng	fǒu	piān	liè	wěi
饼	飘	患	呈	砸	逮	费	抓	表	冷	忙	否	篇	劣	委
bō	fǎn	tōu	zhòng	cún	diū	róng	shuàn	chuǎng	qù					
拨	返	偷	众	存	丢	溶	涮	闯	去					

第二项，读双音节词语50个(20分)

pǔtōng	niàntóu	huáibiǎo	chǔfèn	shèngkāi	pòtǔ	yǒnggǎn	cāochǎng	zhěnxí	yānjuǎn r
普通	念头	怀表	处分	盛开	破土	勇敢	操场	枕席	烟卷儿

shuàilǐng	bàngchuí	bīnguǎn	shǒufǎ	sīrén	liǎngpáng	hángjiā	ěrduǒ	kuāzàn	jīn yú r
率领	棒槌	宾馆	手法	私人	两旁	行家	耳朵	夸赞	金鱼儿

é zi	juésài	zhìzào	qióngkùn	lěicì	zhuāngzài	yùndòng	shùnxù	dǎoshī	miàntiáo r
蛾子	决赛	制造	穷困	累次	装载	运动	顺序	导师	面条儿

niúnǎi	chuángdān	huángmǐ	nàyàng	sòngbié	ruǎnmù	féiwò	quèdìng	cǎiqǔ	hǎowán r
牛奶	床单	黄米	那样	送别	软木	肥沃	确定	采取	好玩儿

liúcuàn	xiàkè	pínhán	lǐ táng	guàgōu	suīrán	qúnzhòng	nèizhēng	xuānrǎng	ǒu jié r
流窜	下课	贫寒	礼堂	挂钩	虽然	群众	内争	喧嚷	藕节儿

二号卷

第一项，读单音节字词100个(10分)

xiāng	cùn	qiú	dǎng	huāng	guǐ	xiōng	kè	bō	fèn	bǎi	yè	róng	guān	shí
乡	寸	求	党	荒	鬼	凶	克	拨	份	百	叶	容	官	石

ài	niè	nǔ	duàn	yuán	wǔ	liào	mǎi	měi	tóng	màn	cè	miáo	máng	tì
爱	蹑	弩	断	园	午	料	买	美	佟	漫	册	苗	忙	屉

èr	zán	jiāng	hēi	chéng	náo	pàn	tuī	shěn	chí	zhōng	rèn	fēng	hù	suǒ
贰	咱	浆	黑	乘	挠	判	推	沈	迟	钟	纫	风	护	索

qióng	cǎo	zhāng	sài	zhā	wān	jiǔ	àn	xué	liǎng	mō	zōu	sòng	xuán	kuā
穷	草	章	赛	扎	弯	玖	按	学	俩	摸	邹	宋	悬	夸

rùn	tián	huà	shǒu	gēn	kuáng	sì	yún	zǐ	cāi	kǎn	chuāi	zhuó	zhì	pǎo
润	田	话	手	根	狂	寺	匀	紫	猜	槛	揣	浊	质	跑

pò	jūn	qiè	guǎi	jià	ní	tà	xiā	fú	shuàn	cí	nüè	bǐng	bēi	xú
破	军	妾	拐	价	尼	沓	虾	浮	涮	辞	虐	饼	碑	徐

dǐng	yù	fēi	líng	pǐn	niǔ	xí	wēng	quán	yū
顶	御	飞	灵	品	妞	习	翁	全	迂

第二项，读双音节词语50个(20分)

bājie	zhībù	liánxù	shuàilǐng	cǐwài	zhènyǔ	róuhé	kuàichē	chìbǎng	nà mèn r
巴结	支部	连续	率领	此外	阵雨	柔和	快车	翅膀	纳闷儿

ā yí	lèguān	chēzhé	lìnsè	àirén	shùnshǒu	láicháo	báitiān	fěibàng	hǎo wán r
阿姨	乐观	车辙	吝啬	爱人	顺手	来潮	白天	诽谤	好玩儿

lèisì	gǎoguǐ	dānbǎo	chǒuè	fènghuáng	chuángpù	gāncuì	wánghòu	wǔzhuāng	niān jiū r
类似	搞鬼	担保	丑恶	凤凰	床铺	干脆	王后	武装	拈阄儿

réngrán	sàngjiā	érqiě	fǔyǎng	shuāzi	zhuājǐn	tuǒyuán	bōluò	pòchú	miàntiáo r
仍然	丧家	而且	抚养	刷子	抓紧	椭圆	剥落	破除	面条儿

cúnkuǎn	shétóu	zūnxún	jiǎngzhuàng	qúnzhòng	qiàdàng	fānàn	chōngfēng	chéngchǔ	wéizuǐ r
存款	舌头	遵循	奖状	群众	恰当	发难	冲锋	惩处	围嘴儿

三号卷

第一项，读单音节字词100个(10分)

bái	fǒu	fān	gěi	tāi	lè	háng	hēi	dǎi	cháo	zhē	kě	píng	piàn	mǐ
白	否	翻	给	胎	勒	行	黑	傣	潮	遮	渴	凭	骗	米

guā	fó	dù	shuǎ	ruò	yū	zǒng	yòu	jiù	xūn	qué	jiāng	lǚ	kuáng	kuā
刮	佛	妒	耍	若	淤	总	釉	旧	勋	瘸	疆	旅	狂	夸

zāng	ér	wǒ	ráo	chǒu	shān	chéng	fǎ	nà	ǒu	shùn	fén	ruì	zhuài	xuē
脏	而	我	饶	丑	删	呈	砝	捺	偶	顺	焚	锐	拽	薛

jiǒng	piāo	miè	liǎng	dié	liǎn	nín	nǚ	gēn	rì	sǎn	céng	wài	sǐ	èr
窘	飘	灭	俩	蝶	脸	您	女	跟	日	伞	曾	外	死	二

suí	zhāo	pá	xī	jí	niǎo	dé	kǎ	chún	zhòng	cuī	hán	hěn	méng	guāng
随	招	耙	西	极	鸟	得	卡	纯	众	催	寒	很	盟	光

pú	tuān	mò	káng	bèng	zūn	bǔ	cuò	sōng	yǎ	yàn	wēng	xiōng	yuè	quán
菩	湍	漠	扛	迸	尊	哺	错	松	哑	雁	翁	兄	粤	蜷

bǐng	qún	juǎn	niàng	luán	huàn	mǐn	tíng	shuāi	cuàn
饼	群	卷	酿	孪	唤	泯	庭	摔	窜

第二项，读双音节词语50个(20分)

bēiguān	tánhuà	miàntiáo	liǎngtóu	nüèwén	jūnzhǔ	qióngsuān	kāishǐ	fèixū	biǎoyáng
悲观	谈话	面条	两头	疟蚊	君主	穷酸	开始	废墟	表扬

niúwā	juéwàng	cōngmíng	qiáozhuāng	pígé	màncháng	páichì	kànlái	dòngzuò	lèngshén r
牛蛙	绝望	聪明	乔装	皮革	漫长	排斥	看来	动作	愣神儿

xuānrǎng	róngyì	chuányuán	fēngjǐng	rènao	àihào	cìhou	qìgōng	xiàyóu	zǎodiǎn r
喧嚷	容易	船员	风景	热闹	爱好	伺候	气功	下游	早点儿

cùnxīn	chuǎicè	péijià	bǎoshǒu	yǒngshēng	cāngying	yùnwèi	érqiě	qǔxiāo	dā chá r
寸心	揣测	陪嫁	保守	永生	苍蝇	韵味	而且	取消	搭茬儿

tuīguǎng	sēnlín	fūrén	bōkuǎn	duìliú	pòhuài	suǒshǔ	jiěgù	tiānzhēn	sǎngmén r
推广	森林	夫人	拨款	对流	破坏	所属	解雇	天真	嗓门儿

四号卷

第一项，读单音节字词100个(10分)

shì	sāi	mǎn	shēng	ěr	zhē	jiǎo	nì	zhuó	ōu	é	chèng	xíng	zhuài	chuān
室	鳃	满	笙	耳	蜇	脚	溺	浊	沤	鹅	秤	邢	拽	喘

cáng	shuā	nǎng	zhóu	chàn	guāi	shào	huāng	héng	jǔ	fèn	kuǎ	cuàn	dāng	lèi
藏	刷	攮	轴	颤	乖	邵	慌	横	举	份	垮	窜	裆	累

pō	féng	chuāng	miǎo	cūn	hǒu	qì	bīng	niǔ	rèn	sǔn	mó	nǔ	yē	ráo
坡	逢	窗	秒	捀	吼	砌	冰	纽	纫	笋	磨	弩	掖	饶

cōng	tà	qiān	guì	tuó	niè	zūn	jiàng	wēng	xióng	fèi	bǎng	zuì	xuē	hún
葱	沓	牵	跪	砣	啮	尊	降	翁	熊	费	绑	醉	薛	混

tiē	liáng	jīng	qióng	sù	zǎn	liū	rè	qiā	diào	sī	xù	wū
贴	凉	经	穷	粟	攒	溜	热	捐	聘	掐	钓	司	絮	邬

yīn	tái	gěi	pēn	xún	xīn	zhòng	suí	pào	shāi	lüè	jiā	quàn	cí	yùn
荫	苔	给	喷	荀	锌	种	隋	泡	筛	略	家	券	瓷	晕

zéi	rì	kǎn	róng	shuǎi	kòu	wǎn	liàn	bō	ǎo
贼	日	砍	绒	甩	扣	挽	恋	拨	袄

第二项，读双音节词语50个(20分)

píngzi	bǎidòng	fánghóng	chànà	guǎnlǐ	jiàrì	xīnshǎng	zuòǒu	sècǎi	xiémén r
瓶子	摆动	防洪	刹那	管理	假日	欣赏	作呕	色彩	邪门儿

xùnsù	xùjiǔ	kāikěn	wēnnuǎn	lǐngdǎo	guàmiàn	bēibǐ	huábīng	quándōu	qúntǐ
迅速	酗酒	开垦	温暖	领导	挂面	卑鄙	滑冰	全都	群体

kuàngcáng	xiōngè	zhuànyōu	zhuójué	zōnghé	niàngzào	tàncè	méiguī	sàipǎo	jīnyú r
矿藏	凶恶	转悠	卓绝	综合	酿造	探测	玫瑰	赛跑	金鱼儿

jiǒngpò	mǎnqiāng	tuǒtiē	nǚér	kuàilè	juǎnchǐ	shīwàng	rùnyuè	qiàrú	mò shuǐ r
窘迫	满腔	妥帖	女儿	快乐	卷尺	失望	闰月	恰如	墨水儿

tiàowǔ	píqi	pǐnzhǒng	fāfèn	zāihài	lúnliú	huàichu	qiánchéng	réngrán	liáotiān r
跳舞	脾气	品种	发奋	灾害	轮流	坏处	前程	仍然	聊天儿

五号卷

第一项，读单音节字词100个(10分)

wēng	céng	liǎ	yòu	bāo	pàn	wǎn	miáo	chuāng	lián	bō	wěi	qiè	biāo	qián
翁	层	俩	又	胞	判	剜	苗	疮	连	播	伪	妾	镖	钱

gēn	níng	bāi	dàn	chī	juǎn	niē	chuài	qín	wǔ	xí	rùn	dài	piē	cái
根	柠	掰	蛋	吃	卷	捏	踹	秦	武	习	润	逮	撇	裁

dì	xuǎn	lüè	ér	xià	míng	cè	chén	ruò	sī	qún	fēng	hè	pō	sè
地	选	略	而	夏	名	侧	沉	若	思	群	风	鹤	坡	涩

xǐ	fēi	sǔn	diū	nǐ	jūn	kǎn	xiāo	shǎng	yān	shèn	ruǎn	kào	hēi	yòng
洗	非	损	丢	你	军	槛	肖	晌	腌	肾	软	铐	黑	用

zǐ	fú	guāi	huǎn	zhì	liáng	tuī	xióng	nà	shú	yāng	yáo	tī	ǒu	àn
子	伏	乖	缓	质	凉	推	雄	捺	熟	秧	姚	梯	偶	岸

yún	jǐ	zhuài	jiào	zhuàng	jiǎ	zhuā	lào	méi	yù	zūn	xué	zòu	nǚ	káng
云	挤	拽	觉	壮	假	抓	涝	枚	御	尊	穴	奏	女	扛

luàn	pā	tóng	zǒng	suǒ	qīng	gǔ	chā	qióng	shuā
乱	啪	佟	总	锁	清	古	插	穷	刷

第二项，读双音节词语 50 个(20 分)

bǎituō	kǒngjù	xióngwěi	gūniáng	bózi	círuǐ	bǎowēn	hǎijūn	érnǚ	xiàngpiānr
摆脱	恐惧	雄伟	姑娘	脖子	雌蕊	保温	海军	儿女	相片儿

yúwǎng	cèhuì	dǎoyóu	xiàxún	huǒchē	píng'ān	shénxué	běntǔ	qiūlíng	yānjuǎnr
鱼网	测绘	导游	下旬	火车	平安	神学	本土	丘陵	烟卷儿

fěnbǐ	pīzhǔn	suìyuè	zhàyào	shǒuzhǐ	fèiyòng	làhuáng	duìzhèng	wàisūn	wányìr
粉笔	批准	岁月	炸药	手指	费用	蜡黄	对证	外孙	玩意儿

qīngchǔ	lǚguǎn	dāngrán	liángshi	kuāzàn	nóngjiā	méiguī	quántǐ	tòngkuài	nàmènr
清楚	旅馆	当然	粮食	夸赞	农家	玫瑰	全体	痛快	纳闷儿

fàngyǎng	zànqiě	kèchéng	nèiyīn	mǐnmiè	miànróng	tóufà	xiānhuā	cáiliào	nùsè
放养	暂且	课程	内因	泯灭	面容	头发	鲜花	材料	怒色

资料 7：计算机辅助普通话水平测试步骤

计算机辅助普通话水平测试步骤

一、组织机测报名阶段

(1) 应试人报名。

(2) 提供应试人信息。

(3) 现场应试人拍照。

(4) 核对应试人信息。

(5) 上传应试人信息。

(6) 设置报名与测试时间期限。

(7) 网络上传应试人信息。

(8) 打印准考证。

(9) 领取准考证。

二、布置考场与考务阶段

(1) 机测考场现场环境布置。

(2) 机测考场分区设置。

(3) 机测考区分布图公示。

(4) 机测分组人员公示。

(5) 机测相关考务工作。

① 考场记录单。

② 测试员监考分组。

③ 应试人分组名单。

(6) 计算机测试系统分组试题任务分配。

三、应试人备考阶段

(1) 应试人进入待测室等候点名。

(2) 应试人抽机位号和备考样题。

(3) 应试人进入备考室准备应试内容。

(4) 应试人进入指定的测试考场。

(5) 应试人戴好耳机准备测试。

(6) 应试人上机准备测试。

四、考点现场测试阶段

(1) 主考机现场分发测试试题。

(2) 应试人输入并核对考生信息。

(3) 计算机系统测试设备并调试音量。

(4) 应试人依照计算机给定的第1～3题所示文字，按要求读出测试内容。

(5) 应试人依照计算机给定的第4题两个题目，二选一，口头围绕题目表述相关内容。

(6) 应试人测试完毕摘下耳机离开测试现场。

(7) 机测系统自动对应试人第1～3题语料进行评测。

(8) 测试任务全部完成后上传考生已测语料包。

五、第四题打分任务评测阶段

(1) 设置第四题接收打分任务和参与打分的时限。

(2) 第四题打分任务分组分发。

(3) 普通话测试员接受打分任务。

(4) 普通话测试员开始对第四题进行背靠背打分，并在规定时间内完成任务。

(5) 对打分成绩差异超过设定值的成绩进行复审。

(6) 认定复审和打分成绩。

(7) 汇总打分成绩。

六、机测普通话测试等级办证阶段

(1) 网上确认成绩并打印证书。

(2) 报省级语言文字培训测试中心，对测试成绩表的有效性盖章确认。

(3) 报省语委办，核对成绩并在证书上盖印确认。

(4) 对达到合格等级的应试人发证。

附录　普通话异读词审音表

说明：

一、本表所审，主要是普通话有异读的词和有异读的作为"语素"的字。不列出多音多义字的全部读音和全部义项，与字典、词典形式不同，例如："和"字有多种义项和读音，而本表仅列出原有异读的八条词语，分列于 hè 和 huo 两种读音之下(有多种读音，较常见的在前。下同)；其余无异读的音、义均不涉及。

二、在字后注明"统读"的，表示此字不论用于任何词语中只读一音(轻声变读不受此限)，本表不再举出词例。例如："阀"字注明"fá　(统读)"，原表"军阀""学阀""财阀"条和原表所无的"阀门"等词均不再举。

三、在字后不注"统读"的，表示此字有几种读音，本表只审订其中有异读的词语的读音。例如"艾"字本有ài 和 yì 两音，本表只举"自怨自艾"一词，注明此处读 yì 音；至于ài 音及其义项，并无异读，不再赘列。

四、有些字有文白二读，本表以"文"和"语"作注。前者一般用于书面语言，用于复音词和文言成语中；后者多用于口语中的单音词及少数日常生活事物的复音词中。这种情况在必要时各举词语为例。例如："杉"字下注"(一)shān(文)：紫～、红～、水～；(二)shā(语)：～篙、～木"。

五、有些字除附举词例之外，酌加简单说明，以便读者分辨。说明或按具体字义，或按"动作义""名物义"等区分，例如："畜"字下注"(一)chù(名物义)：～力、家～、牲～、幼～；(二)xù(动作义)：～产、～牧、～养"。

六、有些字的几种读音中某音用处较窄，另音用处甚宽，则注"除××(较少的词)念乙音外，其他都念甲音"，以避免列举词条繁而未尽、挂一漏万的缺点。例如："结"字下注"除'～了个果子'、'开花～果'、'～巴'、'～实'念 jiē 之外，其他都念 jié"。

七、由于轻声问题比较复杂，除《初稿》涉及的部分轻声词之外，本表一般不予审订，并删去部分原审的轻声词，例如"麻刀(dao)""容易(yi)"等。

八、本表酌增少量有异读的字或词，作了审订。

九、除因第二、六、七各条说明中所举原因而删略的词条之外，本表又删去了部分词条。主要原因是：①现已无异读(如"队伍""理会")；②罕用词语(如"俵分""仔密")；③方言土音(如"归里包堆〔zuī〕""告送〔song〕")；④不常用的文言词语(如"刍荛""氍毹")；⑤音变现象(如"胡里八涂〔tū〕""毛毛腾腾〔tēngtēng〕")；⑥重复累赘(如原表"色"字的有关词语分列达 23 条之多)。删汰条目不再编入。

十、人名、地名的异读审订，除原表已涉及的少量词条外，留待以后再审。

(1985 年 12 月修订)

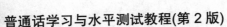

A

阿(一)ā
　　～訇　～罗汉　～木林　～姨
　　(二)ē
　　～谀　～附　～胶　～弥陀佛
挨(一)āi
　　～个　～近
　　(二)ái
　　～打　～说
癌 ái　(统读)
霭 ǎi　(统读)
蔼 ǎi　(统读)

隘 ài　(统读)
谙 ān　(统读)
埯 ǎn　(统读)
昂 áng　(统读)
凹 āo　(统读)
拗(一)ào
　　～口
　　(二)niù
　　执～　脾气很～
坳 ào　(统读)

B

拔 bá　(统读)
把 bà
　　印～子
白 bái　(统读)
膀 bǎng
　　翅～
蚌(一)bàng
　　蛤～
　　(二)bèng
　　～埠
傍 bàng　(统读)
磅 bàng
　　过～
龅 bāo　(统读)
胞 bāo　(统读)
薄(一)báo(语)
　　常单用，如"纸很～"。
　　(二)bó (文)
　　多用于复音词。
　　～弱　稀～
　　淡～　尖嘴～舌
　　单～　厚～
堡(一)bǎo
　　碉～　～垒
　　(二)bǔ

～子　吴～　瓦窑～
柴沟～
　　(三)pù
　　十里～
暴(一)bào
　　～露
　　(二)pù
　　一～ (曝)十寒
爆 bào　(统读)
焙 bèi　(统读)
惫 bèi　(统读)
背 bèi
　　～脊　～静
鄙 bǐ　(统读)
俾 bǐ　(统读)
笔 bǐ　(统读)
比 bǐ　(统读)
臂(一)bì
　　手～　～膀
　　(二)bei
　　胳～
庇 bì　(统读)
髀 bì　(统读)
避 bì　(统读)
辟 bì

复～

裨 bì
　～补　～益

婢 bì　（统读）

痹 bì　（统读）

壁 bì　（统读）

蝙 biān　（统读）

遍 biàn　（统读）

骠(一)biāo
　黄～马
　(二)piào
　～骑　～勇

傧 bīn　（统读）

缤 bīn　（统读）

濒 bīn　（统读）

鬓 bìn　（统读）

屏(一) bǐng
　～除　～弃　～气　～息
　(二)píng
　～藩　～风

柄 bǐng　（统读）

波 bō　（统读）

播 bō　（统读）

菠 bō　（统读）

剥(一)bō(文)
　～削

(二)bāo(语)

泊(一)bó
　～　漂～　停～
　(二)pō
　湖～　血～

帛 bó　（统读）

勃 bó　（统读）

钹 bó　（统读）

伯(一)bó
　～～(bo)　老～
　(二)bǎi
　大～子(丈夫的哥哥)

箔 bó　（统读）

簸(一)bǒ
　颠～
　(二)bò
　～箕

脯 bo
　胳～

卜 bo
　萝～

醭 bú　（统读）

哺 bǔ　（统读）

捕 bǔ　（统读）

鹐 bǔ　（统读）

埠 bù　（统读）

C

残 cán　（统读）

惭 cán　（统读）

灿 càn　（统读）

藏(一)cáng
　矿～
　(二)zàng
宝～

糙 cāo　（统读）

嘈 cáo　（统读）

螬 cáo　（统读）

厕 cè　（统读）

岑 cén　（统读）

差(一)chā(文)
　不～累黍　不～什么
　偏～　色～　～别
　视～　误～　电势～
　一念之～　～池　～错
　言～语错　一～二错
　阴错阳～　～等　～额
　～价　～强人意　～数　～异
　(二)chà(语)
　～不多　～不离　～点儿

(三) cī

参~

猹 chá　　(统读)

搽 chá　　(统读)

阐 chǎn　　(统读)

羼 chàn　　(统读)

颤(一)chàn

　~动　发~

　(二)zhàn

　~栗(战栗)　打~(打战)

鞯 chàn　　(统读)

伥 chāng　　(统读)

场(一)chǎng

　~合　~所　冷~　捧~

　(二)cháng

　外~　圩~　~院　一~雨

　(三)chɑng

　排~

钞 chāo　　(统读)

巢 cháo　　(统读)

嘲 cháo

　~讽　~骂　~笑

耖 chào　　(统读)

车(一) chē

　安步当~　杯水~薪　闭门造~

螳臂当~

　(二)jū

　(象棋棋子名称)

晨 chén　　(统读)

称　chèn

　~心　~意　~职　对~　相~

撑 chēng　　(统读)

乘(动作义，念 chéng)

　包~制　~便　~风破浪　~

客　~势　~兴

橙 chéng　　(统读)

惩 chéng　　(统读)

澄(一)chéng(文)

　~清(如"~清混乱""~清问题")

(二)dèng(语)

　单用，如"把水~清了"。

痴 chī　　(统读)

吃 chī　　(统读)

弛 chí　　(统读)

褫 chǐ　　(统读)

尺 chǐ

　~寸　~头

豉 chǐ　　(统读)

侈 chǐ　　(统读)

炽 chì　　(统读)

舂 chōng　　(统读)

冲 chòng

　~床　~模

臭(一)chòu

　遗~万年

　(二)xiù

　乳~　铜~

储 chǔ　　(统读)

处　chǔ　　(动作义)

　~罚　~分　~决　~理　~

置

畜(一)chù(名物义)

　~力　家~　牲~　幼~

　(二)xù(动作义)

　~产　~牧　~养

触 chù　　(统读)

搐 chù　　(统读)

绌 chù　　(统读)

黜 chù　　(统读)

闯 chuǎng　　(统读)

创(一)chuàng

　草~　~举　首~　~造　~作

　(二)chuāng

　~伤　重~

绰(一)chuò

　~~有余

　(二)chuo

　宽~

疵 cī (统读)

雌 cí (统读)

赐 cì (统读)

伺 cì

　～候

枞(一)cōng

　～树

　(二)zōng

　～阳〔地名〕

从 cóng (统读)

搭 dā (统读)

答(一)dá

　报～ ～复

　(二)dā

　～理 ～应

打 dá

　苏～ 一～(十二个)

大(一)dà

　～夫(古官名) ～王(如爆破～王、钢铁～王)

　(二)dài

　～夫(医生) ～黄 ～王(如山～王) ～城〔地名〕

呆 dāi (统读)

傣 dǎi (统读)

逮(一)dài(文)如"～捕"。

　(二)dǎi(语)单用，

　如"～蚊子""～特务"。

当(一)dāng

　～地 ～间儿 ～年(指过去) ～日(指过去) ～天(指过去) ～时(指过去) 螳臂～车

　(二)dàng

　一个～俩 安步～车 适～ ～年(同一年) ～日(同一时候) ～天(同一天)

　档 dàng (统读)

　蹈 dǎo (统读)

丛 cóng (统读)

攒 cuán

　人头～动

脆 cuì (统读)

撮(一)cuō

　～儿 一～儿盐 一～儿匪帮

　(二)zuǒ

　一～儿毛

措 cuò (统读)

D

导 dǎo (统读)

倒(一)dǎo

　颠～ 颠～是非 颠～黑白 颠三～四 倾箱～箧 排山～海 ～板 ～嚼 ～仓 ～嗓 ～戈 潦～

　(二)dào

　～粪(把粪弄碎)

悼 dào (统读)

纛 dào (统读)

凳 dèng (统读)

羝 dī (统读)

氐 dī〔古民族名〕

堤 dī (统读)

提 dī

　～防

的 dí

　～当 ～确

抵 dǐ (统读)

蒂 dì (统读)

缔 dì (统读)

谛 dì (统读)

点 dian

　打～(收拾、贿赂)

跌 diē (统读)

蝶 dié (统读)

订 dìng (统读)

都(一)dōu

~来了

(二)dū

~市　首~　大~(大多)

堆 duī　(统读)

吨 dūn　(统读)

盾 dùn　(统读)

多 duō　(统读)

咄 duō　(统读)

掇(一)duō("拾取、采取"义)

(二)duo

撺~　掇~

裰 duō　(统读)

踱 duó　(统读)

度　duó

忖~　~德量力

E

婀 ē　(统读)

F

伐 fá　(统读)

阀 fá　(统读)

砝 fǎ　(统读)

法 fǎ　(统读)

发 fà

　理~　脱~　结~

帆 fān　(统读)

藩 fān　(统读)

梵 fàn　(统读)

坊(一)fāng

　牌~　~巷

(二)fáng

　粉~　磨~　碾~　染~　油~

谷~

妨 fáng　(统读)

防 fáng　(统读)

肪 fáng　(统读)

沸 fèi　(统读)

汾 fén　(统读)

讽 fěng　(统读)

肤 fū　(统读)

敷 fū　(统读)

俘 fú　(统读)

浮 fú　(统读)

服 fú

　~毒　~药

拂 fú　(统读)

辐 fú　(统读)

幅 fú　(统读)

甫 fǔ　(统读)

复 fù　(统读)

缚 fù　(统读)

G

噶 gá　(统读)

冈 gāng　(统读)

刚 gāng　(统读)

岗 gǎng

~楼　~哨　~子　门~　站~

山~子

港 gǎng　(统读)

葛(一)gé

　~藤　~布　瓜~

(二)gě〔姓〕(包括单、复姓)

隔 gé　(统读)

革　gé

　~命　~新　改~

合 gě(一升的十分之一)

给(一)gěi(语)单用

(二)jǐ(文)

　补~　供~　供~制　~予　配~

自~自足

亘gèn (统读)

更 gēng

　　五～　～生

颈 gěng

　　脖～子

供(一)gōng

　　～给　提～　～销

　　(二)gòng

　　口～　翻～　上～

佝gōu (统读)

枸 gǒu

　　～杞

勾 gòu

　　～当

估(除"～衣"读gù外，都读gū)

骨(除"～碌""～朵"读gū外，都读gǔ)

谷 gǔ

　　～雨

锢gù (统读)

冠(一)guān(名物义)

　　～心病

　　(二)guàn(动作义)

　　沐猴而～　～军

犷guǎng (统读)

庋guǐ (统读)

桧

　　(一)guì[树名]

　　(二)huì[人名]"秦～"

刽guì (统读)

聒guō (统读)

蝈guō (统读)

过(除姓氏读guō外，都读guò)

H

虾 há

　　～蟆

哈 (一)hǎ

　　～达

　　(二) hà

　　～什蚂

汗 hán

　　可～

巷 hàng

　　～道

号 háo

　　寒～虫

和 (一) hè

　　唱～　附～　曲高～寡

　　(二)huo

　　搀～　搅～　暖～　热～　软～

貉(一)hé(文)

　　一丘之～

　　(二)háo(语)

　　～绒　～子

壑 hè (统读)

褐 hè (统读)

喝 hè

　　～采　～道　～令　～止　呼幺～六

鹤 hè (统读)

黑 hēi (统读)

亨 hēng (统读)

横(一)héng

　　～肉　～行霸道

　　(二)hèng

　　蛮～　～财

訇 hōng (统读)

虹(一)hóng(文)

　　～彩　～吸

　　(二)jiàng(语)(单说)

讧 hòng (统读)

囫 hú (统读)

瑚 hú (统读)

蝴 hú (统读)

桦 huà (统读)

徊 huái　(统读)

踝 huái　(统读)

浣 huàn　(统读)

黄 huáng　(统读)

荒 huɑng

　饥~ (指经济困难)

诲 huì　(统读)

贿 huì　(统读)

会 huì

　一~儿　多~儿　~厌 (生理名词)

混 hùn

　~合　~乱　~凝土　~淆　~血

儿　~杂

蠖 huò　(统读)

霍 huò　(统读)

豁 huò

　~亮

获 huò　(统读)

J

羁 jī　(统读)

击 jī　(统读)

奇 jī

~数

芨 jī　(统读)

缉 (一)jī

　通~　侦~

　(二)qī

　~鞋口

几 jī

　茶~　条~

圾 jī　(统读)

戢 jí　(统读)

疾 jí　(统读)

汲 jí　(统续)

棘 jí　(统读)

藉 jí

　狼~(籍)

嫉 jí　(统读)

脊 jí　(统读)

纪(一)jǐ〔姓〕

　(二)jì　~念　~律　纲~　~元

偈 jì

　~语

绩 jì　(统读)

迹 jì　(统读)

寂 jì　(统读)

箕 ji

簸~

辑 ji

　逻~

茄 jiā

　雪~

夹 jiā

　~带藏掖　~道儿　~攻　~

棍　~生　~杂　~竹桃　~注

浃 jiā　(统读)

甲 jiǎ　(统读)

歼 jiān　(统读)

鞯 jiān　(统读)

间(一)jiān

　~不容发　中~

　(二)jiàn

　中~儿　~道　~谍　~断　~

或　~接　~距　~隙　~续　~阻　~

作　挑拨离~

趼 jiǎn　(统读)

俭 jiǎn　(统读)

缰 jiāng　(统读)

膙 jiǎng　(统读)

嚼(一)jiáo(语)

　味同~蜡

　咬文~字

　(二)jué(文)

　咀~　过屠门而大~

(三)jiào

倒～(倒嚼)

佼 jiǎo

～幸

角 (一)jiǎo

八～(大茴香) ～落 独～戏 ～
膜 ～度 ～儿(犄～) ～楼 钩心斗～
号～ 口～(嘴～) 鹿～菜 头～

(二)jué

～斗 ～儿(脚色) 口～(吵嘴)
主～儿 配～儿 ～力 捧～儿

脚 (一)jiǎo

根～

(二)jué

～儿(也作"角儿",脚色)

剿 (一)jiǎo

围～

(二)chāo

～说 ～袭

校 jiào

～勘 ～样 ～正

较 jiào (统读)

酵 jiào (统读)

嗟 jiē (统读)

疖 jiē (统读)

结 (除"～了个果子""开花～果"
"～巴""～实"念 jiē 之外,其他都念 jié)

睫 jié (统读)

芥 (一)jiè

～菜 (一般的芥菜) ～末

(二)gài

～菜 (也作"盖菜") ～蓝菜

矜 jīn

～持 自～ ～怜

仅 jǐn

～～ 绝无～有

谨 jǐn (统读)

觐 jìn (统读)

浸 jìn (统读)

斤 jin

千～(起重的工具)

茎 jīng (统读)

粳 jīng (统读)

鲸 jīng (统读)

境 jìng (统读)

痉 jìng (统读)

劲 jìng

刚～

窘 jiǒng (统读)

究 jiū (统读)

纠 jiū (统读)

鞠 jū (统读)

鞫 jū (统读)

掬 jū (统读)

苴 jū (统读)

咀 jǔ

～嚼

矩(一)jǔ

～形

(二)ju

规～

俱 jù (统读)

龟 jūn

～裂(也作"皲裂")

菌 (一)jūn

细～ 病～ 杆～ 霉～

(二)jùn

香～ ～子

俊 jùn (统读)

K

卡 (一)kǎ

～宾枪 ～车 ～介苗 ～片 ～通

(二)qiǎ

～子 关～

揩 kāi （统读）

慨 kǎi （统读）

忾 kài （统读）

勘 kān （统读）

看 kān

　～管　～护　～守

慷 kāng （统读）

拷 kǎo （统读）

坷 kē

　～拉(垃)

疴 kē （统读）

壳 (一)ké(语)

　～儿　贝～儿　脑～　驳～枪

(二)qiào(文)

　地～　甲～　躯～

可 (一)kě

　～～儿的

(二) kè

　～汗

恪 kè （统读）

刻 kè （统读）

克 kè

～扣

空 (一)kōng

　～心砖　～城计

(二)kòng

　～心吃药

眍 kōu （统读）

矻 kū （统读）

酷 kù （统读）

框 kuàng （统读）

矿 kuàng （统读）

傀 kuǐ （统读）

溃 (一)kuì

　～烂

(二)huì

　～脓

篑 kuì （统读）

括 kuò （统读）

L

垃 lā （统读）

邋 lā （统读）

罱 lǎn （统读）

缆 lǎn （统读）

蓝 lan

　苤～

琅 láng （统读）

捞 lāo （统读）

劳 láo （统读）

醪 láo （统读）

烙 (一)lào

　～印　～铁　～饼

(二)luò

　炮～(古酷刑)

勒 (一)lè(文)

　～逼　～令　～派　～索　悬崖～马

(二)lēi(语) 多单用

擂(除"～台""打～"读 lèi 外，都读 léi)

礌 léi （统读）

羸 léi （统读）

蕾 lěi （统读）

累(一)lèi

　(辛劳义，如"受～"〔受劳～〕)

(二)léi

　(如"～赘")

(三)lěi

　(牵连义，如"带～""～及""连～""赔～""牵～""受～"〔受牵～〕)

蠡 (一)lí

　管窥～测

(二)lǐ

　～县　范～

喱 lí　(统读)

连 lián　(统读)

敛 liǎn　(统读)

恋 liàn　(统读)

量(一) liàng

　～入为出　忖～

　(二) liang

　打～　掂～

踉 liàng

　～跄

潦 liáo

　～草　～倒

劣 liè　(统读)

捩 liè　(统读)

趔 liè　(统读)

拎 līn　(统读)

遴 lín　(统读)

淋 (一)lín

　～浴　～漓　～巴

　(二)lìn

　～硝　～盐　～病

蛉 líng　(统读)

榴 liú　(统读)

馏(一)liú(文) 如"干～""蒸～"。

　(二)liù(语) 如"～馒头"。

镏 liú

　～金

碌 liù

　～碡

笼(一)lóng(名物义)

　～子　牢～

　(二) lǒng(动作义)

　～络　～括　～统　～罩

偻(一) lóu

佝～

(二)lǚ

伛～

䁖 lōu

眍～

虏 lǔ　(统读)

掳 lǔ　(统读)

露(一)lù(文)

　赤身～体　～天　～骨　～头角

藏头～尾　抛头～面　～头(矿)

　(二)lòu(语)

　～富　～苗　～光　～相　～马

脚 ～头

橹 lú　(统读)

捋 (一)lǔ

　～胡子

　(二)luō

　～袖子

绿 (一)lǜ(语)

　(二)lù(文)

　～林　鸭～江

孪 luán　(统读)

挛 luán　(统读)

掠 lüè　(统读)

囵 lún　(统读)

络 luò ～腮胡子

落 (一)luò(文)

　～膘　～花生　～魄　涨～　～槽

着～

　(二)lào(语)

　～架　～色　～炕　～枕　～

儿　～子(一种曲艺)

　(三)là(语)，遗落义。

　丢三～四　～在后面

M

脉 (除"～～"念 mòmò外，一律念 mài)

漫 màn　(统读)

蔓(一)màn(文)

　～延　不～不枝

　(二)wàn(语)

瓜～　压～

牤 māng　(统读)

氓 máng

流～

芒 máng　(统读)

铆 mǎo　(统读)

瑁 mào　(统读)

虻 méng　(统读)

盟 méng　(统读)

祢 mí　(统读)

眯 (一)mí

　～了眼(灰尘等入目，也作"迷")

　(二)mī

　～了一会儿(小睡)　～缝着眼(微微

合目)

靡(一)mí

　～费

　(二)mǐ

风～　委～　披～

秘 (除"～鲁"读 bì 外，都读 mì)

泌 (一)mì(语)

　分～

　(二)bì(文)

～阳〔地名〕

娩 miǎn　(统读)

缈 miǎo　(统读)

皿 mǐn　(统读)

闽 mǐn　(统读)

茗 míng　(统读)

酩 mǐng　(统读)

谬 miù　(统读)

摸 mō　(统读)

模 (一)mó

　～范　～式　～型　～糊　～特

　～棱两可

　(二)mú

　～子　～具　～样

膜 mó　(统读)

摩 mó

　按～　抚～

嬷 mó　(统读)

墨 mò　(统读)

糢 mò　(统读)

沫 mò　(统读)

缪 móu

　绸～

N

难 (一)nán

困～(或变轻声)　～兄～弟(难得的兄

弟，现多用作贬义)

　(二)nàn

排～解纷　发～　刁～　责～　～

兄～弟(共患难或同受苦难的人)

蝻 nǎn　(统读)

蛲 náo　(统读)

讷 nè　(统读)

馁 něi　(统读)

嫩 nèn　(统读)

恁 nèn　(统读)

妮 nī　(统读)

拈 niān　(统读)

鲇 nián　(统读)

酿 niàng　(统读)

尿(一)niào

　糖～症

　(二)suī(只用于口语名词)

　尿(niào)～　～脬

嗫 niè　(统读)

宁 (一)níng

　安～

　(二)nìng

　～可　无～〔姓〕

忸 niǔ　(统读)

脓 nóng　(统读)

弄 (一)nòng

玩～

(二)lòng

　～堂

暖 nuǎn　(统读)

衄 nù　(统读)

疟(一)nüè(文)

　～疾

殴 ōu　(统读)

杷 pá　(统读)

琶 pá　(统读)

牌 pái　(统读)

排 pǎi

　～子车

迫 pǎi

　～击炮

湃 pài　(统读)

爿 pán　(统读)

胖 pàn

　心广体～(～为安舒貌)

蹒 pán　(统读)

畔 pàn　(统读)

乓 pāng　(统读)

滂 pāng　(统读)

脬 pāo　(统读)

胚 pēi　(统读)

喷 (一)pēn

　～嚏

(二) pèn

　～香

(三) pen

　嚏～

澎 péng　(统读)

坯 pī　(统读)

披 pī　(统读)

匹 pǐ　(统读)

僻 pì　(统读)

(二)yào(语)

　发～子

娜(一)nuó

　婀～　袅～

(二)nà

　(人名)

O

呕 ǒu　(统读)

P

譬 pì　(统读)

片(一) piàn

　～子　唱～　画～　相～

影～　～儿会

(二)piān(口语一部分词)

　～子　～儿　唱～儿　画～儿

相～儿　影～儿

剽 piāo　(统读)

缥 piāo

　～缈(飘渺)

撇 piē

　～弃

聘 pìn　(统读)

乒 pīng　(统读)

颇 pō　(统读)

剖 pōu　(统读)

仆 (一) pū

　前～后继

(二) pú

　～从

扑 pū　(统读)

朴(一)pǔ

　俭～　～素　～质

(二) pō

　～刀

(三) pò

　～硝　厚～

镤 pǔ　(统读)

瀑 pù
　〜布
曝(一)pù

一〜十寒
(二) bào
〜光　(摄影术语)

Q

栖 qī
　两〜
戚 qī　(统读)
漆 qī　(统读)
期 qī　(统读)
蹊 qī
　〜跷
蛴 qí　(统读)
畦 qí　(统读)
其 qí　(统读)
骑 qí　(统读)
企 qǐ　(统读)
绮 qǐ　(统读)
杞 qǐ　(统读)
槭 qì　(统读)
洽 qià　(统读)
签 qiān　(统读)
潜 qián　(统读)
荨 (一) qián(文)
　〜麻
　(二)xún(语)
　〜麻疹
嵌 qiàn　(统读)
欠 qian
　打哈〜
戕 qiāng　(统读)
镪 qiāng
　〜水
强(一) qiáng
　〜渡　〜取豪夺　〜制　博闻〜识
　(二)qiǎng
　勉〜　牵〜　〜词夺理　〜迫　〜
颜为笑
　(三)jiàng
　倔〜

襁 qiǎng　(统读)
跄 qiàng　(统读)
悄(一) qiāo
　〜〜儿的
　(二) qiǎo
　〜默声儿的
橇 qiāo　(统读)
翘(一) qiào(语)
　〜尾巴
　(二)qiáo(文)
　〜首　〜楚　连〜
怯 qiè　(统读)
挈 qiè　(统读)
趄 qie
　趔〜
侵 qīn　(统读)
衾 qīn　(统读)
噙 qín　(统读)
倾 qīng　(统读)
亲 qìng
　〜家
穹 qióng　(统读)
黢 qū　(统读)
曲(麯)qū
　大〜　红〜　神〜
渠 qú　(统读)
瞿 qú　(统读)
蠼 qú　(统读)
苣 qǔ
　〜荬菜
龋 qǔ　(统读)
趣 qù　(统读)
雀 què
　〜斑　〜盲症

R

髯 rán (统读)

攘 rǎng (统读)

桡 ráo (统读)

绕 rào (统读)

任 rén〔姓，地名〕

妊 rèn (统读)

扔 rēng (统读)

容 róng (统读)

糅 róu (统读)

茹 rú (统读)

孺 rú (统读)

蠕 rú (统读)

辱 rǔ (统读)

挼 ruó (统读)

S

靸 sǎ (统读)

噻 sāi (统读)

散 (一)sǎn

　懒～　零零～～　～漫

(二)san

　零～

丧 sang

　哭～着脸

扫(一)sǎo

　～兴

(二)sào

　～帚

埽 sào (统读)

色(一)sè(文)

(二)shǎi(语)

塞(一)sè(文)(动作义)

(二)sāi(语)名物义，如："活～"
"瓶～"；动作义，如："把洞～住"。

森 sēn (统读)

煞(一) shā

　～尾　收～

(二) shà

　～白

啥 shá (统读)

厦(一)shà(语)

(二) xià(文)

　～门　噶～

杉(一) shān(文)

　紫～　红～　水～

(二) shā(语)

　～篙　～木

衫 shān (统读)

姗 shān (统读)

苫(一)shàn(动作义，如"～布")

(二)shān(名物义，如"草～子")

墒 shāng (统读)

猞 shē (统读)

舍 shè

　宿～

慑 shè (统读)

摄 shè (统读)

射 shè (统读)

谁 shéi，又音 shuí

娠 shēn (统读)

什(甚)shén

　～么

蜃 shèn (统读)

葚(一) shèn(文)

　桑～

(二)rèn(语)

　桑～儿

胜 shèng (统读)

识 shí

　常～　～货　～字

似 shì

　～的

室 shì (统读)

螫(一) shì(文)
　　(二) zhē(语)

匙 shi
　　钥～

殊 shū (统读)

蔬 shū (统读)

疏 shū (统读)

叔 shū (统读)

淑 shū (统读)

菽 shū (统读)

熟(一) shú(文)
　　(二) shóu(语)

署 shǔ (统读)

曙 shǔ (统读)

漱 shù (统读)

戍 shù (统读)

蟀 shuài (统读)

孀 shuāng (统读)

说 shuì
　　游～

数 shuò
　　～见不鲜

硕 shuò (统读)

蒴 shuò (统读)

艘 sōu (统读)

嗾 sǒu (统读)

速 sù (统读)

塑 sù (统读)

虽 suī (统读)

绥 suí (统读)

髓 suǐ (统读)

遂(一) suì
　　不～　毛～自荐
　　(二)suí
　　半身不～

隧 suì (统读)

隼 sǔn (统读)

莎 suō
　　～草

缩(一) suō
　　收～
　　(二) sù
　　～砂密(一种植物)

嗍 suō (统读)

索 suǒ (统读)

T

跶 tā (统读)

鳎 tǎ (统读)

獭 tǎ (统读)

沓(一)tà
　　重～
　　(二)ta
　　疲～
　　(三)dá
　　一～纸

苔(一)tái(文)
　　(二)tāi(语)

探 tàn (统读)

涛 tāo (统读)

悌 tì (统读)

佻 tiāo (统读)

调 tiáo
　　～皮

帖(一)tiē
　　妥～　伏伏～～　俯首～耳
　　(二)tiě
　　请～　字～儿
　　(三)tiè
　　字～　碑～

听 tīng (统读)

庭 tíng (统读)

骰 tóu (统读)

凸 tū (统读)

突 tū (统读)

颓 tuí （统读）

蜕 tuì （统读）

臀 tún （统读）

唾 tuò （统读）

W

娲 wā （统读）

挖 wā （统读）

瓦 wà

～刀

㖞 wāi （统读）

蜿 wān （统读）

玩 wán （统读）

惋 wǎn （统读）

脘 wǎn （统读）

往 wǎng （统读）

忘 wàng （统读）

微 wēi （统读）

巍 wēi （统读）

薇 wēi （统读）

危 wēi （统读）

韦 wéi （统读）

违 wéi （统读）

唯 wéi （统读）

圩(一)wéi

～子

(二)xū

～(墟)场

纬 wěi （统读）

萎 wěi

～靡

伪 wěi （统读）

尾(一) wěi

～巴

(二) yǐ

马～儿

尉 wèi

～官

文 wén （统读）

闻 wén （统读）

紊 wěn （统读）

喔 wō （统读）

蜗 wō （统读）

硪 wò （统读）

诬 wū （统读）

梧 wú （统读）

牾 wǔ （统读）

乌 wù

～拉(也作"靰鞡") ～拉草

杌 wù （统读）

鹜 wù （统读）

X

夕 xī （统读）

汐 xī （统读）

晰 xī （统读）

析 xī （统读）

皙 xī （统读）

昔 xī （统读）

溪 xī （统读）

悉 xī （统读）

熄 xī （统读）

蜥 xī （统读）

螅 xī （统读）

惜 xī （统读）

锡 xī （统读）

樨 xī （统读）

袭 xí （统读）

檄 xí （统读）

峡 xiá （统读）

暇 xiá （统读）

吓 xià

杀鸡～猴

鲜 xiān

屡见不～ 数见不～

锨 xiān (统读)

纤 xiān
　　～维

涎 xián (统读)

弦 xián (统读)

陷 xiàn (统读)

霰 xiàn (统读)

向 xiàng (统读)

相 xiàng
　　～机行事

淆 xiáo (统读)

哮 xiào (统读)

些 xiē (统读)

颉 xié
　　～颃

携 xié (统读)

偕 xié (统读)

挟 xié (统读)

械 xiè (统读)

馨 xīn (统读)

囟 xìn (统读)

行 xíng
　　操～　德～　发～　品～

省 xǐng
　　内～　反～　～亲　不～人事

芎 xiōng (统读)

朽 xiǔ (统读)

宿 xiù

星～　二十八～

煦 xù (统读)

蓿 xu
　　苜～

癣 xuǎn (统读)

削(一)xuē(文)
　　剥～　～减　瘦～
　　(二)xiāo(语)
　　切～　～铅笔　～球

穴 xué (统读)

学 xué (统读)

雪 xuě (统读)

血 (一)xuè(文)用于复音词及成语,如
"贫～""心～""呕心沥～""～泪
史""狗～喷头"等。
　　(二)xiě(语)口语多单用,如"流了点
儿～"及几个口语常用词,如:"鸡～"
"～晕""～块子"等。

谑 xuè (统读)

寻 xún (统读)

驯 xùn (统读)

逊 xùn (统读)

熏 xùn
　　煤气～着了

徇 xùn (统读)

殉 xùn (统读)

蕈 xùn (统读)

Y

押 yā (统读)

崖 yá (统读)

哑 yǎ
　　～然失笑

亚 yà (统读)

殷 yān
　　～红

芫 yán
　　～荽

筵 yán (统读)

沿 yán (统读)

焰 yàn (统读)

天 yāo (统读)

肴 yáo (统读)

杳 yǎo (统读)

窅 yǎo (统读)

钥(一)yào(语)
　　～匙

(二)yuè(文)

　锁～

曜 yào (统读)

耀 yào (统读)

椰 yē (统读)

噎 yē (统读)

叶 yè

　～公好龙

曳 yè

　弃甲～兵 摇～ ～光弹

屹 yì (统读)

轶 yì (统读)

谊 yì (统读)

懿 yì (统读)

诣 yì (统读)

艾 yì

　自怨自～

荫 yìn (统读)

("树～""林～道"应作"树阴"
"林阴道")

应(一)yīng

　～届 ～名儿 ～许 提出的条件
他都～了 是我～下来的任务

　(二)yìng

　～承 ～付 ～声 ～时 ～验 ～
邀 ～用 ～运 ～征 里～外合

紫 yíng (统读)

映 yìng (统读)

佣 yōng

　～工

庸 yōng (统读)

臃 yōng (统读)

雍 yōng (统读)

拥 yōng (统读)

踊 yǒng (统读)

咏 yǒng (统读)

泳 yǒng (统读)

莠 yǒu (统读)

愚 yú (统读)

娱 yú (统读)

愉 yú (统读)

伛 yǔ (统读)

屿 yǔ (统读)

吁 yù

　呼～

跃 yuè (统读)

晕(一)yūn

　～倒 头～

　(二)yùn

　月～ 血～ ～车

酝 yùn (统读)

Z

匝 zā (统读)

杂 zá (统读)

载(一)zǎi

　登～ 记～

　(二)zài

　搭～ 怨声～道 重～ 装～ ～
歌～舞

簪 zān (统读)

咱 zán (统读)

暂 zàn (统读)

凿 záo (统读)

择(一)zé

　选～

　(二)zhái

　～不开 ～菜 ～席

贼 zéi (统读)

憎 zēng (统读)

甑 zèng (统读)

喳 zhā

　唧唧～～

轧(除"～钢""～辊"念 zhá外,其
他都念 yà)(gá为方言,不审)

摘 zhāi （统读）

粘 zhān

  ～贴

涨 zhǎng

  ～落　高～

着(一)zháo

  ～慌　～急　～家　～凉　～

忙　～迷　～水　～雨

  (二)zhuó

  ～落　～手　～眼　～意　～重

不～边际

  (三)zhāo

  失～

沼 zhǎo （统读）

召 zhào （统读）

遮 zhē （统读）

蛰 zhé （统读）

辙 zhé （统读）

贞 zhēn （统读）

侦 zhēn （统读）

帧 zhēn （统读）

胗 zhēn （统读）

枕 zhěn （统读）

诊 zhěn （统读）

振 zhèn （统读）

知 zhī （统读）

织 zhī （统读）

脂 zhī （统读）

植 zhí （统读）

殖(一)zhí

  繁～　生～　～民

  (二)shi

  骨～

指 zhǐ （统读）

掷 zhì （统读）

质 zhì （统读）

蛭 zhì （统读）

秩 zhì （统读）

栉 zhì （统读）

炙 zhì （统读）

中 zhōng

  人～(人口上唇当中处)

种 zhòng

  点～(义同"点播"。动宾结构念 diǎnzhǒng，义为点播种子)

诌 zhōu （统读）

骤 zhòu （统读）

轴 zhòu

  大～子戏　压～子

碡 zhou

  碌～

烛 zhú （统读）

逐 zhú （统读）

属 zhǔ

  ～望

筑 zhù （统读）

著 zhù

  土～

转 zhuǎn

  运～

撞 zhuàng （统读）

幢 (一)zhuàng

  一～楼房

  (二)chuáng

  经～(佛教所设刻有经咒的石柱)

拙 zhuō （统读）

茁 zhuó （统读）

灼 zhuó （统读）

卓 zhuó （统读）

综 zōng

  ～合

纵 zòng （统读）

粽 zòng （统读）

镞 zú （统读）

组 zǔ （统读）

钻(一)zuān

  ～探　～孔

(二)zuàn
～床 ～杆 ～具
佐 zuǒ (统读)
唑 zuò (统读)
柞(一)zuò
～蚕 ～绸

(二)zhà
～水(在陕西)
做 zuò (统读)
作(除"～坊"读 zuō 外，其余都读 zuò)

参 考 文 献

1. 国家语言文字工作委员会普通话培训测试中心. 普通话水平测试实施纲要[M]. 上海：商务印书馆，2004.

2. 宋宝兰. 普通话水平训练与测试[M]. 北京：对外经济贸易大学出版社，2005.

3. 浙江省语言文字工作委员会. 普通话培训测试指南[M]. 杭州：浙江大学出版社，2004.

4. 彭红. 普通话水平测试应试指导[M]. 上海：上海辞书出版社，2004.

5. 李如龙. 汉语方言的比较研究[M]. 上海：商务印书馆，2001.

6. 北京大学中文系语言学教研. 汉语方言词汇[M]. 北京：语文出版社，1995.

7. 黄伯荣，廖序东. 现代汉语[M]. 北京：高等教育出版社，2001.

8. 林焘，王理嘉. 语音学教程[M]. 北京：北京大学出版社，1992.

9. 唐树芝. 教师口语技能[M]. 长沙：湖南师范大学出版社，1996.

10. 娄志校. 教师口语训练[M]. 广州：华语教育出版社，1998.

11. 徐世荣. 普通话语音常识[M]. 北京：语文出版社，1999.

12. 国家教育委员会师范教育司. 教师口语[M]. 北京：北京师范大学出版社，1996.

13. 吴洁敏. 新编普通话教程[M]. 杭州：浙江大学出版社，2003.

14. 中国社会科学院语言研究所词典编辑室. 现代汉语词典[M]. 上海：商务印书馆，2005.

15. 罗长培，王均. 普通语音学纲要[M]. 上海：商务印书馆，1981.

16. 张斌. 现代汉语[M]. 上海：复旦大学出版社，2002.

17. 邵敬敏. 现代汉语通论[M]. 上海：上海教育出版社，2001.

18. 刘叔新. 现代汉语理论教程[M]. 北京：高等教育出版社，2002.

19. 张颂. 朗读学[M]. 长沙：湖南教育出版社，1990.

20. 周殿福. 艺术语言发声基础[M]. 北京：中国社会科学出版社，1980.

21. 杜伟东，常莹. 普通话朗诵指导与点评[M]. 北京：中国广播电视出版社，2004.

22. 伍振国，关瀛. 朗诵训练指导[M]. 北京：中国广播电视出版社，2006.

23. 刘照雄. 普通话水平测试大纲(修订本)[M]. 长春：吉林人民出版社，1994.

24. 袁家骅. 汉语方言概要[M]. 北京：文字改革出版社，1983.

25. 黄景湖. 汉语方言学[M]. 厦门：厦门大学出版社，1987.